能源革命
与产业发展

新能源产业与新兴产业发展政策研究

曹新　陈剑　张宪昌　著

人民出版社

目　录

绪　　论

2013 年课题主持人承担了国家社会科学基金立项项目《中国新能源产业发展政策研究》的研究任务。课题立项以来，课题组按照课题立项要求制定了项目研究计划并按计划开展项目研究。在研究过程中把研究的范围从新能源产业发展政策扩大到了战略性新兴产业发展战略。《能源革命与产业发展——新能源产业与新兴产业发展政策研究》一书是 2013 年国家社会科学基金立项项目《中国新能源产业发展政策研究》的最终研究成果。

一、研究目的和意义

（一）研究目的

能源开发利用及其发展是人类文明发展的重要物质基础，是经济增长的动力源泉。能源革命是指人类有史以来在能源开发和利用方式上的重大突破，表现为在能源生产和能源消费领域发生的一系列根本性变革。能源革命带动新的产业发展，促进经济效率提高，推动人类社会文明进程。

纵观人类发展历史，共经历了三次能源革命。发现火并利用火是人类文明的开端。能源利用的第一次质的变化大约在 40 万年前，以人工火代替自然火的利用为标志，木材、秸秆等薪柴能源成为人类社会生产和生活的主要能源，人类进入薪柴能源时代。薪柴能源促进了农业发展，推动了农业文明。但薪柴能源时代经济增长极慢，时间漫长，一直延续到前资本主义时期。

第二次能源革命开始于 18 世纪的英国，以蒸汽机的发明和 19 世纪煤炭的大规模使用为主要标志。煤炭的大规模应用使得蒸汽机从实验室成功地走向现实，推动了英国工业革命即第一次工业革命的发展。使人类摆脱以人力（或畜力）和手工工具为主的生产方式，进入机器大工业时代，极大提升了社会劳动生产率。人类对能源的开发利用进入化石能源时代，人类社会进入工业文明时代。

从19世纪70年代开始，电力和内燃机技术逐步取代蒸汽机技术，石油得以广泛应用，成为工业的主要动力，人类开启了第三次能源革命，人类社会从"蒸汽时代"迈入"电气时代"和"石油时代"，与此同时，人类开始了第二次工业革命。电力的发明，使人类对化石能源进行延伸利用，生产出二次能源，使人类用上了清洁、便利的电力。电的发明改变了人类用能方式，也为各种电器生产制造和使用提供了便捷的动力。石油资源的开发，尤其是汽车的生产与使用，让人类对液体能源的依赖进一步加强，液体能源逐步接替固体煤炭，成为世界经济发展的主要动力，加速推进了工业文明进程。

然而，持续使用了200多年的化石能源不仅面临战略性资源枯竭，而且给地球的生态环境造成极大的破坏。把埋藏在地下的化石能源挖出来用作燃料，向大气释放了大量二氧化碳和其他有害物质，使人类的生存环境面临威胁。面对全球气候变化、传统化石能源日益紧缺、经济增长乏力等诸多危机，人类急需一次新的能源革命，用新能源替代化石能源。人类社会文明也应从工业文明转变为生态文明。

新的能源革命即第四次能源革命是在当代世界人口、资源、环境之间矛盾空前激化的背景下发生的。新能源革命的目的是要以新能源（如核能）和可再生能源（包括水电能、生物质能、太阳能、风能、地热能、海洋能和氢能等）逐步代替矿物能源，消除化石能源消费所引发的环境问题，塑造一个经济、安全、清洁、可持续的能源供应新格局。第四次能源革命，以新能源和信息技术融合为标志，开启了以高效、清洁、低碳、安全、智能化为主要特征的能源系统代替传统能源系统的进程。第四次能源革命是同知识经济、循环经济、低碳经济密切相关的低碳能源革命，将引发能源生产、流通、分配、消费等体制机制的深刻变革。以化石燃料为基础的第二次工业革命已经难以为继，新的能源革命催化的新的工业革命势必日渐兴起，促使人类走向后碳时代。互联网技术与可再生能源体系的有机融合为第三次工业革命奠定了坚实基础，能源互联网是未来社会新经济系统的发展基石，催生了第三次工业革命。

2011年，美国经济学家杰里米·里夫金在《第三次工业革命》一书中提出，以新能源为核心进行一次工业革命即"第三次工业革命"。[1] 新能源技术的产生和应用，逐渐替代传统化石能源，将导致新的技术革命的产生，引发新的工业革命。新能源革命将引领第三次工业革命。新能源技术也将成为人类赖以生存的核心技术，新能源产业有可能成为继信息技术后带动全球经济复苏的"新技术革命"的核心内容，成为世界经济新的增长点。第三次工业革命将推动一批新兴产业诞生，掀起社会生产方式、制造模式甚至生产组织方式等方面的重要变革，将从根本上重塑社会经济关系，深刻地影响人类的商业行为、社会管理体系、教育体系和生活方式，使人类进入生态和谐、绿色低碳、可持续发展的社会。

2016年，世界经济论坛创始人兼执行主席克劳斯·施瓦布在《第四次工业革命》一书中概述了第四次工业革命正在带来巨大挑战的一些关键技术。首先是无人驾驶交通工具、3D打印、高级机器人及新材料等物理方面的技术飞跃，极大地扩展了人类掌控下的技术能力；其次是物联网与互联网、智能技术的结合，将进一步有效提高现有资产等资源的利用效率；最后是生物基因工程，随着合成生物学的发展，人类将拥有定制有机体的能力，会在医药、农业、生物能源方面产生重大影响。[2]

本课题研究的目的就是要通过研究人类经济社会发展历史进程中能源革命与工业革命的演进变化，阐述能源革命与工业革命相互交错、相互作用的关系，充分说明能源革命与产业发展息息相关。能源革命引起生产技术变革，推动工业革命，促进生产力发展。能源革命为工业革命提供支撑和基础，推动工业革命。工业革命以产业结构变动为核心推动经济增长，

---

① 参见［美］杰里米·里夫金：《第三次工业革命——新经济模式如何改变世界》，中文版序，张体伟、孙豫宁译，中信出版社2012年版，XXIV。
② 参见［德］克劳斯·施瓦布：《第四次工业革命——转型的力量》，李菁译，中信出版社2016年版，第16—25页。

成为现代经济增长本质上以结构主导型增长的主因。能源革命与工业革命相互交错，相互作用，能源革命和产业共同发展是推动人类经济社会发展的强大动力，极大地促进了人类社会文明的进步。我们必须高度重视和加强研究当今世界新能源革命与第三次工业革命的内在联系和发展趋势，借鉴世界各国特别是发达国家新能源产业和新兴产业发展战略和发展政策，研究和制定中国新能源产业和新兴产业发展战略和发展政策体系，融入第三次工业革命，抓住第四次工业革命契机，提高中国战略性新兴产业发展国际竞争力，赶超世界新兴产业发展潮流，促进中国经济社会持续稳定健康发展。

（二）研究意义

本课题研究新能源产业与新兴产业发展意义重大。研究新能源革命与第三次工业革命的内在联系有着重要的理论意义和现实意义。工业革命的发生离不开工业技术变革，但决不能忽略能源是人类社会赖以存在和发展的基础这一前提，应充分认识能源革命对工业革命发生和发展的作用。杰里米·里夫金在《第三次工业革命——新经济模式如何改变世界》一书中预言，新型通信技术与能源体系交汇之际，正是经济革命发生之时。互联网技术与可再生能源即将融合，并为第三次工业革命奠定一个坚实基础。这一革命无疑将改变整个世界。英国经济学家保罗·麦基里也认为，一种建立在互联网和新材料、新能源相结合基础上的工业革命即将来临，它以"制造业数字化"为核心，并将使全球技术要素配置方式发生革命性变化。[①] 新能源革命是第三次工业革命的前提和重要组成部分，是第三次工业革命发生和发展的引擎。深入研究和着力阐述两者之间的关系，为中国制定新能源产业发展和战略性新兴产业发展政策提供理论依据，同时紧紧抓住初露端倪的第四次工业革命契机，正是本课题研究的理论意义所在。

在研究借鉴西方发达国家新能源产业和新兴产业发展政策基础上，研究中国新能源产业发展和战略性新兴产业发展政策有着重要的现实意义。

---

① 参见［美］杰里米·里夫金：《第三次工业革命——新经济模式如何改变世界》，中文版序，张体伟、孙豫宁译，中信出版社 2012 年版，XVI、XX。

　　当今世界，化石能源大量使用，带来环境、生态和全球气候变化等领域一系列问题，主动破解困局、加快能源转型发展，已经成为世界各国的自觉行动。新的能源革命，将为世界经济发展注入新的活力，推动人类社会从工业文明迈向生态文明。

　　未来十余年是中国新能源产业发展的关键时期，也是中国抢占世界新能源技术前沿制高点的战略机遇期。中国必须减少对化石能源的依赖，转变能源生产方式和消费结构，大力发展新能源，大力推行节能减排技术，才能促进能源的可持续发展。以重大技术突破为标志，提升重点装备制造能力，将会显著增强中国新能源企业的市场竞争力，加速中国新能源规模化、产业化水平和标准化程度提升，从而有助于确立在世界新能源发展中的地位，引领世界新能源产业发展。实现这一目标，中国必须充分重视新能源产业发展政策的作用，系统研究新能源产业发展政策体系，制定新能源产业发展政策。通过制定新能源产业发展的财税政策扶持新能源产业发展，投融资政策培育新能源产业发展，技术政策支撑新能源产业发展，环境政策促进新能源产业可持续发展，法律法规规范新能源产业发展，国际竞争合作策略促进新能源产业发展，推进新能源革命。深化供给侧结构性改革，提升经济发展质量和效益，推动经济行稳致远，支撑我国迈入中等发达国家行列；增加基本公共服务供给，使能源发展成果更多惠及全体人民，对于全面建成小康社会和加快建设社会主义现代化强国，实现中华民族伟大复兴中国梦具有重要现实意义和深远历史意义。

　　生产过程中新能源的利用，为第三次工业革命创造强大的基础，第三次工业革命将改变世界。融入蓬勃发展的第三次工业革命，迎接即将爆发的第四次工业革命，中国不仅需要研究和制定新能源产业发展的政策体系，而且需要研究和制定战略性新兴产业发展的政策体系，这对于加快中国战略性新兴产业发展，实现中国经济持续稳定健康发展具有重要的实践意义。

　　改革开放以来，中国长达四十多年的经济增长主要依赖于劳动密集型的传统产业发展以及房地产业的拉动，大量高能耗、高污染、高排放和低效率的产业在产业结构中占有较大比重。过于依赖"三高一低"产业拉动中国经济增长的传统发展模式难以为继，中国面临着产业结构调整的巨大压力。国际金融危机不仅使我们认识到发展战略性新兴产业的重大意义，同时也加大了中国培育发展战略性新兴产业的紧迫性。

战略性新兴产业代表新一轮科技革命和产业变革的方向，是培育发展新动能、获取未来竞争新优势的关键领域。中国经济社会发展要把战略性新兴产业摆在经济社会发展更加突出的位置，产业规模持续壮大，成为经济社会发展的新动力；创新能力和竞争力明显提高，形成全球产业发展新高地；产业结构进一步优化，形成产业新体系。战略性新兴产业发展成为推动我国经济持续健康发展的主导力量，我国要成为世界战略性新兴产业重要的制造中心和创新中心，形成一批具有全球影响力和主导地位的创新型领军企业，赶超世界新兴产业发展潮流。

世界新能源革命与新工业革命方兴未艾。面对第三次工业革命的挑战和机遇，世界各国摩拳擦掌，跃跃欲试，国际竞争激烈。面对严峻挑战，中国亟须进行一场清洁化和低碳化的能源革命和推动战略性新兴产业发展的工业革命。未来中国经济发展要紧紧抓住能源生产与消费革命契机，推进新能源的技术创新与发展，在第三次工业革命中，加快推进产业结构转型升级，促进战略性新兴产业发展，在全球新能源发展竞争中取得主导地位，以新的能源革命引领新的工业革命，成为第三次工业革命乃至第四次工业革命的引领者。

二、研究框架与主要内容

（一）研究框架

本课题研究框架由三大部分构成。首先，从研究人类社会发展进程中能源革命、工业革命和人类文明的历史演进出发，研究了人类发展史上发生的三次能源革命和正在兴起的新能源革命，由能源革命推动的二次工业革命，正在兴起的第三次工业革命和刚刚拉开序幕的第四次工业革命，以及由能源革命和工业革命促进的人类文明由农业文明到工业文明再到生态文明的历史进程。用历史的逻辑方法揭示了能源革命、工业革命和人类文明三者之间相互融合、相互促进的关系。重点从理论和实践两个方面阐述新能源革命与新兴产业发展的关系，新能源产业发展不仅是新兴产业发的重要内容，而且为新兴产业发展提供了强大支撑。

其次，以上述研究为理论基础和发展主线，用实证的方法研究了西方主要发达国家的新能源产业发展及其政策和新兴产业发展及其政策，在此基础上，通过比较借鉴研究中国能源生产与消费革命的主要内容，中国新能源产业发展及其政策和中国战略性新兴产业发展及其政策。

最后，以新能源革命与第三次工业革命相互融合、相互作用为理论和实践基础，借鉴西方主要发达国家新能源产业和新兴产业发展政策，总结中国新能源产业和战略性新兴产业发展的实践经验，紧跟世界能源革命与产业发展新趋势，提出了以能源生产和消费革命为契机，调结构，提效率，优布局，推动新能源革命；推进产业结构转型升级；追赶引领世界新能源革命与产业发展潮流的中国新能源产业和战略性新兴产业发展的政策建议。

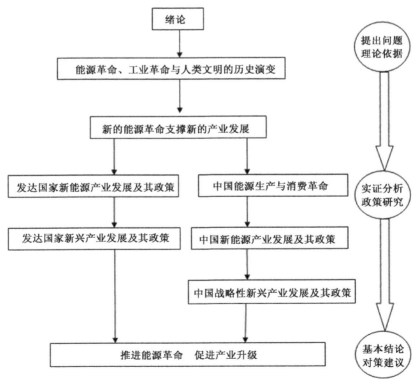

本课题研究和写作的思路框架

（二）主要内容

本课题研究的主要内容由绪论和九章构成。

绪论。绪论主要阐述本课题的执行情况、研究目的和意义、研究内容及研究方法，本课题的创新程度、突出特色和主要建树，研究框架及写作体例等，并提出本课题研究的主要结论。

第一章　能源革命、工业革命与人类文明进步。本章从历史与逻辑的起点出发，分析研究能源革命的历史进程，工业革命的发展演变，以及两者相互作用、融合发展推动人类文明的发展历程。能源革命引起生产技术变革，推动工业革命，促进生产力发展。工业革命以产业结构变动为核心推动经济增长，现代经济增长本质上是结构主导型增长。阐明能源革命与产业发展息息相关。人类历史上发生的三次能源革命都催生和推动了工业革命，促进了产业发展。能源革命和产业发展是推动人类经济社会发展的强大动力，极大地促进了人类社会文明的进步。

第二章　新的能源革命支撑新的产业发展。本章从理论与实践两个方面研究和分析 20 世纪 70 年代以来兴起的新能源产业发展，推动和正在形成新的能源革命。由新能源产业发展形成的新的能源革命是新兴产业发展的重要内容和基础，新的能源革命为新兴产业的发展提供了强有力的支撑。着重阐明新能源革命与新兴产业发展的内在联系与相互关系。

第三章　发达国家新能源产业发展及其政策借鉴。本章主要研究和分析欧盟新能源产业发展及其政策，美国新能源产业发展及其政策，日本新能源产业发展及其政策，以及欧盟、美国和日本新能源产业发展政策对中国制定新能源产业发展政策体系的借鉴意义。阐明我国新能源产业发展政策体系的制定既要遵循产业发展规律共性，又要做到因时因地制宜，具有中国特色。

第四章　发达国家新兴产业发展及其政策借鉴。本章主要研究和分析欧盟新兴产业发展及其政策，美国新兴产业发展及其政策，日本新兴产业发展及其政策，以及欧盟、美国和日本新兴产业发展政策对制定中国战略性新兴产业发展政策的借鉴意义。阐明追赶世界新兴产业发展潮流，必须加快制定中国战略性新兴产业发展的战略目标、战略步骤和政策措施。

　　第五章　中国能源生产与消费革命。本章从能源生产革命、能源消费革命、能源技术革命、能源体制革命和能源国际合作五个方面研究分析能源革命的理论与实践。阐明必须从国家发展和安全战略高度，推动中国能源生产与消费革命。推动能源生产革命，要建立能源多元供应体系；推动能源消费革命，要抑制不合理能源消费；推动能源技术革命，要带动产业升级；推动能源体制革命，要打通能源发展快车道；要全方位加强国际合作，实现开放条件下的能源安全。

　　第六章　中国新能源产业发展及其政策（上）。本章从中国新能源开发与利用的现状研究分析出发，阐明加快中国新能源产业发展，必须从中国新能源产业发展实际出发制定新能源产业发展政策体系，这是保障能源安全、保护生态环境和国际市场竞争的需要，是加快发展战略性新兴产业的需要，是实现经济社会持续发展的需要。本章重点阐述中国新能源产业发展的融资政策、财税政策、价格政策。

　　第七章　中国新能源产业发展及其政策（下）。新能源产业发展政策是一个完整的政策体系，其主要政策工具除第六章分析研究的融资政策、财税政策、价格政策外，还包括技术政策、环保政策、国际竞争合作策略和立法保障。本章重点阐述中国新能源产业发展的技术政策、环保政策、国际竞争与合作策略和新能源产业发展的立法保障。

　　第八章　中国战略性新兴产业发展及其政策。本章分析和研究在全球新能源革命拉开序幕的背景下，中国战略性新兴产业的发展现状和发展趋势。阐明战略性新兴产业正在成为中国经济社会发展新引擎。围绕中国《"十三五"国家战略性新兴产业发展规划》《中国制造2025》等一系列战略性新兴产业发展规划和相应配套政策措施，重点研究新一代信息技术产业的发展政策，高端装备制造产业和新材料产业的发展政策，生物产业的发展政策，新能源汽车和节能环保产业的发展政策，数字创意产业的发展政策和《中国制造2025》发展规划。

　　第九章　推进能源革命　促进产业升级。本章主要研究在当今世界新能源革命和第三次工业革命兴起的国际背景下，中国实现全面建成小康社会和建设富强民主文明和谐美丽的社会主义现代化强国，实现中华民族的伟大复兴，如何牢牢把握新能源革命和第三次工业革命发展浪潮，迎接第四次工业革命的挑战，推动能源生产与消费革命，推进产业结构转型升级，追赶引领世界新能源革命与新兴产业发展潮流。具体阐述了推动中国能源生产与消费革命的战略布局和分三步走的战略目标；在经济发展新常态下，深化供给侧结构性改革，加快战略性新兴产业发展，实现产业发展中高端、经济增长中高速的对策建议；以及能源革命与产业发展新趋势的特征，中国实施创新驱动发展战略，建设创新型国家，追赶与引领世界发展新潮流的对策建议。

三、研究方法与主要创新

（一）研究方法

1. 从抽象到具体的研究方法

人类社会的发展进步是一个漫长的历史进程，经历了波澜壮阔的发展阶段。本课题运用从抽象到具体的方法，在人类社会发展的历史长河中抽象出能源革命、工业革命、人类文明的历史范畴和发展阶段进行分析研究。不仅抽象概括分析研究了人类社会发展历史上经历的三次能源革命、二次工业革命、正在兴起的第三次工业革命和初露端倪的第四次工业革命，以及人类文明从农业文明向工业文明和生态文明转变的历史进程，着重具体研究分析叙述了当今世界正面临的新能源革命和新兴产业发展将得到巨大发展的新潮流，工业文明向生态文明的巨大历史转变。

2. 历史与逻辑相统一的研究方法

本课题研究以人类历史发展作为逻辑起点，运用历史与逻辑相统一的方法研究了人类发展史上发生的三次能源革命和正在兴起的新能源革命，由能源革命推动的二次工业革命和正在兴起的第三次工业革命和初露端倪的第四次工业革命，以及由能源革命和工业革命推动的人类文明由农业文明到工业文明再到生态文明的历史进程。揭示了能源革命、工业革命和人类文明三者发展的历史逻辑，以及三者之间相互融合、相互促进的关系。重点研究分析了当今世界新能源革命与新兴产业发展的现状和趋势，提出未来中国新能源革命和战略性新兴产业发展的具体政策建议。

　　3. 定量分析与定性分析相结合的研究方法

　　定量分析与定性分析相结合是本课题的主要研究方法之一。本课题运用定量分析的方法对西方主要发达国家新能源产业和新兴产业发展，以及中国新能源产业和战略性新兴产业发展的相关数据进行了科学处理、相互比较。通过定量分析和归纳总结，证明了中国制定的新能源产业和新兴产业发展政策体系的有效性。运用定性分析的方法研究了西方主要发达国家新能源产业和新兴产业发展的政策，通过比较借鉴着重研究分析了中国新能源产业和战略性新兴产业发展的政策，特别是对中国新能源产业发展政策体系构建进行了系统研究分析，对中国应对第三次工业革命和未来产业发展提出政策措施。

　　（二）主要创新

　　1. 从研究能源革命出发，系统研究阐述了能源革命、工业革命和社会文明进步的历史进程，以及三者之间的相互作用和内在联系

　　本课题运用历史与逻辑相统一的研究方法，从学术研究的视野系统研究阐述了能源革命的历史进程，工业革命的发展演变，能源革命与产业发展推动人类文明从农业文明到工业文明再向生态文明转变的历史进步。人类发展的历史实践充分说明，能源及其发展是经济增长的动力源泉，是人类文明发展的重要物质基础。能源革命与工业革命息息相关。能源革命引起生产技术变革，推动工业革命，工业革命以产业结构变动为核心推动经济增长，促进生产力发展。能源革命和产业发展是推动人类经济社会发展的强大动力，极大地促进了人类社会文明的进步。

　　2. 具体论证了新能源革命与新兴产业发展的相互关系，系统阐述了新能源技术的产生和应用，将导致新的技术革命的产生，引发新的工业革命

　　美国著名未来学家杰里米·里夫金撰写的《第三次工业革命——新经济模式如何改变世界》一书提出，互联网技术与可再生能源体系的有机融合为第三次工业革命奠定了坚实基础，或者说能源互联网将是未来社会新经济系统的发展基石，催生第三次工业革命。本项目在这一著名论断的基础上进行

深入研究分析，充分阐述了 20 世纪 70 年代以来兴起的新能源产业的发展以及正在形成新的能源革命。由新能源产业发展形成的新的能源革命是新兴产业发展的重要内容，也为新兴产业的发展提供了强有力的支撑。从理论和实践两个方面阐述了新能源技术的产生和应用，逐渐替代传统化石能源，将导致新的技术革命的产生，引发新的工业革命。新能源技术也将成为人类赖以生存的核心技术，新能源产业很有可能成为继信息技术后带动全球经济复苏的"新技术革命"的核心内容，成为世界新的经济增长点。

3. 从产业发展经济学的理论视角，研究并提出了中国新能源产业发展政策体系的政策构架和主要内容

本课题从产业发展经济学的理论视角，深入研究和系统分析了中国新能源产业发展的财税政策、融资政策、技术政策、环保政策、法律法规、国际竞争与合作策略，以及各项政策的综合配套措施，对新能源产业发展规律、政府政策目标和工具运行机理及其动态演化作了有益的探索和积极的发掘，提出了中国新能源产业发展政策体系的政策构架的主要内容，具有重要理论价值和实践价值，为制定中国新能源产业发展政策体系提供了直接或间接的智力支持和决策参考，从而为推动中国新能源产业持续健康发展作出积极贡献。

4. 根据实现全面建成小康社会和建设富强民主文明和谐美丽的社会主义现代化强国，实现中华民族伟大复兴中国梦的战略目标，提出了推动中国能源革命政策举措和追赶与引领世界发展新潮流的中国能源与产业发展政策建议

实现中华民族伟大复兴中国梦，中国必须全面融入新能源革命和第三次工业革命发展浪潮，牢牢把握第四次工业革命发展机遇，推动能源生产与消费革命，推进产业结构转型升级，追赶引领世界新能源革命与新兴产业发展新潮流。提出了根据新能源革命和新兴产业发展网络化、智能化、分布式、绿色化的特点，中国能源发展必须把调整能源结构、提高能源效率放在推动新能源革命的重要位置。要从高碳向低碳调整能源发展结构，从低效向高效提高能源利用效率，从局部平衡向大范围配置优化能源布局。实施创新驱动发展战略，追赶与引领世界产业发展新潮流，必须坚持

绿色发展，推动新能源革命；发展信息产业，夯实第三次工业革命技术基础；"两化"深度融合，抢占世界制造业"智"高点；建设创新型国家，增强科技创新实力，抢占国际科技发展制高点。

四、研究结论

（一）能源革命、工业革命（包括科技革命，它构成能源革命与工业革命的技术基础），是人类经济社会发展的强大动力，推动人类文明的进步

纵观人类发展历史，人类已经历了三次能源革命，人类能源的开发利用大体经历薪材时代、化石能源时代和新能源时代。能源开发利用的每一次飞跃，都引起了生产技术的巨大变革，大大推动了社会生产力的发展。

从人类社会发展历史来看，已经发生过以煤炭作为能源的蒸汽机的广泛使用，机械化为主要标志的第一次工业革命；以电力的广泛应用，发明了主要使用石油和汽油的内燃机，电气化为主要标志的第二次工业革命；以互联网技术与可再生能源体系的有机融合为坚实基础，自动化（数字化）为主要标志的第三次工业革命，以及正在兴起的以智能化（信息化）为主要标志的第四次工业革命。当前第三次工业革命方兴未艾，全球正迎来第三次工业革命热潮。第四次工业革命正在孕育，已露端倪。

人类文明演进与能源革命、工业革命息息相关。由于重大技术革命导致人类能源动力使用上的工业革命，大量新兴制造产业的出现和发展，使国民经济的产业结构发生重大变化，导致社会生产方式与生产组织方式的重大变化，进而使人类经济、社会等各个方面发展出现崭新面貌，是人类文明进步的巨大动力。能源革命与工业革命相互融合，共同发展，推动了人类文明从原始文明①到农业文明，再到工业文明的发展，当今世界正处于迈进生态文明的新时代。

---

　①　在农业文明之前是原始文明。约在石器时代，人们必须依赖集体的力量才能生存，物质生产活动主要靠简单的采集渔猎，为时上百万年。

（二）新能源产业发展形成的新的能源革命是新兴产业发展的重要内容，为新兴产业的发展提供了强有力的支撑

新兴产业发展对能源开发利用提出新的要求，促进了新的能源产业发展。新的能源产业发展不仅能够满足人们生活的能源需要，而且还会成为经济发展的支柱产业和新兴产业的重要内容。与互联网技术紧密相连的新能源革命不仅改变了以化石能源为主的能源结构，而且由于新的能源产业的形成和发展改变了整个产业结构。随着新能源产业的发展，能源技术的进步，以信息技术发展为基础，智能制造和3D打印机为核心技术的第三次工业革命，改变了传统化石能源时代的大规模、标准化和集中式的生产模式；用户订制、个性化和单件生产改变能源需求特征，为分布式能源发展创新提供可能和需求。第四次工业革命的兴起也离不开新能源产业的发展。随着新能源产业的发展、能源技术的进步，新能源革命支撑了新的产业发展与社会变革。

（三）研究新能源产业发展必须借鉴西方发达国家新能源产业发展政策，推进中国能源生产和消费革命，构建中国新能源产业发展政策体系

推动中国能源革命是建设美丽中国的必然要求，是实现中华民族伟大复兴中国梦战略目标的重要保障，是应对全球气候变化的客观要求。顺应世界能源新的变革之势研究中国新能源产业发展，必须借鉴西方发达国家新能源产业发展政策，推进中国能源生产和消费革命，构建中国新能源产业发展政策体系。

西方发达国家是新能源革命的发源地。发达国家新能源产业发展的竞争优势，离不开政府政策的支持和激励。要充分认识新能源产业的战略属性，确立新能源产业发展的战略地位，保持新能源产业发展政策运行的稳定性、持续性和连贯性，借鉴国外新能源产业发展政策工具，形成新能源产业发展政策评估制度，不断调整创新新能源产业发展政策工具。必须从国家发展和安全战略高度，推动中国能源生产与消费革命。推动能源生产革命，要建立多元能源供应体系；推动能源消费革命，要抑制不合理能源消费；推动能源技术革命，要带动产业升级；推动能源体制革命，要打通

能源发展快车道；要全方位加强国际合作，实现开放条件下能源安全。加快中国发展新能源产业，必须从中国新能源产业发展实际出发，制定新能源产业发展政策体系。新能源产业发展政策体系包括财税政策、融资政策、价格政策外，也包括技术政策、环保政策、国际竞争合作策略和立法保障等。构建中国新能源产业发展政策体系不仅是保障能源安全、保护生态环境和国际市场竞争的需要，也是加快发展战略性新兴产业，转变经济发展方式，实现经济社会又好又快发展的需要。

（四）研究新兴产业发展必须借鉴西方发达国家新兴产业发展政策，研究中国战略性新兴产业发展现状和发展趋势，制定战略性新兴产业发展规划和相应政策措施

在新的能源革命大背景下，尤其是 2008 年国际金融危机后，加快发展新兴产业成为西方发达国家摆脱经济困境，促进经济增长，培育国际竞争新优势的重要战略。从西方发达国家新兴产业发展历程来看，制定、实施新兴产业发展政策推动新兴产业发展是其共同特点和普遍特征。其新兴产业发展政策体系主要包括新兴产业发展战略目标、阶段性任务、政策实施工具和评价机制等。

借鉴西方发达国家新兴产业发展政策，融入第三次工业革命浪潮，抓住第四次工业革命契机，中国必须加快战略性新兴产业发展规划和相应的配套政策措施。要实施完善管理方式，构建产业创新体系，强化知识产权保护和运用，深入推进军民融合，加大金融财税支持，加强人才培养与激励等政策保障支持措施。要立足发展需要和产业基础，大幅提升产业科技含量，加快发展壮大网络经济、高端制造、生物经济、绿色低碳和数字创意等五大领域，实现向创新经济的跨越。要加快互联网、物联网、新能源与制造业深度融合，推进制造业数字化网络化智能化发展。坚持创新驱动，突破一批重点领域关键共性技术。着眼全球新一轮科技革命和产业变革的新趋势、新方向，超前布局空天海洋、信息网络、生物技术和核技术领域一批战略性产业，打造未来发展新优势。遵循战略性新兴产业发展的基本规律，突出优势和特色，打造一批战略性新兴产业发展策源地、集聚区和特色产业集群，形成区域增长新格局。把握推进"一带一路"建设契

机，以更开放的视野高效利用全球创新资源，提升战略性新兴产业国际化水平。加快推进重点领域和关键环节改革，持续完善有利于汇聚技术、资金、人才等政策措施，创造公平竞争的市场环境，全面营造适应新技术、新业态蓬勃涌现的生态环境，加快形成经济社会发展新动能。

（五）推动能源革命，促进产业升级，追赶和引领世界新兴产业发展潮流必须实施创新驱动发展战略，打造聚集一流人才高地，建设创新型国家

当今世界兴起的新能源革命和第三次工业革命已展现出人类未来美好愿景，第四次工业革命已拉开序幕。实现全面建成小康社会和建设富强民主文明和谐美丽的社会主义现代化强国战略目标，实现中华民族伟大复兴的中国梦，中国必须全面融入新能源革命和第三次工业革命发展浪潮，牢牢把握第四次工业革命发展机遇，推动能源生产与消费革命，推进产业结构转型升级，追赶引领世界新能源革命与新兴产业发展新潮流。

推动能源革命，促进产业升级，追赶和引领世界新兴产业发展潮流，中国必须实施创新驱动发展战略，建设创新型国家。实施创新驱动发展战略的重大部署，强调科技创新是提高社会生产力和综合国力的战略支撑，必须摆在国家发展全局的核心位置。实施创新驱动发展战略，最根本的是要增强自主创新能力，最紧迫的是要破除体制机制障碍，最大限度解放和激发科技作为第一生产力所蕴藏的巨大潜能。面向未来，增强自主创新能力，最重要的就是坚定不移走中国特色自主创新道路，坚持自主创新、重点跨越、支撑发展、引领未来的方针，加快创新型国家建设步伐。必须把发展基点放在创新上，形成促进创新的体制架构。培育发展新动力，拓展发展新空间，构建发展新体制。抓创新就是抓发展，谋创新就是谋未来。要通过创新培育发展新动力、塑造更多发挥先发优势的引领型发展。

落实创新驱动发展战略，必须把重要领域的科技创新摆在更加突出的地位，实施一批关系国家全局和长远的重大科技项目。这既有利于中国在战略必争领域打破重大关键核心技术受制于人的局面，更有利于开辟新的产业发展方向和重点领域、培育新的经济增长点。要在一些重大创新领域组建一批国家实验室，打造聚集国内外一流人才的高地，在创新实践中发

现人才、在创新活动中培育人才、在创新事业中凝聚人才，大力培养造就规模宏大、结构合理、素质优良的创新型科技人才。组织具有重大引领作用的协同攻关，形成代表国家水平、国际同行认可、在国际上拥有话语权的科技创新实力，成为抢占国际科技制高点的重要战略创新力量。

五、尚需深入研究的问题

由于时间关系和研究的局限，本项目研究成果还存在一些不足或欠缺，有些问题尚需深入研究：其一，对能源革命、工业革命和社会文明进步三者之间的内在联系和相互作用，仍需从理论上进行深入研究。其二，对美国退出气候变化《巴黎协定》的决定对全球减少温室气体排放和新能源与可再生能源发展的影响，进行综合评估和系统研究。其三，对特朗普当选美国总统后中国与发达国家（特别是美国）在战略性新兴产业领域的激烈竞争和应对策略研究不够，必须加大力度进行研究。本项目研究成果存在的这些不足或欠缺，都需要继续深入研究。

第一章　能源革命、工业革命与人类文明进步

　　能源及其发展是经济增长的动力源泉，是人类文明发展的重要物质基础。能源革命引起生产技术变革，推动工业革命，促进生产力发展。能源革命与工业革命息息相关。工业革命以产业结构变动为核心推动经济增长，现代经济增长本质上是结构主导型增长。能源革命和产业发展是推动人类经济社会发展的强大动力，极大地促进了人类社会文明的进步。

第一节　能源革命的历史进程

　　人类文明演进与能源革命息息相关。纵观人类发展历史，人类已经历了三次能源革命，人类能源的开发利用大体经历薪材时代、化石能源时代和新能源时代；人类文明演进大体上经过原始文明、农业文明、工业文明三种形态，正处于迈进生态文明的新时期新时代。从能源发展趋势看，新能源革命即第四次能源革命已经开始，方兴未艾。能源开发利用的每一次飞跃，都引起了生产技术的巨大变革，大大推动了社会生产力的发展。能源发展对人类社会文明有着巨大影响。

一、第一次能源革命

　　能源革命是指人类有史以来在能源开发和利用方式上的重大突破，表现为在能源生产和能源消费领域发生的一系列根本性变革。人类历史上的

第一次能源革命是原始人发现和使用火。没有火的发现与利用就没有人类文明的进步。火的发现和利用是人类有意识利用能源的开始，是人类文明诞生最重要的标志，它标志着人类进入以薪柴为主要能源的时代，开启了人类社会几千年的农业文明。漫长的以薪柴为主要能源的时间一直延续到前资本主义时期。

火的发现与利用改变了整个人类社会的发展进程，奠定了人类发展的物质与生存基础。在火的发现与利用后，能源的开发利用就成为人类社会发展的重要物质基础。火的利用使人类告别了"茹毛饮血"的生活；人类用火驱逐野兽、寒冬取暖、黑夜照明，保障了居住安全；由于火的利用，人类逐渐掌握了冶炼技术，由石器时代进入铜器时代，再到铁器时代，形成了"刀耕火种"的原始农业的主要技术，使人类迈开了大发展的步伐。人类用火这种新的能源改善了生存环境，促进了人类发展，推动了人类从原始文明迈向农业文明。然而，火的利用在使人类生活水平提高、人口大量增加的同时，加大了对燃料能源的需求，必然加大对森林资源的砍伐，破坏了自然生态平衡，使人类文明也出现停滞缓慢局面。

二、第二次能源革命

人类进入薪柴时期以后，长期依赖生物质能源的简单利用，木材在能源消费结构中长期占据首要位置，但低热值的木材已经满足不了人类经济社会发展巨大的能源需求。16世纪的欧洲，由于农业、手工业、商业、远航贸易的发展增加了木材的砍伐量，引起了对森林的滥垦滥伐。到16世纪后期，在英国和整个欧洲，作为主要热能来源的木材奇缺，供不应求，价格暴涨。另一方面，大面积森林被砍伐，破坏了自然环境和生态平衡。16世纪发生于欧洲的"木材危机"，引发了人类对新的能源资源的需求，迫使人们用煤代替木材作为主要能源。

煤炭开采技术的突破和蒸汽机的发明，使人类开启了第二次能源革命，标志着第一次工业革命爆发，机械力开始大规模代替人力，资本主义工场手工业进入大机器大工业时代，人类进入了工业文明时期。煤炭这种新兴矿物质燃料能源的开采使用，引发了社会生产力、生产技术、生产结构一系列变革，煤炭被誉为"黑色的金子"。从17世纪到18世纪，煤炭这种新能源的大规模开发利用，使蒸汽机成为工业发展的发动机。蒸汽机作为动力机械，迅速推广到化学、冶金、采掘、机器制造等工业部门。大机器工业的飞速发展是以巨大的煤炭消耗为前提保障。1870 年英帝国消耗了 1 亿吨煤，发出的热量相当于 800 万亿卡，这些惊人的热量推动着高达 4000 万马力的蒸汽机能量，约等于有 4000 万精壮的劳动力在大不列颠帝国的各个角落昼夜不停地工作；机械动力使得工业可以取得惊人的增长，而不必受制于人力资源的局限和人口增长压力[①]。到 19 世纪末，世界进入"煤炭时代"。正是有了煤炭，才有了大量的蒸汽机、火车、轮船和更多的铁，煤炭工业彻底改变了世界的面貌，并以前所未有的速度推动了人类历史发展。

三、第三次能源革命

从 19 世纪 70 年代开始，电力和内燃机技术逐步取代蒸汽机技术，石油得以广泛应用成为工业的主要动力，人类开启了第三次能源革命，人类社会从"蒸汽时代"迈入"电气时代"。内燃机的发明使用解决了长期困扰人类经济发展的动力不足问题，电报机的问世打破了常规的联络方式，这次大变革被称为第二次工业革命。汽车和飞机的大量出现加大了对汽油和柴油的需求，从而推动了石油工业的兴旺。由于石油与煤炭相比，热值更高、更易运输、污染更低、使用方便、转换效率高，特别是价格低廉，因此从 20 世纪 50 年代开始，各主要资本主义国家纷纷把燃煤电厂改为燃油电厂，用廉价石油取代高价煤炭，从而获取更大的经济效益。20 世纪 60 年代，石油取代煤炭成为世界的主要能源。石油作为一种新兴燃料不仅直接带动了汽车、航空、航海、军工、重型机械、化工等工业的发展，甚至影响着全球的金融业。可以说石油对世界经济发展起着支撑性的作用。各主要资本主义国家依靠廉价石油，实现了经济发展的"黄金时代"。石油被称为"工业的血液"。美国、欧洲主要资本主义国家，依靠大量消耗廉价石油促进了生产力的巨大发展。国民经济高速向前发展，在比较短的时

---

① 舒小昀：《工业革命：从生物能源向矿物能源的转变》，《史学月刊》2009 年第 11 期。

间内，创造了人类历史上空前灿烂的物质文明，使得这些国家从工业化迈入现代化行列。

第三次能源革命以来，特别是二战以后，大量化石能源的应用促进了人类经济社会快速发展和生活方式的变革，也产生了严重后果。化石能源的大规模开采对地表和生态造成了直接和间接的破坏，比如森林的砍伐、水资源的大量消耗和地陷，同时加剧了资源的衰竭。化石能源的大量消耗，产生了大量的废气、废水和废渣，造成空气、河流污染，人类生存与发展环境急遽恶化。化石燃料燃烧排放出巨量的 CO_2 和 SO_2，产生温室效应，引发的气候变暖、两极冰川融化、大面积酸雨等一系列全球气候危机日益严峻。20 世纪 70 年代以来爆发的数次石油危机，结束了以廉价石油催动世界经济腾飞的局面，给严重依赖石油的世界经济敲响了警钟。沉重的代价让人类开始反思，人类迫切需要一次新的能源革命。20 世纪 60 年代以来，能源革命的呼声日渐高涨，世界各国加快了对新能源的开发利用，积极发展清洁能源，可持续发展、生态文明开始成为世界性主题。

四、新的能源革命

所谓生态文明是人类在改造自然造福自身的过程中，为实现人与自然之间的和谐所做的全部努力和所取得的全部成果，它是人与自然相互关系的进步状态的标识。[①] 生态文明是人类文明进程中的新境界和新阶段，它是对传统文明特别是工业文明进行深刻反思形成的认识成果，也是在建设物质文明过程中保护和改善生态环境的实践成果。生态文明不是要求降低人类发展的速度和层次，而是旨在转变发展方式和质量；不是简单的要减少能源的总体消耗，而是重在变革能源的供应结构，发展开发利用能源的低碳技术，实现能源生产和消费的清洁化。清洁能源在能源供应结构中占有绝大部分比例，是生态文明发展的方向和最显著的特征。在全球范围内确立和促进生态文明建设，必须确立低碳经济发展战略，普及推广清洁能源的开发利用。

---

① 吴凤章主编:《生态文明构建:理论与实践》,中央编译出版社 2008 年版,第 5 页。

新的能源革命即第四次能源革命是在当代世界人口、资源、环境之间矛盾空前激化的背景下发生的，目的是要以新能源（如核能）和可再生能源（包括水电能、生物质能、太阳能、风能、地热能、海洋能和氢能等）逐步代替矿物能源，消除化石能源消费所引发的环境问题，塑造一个经济、安全、清洁、可持续的能源供应新格局。第四次能源革命，以新能源和信息技术融合为标志，开启了以高效、清洁、低碳、安全、智能化为主要特征的能源系统代替原有能源系统的进程。第四次能源革命是同知识经济、循环经济、低碳经济密切相关的低碳能源革命，将引发能源生产、流通、分配、消费等体制机制深刻的变革。当今世界，各国都将发展新能源作为未来战略的重点，可再生能源技术、分布式发展体系、智能能源网络已成为能源发展的新方向。

能源革命与产业发展息息相关。新的能源革命将引发新的工业革命已成为世界各国的共识，世界正处在第三次工业革命前夜，第三次工业革命期待可再生能源取得新的突破。2011年，美国经济学家杰里米·里夫金在《第三次工业革命》一书中提出，世界将以新能源为核心进行一次工业革命即"第三次工业革命"。新能源技术将成为人类赖以生存和发展的核心技术，新能源产业很有可能成为继信息技术后带动全球经济复苏的"新技术革命"的核心内容，成为世界新的经济增长点。可再生能源与当代互联网技术的融合，将成为新工业革命的强大动力。新能源产业崛起将引起电力、IT、汽车、新材料、建筑业、通信行业等多个产业的大变革和深度裂变，并催生一系列新兴产业；掀起社会生产方式、制造模式甚至生产组织方式等方面的重要变革；将从根本上重塑社会经济关系，深刻地影响人类的商业行为、社会管理体系、教育体系和生活方式，使人类进入生态和谐、绿色低碳、可持续发展的社会。

面对新的能源革命的挑战和机遇，世界各国跃跃欲试。美欧等发达国家和地区，广大新兴国家都投入巨资和热情推动能源技术革新，以抢占新的工业革命的制高点。面对国外的竞争挑战，中国亟须进行一场清洁化和低碳化的能源革命，转变经济发展方式。未来中国经济发展要紧紧抓住能源生产与消费革命契机，加快生态文明建设，推进新能源的技术创新与发展，在第三次工业革命中，加快推进产业结构转型升级，在全球新能源发展竞争中取得主导地位，以能源革命引领新的工业革命，努力成为第三次工业革命的引领者。

第二节　工业革命的发展演变

工业革命是指由于重大技术革命导致人类能源动力使用上的革命，大量新兴制造产业的出现和发展，使国民经济的产业结构发生重大变化，导致社会生产方式与生产组织方式的重大变化，进而使人类经济、社会等各个方面发展出现崭新面貌。从人类发展历史来看，已经发生过两次工业革命，当前第三次工业革命已经拉开帷幕，方兴未艾，全球正迎来第三次工业革命热潮。第四次工业革命正在孕育，已露端倪。

一、第一次工业革命

第一次工业革命是指 18 世纪 60 年代至 19 世纪 40 年代从英国发起的人类生产技术发展史上的一次巨大革命。第一次工业革命是以机器取代人力，以大规模工厂化生产取代个体工场手工生产的一场生产与技术革命，开创了以机器大工业代替工场手工业的"机器时代"。

第一次工业革命首先出现于工场手工业新兴的棉纺织业。1765 年，"珍妮纺纱机"的发明，大幅度增加了棉纱产量。"珍妮纺纱机"的出现首先在棉纺织业中引发了发明机器、进行技术革新的连锁反应，揭开了工业革命的序幕。此后，在棉纺织业中出现了骡机、水力织布机等机器。不久，在采煤、冶金等许多工业部门，也都陆续有了机器生产。

一系列技术革命引起了从手工劳动向动力机器生产转变的重大飞跃。随着机器生产的增多，原有的动力如畜力、水力和风力等已经无法满足需要。1785 年，瓦特制成的改良型蒸汽机投入使用，提供了更加便利的动力，得到迅速推广，大大推动了机器的普及和发展，机器的发明及运用成为了这个时代的标志。"珍妮纺纱机"作为工作机的发明和应用是工业革命开始的标志；蒸汽机作为动力机是第一次工业革命的主要标志；蒸汽机、煤炭、铁和钢是促成工业革命加速发展的三项主要因素。英国的煤产量从 1770 年的 600 万吨上升到 1800 年的 1200 万吨，进而上升到 1861 年的 5700 万吨。同样，英国的铁产量从 1770 年的 5 万吨增长到 1800 年的 13 万吨，进而增长到 1861 年的 380 万吨。以煤炭作为能源的蒸汽机的广泛使用，将人类带入了"蒸汽时代"，同时也跨入了钢铁时代。

随着工业生产中机器生产逐渐取代手工操作，一种新型的生产组织形式——资本主义工厂诞生了。1840 年前后，英国的大机器生产已基本取代了工场手工业生产，工业革命基本完成。英国成为世界第一个工业国家。随后工业革命向整个欧洲大陆传播，19 世纪传至北美。再后来，工业革命传播到世界各国，使经济社会发生了翻天覆地的变化。

第一次工业革命不仅是一次技术改革，更是一场深刻的社会变革。从生产技术方面来说，工业革命使大规模分工协作的组织代替了小手工工场，用机器大工业代替了手工业；从社会关系来说，资本主义工厂制度的确立使依附于落后生产方式的自耕农阶级消失了，工业资产阶级和工业无产阶级形成和壮大起来。

第一次工业革命为西方资本主义国家经济社会带来了一系列的显著变化。工业革命使经济结构发生了显著改变，实现了从传统农业社会转向现代工业社会的重要转变；使生产方式和生产技术发生了巨大变革，机器代替了手工劳动；工厂代替了手工工场。它使资本主义最终战胜了封建主义，使社会明显地分裂为资产阶级和无产阶级两大对立的阶级。工业革命创造了巨大的生产力，社会制度的变迁和重大技术变革与应用，使经济社会面貌发生了天翻地覆的变化。率先完成工业革命的西方资本主义国家逐步确立起对世界的统治，世界形成了西方先进、东方落后的局面。工业革命促进了人口增长，城市人口快速集中，出现了大的工业城市，开始了西方资本主义国家的城市化进程，也带来了工业污染。

二、第二次工业革命

第二次工业革命是指 1870 年至 1914 年的一场生产和技术革命。1870 年以后，由于电力的广泛应用，并发明了主要使用石油和汽油的内燃机，动力工业被彻底改革。石油成为这一阶段最为重要的能源之一，通信技术也因无线电的发明而得到改善。科学技术突飞猛进发展，各种新技术、新发明层出不穷，并被迅速应用于工业生产，极大地促进了社会生产力的发展。电力、钢铁、化工、汽车、飞机等重工业逐渐发展起来，特别是航空业、汽车业和通信技术产业的快速发展，推动了世界经济的发展，加快了全球化的步伐，世界经济从第一次工业革命时期形成的全球的区域市场向全球性的世界市场转变。第二次工业革命使西欧、美国以及日本的工业得到飞速发展，主要资本主义国家由自由资本主义过渡到垄断资本主义。

第二次工业革命的一个显著特点是科学技术开始广泛影响工业生产，大量的生产技术得到了改善和应用。科学技术主要表现在电力的广泛应用、内燃机和新交通工具的制造、新通信手段的发明和化学工业的建立。20 世纪初，在美国底特律，亨利·福特改变了汽车生产工序，创建了流水作业的生产线，开创了工业生产的自动化先河。第二次工业革命使工业生产从简单的机器化生产进入自动化生产的高级阶段，开创了大机器生产的自动化时代。由此，控制论创始人维纳认为第二次工业革命的典型特征为"自动化"。

第二次工业革命以电力的大规模应用为代表，电力工业成为第二次工业革命的标志。从 19 世纪 60、70 年代开始，出现了一系列电器发明。1866 年德国人西门子（Siemens）制成发电机，1870 年比利时人格拉姆（Gelam）发明电动机，电力开始用于带动机器，成为补充和取代蒸汽动力的新能源。电动机的发明，实现了电能和机械能的互换。随后，电灯、电车、电钻、电焊机等电气产品如雨后春笋般地涌现出来。电力工业和电器制造业的迅速发展使人类从"蒸汽时代"跨入了"电气时代"。

三、第三次工业革命

第三次工业革命是指以再生性能源技术、互联网技术、数字制造技术的重大创新、融合与运用为代表，以"制造数字化、能源网络化、电力分散化、汽车电动化"为核心，从而导致工业、产业、商业模式乃至社会发生重大变革。这一过程不仅将推动一批新兴产业诞生与发展，还将导致社会生产方式、工业制造模式、产业组织方式、商业模式等方面的重要变革，最终使人类进入资源节约、环境友好、生态和谐、可持续发展的社会。

第三次工业革命是从 20 世纪 70 年代开始逐渐发展起来的。进入 21 世纪，第三次工业革命来势凶猛，成为全球讨论的焦点，西方主要发达国家迅速加以应对，美国等西方国家掀起了"再工业化"浪潮，德国更是提出了跨越第三次工业革命的"工业 4.0"发展战略。第三次工业革命之所以兴起并全球化传播，与全球可持续发展面临的压力息息相关。20 世纪 80 年代以来，石油和其他化石能源日渐枯竭，造成的全球气候变化为人类的持续生存带来了危机，由化石能源驱动的工业经济模式难以为继，已经不能成为支撑全球可持续发展的动力，人类急需一种低碳发展新模式。进入 21 世纪后，面对全球可持续发展的压力，欧盟率先积极推行大幅减少碳排放的政策，加速了向可持续发展经济时代的转变。①

什么是第三次工业革命？针对全球未来发展趋势，美国著名未来学家杰里米·里夫金撰写的《第三次工业革命——新经济模式如何改变世界》一书，对第三次工业革命进行了全面分析。他认为，近 200 年来化石燃料推动了人类的工业化进程，同时向地球排放了大量二氧化碳等温室气体，以化石燃料为基础的第二次工业革命难以为继，新的工业革命势必日渐兴起，使人类走向后碳时代。互联网技术与可再生能源体系的有机融合为第三次工业革命奠定了坚实基础，或者说能源互联网将是未来社会新经济系统的发展基石，催生第三次工业革命。

2012 年 4 月，英国《经济学人》杂志发表《第三次工业革命：制造业与创新》专题文章，使"第三次工业革命"真正进入大众视野，成为一个热议话题。《经济学人》杂志著名编辑、英国经济学家保罗·麦基里认为，第三次工业革命的核心是数字化革命，标志是 3D 打印技术，关注点是数字化制造和新能源、新材料的应用。第三次工业革命正在我们身边发生，其核心是"制造业数字化"。第三次工业革命将迎来制造业的数字化发展，而且会扩散到其他领域。新科技、新材料和高端自动化机械及机器人在第三次工业革命中将起到重要作用，这些元素将形成合力，产生改变人类社会的巨大力量。

---

① 参见芮明杰：《第三次工业革命与中国选择》，上海辞书出版社 2013 年版，第 30—31 页。

随着里夫金的《第三次工业革命》在中国的出版，掀起了一股第三次工业革命热潮。正如里夫金所说，中国人需要关心的问题是 20 年后中国将会处于一个什么样的位置，是身陷日薄西山的第二次工业革命之中继续依赖化石能源与技术，还是积极投身于第三次工业革命，大力开发可再生能源科技？如果选择了第三次工业革命这条道路，那么中国极有可能成为亚洲的龙头，引领亚洲进入下一个伟大的经济时代，[①] 抢占世界经济发展前沿阵地，为改变人类命运和推进人类文明做出应有的贡献。

四、第四次工业革命

第四次工业革命，是以互联网产业化、工业智能化、工业一体化为代表，以人工智能、清洁能源、无人控制技术、量子信息技术、虚拟现实以及生物技术为主的全新技术革命。是以智能制造为主导，以制造业数字化、网络化、智能化为核心技术，实现信息技术、生物技术、新材料技术、新能源技术的广泛渗透，将带动几乎所有工业领域智能化、绿色化的新一轮工业革命。

为加强德国作为技术经济强国的核心竞争力，早在 2006 年，联邦政府就通过了《高技术战略 2020》，该战略文件重点是《未来项目——"工业 4.0"》。为了进一步落实"工业 4.0"计划，德国三大工业协会——德国信息技术、通讯、新媒体协会，德国机械设备制造业联合会以及德国电气和电子工业联合会（以下简称"三大协会"）决定，三大协会共同建立一个名为"第四次工业革命平台"的办事处，该平台已正式启动，旨在推动实施联邦政府制定的高科技战略未来项目。日本率先响应，2015 年 1 月 23 日推出《机器人新战略》。我国 2015 年也出台了《中国制造 2025》十年战略规划。全球正出现以工业互联网、智能制造为代表的新一轮技术创新浪潮。

世界经济论坛创始人兼执行主席克劳斯·施瓦布在《第四次工业革命》一书中概述了第四次工业革命正在带来巨大挑战的一些关键技术。首

---

① 参见［美］杰里米·里夫金:《第三次工业革命——新经济模式如何改变世界》,中文版序,张体伟、孙豫宁译,中信出版社 2012 年版,XVI。

先是无人驾驶交通工具、3D 打印、高级机器人及新材料，这些均可概括为物理方面的技术飞跃，极大地扩展了人类掌控下的技术能力；其次是物联网与互联网、智能技术的结合，将进一步有效提高现有资产等资源的利用效率；第三是生物基因工程，随着合成生物学的发展，人类将拥有定制有机体的能力，会在医药、农业、生物能源方面产生重大影响。[1]

第四次工业革命的关键是信息技术应用。与第三次工业革命以自动化（数字化），即计算机、网络等信息技术的兴起与运用为主要标志不同，第四次工业革命的主要标志是智能化（信息化），即信息技术的升级创新与应用。第四次工业革命的本质是基于"信息物理系统"（Cyber Physical System）实现"智能工厂"。即在生产制造过程中，与设计、开发、生产有关的所有数据将通过传感器采集并进行分析，形成可自律操作的智能生产系统。就产品而言，随着信息技术在制造业领域的广泛渗透，互联网技术、人工智能、数字化技术嵌入传统产品设计，使产品逐步成为互联网化的智能终端。

第四次工业革命是一场全新的绿色工业革命，它的实质和特征，就是大幅度地提高资源生产率，经济增长不再依赖不可再生资源要素的投入，增加二氧化碳等温室气体排放。绿色工业革命的目标是要采用能耗更低、更清洁的方式使用化石能源，使单位能耗的污染强度下降；尽量减少化石能源在经济生产和消费中所占的比重，提高经济产出效率；促进非化石能源、可再生能源、绿色能源的大幅上升，促进清洁能源的开发与利用最终占据主导地位。促进一系列生产函数发生从自然要素投入为特征，到以绿色要素投入为特征的跃迁，并普及至整个社会。

第三节　能源革命与产业发展推动人类文明进步

自从原始人发明和使用火以后，能源的开发和利用成为人类社会发展

---

① 参见［德］克劳斯·施瓦布:《第四次工业革命——转型的力量》,李菁译,中信出版社 2016 年版,第 16—25 页。

的重要物质基础。能源革命在能源开发和利用方式上的重大突破，使能源生产和能源消费领域发生一系列根本性变革，如蒸汽机、内燃机、电力、可再生能源等的发明应用，是人类文明发展的重要标志。能源革命成为工业革命的重要内容、强大基础和有力支撑，促进了新的产业发展，推动了人类文明进步。

一、农业文明

文明是人类文化发展的成果，是人类改造世界的物质和精神成果的总和，也是人类社会进步的象征。发现火并利用火是人类文明的开端，被看作人类文明诞生最重要的标志。没有火的使用就没有人类文明的进步。钻木取火是人类在能量转化方面最早的一次技术革命，火的发现和使用是人类历史上的第一次能源革命，它改变了整个人类社会的发展进程，奠定了人类发展的物质与生存基础。人类学会钻木取火并保留火种时，就已经具备了支配自然资源的能力，实现了从利用自然火到利用人工火的转变，摆脱了完全依附自然生存的状态，标志着人类进入以薪柴为主要能源的时代。薪柴的广泛使用，人类逐渐掌握了冶炼技术，从石器时代走向铁器时代，适应了以刀耕火种为特征的早期农耕文明发展的需要，推动了人类从原始文明迈向农业文明。在人类社会发展的漫长历史长河中，起初的产业结构体系是非常简单的，农业是整个经济活动的重心，产业结构体系的构成主导是农业部门。随着经济的增长，农业以外的产业活动增加，非农产业部门逐渐形成新的独立产业，构成以农业为中心的复合初级产业结构体系。这是农业文明产业发展的主要特征。

农业文明时期又可以称为"薪材时代"。木材、秸秆等柴薪能源成为人类社会生产和生活的主要能源，促进了农业的发展，推动了农业文明。农业文明对自然能源的利用只能是初步的、原始的一次能源。从农业生产方式来看，由起初依赖人力的刀耕火种演进为可以在生产过程中大量使用畜力，并一定程度上利用水能、风能等，但主要能源还是利用可再生的薪材和农作物秸秆。由于薪材和农作物秸秆能源密度较低、运输不便，薪材和农作物秸秆能源主要用于人类取暖、照明、炊事、冶炼、制陶等生产生活活动。生产过程中的动力主要是使用人力和畜力，对生产效率的改进作用有限，农业文明时期人类经济长期处于极慢增长的态势。

农业文明的发展模式效率低下，属于人类文明的低级形式，它主要是解决人们的温饱和生存问题。农业文明的生存效率低下，导致了它的种种问题，随着人类经济社会的发展，进入到效率更高的工业文明成为一种必然结果。

二、工业文明

工业文明是以工业化为重要标志、机械化大生产占主导地位的一种现代社会文明状态。它贯穿着劳动方式最优化、劳动分工精细化、劳动节奏同步化、劳动组织集中化、生产规模化和经济集权化等六大基本原则。其主要特点大致表现为工业化、城市化、法制化与民主化、社会阶层流动性增强、教育普及、消息传递加速、非农业人口比例大幅度增长、经济持续增长等。这些特征也可视作推动传统农耕文明向工业文明转轨的重要因素。

18世纪，人类以煤炭等化石能源为原料，通过燃烧所产生的热量形成蒸汽，用汽轮机推动大型机器运转，煤炭随之成为推动第二次能源革命和人类第一次工业革命的"动力源"。从英国开始由纺纱机和蒸汽机技术的发明和应用引起的第一次工业革命，引起了冶金、采掘、机械制造、交通运输等产业的革命性变革，奠定了近代机器大工业的基础。蒸汽机作为动力机是第一次工业革命的主要标志，人类开启了工业文明时代。19世纪下半叶，电的发现与使用，人类解决了能源长距离传输问题，彻底改变了人类的工业化进程，一大批使用电力的装备随之产生，大幅度提高了全社会的生产力，使人类文明进程不断提速，同时加快了全球工业化进程。石油、天然气的发现与利用，开启了能源利用的网络化时代，世界各国依靠石油创造了经济飞速发展的奇迹，工业文明发展到前所未有的高度。第二次工业革命使照明、动力等产生了突变性的飞跃，引起了电机电器、精细化工、通信等产业群的产生。在石油作为能源得到广泛应用后，随着石油化工技术的出现，又产生了汽车、飞机等新的产业。工业具有比农业大得多的扩展基础和动力机制，随着作为独立产业的工业的发展，它的活动范围和内容都空前扩大了。随着工业的进一步发展，其内部结构发生了较大变化，其中制造业的范围和内容迅速扩大，在工业发展的基础上制造业形成一个相对独立的产业部门。这是工业文明产业发展的主要特征。

英国工业革命标志着人类社会发展史上一个全新时代的开始，拉开了整个世界向工业化社会转变的"现代化"序幕。英国工业革命的成功引领了世界各国经济振兴的浪潮。从此以后，工业革命在不同国家、不同地区展开，至今方兴未艾。工业革命是近代工业化的实际开端，是传统农业社会向近代工业社会过渡的转折点。工业革命是人类历史的伟大飞跃，所建立起来的工业文明，成为延续了几千年的传统农业文明的终结者，它不仅从根本上提升了社会生产力，创造出巨量的社会财富，而且从根本上变革了农业文明的所有方面，创造了人类前所未有的新成就、新文明，完成了经济社会的重大转型。第二次世界大战后，由于重建家园的强烈愿望，世界各国一味追求经济的快速增长，出现了一股从未有过的以工业化为主要内容的"增长热"，工业文明得到进一步扩展。工业文明从过去到今天，虽然只有短短的300多年，却奇迹般地改变了整个世界。人类经济、政治、文化、社会结构和人的生存方式等等，都发生了翻天覆地的变化。从18世纪到21世纪初，直到今天，人类还没有完全实现工业化，一些发展中国家还在为实现工业化而努力。但是，发展中国家不能再走科技含量低、经济效益差、资源消耗高、环境污染重、人力资源优势得不到充分发挥的传统工业化道路，而是要在新的历史条件下完成基本实现工业化的任务。作为世界最大发展中国家的中国，更是要坚持以信息化带动工业化，以工业化促进信息化，促进信息化和工业化深度融合，走出一条科技含量高、经济效益好、资源消耗低、环境污染少、人力资源优势得到充分发挥的新型工业化道路。

工业文明是最富活力和创造性的文明，我们无时无刻不在享受着工业文明的成果。然而，工业文明将社会发展等同于经济增长，并以此作为衡量一个国家和地区发展水平高低快慢的重要乃至唯一尺度，必然导致在带来巨大财富与社会进步的同时，产生众多能源、环境和自然生态问题以及社会发展危机。世界各国为了实现经济指标的快速增长，对资源进行掠夺性地开采利用，无所顾忌地排放，完全不顾及自然生态和环境资源的承受能力，不仅造成了严重的自然生态环境危机，也使人类陷入到生存和发展的危机之中。工业文明不仅接近把以化石能源为主体的资源消耗殆尽，特别是对不可再生资源的消耗和浪费最为严重；工业文明还使生态环境遭到严重破坏。由于大规模采掘、加工和生产的需要，土地资源和森林资源大规模减少，土壤侵蚀、水土流失、草原退化和土地荒漠加速蔓延。自然资源的耗尽，意味着人类生存的根基丧失，人类发展将难以为继。与自然资源的过度耗费和自然生态的破坏相伴而生的直接后果就是环境严重污染。这是工业文明造成的最大恶果，也是引起人类不可持续发展的最突出问题。受大气污染、水体污染、酸雨、臭氧层遭到破坏、温室效应及海洋污染等环境污染的影响，世界各地自然灾害频发，自然生态环境的破坏已直接威胁到人类自身的生存。

工业文明以人类征服自然为主要特征，这种局限和缺陷，不可能从根本上解决全球性的、整体性的生态危机，无法正确处理当代人与自然界的关系，使人与自然和谐相处。一系列全球性的生态危机表明，地球再也没有能力支持工业文明的继续发展，工业文明时代已经走向衰落，需要开创一个新的、生机勃勃的文明形态——生态文明来延续人类的生存和发展。

三、生态文明

生态文明是人类文明发展的一个新的阶段，是继工业文明之后的文明形态。生态文明是人类遵循人、自然、社会和谐发展这一客观规律，在改造自然、造福自身的过程中，为保护和建设美好生态环境而取得的物质成果、精神成果和制度成果的总和，是人与自然相互关系的进步状态的标识。生态文明是人类文明进程中的新境界和新阶段，它是对传统文明形态特别是工业文明进行深刻反思形成的认识成果，也是在建设物质文明过程中保护和改善生态环境的实践成果。生态文明是人与自然共同生息，生态与经济共同繁荣，人、经济、社会与自然的全面协调可持续发展的现代文明。

生态文明的建设过程，是人、经济、社会与自然生态环境全面协调发展进步的过程。生态文明不再以经济增长作为唯一的目标，而是把生态环境的改善提到了前所未有的高度；强调良好的生态环境是社会生产力持续发展和人们生存质量不断提高的重要基础；主张发展经济要充分考虑自然的承载能力和承受能力；强调把建设资源节约型、环境友好型社会放在工业化、现代化发展战略的突出位置；坚持生产发展、生活富裕、生态良好的文明发展道路。建设生态文明就是要建设经济发展与人口、资源、环境相互协调的社会，建设人与自然相和谐、持久永续发展的社会。

重建人与自然的和谐统一，实现生态经济社会的持续协调发展，是现代经济社会发展的中心议题。人类只有自觉地担负起维护生态平衡、改善生态环境的责任，寻求与大自然的和谐发展之路，努力以最小的资源环境代价谋求经济社会最大限度的发展，以最小的社会、经济成本保护自然资源和生态环境，才能使人类摆脱能源危机、生态危机、发展危机和生存危机，才能在开发、利用自然资源和保护、协调自然环境与创造良好生态环境的前提下，促进生态与经济良性互动，协调发展，在增加生态财富的同时，促进经济财富的增长。

能源体系在生态文明建设中居于核心地位。生态文明建设推动了新的能源革命，对能源转型提出了更高要求。美国未来学家里夫金在《第三次工业革命》一书中，阐述了支撑第三次工业革命蓝图的五大支柱：第一，新能源的利用；第二，新型基础设施具备清洁能源自给自足的能力；第三，能源绿色储备方式；第四，建立可实现新能源分享的"能源互联网"或称之为"智能电网""绿色电网"；第五，绿色运输和物流。他强调，这五大支柱是不可分割的整体，只有五大支柱融为一体，整体发展，才能成功完成第三次工业革命。

英国经济学家保罗·麦基里则认为，以"制造业数字化"为核心的新的工业革命，建立在互联网、新材料和新能源结合的基础之上，它将使全球生产要素和市场要素配置方式发生根本的变化。

新能源革命促进了工业革命，促进了社会生产力的极大提高，也促进了人类文明的进步。能源利用方式的变革带动了新的产业发展，提高了经济效率，促进了可持续发展。第三次工业革命正在悄然发生。第三次工业革命是涉及信息网络技术、新能源技术、智能制造技术、新材料技术、生物技术、空间技术和海洋技术等诸多领域当代高新技术产业群发展的一场革命。这场由新能源技术、互联网技术、智能制造技术等通用技术的突破和大规模应用所驱动的第三次工业革命将促进制造技术向一体化、智能化、微型化、高度柔性化、全周期化、人机关系更加友好的方向快速发展。使工业生产方式呈现出数字化、网络化、智能化、个性化、绿色化等趋势，使企业组织方式出现网络化、平台化、扁平化等趋势，使商业模式从以厂商为中心转向消费者为中心。不仅极大地推动了人类社会经济、政治、文化领域的变革，而且也影响了人类生活方式和思维方式，使人类社会生活和人的现代化向更高境界发展。

以可再生能源的开发利用为主导的能源生产方式和能源消费方式的变革，将使人类社会进入到以高效化、清洁化、低碳化、智能化为主要特征的能源时代。互联网技术和可再生能源技术结合起来，不断突破，智能化电网、分布式电源将得到较快发展，越来越多的家庭成为能源消费者和生产者，由单向接受、模式单一的用电方式，向互动、灵活的智能化用电方式转变，为第三次工业革命创造强大的基础，人类有可能进入可持续发展的后碳时代，避免全球气候变化带来的危机。这正是第三次工业革命的希望所在、意义所在。

中国有可能也应该成为第三次工业革命和第四次工业革命的引领者。中国具备引领第三次工业革命的政治基础，中国共产党把经济发展与生态发展并存写入了党的十八大报告。党的十八大报告提出"把生态文明建设放在突出地位"，将生态文明建设与经济建设、政治建设、文化建设、社会建设一起，列入"五位一体"总体布局。党的十九大报告更是提出，建设生态文明是中华民族永续发展的千年大计。要坚持人与自然和谐共生，形成绿色发展方式和生活方式，坚定走生产发展、生活富裕、生态良好的文明发展道路，建设美丽中国，为人民创造良好生产生活环境，为全球生态安全做出贡献。

中国的国学思想与第三次工业革命的原因有异曲同工之处：儒家学说倡导"天人合一"，人与自然浑然一体，和谐相处。而气候变化是第三次工业革命的主要原因，保护生态是其目标之一，所以可以将中国第三次工业革命中出现的哲学思想凝炼成新儒家学说。中国已经在新能源应用领域取得了一定成果，总结了大量的实践经验，中国能源耗费结构也日趋多元化。中国拥有世界领先的清洁煤技术，掌握了先进的风能技术，同时中国还大量运用多种可再生能源，如潮汐能、地热、生物能等，这为第三次工业革命打下了坚实基础。[①] 中国将会向互联网 + 和"第三次工业革命"的方向转变，抓住第四次工业革命发展契机，同时也希望与世界各国携手同行一起向互联网方向转变，共同融入第三次工业革命，共同迎接第四次工业革命的挑战，共同创造人类世界新的文明。

---

① 《"第三次工业革命"在敲门（一）》，《光明日报》2013 年 8 月 24 日。

第二章　新的能源革命支撑新的产业发展

能源革命与产业发展息息相关。人类历史上发生的三次能源革命都催生和推动了工业革命，促进了产业发展。21世纪70年代以来兴起的新能源产业的发展，正在形成新的能源革命。由新能源产业发展形成的新的能源革命是新兴产业发展的重要内容，为新兴产业的发展提供了强有力的支撑。

第一节　新能源产业及其发展

新能源又称非常规能源。通常是指尚未大规模开发利用、正在积极研究开发利用的能源，通常指太阳能、风能、生物质能、地热能、海洋能、核聚变能和氢气等。加快技术进步和加强政策支持发展新能源是当今世界各国能源发展大趋势，也是世界各国能源发展战略的主流。

一、新能源及新能源产业的内涵

新能源又称非常规能源，是指传统能源之外的各种能源形式。一般地说，常规能源是指技术上比较成熟且已被大规模开发利用的能源，如煤、石油、天然气以及大中型水电；而新能源通常是指尚未大规模开发利用、正在积极研究开发利用的能源。相对于常规能源而言，在不同的历史时期和科技水平情况下，新能源有不同的内容。当今社会，新能源通常指太阳能、风能、生物质能、地热能、海洋能、核聚变能和氢气等。随着技术进步和可持续发展观念的树立，工业与生活有机废弃物的资源化利用也可看作是新能源技术的一种形式。①

　　新能源的各种形式都是直接或者间接地来自于太阳或地球内部深处所产生热能的各种能源形式，包括太阳能、风能、生物质能、地热能、水能和海洋能以及由可再生能源衍生出来的生物燃料和氢能。1978 年 12 月 20 日联合国第三十三届大会第 148 号决议，新能源和可再生能源包括 14 种能源：太阳能、地热能、风能、潮汐能、海水温差能、波浪能、木柴、木炭、泥炭、生物质转化、蓄力、油页岩、焦油砂及水能。1981 年召开的"联合国新能源和可再生能源会议"，通过了促进新能源和可再生能源发展与利用的《促进新能源和可再生能源的发展与利用的内罗毕行动纲领》（简称《内罗毕行动纲领》Nairobi Programme of Action）。这次会议将新能源和可再生能源合称为一个概念 NRSE（new and renewable sources of energy），并明确其发展方向是"以新技术和新材料为基础，使传统的可再生能源得到现代化的开发与利用，用取之不尽、周而复始的可再生能源来不断取代资源有限、对环境有污染的化石能源"。联合国开发计划署（The United Nations Development Programme）把新能源细分为以下三大类：大中型水电；新可再生能源，包括风能、小水电、现代生物质能、海洋能、太阳能、地热能；传统生物质能。美国自然资源保护委员会认为，新能源是不被普遍使用并往往有利环境的能源，例如太阳能、风能（相对于化石燃料）。日本 1997 年颁布的"关于促进新能源利用的特别措施法"规定，新能源包括：太阳能发电与热利用、风力发电、废弃物发电与热利用、生物质能发电与热利用、温度差能。新能源与可再生能源存在交叉，新技术、环境友好和未来发展前景是新能源的基本特征。

　　1997 年 5 月，中国国家发展和改革委员会在"中国新能源基础设施建设项目管理办法"中，首次对新能源的范围界定为：生物质能、风能、太阳能和海洋能等自然资源，可以通过各种方式改造或加工成为电力或清洁燃料。2009 年《新能源产业振兴和发展规划》把新能源主要界定为："以

---

　　①　曹新:《中国能源发展战略问题研究》,中国社会科学出版社 2012 年版,第 1—2 页。

新技术为基础，已经开发但还没有规模化应用的能源，或正在研究试验，尚需进一步开发的能源"，主要包括风能、太阳能、生物质能源等。需要注意的是，核能在许多国家已经规模化利用，属于常规能源范畴，而根据中国国家能源局发布的《国家能源科技"十二五"规划》中，对于有关新能源技术领域的描述和界定中可以看出，在"十二五"期间中国仍旧将核能划归为新能源范畴内。

新能源是一个发展的概念，随着能源技术进步和市场规模化，部分新能源演变为常规能源。新能源与可再生能源在概念上存在交叉。国际能源署（IEA）对可再生能源的定义是：起源于可持续补给的自然过程的能量，其各种形式都是直接或间接地来自太阳或地球内部深处所产生的热能，主要包括太阳能、风能、生物质能、地热能、水能、海洋能以及由可再生能源衍生出来的能量。我国《可再生能源法》的定义是：指风能、太阳能、水能、生物质能、地热能、海洋能等非化石能源。可再生能源中水力发电是常规能源，其他可再生能源基本上可以归到新能源范畴。

新能源的共同特点是资源蕴藏量丰富、开发利用前景广阔、可以循环使用、没有污染或很少有污染。新能源与可再生能源普遍具有储量大、前景好、可循环、污染少的特点，对于解决当今世界能源资源（特别是化石能源）枯竭和严重环境污染问题具有重要意义。

新能源产业是指围绕新能源技术和产品进行生产经营的产业。关于新能源产业的范畴，没有一个统一明确的界定。国家发改委 2005 年颁发了《可再生能源产业发展指导目录》，规定了风能、太阳能、生物质能、地热能、海洋能和水能等六大领域的能源生产、技术研发和可再生能源开发装备制造等 88 种行业。

二、新能源产业兴起的背景

（一）能源安全危机

能源安全是指能源的经济安全（供应安全）和能源的生态安全（生产和消费安全）。前者是指国家生存与发展正常需求的能源供应保障的稳定程度；后者是指能源的生产和消费不应对人类自身的生存与发展环境构成任何大的威胁。能源安全是一个全球性的问题。全球能源安全与否对全球经济兴衰关系重大，对全球生态环境影响极大。[①]

引发能源安全危机的因素众多，能源资源禀赋的区域分布不均衡是根源之一。能源生产和消费的区域不均衡是基础，地缘政治是重要推动力。能源安全危机的发生具有不确定性，其造成的后果具有严重破坏性。世界主要发达国家长期以来都致力于谋求能源安全。

欧共体（欧盟）国家先后经历了两次重要的能源安全危机。欧洲大陆是一个能源资源储藏相对稀缺的区域。在 20 世纪 50 年代欧洲国家就意识到能源供应安全的问题了。1951 年法国、西德、意大利、比利时、荷兰和卢森堡六国签署《欧洲煤钢共同体条约》，就煤炭供给和运输达成协议，为工业发展提供稳定的能源保障机制。20 世纪 60 年代，世纪能源结构发生重大转折，世界主要能源燃料从煤炭转向石油，而欧共体国家普遍缺乏石油资源，所需的油气能源基本上依赖于进口。1938 年煤炭占西欧国家能源消费的 81%，到 1958 年下降到 58%。到 1973 年，石油占欧共体能源消费的比例高达的 67%，其中的 98% 依赖进口，而同年欧共体煤炭生产量则从 1960 年的 43690 万吨下降到 27072 万吨[②]。

第一次能源安全危机是由中东石油禁运引发。当时欧共体的石油主要来自于中东地区。1973 年，阿拉伯石油输出国组织成员宣布收回原油定价权，将基准油价由每桶 3 美元提高 11 美元，导致国际石油市场出现了严重的供应中断和价格暴涨。中东石油禁运对西欧国家经济的打击极为严重，能源供应安全开始全面纳入了西欧国家的经济、政治、安全和对外政策等领域。欧共体委员会发布了提高海外能源供应多样化政策以保证充分的供应安全白皮书。为减轻对中东地区石油进口单一渠道的压力，欧共体采取进口渠道替代战略，把苏联作为可选择的能源供应方。欧共体国家从 20 世纪 70 年代中期开始进口苏联的石油和天然气。20 世纪 70 年代末，西欧天

---

① 曹新:《中国能源发展战略问题研究》,中国社会科学出版社 2012 年版,第 56 页。

② Harold Lubell,"Security of Supply and Energy Policy in West Europe", *World Politics*, vol. 13, no. 3, 1961, pp. 400－422.

然气消费中苏联供气所占的比重已达10%，其中法国和西德的比重分别高达15%和16%，奥地利的比重是50%①。除降低对石油进口依赖外，欧共体国家还大力发展核能。1971年英国、法国、德国的核能发电占全部电力的比重分别为11%、6%、2%。1990年，英、法、德三国的核能发电分别提到27%、76%和28%②。

第二次能源安全危机是由乌克兰危机引发的。第一次能源安全危机后，欧共体（欧盟）国家通过加强与俄罗斯（原苏联）的油气能源合作、大力发展新能源等方式来保证能源供给安全。长期以来，欧洲与俄罗斯在能源领域相互依赖，欧洲能源消费长期依赖俄罗斯的油气供应。2013年，欧洲消费天然气5343亿立方米，其中从俄罗斯进口1615亿立方米，约占30.2%，芬兰、立陶宛、拉脱维亚、捷克、保加利亚等国从俄罗斯进口的天然气已占到本国消费的80%以上③。2013年爆发的乌克兰危机让欧洲的能源安全再一次真切地感受到威胁。俄罗斯利用输欧天然气作为战略平衡，将能源政治化，迫使欧洲国家在地缘政治中让步。欧盟国家意识到俄罗斯能源供给的不稳定性和不可靠性。2015年3月德国总理默克尔表示，"乌克兰危机让欧盟能源安全变得更加重要"。为尽快摆脱对俄罗斯的能源依赖，欧盟加快寻求能源来源多元化的步伐，加强内部能源治理。具体而言，有两方面策略：一是谋求能源供给渠道多元化，筹划哈萨克斯坦—土库曼斯坦—阿塞拜疆—土耳其天然气管道，加强同伊朗的能源合作，致力于对沙特阿拉伯、科威特、阿曼和卡塔尔等海湾产油国的能源投资与开发，积极进军非洲能源市场；二是加快开发可再生能源步伐，尽快实现可再生能源市场化。

20世纪70年代的中东石油危机也对美国造成了重大冲击。在石油危

---

① 刘英娜：《双重目的的交易——苏联与西欧的天然气贸易》，《苏联东欧问题》1982年第1期。

② EU Energy Policy Data, European Commission Document SEC(2007)12, 10 January 2007.

③ 数据来源：http://www.chinamining.com.cn/Newspaper/E_Mining_News_2013/2014-10-28/。

机的冲击下，尼克松总统提出"能源独立"计划，要求十年内实现美国能源独立而不依赖进口。此后，能源独立成为美国能源战略的重要组成部分。为保证美国能源安全，美国采取了两方面措施：一是保护美国在中东的石油利益，扶持战略同盟，保证能源供给稳定；二是抓紧国内新能源开发，特别是页岩气和可再生能源的开发利用。

（二）全球气候变暖

人类工业社会的发展建立在石油能源基础之上。直到现在，世界能源消费的 40%、交通能源的 90% 还依赖石油。[①] 与此同时，大量化石能源的使用带来了严重的环境污染（如雾霾、酸雨）和大量二氧化碳排放引起的全球气候"温室效应"，给各国经济社会发展带来了很大损失。20 世纪 80 年代，全球气候变暖等气候异常现象引起了国际社会的重视。为应对全球气候变化，1988 年 12 月联合国成立了政府间气候变化专业委员会（the Intergovernmental Panel on Climate Change，IPCC）。

在联合国的历次气候大会上，欧盟都发挥了重要的作用。在 1997 年 12 月的联合国气候变化框架公约第三次缔约方会议（COP3）上，欧盟更是发挥领导作用，协调各国观点，最终使各国达成了一致性意见，2002 年 5 月 31 日批准了《京都议定书》。与此同时，欧盟从自身做起，制定并完善相关政策，降低温室气体排放。化石能源的大量使用是温室气体排放的主要原因。因此，积极发展可再生能源，减少化石能源比重，就成为欧洲能源政策的重点。欧盟的气候与能源政策主要包括三大类目标，即温室气体减排、可再生能源和能源效率。1997 年，欧盟发布了《可再生能源战略和行动白皮书》。该白皮书提出，到 2010 年，欧盟可再生能源消费量占总能源消耗的比例从 1997 年的 6% 提高到 12%，2050 年在整个欧盟国家的能源构成中可再生能源达到 50% 的宏伟目标。

美国在气候变暖方面的立场有波折。小布什政府与传统能源集团有着千丝万缕的联系，在应对气候变暖方面的能源政策持保守态度。奥巴马上

---

① 陈清泰、吴敬琏等：《新能源汽车需要一个国家战略》，《经济参考报》2009 年 9 月 24 日。

台后，美国的能源政策转向取得了突破性进展。美国的民众和企业对温室气体排放的认识更加助推了新能源政策实施。奥巴马政府在新能源领域投入了大量的人力、物力和财力，推动了新能源快速发展。

三、新能源产业发展的动力

（一）新能源技术进步

人类从来没有停止过探索使用新的能源，但新能源被大规模地应用到生产和生活中却不是一件很容易的事情。制约新能源商业化利用的因素很多，包括传统能源利益集团的阻挠、旧观念破除等，但最核心因素是技术。没有技术的突破性进步，新能源永远停留在实验室和试点阶段。技术进步使得新能源开发利用的安全性和经济性得到保障，新能源的商业化开发才有可能。

太阳能是人类最早利用的能源之一。但是，把太阳能作为一种能源和动力加以利用，不到 400 年历史。1615 年法国工程师所罗门·德考斯发明了世界上第一台利用太阳能驱动的抽水泵。直到 20 世纪 50 年代，人类对太阳能的利用还停留在动力利用和热利用方面，能源效率利用技术处于较低水平。20 世纪 50 年代中期，太阳能利用领域出现两项重大突破：一是1954 年美国贝尔实验室研制出单晶硅电池；二是 1955 年以色列 Tabor 研制出选择性太阳吸收涂层。这两项技术标志着人类利用太阳能技术的突破。太阳能发电开始进入人们的视野。但是，在 20 世纪 70 年代以前，由于太阳能电池成本居高不下，只能用于空间技术领域，例如为人造卫星供电。20 世纪 70 年代以后，由于太阳能电池技术进步，太阳能电池的材料和工艺有了较大进展，生产成本降低，地面应用规模逐渐扩大。但与石油等常规能源比较，光伏发电成本依然较高。20 世纪 90 年代，光伏发电技术取得重大进展，单晶硅技术、多晶硅技术等光伏组件成本迅速降低，光伏产业迅速发展起来。1991 年光伏组建生产量为 55 兆瓦，2001 年为 400 兆瓦，年均增长率达22%①。

2017年太阳能前所未有地主导了全球新能源发电投资。世界范围内太阳能装机容量创纪录增长98吉瓦，远远超过可再生能源、化石能源以及核能等其他发电技术的净增量。

太阳能发电与其他发电技术相比吸引了更多的投资，同比增长18%至1608亿美元。太阳能占2017年可再生能源总投资2798亿美元（不包括大型水电）的57%，并且高于在煤炭和天然气发电装机容量上的新增投资约1030亿美元。

2017年太阳能投资大幅上涨的主要推动力是中国。中国新增53吉瓦装机容量，占全球新增装机容量的一半以上，其投资额同比增长58%至865亿美元。

联合国环境署执行主任Erik Solheim表示："太阳能投资的大幅增长表明全球能源版图正在发生变化，更重要的是揭示了这种转变带来的经济效益。对可再生能源进行投资将使更多的人受益，因为它能提供更多高质量且高薪的就业岗位。清洁能源也意味着更少的污染，意味着实现更健康、更快乐的发展。"②

页岩气成为21世纪举世瞩目的新能源之一，得益于页岩气勘探与开发技术的不断积累和突破性进展。人类较早就懂得利用页岩气。美国是世界上最早开采页岩气的国家。1821年，美国成功钻探了全球第一口页岩气井。但由于勘探开采技术制约，页岩气开发进展缓慢。直到20世纪70年代，美国能源部及能源研究开发署（Electrical Research and Development Association，ERDA）联合国家地质调查局（USGS）等机构，发起了针对页岩气研究与开发的"东部页岩气工程"（EGSP）。该项目取得了大批研究成果。1980年，美国天然气研究所（GRI）实施了包括钻井取样、实验分析、压裂增产技术开发等30多个项目的"东部含气页岩研究计划"，取

---

① Paul Maycock. The world PV market-production increases 36%［J］. *Renewable Energy World*, 2002，147 - 161.

② 《2017年太阳能主导全球新能源发电投资　中国是主要推动力来源》，彭博新能源财经，2018/4/9，http://guangfu.bjx.com.cn/news/20180409/890571.shtml。

得了许多新发现。随着勘探开发技术体系不断丰富，美国页岩气进入规模
化发展阶段。水平井和压裂技术是页岩气快速发展的关键因素，二者之间
的相关关系见图2.1。20世纪80年代末，美国页岩气累计产量达到840 *
$10^8 m^3$。1989—1999年，美国页岩气年产量翻了近两番，达到106 * $10^8 m^3$，
保持较高速度增长[1]。近年来推升页岩油气产量快速增长的一个原因是在
页岩气勘探开发和相关技术突破的背景下，美国风险投资和私募股权投资
大举进入页岩油气风险勘探市场。2000—2013年，美国页岩气年产量由
117.96亿立方米上升至3025亿立方米。[2]

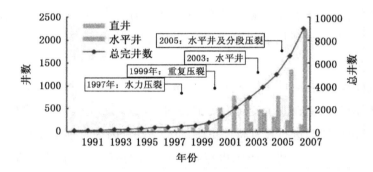

图 2.1 1990—2007 年 Barnett 页岩气技术与生产
井数量变化（据 Gene Powell, 2008 年修改）

水平井技术直接推动了页岩气开发效益和开采规模。2002年Devon能
源公司在Barnett页岩实验水平钻井，取得成功，效益显著。Barnett页岩最
成功的垂直井在2006年上半年页岩气累积产量为991.10 × $10^4 m^3$/d，而同
期最成功的水平井产量为2831.7 × $10^4 m^3$/d，为直井产量的近3倍[3]。2002
年以前，垂直井是美国页岩气开发的主要钻井方式。此后，水平井成为页
岩气开采的主要钻井方式。2003—2007年Barnett页岩水平井累计达4960

① Advanced Resources International Annual Gas Shale Production of USA[EB/OL]. ht-
tp：//www. adv-res. com.

② http://www. qianzhan. com/qzdata/detail/149/141201-86bcd329. html.

③ Randy Lafollette, Gary Schein. Understanding the Barnett Shale[J]. Oil and Gas In-
vestor ,2007,Jan. ：12 – 15.

口，占 Barnett 页岩气生产井总数的 50%，2007 年完钻 2219 口水平井，占该年页岩气完井数的 94%①。

美国页岩气产量增长快，储采比随之增加。2016 年美国页岩气产量达到 4820 亿立方米，占天然气总产量的 64.3%，储采比为 12.3 年。（见表 2.1）

表 2.1　2008—2016 年美国页岩气的产量和储量变化

年份	页岩气			天然气总产量	页岩气占总产量的比例
	产量/亿立方米	剩余可采储量/亿立方米	储采比/年		
2008 年	599	9743.1	16.3	5708	10.5%
2009 年	880	17162.2	19.5	5840	15.1%
2010 年	1510	27578.0	18.3	6036	25.0%
2011 年	2269	37246	16.4	6485	35.0%
2012 年	2944	36620	12.4	6805	43.3%
2013 年	3230.5	45029.5	13.9	6854	47.1%
2014 年	3805.5	56511	14.8	7285	52.2%
2015 年	4305.3	49695	11.5	7673	56.1%
2016 年	4820.1	59375.9	12.3	7492	64.3%

本表根据美国能源情报署 2018 年 2 月 13 日的资料汇总而成。
来源：天然气工业网，2018 - 03 - 22。

（二）政策扶持

政策扶持是新能源产业发展初期的重要支持。新能源产业发展初期的经济效益不足以支持自身发展，更是无法同传统能源进行市场竞争。在市场规制体系不健全的情况下，无法对传统能源的外部负效应进行精确地计算，因而其真实的生产成本难以精确核算，征收外部税缺乏一个可靠的依据。在不能有效地对传统能源征收外部税的情况下，对新能源进行负税收

---

① Gene Powell. The Barnett Shale in the Fort Worth Basin-a growing giant：Powell Barnett Shale new sletter[EB/OL]. http://www.barnett shale news.com.

补贴具有合理性和必然性。

欧盟较早地利用政策鼓励新能源发展。1997 年，欧盟发布了《可再生能源战略和行动白皮书》，提出到 2010 年，欧盟可再生能源消费量占能源消耗的比例从 1997 年的约 6% 提高到 12%，2050 年在整个欧盟国家的能源构成中可再生能源达到 50% 的目标。2001 年，欧盟部长理事会发布了《促进可再生能源电力生产指令》，要求到 2010 年欧盟国家电力总消耗的22.1% 来自可再生能源发电。2002 年 3 月，欧盟部长会议公布欧洲新的能源政策提案（欧盟 27 国），并提出一系列硬性措施，其核心内容是"20 - 20 - 20"，即承诺到 2020 年欧盟温室气体排放量将在 1990 年基础上减少20%，设定可再生能源在总能源消费中的比例提高到 20% 的约束性目标，将能源效率提高 20%。根据各成员国 2010 年提交的国家行动方案，2020年欧盟风电装机容量将超过 2 亿千瓦，光伏发电装机容量将超过 8000 万千瓦。为实现可再生能源发展目标，德国、英国等欧盟成员国各自制定可再生能源扶持的相关法律法规。德国 2000 年颁布实施《可再生能源优先法》，并于 2004 年、2008 年先后进行两次修改，2009 年正式更名为《可再生能源法》。该法确定了上网电价补贴等扶持可再生能源的措施。荷兰在《电力生产环境质量控制法》中规定，可再生能源发电入网可以得到最多长达 10 年的补贴，补贴的金额随生产者采用的可再生能源技术变化而变化。英国从 2010 年 4 月 1 日起推行新的"可再生能源电力强制性收购补助计划"，为规模小于百万瓦的小型太阳能发电系统用户家庭提供每年 900英镑的补贴。

美国也重视政策支持新能源发展。《1992 年能源政策法案》首次提出对可再生能源的生产给予生产税抵扣，对免税公共事业单位、地方政府和农村经营的可再生能源发电企业按照生产的电量给予经济补助。2005 年 8月，小布什总统签署了《国家能源政策法案》，提出利用金融工具促进可再生能源产业的发展。2009 年奥巴马政府通过了《2009 年美国复苏和再投资法案》（ARRA），要求所有的电力公司到 2020 年电力供应中要有20% 的比例来自可再生能源和能效改进，其中，15% 来自太阳能、风能等可再生能源，5% 来自能效提高。

总而言之，世界各国对新能源在政策扶持方面是不遗余力，支持方式也是全方位、多样化。扶持政策主要集中在可再生能源。归结起来，主要有 14 种①：

（1）可再生能源份额制度（Renewable Portfolio Standard，简称 RPS），指国家强制规定每个发电企业、电力销售企业、电力消费者等必须义务供应或购买一定数量的可再生能源的电力。有时细化、明确为供给者份额标准或消费者份额标准。

（2）固定价格法（Feed-in tariff），指可再生能源发电企业按法律以固定价格向电网销售电力。有些政策规定电网必须以固定价格全额购买可再生能源发电企业生产的电量，有的由政府向可再生能源发电企业提供可再生能源发电价格与化石燃料发电价格之间的固定差价补贴。

（3）加速折旧（Accelerate depreciation on RE equipment），指国家强制缩短可再生能源发电设备等的折旧年限，促进技术进步。

（4）规制缓和（Deregulation），指降低市场准入和入网门槛，为可再生能源电力入网、自发自用者创造更多入网机会。

（5）资产补贴、奖励和返还（Capital subsidies，grants，or rebates），指对企业的可再生能源设备、基础设施等资产予以补贴、奖励或返还等。

（6）投资退税（Investment or other tax credits），指对可再生能源设备投资、基础设施投资和研发投资等给予退税支持。

（7）发电补贴、退税（Energy production payments or tax credits），指对可再生能源发电企业的生产或销售给予补贴或退税。

（8）消费税、能源税、增值税的减税（Sales tax，energy tax，or VAT reduction，rebates），指对可再生能源的消费者、生产者给予消费税、能源税、增值税等减税、退税的支持。

（9）可交易的再生能源证书（Tradable Renewable Energy Certificates，TRC），指向达到一定规模的可再生能源供应者、消费者发放，可以交易，经常和份额标准配套使用。

（10）公共投资、贷款或资助（Public investment，loans，or financing），指利用公共资金向可再生能源的储量调查、可行性分析或技术研发等进行

---

① REN21，Renewables 2007，Global Status Report，Page 23.

倾斜式支持。

（11）政府购买（Government purchases），指政府购买可再生能源设备或电力。

（12）实时定价（Real-time pricing），指根据可再生能源发电的实际成本，每天分时段制定其电力价格，以确保对化石燃料电力的竞争力。

（13）公开招标（Public competitive bidding），指通过招标竞争性地选择成本最低的可再生能源供应者。这种做法的目的在于推动可再生能源技术进步。

（14）净计量（Net metering），指电网与自发电消费者之间的交易。当消费者利用可再生能源所发电量超过自身消费量时，余额部分出售给电网企业。

第二节　新能源产业兴起开启新的能源革命

新能源产业的兴起和发展展示了强大的生命力和美好的前景，开启了新的能源革命。发展新能源成为世界各国的共识，世界主要国家和地区政府纷纷制定了新能源发展计划，确立了可再生能源发展目标，并出台了相应的政策扶持措施；新能源市场竞争力不断提高，为替代传统常规能源提供了可能性；新能源市场规模不断扩大，新能源已被广泛应用到生产、生活中，新能源消费成为能源消费热点，在能源消费结构中的比例呈上升趋势。蓬勃发展的新能源产业拉开了新能源革命的序幕。

一、发展新能源成为国际共识

新能源在应对全球气候变化和促进可持续发展方面的作用获得了国际社会的广泛共识。2015 年 9 月，联合国可持续发展大会通过《2030 年可持续发展议程》，"可负担清洁能源"是 17 个"可持续发展目标"之一，可负担清洁能源包括可再生能源等。2015 年底《联合国气候变化框架公约》通过，近 200 个缔约国通过《巴黎协定》，有 147 个国家提出了可再生能源发展目标。截止到 2015 年底，已经有大约 173 个国家制定了可再生能源发展目标。许多发达国家和发展中国家都提出了可再生能源发展目标及重点发展领域，即使传统化石能源丰富的加拿大、澳大利亚和中东、北非地区的国家，也提出了可再生能源发展目标，将重点发展太阳能等新能源，以减少对化石能源的依赖。

表 2.2　主要国家（地区）可再生能源发展目标和重点领域

国家（地区）	可再生能源发展目标	重点领域和措施
欧盟	2020 年可再生能源占到能源消费总量的 20%，2050 年达到 50%。	推进风能、太阳能、生物质能、智能电网，实施碳排放交易。
英国	到 2020 年，可再生能源占能源消费量的 15%，其中 40% 的电力来自绿色能源领域。	积极发展陆上风电、海上风电、生物质发电等，推广智能电表及需求侧输电技术；可再生能源发电差价合约。
德国	到 2020 年、2030 年、2040 年、2050 年，可再生能源占终端能源消费的比重将分别达到 18%、30%、45% 和 60%；可再生能源电力占电力总消费比重分别达到 35%、50%、65% 和 80%。	扶持风电、光伏发电、储能，扩建输电管网设施，扩大能源储存能力；可再生能源固定上网电价和溢价补贴。
丹麦	2020 年，风电占到总电力消费总量的 50%；2050 年完全摆脱化石能源消费。	支持风电、绿色供暖体系发展，推动可再生能源在建筑、工业、交通领域中的应用，推动智能电网发展。
美国	2030 年电力部门二氧化碳排放在 2005 年的基础上削减 30%。	推动风电、太阳能发电、生物燃料、智能电网建设。生产税抵扣和投资税抵扣，29 个州和华盛顿特区及 2 个附属地区实行可再生能源配额制政策。
中国	2020 年和 2030 年非化石能源占一次能源比重分别达到 15% 和 20%。	支持水电、风电、太阳能发电、可再生能源热利用和燃料；新能源发电的固定上网电价，分布式光伏发电补贴。

资料来源：国家可再生能源中心，《国际可再生能源发展报告 2016》，中国环境出版社 2016 年版。

二、新能源成为全球能源投资重点

基于气候变暖等原因，能源生产和使用的环境规制成为世界各国关注的重点。有些限制正上升为法律，如航空航海碳税、资源税等。日趋严格的环境规则可能会导致石油、煤和天然气等化石能源失去市场空间和价值，企业投资者以及保险等金融企业也可能面临巨大损失。世界银行等机构已经提出，除非特殊情况将不再为煤炭发电厂提供融资。能源领域的投资开始出现分化，新能源逐渐成为全球能源投资重点。

可再生能源由于长期前景更加确定、投资风险不断下降，投资规模不断上升。2004—2011年，可再生能源投资保持快速增长趋势。2011年全球可再生能源投资达到2570亿美元，比2010年增长17%，比2004年增长6倍。其中，太阳能开发利用投资增长52%，继2010年第一次超越风电领域的投资后，达到风电投资的近2倍；风电投资达840亿美元；生物质和垃圾发电投资额度为100.6亿美元；生物燃料投资约68亿美元①。此后，可再生能源投资持续稳定增长。2015年全球可再生能源投资2859亿美元，再创历史新高②。2015年，欧盟新增的2890万千瓦电力装机中有77%来自可再生能源，其中风电和太阳能光伏新增装机分别达到44%和30%，均超过了煤电和天然气新增装机之和。德国长期引领欧洲可再生能源发展，2015年风电和太阳能发电装机分别达到4500万千瓦和4000万千瓦，使得可再生能源发电占全国发电量比重达到30%。

核电发展有波折，但总体上是平稳增长。1986年的切尔诺贝利核电站事件和2011年日本福岛核电厂事件曾经给世界上核电发展蒙上阴影，但并未阻止世界发展核电步伐。自1980年开始，世界核电总装机量开始高速增长，1986年之后增速明显放缓并趋于平稳。2011年福岛事件后，日本所有核电机组曾全部停运（目前仅有2台机组在运行），德国有8台机组被永久关闭，从而导致全球核电从2010年的2630亿千瓦时降至2011年的2518亿千瓦时和2012年的2346亿千瓦时。但核电优势仍让世界各国持有投资热情。根据世界核协会（WNA）网站提供的数据，截至2015年12月31日，全球共有30个国家在使用核电，另有15个国家已经批准建设首批核电机组或制定核电发展计划。

投资增长促使产出规模迅速提高。根据国际能源署（IEA）2014年公

---

① 联合国环境规划署：《全球可再生能源投资趋势》，2012。

② 国家可再生能源中心：《国际可再生能源发展报告2016》，中国环境出版社2016年版。

布的世界发电量数据①，2013 年可再生能源的发电量超过天然气，仅次于煤炭，成为第二大电力来源。特别是经合组织（OECD）国家，除水力外的可再生能源发电量增加 8.5%，其中太阳能发电和风力发电增长显著。欧洲 OECD 国家 1990—2014 年太阳能发电年均增长 44.6%，风力发电年均增长 27.1%。

核发电量保持平稳增长。2015 年全球核发电量约为 2441 亿千瓦时，约占全球总发电量的 11.5%，略高于 2014 年（2411 亿千瓦时），是 2011 年后的连续第三年回升。全球核发电量最多的国家是美国，2015 年美国核发电量为 798 亿千瓦时，占全球核发电量的 33%。法国和俄罗斯的核发电量紧随其后，分别为 419 亿千瓦时和 182.8 亿千瓦时。这三个国家的核发电量占全球核发电量的 57%②。国际能源署 2015 年 11 月发布《世界能源展望 2015》，预测核发电量将从 2013 年的 2478 亿千瓦时增至 2040 年的4060 亿千瓦时，但核电份额仍将保持在 2013 年的水平，即 12%。

三、新能源产品价格日益具有市场竞争力

新能源产品中，风电、光伏发电和生物质能等可再生能源开发成本较高，需要通过上网电价补贴等多种形式支持才能维持运转。经过多年发展，可再生能源产业发展相对稳定，市场竞争力有所提高。下文以可再生能源中的两种主要能源风能和太阳能为例。

近年来，光伏发电价格不断下降，光伏发电的市场竞争力不断提高。引起光伏发电价格下降有两方面原因：一是光伏组件价格下降；二是光伏系统设计不断优化。光伏组件价格下降，归结于生产规模扩大、技术进步和市场竞争。生产规模扩大的规模效应和技术进步降低生产成本，激烈的市场竞争迫使企业进一步改善管理、采用先进技术等手段来争取更多的市场份额。2015 年全球光伏组件产能为 6300 万—6900 万千瓦，电池片产能

---

① 数据来源：IEA，http://www.iea.org/publications/。

② 数据来源：WNA，IEA WORLD ENERGY OUTLOOK，http://www.world-nuclear.org/press.aspx。

约为 6000 万千瓦①，光伏制造业的规模进一步扩大。与此同时，光伏产品价格延续长期以来的下降趋势，见表 2.3。

表 2.3　2006—2015 年太阳能光伏产品价格汇总

年份	多晶硅（美元/kg）	硅片（美元/W）	电池片（美元/W）	电池组件（美元/W）
2006	200	3.5	3.8	4
2007	300	3	3.5	3.8
2008	400	2.5	3.0	3.5
2009	150	0.9	1.4	2.0
2010	90	0.8	1.3	1.5
2011	30	0.5	0.75	1
2012	23	0.4	0.6	0.8
2013	20	0.3	0.5	0.7
2014	18	0.29	0.45	0.6
2015	16	0.21	0.35	0.55

数据来源：Renewables 2013 Global Status Report；Global Market Outlook for photovolatics until 2015；Polysilicon and Wafer Supply Chain Quarterly；Renewable Power Generation Costs in 2014；PV Insight；Renewables 2016 Global Status Report。

在 2015 年和 2016 年初，越来越多的国家通过竞标方式建设光伏工程的电价都创出了新低，与当地的化石能源电力相比具有经济竞争力，如智利、巴西、印度、约旦、墨西哥、秘鲁等国家。其中，迪拜在 2015 年初与 ACWA Power 签订的光伏合同电价为 58.5 美元/兆瓦·h，远低于当地占 99% 的天然气发电电力价格 90 美元/兆瓦·h。秘鲁的光伏招标最低电价达到 48 美元/兆瓦·h，而墨西哥 2016 年初光伏招标电价更是降到了 45 美元/兆瓦·h。风电价格的市场竞争力也不断提高。2015 年南非、巴西的风电招标价格低于 5 美分/kW·h，埃及的风电降至 4 美分/kW·h，摩洛哥的风电招标价格降至 5 美分/kW·h②。

---

① 数据来源：Ren21，Renewables 2016 Global Status Report.

② 数据来源：Ren21，Renewables 2016 Global Status Report.

基于可再生能源市场竞争力不断提高，欧洲逐步降低可再生能源价格补贴，最终实现可再生能源完全市场化。以德国为例。2000 年德国实施《可再生能源法》，对光伏发电实施 0.99 马克/千瓦时的上网电价，政府计划补贴总金额达 11 亿马克。2004 年德国对《可再生能源法》进行修正，根据可再生能源产业发展实际状况对补贴进行调整。修正案规定给予不同形式的太阳能发电补贴，补贴金额为 0.457—0.624 欧元/千瓦时，补贴期限为 20 年，逐年递减 5%—6.5%，光伏上网电价下降比率增加到 8%—9%。2010 年德国再次对光伏发电入网补贴进行调整，修订案规定，自 2010 年 7 月 1 日起，德国政府对屋顶光伏系统和移除耕地农场设施的补贴额将减少 13%，对转换地区补贴额将减少 8%。德国逐年降低上网电价的做法有效地刺激了光伏产业和光伏技术快速发展，从而使光伏发电成本迅速下降，最终提高其市场竞争力。

四、新能源消费规模不断上升

从目前来看，新能源已经成为能源消费中不可或缺的重要组成部分。在可再生能源发展初期，由于政府规制，可再生能源消费在能源消费结构中占有一定比例。随着可再生能源生产成本降低，上网竞标价格进一步下降，可再生能源消费规模增长很快。分布式能源系统等能源技术也进一步推动了可再生能源消费增长。除可再生能源外，核能平稳增长，页岩气则增长较快，美国页岩气大规模地开发使得石油市场份额不断地下降。

根据英国 BP 公司统计，可再生能源（不包括水电）在世界能源消费结构中比重一直呈上升趋势，2000 年为 0.6%，2010 年上升到 1.8%，2015 年这个比重增加到 2.70%[①]。

根据《BP 世界能源统计年鉴 2016》，新能源在世界主要国家能源消费结构中占有一定的比重，见表 2.4。2015 年世界能源消费结构中，可再生能源（不包括水电）占 2.70%。在世界主要发达国家和地区中，德国是可再生能源消费比重最高的国家，约为 12.40%。英国、美国和法国的可再

---

① 数据来源：《BP 世界能源统计年鉴》（2011—2016），http://www.bp.com/zh_cn/china.html。

生能源比重也较高。如果考虑到页岩气和核能，新能源在总能源消费中的比重将更高。

表2.4　2015年世界主要国家能源消费结构　　　单位:万吨油当量

国家	项目	石油	天然气	煤炭	核能	水电	可再生能源	合计
美国	消费量	85160	71360	39630	18990	5740	7170	228060
	占比	37.34%	31.29%	17.38%	8.33%	2.52%	3.14%	100.00%
加拿大	消费量	10030	9220	1980	2360	8670	730	32990
	占比	30.40%	27.90%	6.00%	7.20%	26.30%	2.20%	100.00%
法国	消费量	7610	3510	870	9900	1270	790	23900
	占比	31.80%	14.70%	3.60%	41.40%	5.30%	3.30%	100.00%
德国	消费量	11020	6720	7830	2070	440	4000	32060
	占比	34.40%	21.00%	24.40%	6.50%	1.40%	12.40%	100.00%
英国	消费量	7160	6140	2340	1590	140	1740	19120
	占比	37.40%	32.10%	12.20%	8.30%	0.70%	9.00%	100.00%
日本	消费量	18960	10210	11940	100	2190	1450	44850
	占比	42.30%	22.70%	26.60%	0%	4.80%	2.60%	100.00%
中国	消费量	57800	16690	192710	3860	25490	6270	304190
	占比	19.00%	5.50%	63.30%	1.30%	8.40%	2.00%	100.00%
世界	消费量	433130	313520	383990	58310	89290	36490	1314730
	占比	32.90%	24.00%	29.20%	4.40%	6.80%	2.70%	100.00%

数据来源:《BP世界能源统计年鉴2016》,http://www.bp.com/zh_cn/china.html。

第三节　新能源革命是新兴产业发展的重要内容和有力支撑

新兴产业发展对能源提出新的要求，同时促进新的能源产业发展。新的能源产业不仅满足能源需要，而且还会成为经济发展的支柱产业。新能源革命的结果不仅改变原来的能源结构，而且也会由于新的能源产业形成、发展改变整个产业结构。随着能源技术的进步，以智能制造和3D打印机为核心技术的第三次工业革命，会改变传统化石能源时代的大规模、标准化和集中式的生产模式；用户订制、个性化和单件生产改变能源需求特征，为分布式能源发展创新提供可能和需求。新能源革命支撑了新的产业发展与社会变革。

一、新能源革命的特征

有史以来，人类已发生过两次能源革命。第一次能源革命发生在 18 世纪末。蒸汽机的发明和广泛应用使得煤炭取代木材成为人类经济活动中主要能源。可以说，英国的能源革命引发了工业革命，也成就了工业革命。以蒸汽机为核心技术的第一次工业革命，改变了英国的产业、人口乃至整个社会。英国快速实现了从农业为主转向纺织、钢铁等工业主导的产业结构。第一次工业革命确定了煤炭在能源中的主导地位，煤炭作为主要能源持续了 100 多年，直到第二次工业革命才有所改变。

第二次能源革命发生在 19 世纪 70 年代至 20 世纪初。内燃机使用液态能源——石油，使能源效率更高。发电机的发明，使得人类所需的能源形式——光、热和机械动能都转换成电能，并可以通过电网远距离传送。第二次能源革命产生了两个结果：一是内燃机、发动机不像蒸汽机那样直接燃烧煤炭，而是使用由原油炼制的成品油，由此促进了能源工业的发展，即石油炼制行业和发电业的发展，能源生产由第一次产业（煤炭采掘与石油开采）延伸到第二次产业。二是生产和生活中更多地使用"加工过"的能源，形成了能源原料和能源产品之分，即一次能源和二次能源之分。

第三次能源革命的内容是以新能源替代传统的煤炭、石油等常规能源。新能源革命兴起于 20 世纪 90 年代，2008 年国际金融危机之后世界经济一蹶不振时期世界各国重视新能源革命，希望通过新能源革命推动新工业革命，摆脱经济泥沼。与前两次能源革命相比，新能源革命有以下明显特征：

第一，安全、低碳排放是新能源革命的重要发展理念。能源危机和全球气候变暖是这次能源革命兴起的背景。相对于油气、煤炭等常规能源，新能源中的可再生能源的区域分布相对均衡。因地制宜发展可再生能源，有利于减缓能源安全危机压力。第一、二次能源革命，煤炭、石油分别成为主要能源，其成本核算和市场评价只包括其经济价值，而没有包括其外部成本。在全球气候变暖、生态环境压力加大的背景下，将煤炭和石油作为主要能源不再是最优选择。要推动以化石能源为基础的经济体系向以非化石能源为基础的经济体系转变，实现可持续发展，必须建立和完善碳价机制，让低碳发展成为主流发展模式。新能源革命一方面致力于发展安全、清洁和高效的新能源，同时也将低碳排放作为一种新的发展理念融入到世界各国发展实践。

第二，技术融合是新能源革命的特质。前两次能源革命中，能源技术致力于提高能源利用效率，与其他方面技术融合度并不高。这次新能源革命中，技术融合趋势突出，因为各方面技术积累到一定程度，具有融合发展的特征。新能源技术、信息技术、生物技术、智能技术、制造技术等呈现相互融合的趋势。新能源技术、信息技术和智能技术融合的智能电网是目前美国、欧盟等主要发达经济体致力发展的面向新兴产业的关键性项目。

新能源革命呈现出来的这些特征将从改变产业生产方式、创造新的产业和优化产业结构等方面推动新兴产业发展。

二、低碳理念和技术将重构产业发展范式

低碳发展的理念是在全球气候变暖的背景下提出的。1972 年罗马俱乐部发表《增长的极限》，对高能耗、高污染的工业发展模式进行了反思。1992 年联合国环境与发展大会提出"可持续发展"理念，并通过《联合国气候变化框架公约》。2003 年，英国发布能源白皮书《我们能源的未来：创建低碳经济》首次提出低碳经济概念。2006 年，英国发布《气候变化经济学：斯特恩报告》。该报告首次大规模对全球变暖的经济影响进行了定量评估，如果全球每年投入 GDP 的 1% 用于低碳发展，那么就可以避免未来每年 5%—20% 的 GDP 损失。如今，低碳发展理念深入人心。王保忠、何炼成（2016）[①] 认为，低碳技术—经济范式构造的开始时间为 2008 年。因为从 2008 年开始，国际上第一部具有法律意义的低碳经济国际公约——《京都议定书》开始实施。

在低碳理念推动下，低碳技术逐步发展起来。为支持低碳技术快速发展，英国政府先后发布了《减碳技术战略》《用于化石燃料的碳减排技术发展战略》《英国政府未来的能源——创建一个低碳经济体》《英国低碳转

---

① 王保忠、何炼成等：《从"康德拉季耶夫周期理论"看低碳革命首倡于英国的原因及启示》，《经济纵横》2016 年第 1 期。

型战略》《英国低碳工业战略》等战略规划。2008 年，英国首相布朗在威尔士亲王企业峰会上提出，低碳技术是继蒸汽机、内燃机和微处理器之后的第四次技术革命。结合自身实际，英国重点发展三大低碳技术：碳捕获与封存技术、提高能效技术和生物质共燃技术。美国也高度重视低碳技术发展。在政府投入大量资金支持低碳技术研发后，美国清洁能源专利申请量快速增长。2009 年美国清洁能源专利申请量比 2008 年增长了近 200 项；2010 年清洁能源专利申请量为 1881 项，增长率达到 67%；2011 年清洁能源专利申请量为 2331 项，增长约 24%①。

低碳理念和低碳技术对经济发展带来革命性的影响。具体而言，影响表现在产业低碳化、新兴低碳行业和市场竞争公平化。

第一，产业低碳化。产业低碳化和低碳技术将推动产业生产排放低碳化。

碳税是要求企业减少碳排放的强制性制度安排。碳税包括碳关税和一般性碳税。"碳关税"是法国前总统希拉克依据《京都议定书》提出的。其意图在于对不遵守《京都议定书》的国家征收商品进口碳关税，以避免欧盟钢铁业等高耗能产业在欧盟碳排放交易机制正式运行后受到外来产品的非公平性冲击。2009 年 3 月 17 日，美国能源部长朱棣文提出，为避免美国制造业所处的不公平竞争状态，美国将对不承诺产品碳排放进行计量的国家征收碳关税，即对进口的排放密集型产品，如铝、钢铁、水泥和一些化工产品征收二氧化碳排放关税。2009 年 6 月 22 日，美国发布《清洁能源与安全法案》，提出从 2020 年起对不接受污染物减排标准的国家实行贸易制裁，对达不到碳排放标准的外国产品征收惩罚性关税。从发展趋势来看，碳关税势在必行。一般性碳税指对超过碳排放法定额度以上的碳排放行为进行征税。2008 年 11 月 19 日，欧盟通过法案决定将国际航空领域纳入欧盟碳排放交易体系（ETS），自 2012 年 1 月 1 日起，所有在欧盟机场起落的飞机都要向欧盟缴纳碳排放税，即航空碳税。

在低碳理念倡导和碳税制度安排下，越来越多的行业主动采用低碳技

---

① 数据来源：美国知识产权法律事务所 Heslin Rothenberg Farley & Mesiti，Clean Tech Group。

术。在美国，低碳技术利用率达到较高水平。根据美国劳工部 2013 年 1 月的最新数据统计，在美国至少有一项低碳技术或实践的机构单位已经达到 4933500 个，占总机构单位数目的 74.5%。从行业分布来看，绝大多数行业至少有一个低碳技术或实践的百分比已经达到 70% 左右，其中信息行业、教育服务行业、农林牧渔业、艺术、公共管理行业更是达到了 80% 左右[1]。

第二，新兴低碳行业。围绕低碳能源、低碳技术研发和交易，产生许多新兴行业。2008 年国际金融危机后，以低碳技术为重要特征的产业开始发展起来。王子忠（2010）将低碳技术产业划分为三个领域：能源供给领域、能源需求领域和低碳技术服务领域（见表 2.5）。

表 2.5 低碳技术产业集群构成

低碳技术产业集群	能源供给领域	化石能源中的低碳产业	碳封存与碳捕捉产业
			集成气化综合循环发电产业
			高油耗节能型燃油汽车产业
		可再生能源产业	太阳能发电、风力发电、地热能和潮汐发电
			生物质能
			第四代核能技术、氢能技术
	能源需求领域	智能电网与电力设施	高温超导技术、储能技术、分布式能源、自动控制系统
		绿色建筑产业	新的设计理念、节能建筑材料
		重构工业体系	工业废热利用系统、先进设备材料、高效工业设施
		环保型汽车产业	混合动力汽车、纯电动汽车、燃料电池汽车、生物质能汽车
		节能家电产业	节能空调、电视、照明设备
		污水处理、海水淡化等产业	低能耗污水处理技术
		节能农业	节约型农业技术、农业污染综合防治技术、农村生物质能
		垃圾回收与处理产业	垃圾处理技术
	低碳技术服务	碳交易	碳排放中介、碳排放转卖、CDM 和 JI 咨询
		碳咨询管理	企业低碳化转型咨询、碳足迹测算、碳抵消服务、碳信用评级
		碳金融	碳基金、碳保险、低碳技术产业金融

资料来源：王子忠：《气候变化：政治绑架科学》，中国财政经济出版社 2010 年版。

---

[1] 数据来源：美国劳工部（U. S Department of Labor, DOL），https://www.bls.gov/data/。

第三，市场竞争公平化。不同行业的碳排放量存在差别。即便是同一行业，采用不同技术的企业碳排放量也不一样。对于企业而言，碳排放属于外部成本。确定企业的碳排放标准和额度是外部成本内部化的重要方法之一。鼓励和推动碳交易，让低碳生产的企业或行业通过市场交易获得补偿，完善外部性补偿机制，有利于维护市场竞争秩序。在《京都议定书》指导下，国际碳市场迅速发展起来。国际碳市场分为基于配额的交易市场和基于项目的交易市场。其中配额交易市场又分为强制碳交易市场和自愿市场（见表2.6）。国际碳交易量及交易额大幅增长。2011年碳交易量和交易额分别是102.81亿吨和1760.20亿美元，较2005年的7.04亿吨和109.9亿美元分别增长1360%和1453%①。随着《京都议定书》的生效至今，全球碳市场的发展突飞猛进，根据世界银行的统计，2009年全球碳交易金额超过1400亿美元，较2005年增加了12倍。更有预测认为，到2020年，全球碳交易规模会接近3万亿美元，远远超过石油市场。

表2.6　国际碳市场结构图

碳市场			
以项目为基础的交易市场 （projected-based market）		以配额为基础的交易市场 （allowance-based market）	
清洁发展机制 （CDM）	联合履约机制 （JI）	强制碳交易市场 （compulsory carbon market）	自愿碳交易市场 （voluntary carbon market）
核证减排量 （CER）	减排单位 （ERU）	欧盟排放交易体系 （EU ETS）等	芝加哥气候交易所的减排计划（CCX），VER，个人碳足迹项目等

资料来源：世界银行（world bank），http://openknowledge.worldbank.org/。

三、能源技术与信息技术、智能技术融合创新是新兴产业发展的根本动力

（一）能源技术与信息技术、智能技术融合创新

新能源技术给能源使用带来两方面变化：一是能源多元化。随着能源

① 数据来源：世界银行报告［R］，State and Trends of the Carbon Market 2007，2010，2012。

技术的进步，人们可利用的能源种类会越来越多，一次能源结构的多元化程度将越来越高。二是能源系统扁平化。分布式能源技术的发展和应用，将改变传统的集中式能源系统。能源多元化可以适应各类产品对不同能源的需求，为产品创新提供思路。能源系统扁平化与后工业时代的用户定制、个性化生产相互促进。一方面，能源系统扁平化为用户定制、个性化生产提供便利条件，扁平化的能源系统具有开放性特征，为个性化生产提供创新平台；另一方面，用户定制、个性化生产改变能源需求方式和结构，推动分布式能源发展创新。正是能源技术带来的这些变化，为能源技术与信息技术、智能技术等技术融合创新创造条件。

能源技术、信息技术、智能技术和现代制造技术等具有开放性特征，技术兼容与融合创新具有完全的现实性和可能性。技术融合创新既可能发生在能源领域，也可能发生在建筑业、制造业等领域，甚至推动能源行业和其他行业融合。

在能源领域，技术融合创新表现为改变能源生产和利用方式。例如，在"新能源技术和云技术"的共同作用下，将能源生产以开采资源为主，转变为依靠技术创新的"制造能源"为主；能源应用以孤立、封闭、线性的简单利用为主，转变为基于系统能效最优的多品类能源协同、互补、循环的智能应用。

在其他领域，技术融合创新的成果主要表现为新概念产品。新能源技术与信息技术、智能技术等融合创新，不仅会改变目前所有电器设备、信息产品的基本概念，使人类全面重新设计、制造各种各样基于信息技术的电器产品，而且可以整合利用各种信息网进行多维数据交互。美国硅谷从2008年就掀起了信息技术与新能源技术融合创新的浪潮。圣何塞市制定了绿色城市计划，开展了产业间培训计划，如使半导体企业员工学习信息科技，促使太阳能面板革新等。帕洛阿尔市推出了绿色城市计划，并建立"build it green"的环境评级系统，鼓励城市建筑使用更多的智能电网技术。著名的信息技术创新基地施乐帕洛阿尔托中心（PARC）拓展其在纳米材料方面的研究，聘请了多名能源行业的专家，实行"新创公司项目"，即允许经过严格挑选的公司派遣团队到实验室，直接共享其先进技术，并享有一定股权，已经成功孵化的美国索福克斯公司（Solfocus），在二代光伏发电器上领先全球。谷歌（Google）公司作为信息产业巨头，制定了"清洁能源 2030 年"计划，其主要的三个主题是"清洁能源减少 95% 的温室气体排放""电动汽车""更高效的电能分配网络"。

在能源技术与其他技术融合创新中，相对成熟的是智能电网。目前，发展智能电网成为世界主要经济发达国家的共识，是最有前景、最有可能成为新兴产业发展核心的基础性平台。

（二）智能电网是新兴产业发展的基础平台

1. 智能电网定义

智能电网（smart grid），也称知识型电网（intelligrid）或现代电网（modern grid），是有机融合了信息、数字等多种前沿技术的输配电系统，其发展目标是建设节能、环保、高效、可靠、稳定的现代化电网。

杰里米·里夫金在《第三次工业革命——新经济模式如何改变世界》一书中较早地提出智能电网概念，称之为"能源互联网"。他认为，能源互联网以新能源技术和信息技术融合为核心内容，具有四个方面特征：（1）以可再生能源为主要一次能源；（2）支持超大规模分布式发电系统与分布式储能系统接入；（3）基于互联网技术实现广域能源共享；（4）支持交通系统的电气化（即由燃油汽车向电动汽车转变）。能源利用方式最终由化石能源集中式消费为主转向以消费分布式可再生能源为主。

欧盟"智能电网特别工作组"（Smart Grids Task Force）认为，智能电网就是通过采用创新性产品与服务，结合智能检测、控制、通信与自愈技术，高效整合接入电网的发电方、用电方以及同时具有发电与用电特征的行为体的行动，以实现电力供应的持续可靠、经济、安全与环境友好等目标。智能电网有 7 个具体目标：（1）使不同规模与技术特征的发电方更加便利地接入电网；（2）使消费者在电网体系优化过程中发挥作用；（3）为消费者如何用电提供更多信息与选择；（4）大幅降低整个电网体系的环境影响；（5）保持并不断提高现有电网体系的可靠性、质量与供应安全；（6）保持与提升现有服务的质量；（7）促成成员国市场融合、构建欧洲统一电力市场①。

综合各种研究，智能电网具有八方面功能特点：（1）自愈——稳定可靠。自愈是实现电网安全可靠运行的主要功能，指无需或仅需少量人为干预，就可实现电力网络中存在问题元器件的隔离或使其恢复正常运行，最小化或避免用户的供电中断。通过进行连续的评估自测，智能电网可以检测、分析、响应甚至恢复电力元件或局部网络的异常运行。（2）安全——抵御攻击。无论是物理系统还是计算机遭到外部攻击，智能电网均能有效抵御由此造成的对电力系统本身的攻击伤害以及对其他领域形成的伤害，一旦发生中断，也能很快恢复运行。（3）兼容——发电资源。传统电力网络主要是面向远端集中式发电的，通过在电源互联领域引入类似于计算机中的"即插即用"技术（尤其是分布式发电资源），电网可以容纳包含集中式发电在内的多种不同类型电源甚至是储能装置。（4）交互——电力用户。电网在运行中与用户设备和行为进行交互，将其视为电力系统的完整组成部分之一，可以促使电力用户发挥积极作用，实现电力运行和环境保护等多方面的收益。（5）协调——电力市场。与批发电力市场甚至是零售电力市场实现无缝衔接，有效的市场设计可以提高电力系统的规划、运行和可靠性管理水平，电力系统管理能力的提升促进电力市场竞争效率的提高。（6）高效——资产优化。引入最先进的信息和监控技术优化设备和资源的使用效益，可以提高单个资产的利用效率，从整体上实现网络运行和扩容的优化，降低它的运行维护成本和投资。（7）优质——电能质量。在数字化、高科技占主导的经济模式下，电力用户的电能质量能够得到有效保障，实现电能质量的差别定价。（8）集成——信息系统。实现包括监视、控制、维护、能量管理（EMS）、配电管理（DMS）、市场运营（MOS）、企业资源规划（ERP）等和其他各类信息系统之间的综合集成，并实现在此基础上的业务集成。

2. 智能电网在新兴产业发展中的作用

世界主要发达经济国家政府、企业和社会各界认识到智能电网对于新

---

① European Commission, "Definition, Expected Services, Functionalities and Benefits of Smart Grids", SEC(2011) 463 final, 2011, p. 2.

兴产业发展的意义，并对智能电网推动新兴产业发展的途径、方式进行了探讨。

2012 年 5 月，欧盟在布鲁塞尔召开了题为"成长任务：欧洲领导第三次工业革命"的会议，欧盟理事会副主席安东尼奥·塔亚尼在会上明确提出"第三次工业革命将围绕能源互联网展开……，我们的 2020 战略让我们已经走在了正确的道路上，但我们需要加快投入……"。

世界知名企业高度重视并积极投入到智能电网建设中去。IBM 公司 CEO 塞缪尔·帕尔米萨诺向奥巴马建议，摆脱金融危机影响，重振美国经济，需要将信息革命与新能源革命整合，大力发展智能电网。GE 公司高度重视智能电网，认为"一旦你通过电力网建立了通信系统，巨大的商机就出现了"。通过优化需求，这一系统使能源利用效率、设备利用效率和投资收益都得以大幅度提升；使发电设备保持在最佳工作状态从而降低发电煤耗；使输变电设备的利用效率和安全性同步被优化；使清洁能源开发、资源综合利用与节能减排、能源（电力）需求侧管理、能效经济、绿色配额交易融为一体，实现多维度整合优化[①]。丹麦能源协会（Danish Energy Association）智能电网负责人莫滕·巴斯德高·特洛勒认为，智能电网将影响到可再生能源行业、信息技术行业、建筑业和房地产市场、能源储存运输行业等众多产业，这会出现很多新的产品、服务和商业模式，创造几千万个新的就业机会。我国国家电网公司董事长刘振亚（2013）[②] 认为，未来的智能电网，是网架坚强、广泛互联、高度智能、开放互动的"能源互联网"。智能电网是承载第三次工业革命的基础平台，对第三次工业革命具有全局性的推动作用。发展智能电网是推动能源变革和第三次工业革命的必由之路。

综合来看，智能电网在新兴产业发展中的作用主要表现在三个方面：第一，产业技术融合创新与大规模技术创新。智能电网是对现有电网的全面升级，将融合可再生能源、传感器、网络通信、互联网、新材料、电子

---

① 韩晓平：《智能电网——信息革命和新能源革命的整合》，《电力需求侧管理》2009 年第 2 期。

② 刘振亚：《智能电网与第三次工业革命》，《科技日报》2013 年 12 月 5 日。

电力和电化学储能等高新技术，而且需要在广泛继承与开发现有技术的基础上，进行系统集成，整体推进。发展智能电网能促发大量新技术的集中突破与应用。历史上的新兴产业发展正是依赖大规模的技术创新才得以深入、广泛地促使产业转型升级。第二，推动能源开发、配置和消费方式变革。智能电网基于新能源发电技术和大规模储能技术，对间歇式、不稳定电源大规模接入的适应性更强，能支撑风能、太阳能大规模开发，可以较大限度地消除风电、太阳能发电的不稳定性与间歇性问题，推动能源开发加快从化石能源向清洁能源转变。智能电网基于超远距离、超大规模输电技术，能源配置范围更广、能力更强，实现能源从就地平衡向大范围优化配置、更大范围统筹平衡转变。基于信息网络技术和智能控制技术的智能电网，可以适应能源消费的变化，推动能源消费从单向接收、模式单一的用电方式，向互动、灵活的智能化用电方式转变。第三，带动产业结构升级，推动战略性新兴产业发展。从产业链的角度看，智能电网运行需要很多部分相互配合，包括智能发电系统、新型储能系统、智能变电站、智能配电网、智能调度系统、智能电表、智能交互终端、智能用电建筑等等。智能电网将带动上下游和相关衍生产业发展，为电动汽车、智能家居、智能楼宇等相关产业提供开放、高效的运转平台。智能电网技术密集型特征突出，对新能源、新材料、智能装备、新一代信息产业等战略性新兴产业，也具有很强的带动作用。

（三）欧美发展智能电网实践

美国对智能电网的研究起步较早。美国电科院（EPRI）于 2002 年发起了知识型电网研究，2004 年发布了针对电网智能化的知识型电网体系（IntelliGrid Architecture），为通信和计算机技术在智能电网中的应用提出了一系列标准和技术指引。美国能源部于 2003 年 7 月对美国到 2030 年的电网建设做出了远景规划；2004 年 1 月对该规划提出了路线图。2005 年，美国国会通过了 Grid Works 和 Grid Wise 2 项研发计划以支持路线图的实现，前者主要针对"硬件"，包括电缆导线、变电站、保护系统和电力电子等领域；后者主要针对"软件"，指的是信息系统集成技术和数字技术等在电力系统中的应用。2007 年，美国国会通过《2007 年能源独立与安全法案》。根据该法案，美国能源部、环境保护署、国家标准与技术研究院等机构联合组建了联邦智能电网工作小组（Smart Grid Task Force），以协调政府相关机构的运作，借此推动智能电网相关技术的发展和应用。2009年，奥巴马提出以智能电网为核心的美国能源战略，以建设智能电网为载体，实施新能源产业战略。2009年1月25日，美国发布《复苏计划尺度报告》，宣布将铺设或更新3000英里输电线路，并为4000万美国家庭安装智能电表，智能电网建设迈出重要一步。同年4月16日，美国政府公布智能电网技术投资计划，划拨34亿美元用于智能电网技术开发，划拨6.15亿美元用于智能电网的演示项目，经认定后的智能电网示范项目，政府给予上限达50%的项目补贴①。5月18日，根据国家标准技术研究员（NIST）的研究成果，美国能源部公布了第一批与智能电网有关的16个重要标准。

欧盟于2005年发起成立了"欧洲未来电力网络技术平台"，也称"欧洲智能电网技术平台"（ETP SG）。2009年，欧盟委员会成立"智能电网特别工作组"（Smart Grids Task Force），专门为出台智能电网发展政策进行筹备。2011年4月，欧盟委员会正式发布了第一份发展智能电网的政策通报"智能电网：从创新到部署"，确立了欧盟全面部署智能电网的努力方向②。2012年，欧盟委员会将智能电网列为其"再工业化"战略的六大优先发展领域之一，将发展智能电网提升至整体产业结构升级的战略高度，也将其纳入了欧盟推进新兴产业发展的政策框架之中。③

到目前为止，欧盟推进智能电网的工作主要包括五个方面：一是逐步完善智能电网的标准化工作。2009年3月，欧盟委员会要求欧洲标准化委员会（CEN）、欧洲电工标准化委员会（CENELEC）和欧洲电信标准协会（ETSI）为欧盟范围内公共事业（包括电力、天然气、供水与供热）的智能测量仪表制定统一标准，其中包括智能电表的统一技术标准。这开启了

---

① 张文亮等：《智能电网的研究进展及发展趋势》，《电网技术》2009年第13期。

② European Commission, "Smart Grids: from innovation to deployment", COM (2011) 202 final, Dec. 2011.

③ 孙彦红：《欧盟"再工业化"战略解析》，《欧洲研究》2013年第5期。

智能电网标准化工作。2011 年，欧盟委员会要求 ETSI 在 2012 年之前开发出一套保证高水平智能电网服务的技术标准。二是完善智能电网的数据隐私与安全风险。制定与智能电网相关的法律与规制，保证用户既能自由灵活地接入电网，又可避免数据与信息泄露造成损失。三是大力支持智能电网技术创新及其应用。2012 年"欧洲智能电网技术平台"发布"2035 年智能电网战略研究日程"，确定欧盟智能电网发展的技术优先方向，主要包括中小规模分布式储能系统、实时能源消费计量系统、电网通信技术等等。

四、主要发达国家迎接和谋划新兴产业发展

2008 年国际金融危机爆发，宣告了原有的财富增长模式结束。金融危机衍生出的经济危机，再一次表明经济发展方式存在结构性问题，世界产业结构和产业体系运作模式需要突破。否则，世界走不出经济泥沼。正在兴起的新能源革命给主要发达国家带来新的发展思路，他们希望借助新能源革命，推动技术创新，加快新兴产业发展，促进经济增长。美国、欧盟和日本等主要发达经济体围绕新能源、创新等出台了系列政策，促进新兴产业成长，迎接新的新兴产业发展到来。

（一）美国以新能源产业为主导的新兴产业计划

金融危机后，美国政府试图抓住新能源革命和新技术革命的机会，推动以新能源为主导的新兴产业发展。2009 年 2 月 17 日，美国总统奥巴马签署总额为 7870 亿美元的《美国复苏与再投资法案》（American Recovery and Reinvestment Act of 2009），旨在加快美国经济复苏，创造更多就业机会。奥巴马 7870 亿美元的经济刺激计划几乎涵盖美国所有经济领域，资金总额中约 35% 将用于减税，约 65% 用于投资。在投资项目上，基础设施建设和新能源将是两大投资重点。该法案关于产业发展有两大要点：一是重点发展新能源产业，主要包括高效电池、智能电网、碳捕获和碳储存、可再生能源等；二是加强科研项目和基础设施的投资，投资规模超过 1000亿美元。新能源产业的崛起将引起电力、IT、建筑业、汽车业、新材料行业、通信行业等多个产业的重大变革和深度裂变，并催生出一系列新兴

产业。

新能源产业对其他产业发展的直接拉动表现为多个方面：一是拉动新能源上游产业如风机制造、光伏组件、多晶硅深加工等一系列加工制造业和资源加工业的发展；二是促进智能电网、电动汽车等一系列输送与用能产品的开发和发展；三是促进节能建筑和带有光伏发电建筑的发展。美国政府把对新能源与生物领域的基础科学研究作为重中之重。美国能源部新近提出一个新的高级研究项目议程——能源（Advanced Research Projects Agency - Energy，ARPA - E），目标是寻求美国在使用和生产能源技术方面根本性的变革和突破。为了提高研究和开发资金使用效率，美国能源部设立了 3 个能源创新中心，每个中心汇集了来自学术界、企业和政府的高级研究人员。

2009 年 9 月，奥巴马政府出台了《政府的创新议程》（The Administration's Innovation Agenda），它大大超出了以往科技政策的视野范围，将新能源、生物医药、智能电网、健康信息、交通的技术开发和产业发展作为国家优先发展的领域。美国特别期待以新能源革命作为整个工业体系革新转换的标志性动力，发动一场新的经济、技术、环境和社会的总体革命。《政府的创新议程》确定了国家优先发展的具体领域，包括：开展替代能源技术研究，如风能、太阳能和生物燃料；使用健康信息技术以降低成本和提高医疗服务水平；投资建造智能电网，提升电力传输网络的可靠性、灵活性和效能；支持发明、开发更清洁和更节能的高级交通技术研究。

（二）欧盟以“绿色、智能化”为特征的新兴产业计划

欧盟重视发展绿色低碳产业，确保“绿色技术”水平领先全球。2009年欧盟委员会制定一项发展“环保型经济”的中期规划。主要内容是，欧盟将筹措总金额为 1050 亿欧元的款项，在 2009—2013 年的 5 年时间中，全力打造具有国际水平和全球竞争力的“绿色产业”，并以此作为欧盟产业调整及刺激经济复苏的重要支撑点。欧盟新闻发言人表示，在 1050 亿欧元的这笔投资中，要保证欧盟用 5 年的时间初步形成“绿色能源”“绿色电器”“绿色建筑”“绿色交通”和“绿色城市”（包括废品回收和垃圾处理）等产业的系统化和集约化结构成型，为欧盟走出国际金融危机与经济

衰退后的发展提供可持续增长的动力。欧盟也重视智能产业发展，出台系列政策促进物联网技术研发和应用。2009 年 9 月，《欧盟物联网战略研究路线图》发布，提出欧盟到 2010 年、2015 年、2020 年三个阶段物联网研发路线图，并提出物联网在航空航天、汽车、医药、能源等 18 个主要应用领域和识别、数据处理、物联网架构等 12 个方面需要突破的关键技术。

在欧盟政策推动下，英国、法国和德国等纷纷出台各自的新兴产业发展规划。英国公布了《低碳转型发展规划》，重点发展本国优势产业，包括海洋风力发电、潮汐发电、民用核电、超低排放汽车研制以及可再生建筑材料和化工产品等。法国宣布将建立 200 亿欧元的"战略投资基金"，主要用于对能源、汽车、航空和防务等战略企业的投资与入股。

德国非常重视制造业发展。2006 年、2010 年联邦政府两次发布了高科技战略，汇集了各部门的政策举措，强调技术变革以人为本，重点关注气候/能源、保健/营养、机动性、安全性和通信 5 个领域，确定了 10 个"未来项目"。德国政府批准了总额为 5 亿欧元的电动汽车研发计划预算，支持包括奔驰公司在内的 3 家研究伙伴，计划在 2011 年实现锂电池的产业化生产，推动电动汽车产业发展。面对新兴产业发展浪潮，德国于 2013 年提出了"工业 4.0"战略，其内涵是发起并引领以智能化为标志的第四次工业革命。"工业 4.0"的核心意图是将信息通信技术和网络空间统一成为信息物理系统，并以此为平台通过互联网实现生产要素的有机整合。

（三）日本以"新能源、信息技术"为核心内容的新兴产业计划

日本是一个能源资源缺乏的国家，95% 的能源供应依赖进口。日本较早就重视发展新能源。2004 年 6 月，日本通产省公布了新能源产业化远景构想，计划在 2030 年前，把太阳能和风能发电等新能源产业发展成为日本支柱产业之一。日本也重视信息技术发展。2009 年 3 月，日本出台了为期 3 年的信息技术发展计划，侧重于促进 IT 技术在医疗、行政等领域的应用。

金融危机以来，日本更加重视新兴产业发展。为迎接新兴产业发展，抢占领先优势，日本政府确定 21 世纪四大战略性产业领域：一是环保能源领域，包括燃料电池汽车、复合型汽车（电力、内燃两用）等新一代汽车

产业，太阳能发电等新能源产业，资源再利用与废弃物处理、环保机械等环保产业；二是信息家电、宽带网、IT 领域，包括与因特网相关联的数字家电、各种高性能的服务终端与半导体、新一代软件等电子信息产业；三是医疗、健康、生物技术领域，包括再生医疗（人体部分器官组织的再生）、新型药物等先进医疗产业，健康、美容的食品产业，生命基因信息解析等 IT 生物产业；四是纳米科技、纳米材料产业。

第三章　发达国家新能源产业
发展及其政策借鉴

西方发达国家是新能源革命的发源地。发达国家新能源产业发展的竞争优势，离不开政府政策的支持和激励。发达国家新能源产业发展政策工具的选择和激励，既有一致性，又有差异性。借鉴发达国家新能源产业发展政策，我国新能源产业发展政策的制定既要遵循产业发展规律共性，又要做到因时因地制宜，具有中国特色。

第一节　欧盟新能源产业发展及其政策

为了促进新的低碳技术的研究与开发，以实现欧盟①确定的气候变化目标，从而带动欧盟经济向高能效、低排放的方向转型，并以此引领全球进入"第三次工业革命"时代，欧盟较早地制定政策鼓励新能源发展，成为世界新能源发展的核心地区之一。

一、欧盟新能源产业发展概况

欧盟在世界新能源产业发展中处于领先地位。截至目前，欧盟仍然是世界核能发电比例最高的地区之一，是风电（尤其是海上风电）和光伏发电的领头羊，是世界可再生能源发展实力最强和成效最好的地区之一。在

---

① 本课题研究采用的欧盟数据资料均为 2017 年前的数据，2017 年英国尚未完全脱欧，仍包括在欧盟内。

应对气候变化方面，欧盟是发起者、倡导者、推动者和践行者。

根据《欧盟统计年鉴2016》中的能源平衡表，2014年EU-28[①]一次能源生产总量为770.7 Mtoe[②]，比1990年下降了18.27%。其中，核热能份额为29.34%，比2010年增加了0.85个百分点。可再生能源生产份额达到25.4%，生产绝对量达到195.81 Mtoe，是1990年的2.74倍，年均增长4.28%。按照本课题的新能源范畴，扣除水电之外，EU-28新能源生产比重在世界上仍然是最高的地区和国家之一。

从能源消费来看，2014年EU-28能源消费总量为1605.93 Mtoe，其中可再生能源消费份额达到12.53%。其中，冰岛位居欧盟榜首，高达86.3%；挪威位居第二，达到44.8%；拉脱维亚（36.2%）、瑞典（35.8%）分列第三、第四。从最终能源消费来看，2014年EU-28可再生能源在最终能源消费总量的份额达到16%，几乎是2004年8.5%的两倍。其中，瑞典位居欧盟榜首，高达52.6%；拉脱维亚和芬兰并列第二，均为38.7%；奥地利（33.1%）、丹麦（29.2%）分列第三、第四。

从电力消费来看，2014年EU-28国可再生能源提供了27.5%的电力消费份额。2004—2014年，EU-28固体生物质能发电和风力发电分别增加了1.8倍、3.3倍，而太阳能发电由2004年的0.7亿千瓦时增长到2013年的92.3太瓦时，呈现了一种爆炸式增长的景象[③]。

二、欧盟新能源产业发展政策

在资源禀赋上，欧盟除了英国、德国等国拥有较为丰富的煤炭储量和油气资源外，大部分国家缺乏化石燃料，这就需要通过进口燃料来满足欧盟内部的能源需要。《欧盟统计年鉴2016》显示，2014年EU-28化石燃料仍然占据70%以上的国内消费份额。其中，净进口燃料高达880.89 Mtoe，净进口依

---

① EU-28为欧盟28个国家。

② milloin tons of oil equivalent，百万吨油当量。

③ 数据来源：Eurostat yearbook，2016. 参见：Renewable energy statistics［EB/OL］，［2016 – 8 – 22］. http://ec. europa. eu/eurostat/statistics-explained/index. php/Renewable_energy_statistics#Consumption。

存度①相对于 2011 年有所下降，但仍高达 54.85%，比 1990 年的 45.18% 提高了 9.67 个百分点。其中固体燃料、原油、天然气净进口依存度分别为 45.64%、94.01%、67.39%。能源供应安全问题现在仍然是欧盟经济社会发展面临的严峻挑战。能源资源的瓶颈和困境，迫使欧盟较早地采取政策和措施以开辟新的能源渠道，向新能源和可再生能源进军。

从 1985 年开始，欧盟就一直鼓励新能源尤其是生物燃料的发展②。欧盟委员会在 85/536/EEC 指令中，明确要求各成员国通过使用替代燃料组件（分子包含 5 个或更多的碳原子的有机含氧化合物），以降低对原油进口的依赖。具体内容是按容积比例计算，在汽油中加入 3% 的甲醇、5% 的乙醇和其他替代燃料③。在之后的近三十年里，欧盟采取各种政策措施来推动新能源发展。

1997 年 11 月欧盟在 1996 年 11 月绿皮书的基础上，经过多次征集意见和公开讨论制定发布了《未来能源：可再生能源共同体战略和行动计划白皮书》（Energy for the Future：Renewable Sources of Energy，a White Paper for a Community Strategy and Action Plan）④。该白皮书认为，发展可再生能源可以减少能源进口依赖、提高供应安全，增加岗位就业，减少温室效应；如果不采取措施鼓励其发展，欧盟能源净进口依存度预期从目前的 50% 增加到 2010 年的 70%。该白皮书提出了欧盟可再生能源发展的目标，要求到 2010 年可再生能源比重达到 12%，比 1997 年提高一

---

① 这一指标等于净进口量除以国内总消费量。

② European Commission. Communication From the Commission to the European Parliament, the Council, the Economic and Social Committee and the Committee of the Regions on Alternative Fuels for Road Transportation and on a set of Measures to Promote the use of Biofuels[M]. Brussels, 7.11.2001, p:37. Available online:http://ec. europa. eu/clima/policies/eccp/second/docs/comm2001 – 547 – en_en. pdf.

③ Council Directive 85/536/EEC of 5 December 1985 on crude-oil savings through the use of substitute fuel components in petrol[EB/OL]. [2014 – 3 – 19]. http://eur-lex. europa. eu/LexUriServ/LexUriServ. do? uri = CELEX:31985L0536:EN:HTML.

④ European Commission. Communication from the Commission Energy for the Future：Renewable Sources of Energy White Paper for a Community Strategy[M]. Brussels,1997 – 11 – 26.

倍；可再生能源电力比重达到 23.5% 。其中，风电、光伏发电、地热发电装机分别达到 40 吉瓦、3 吉瓦、1 吉瓦；生物质能作为可再生能源主要的增加来源，产量将达到 135 Mtoe。

在此基础上，各成员国分别确立到 2005 年和 2010 年各自的目标和战略。为实现上述目标，可再生能源行动计划总投资达 1650 亿欧元（ECU），这将避免（1997—2010 年）210 亿欧元的总燃料成本，相对于 1994 年减少 17.4% 的能源进口和 4.02 亿吨 CO_2 排放。为此，将实施建立公平的新能源进入电力市场制度、重组共同体能源产品税收框架、为新设生产厂启动补贴、开发或协调有关"金色"或"绿色"基金、增加液体生物燃料市场份额等具体的内部市场措施，在未来不断强化共同体政策，加强各成员国之间的合作等等。

2000 年发布的《欧洲能源供应安全战略绿皮书》[1]，重申了 1997 年白皮书规定的目标，强调了核电在增加能源供应安全方面的重要作用（供应欧盟当时 35% 的电力），澄清了对核电发展问题存在的一些质疑，强化了推动可再生能源大力发展的认识，要求对其电力生产给予优先权等。这表现了欧盟在新能源和可再生能源政策制定的连续性、稳定性和一贯性。

2001 年 9 月欧盟出台了在内部市场增进可再生能源电力生产的指令（又称《可再生能源指令》）（Directive 2001/77/EC）[2]。该指令强调各成员国确保绿色证书、投资援助、免税、退税或削减和直接的价格支持等支持可再生能源电力生产机制的正常运转，以维护投资者信心。在内容上，调整 2010 年欧盟可再生能源电力生产目标为 21%，对各成员国可再生能源电力发展指标、支持机制、来源保证、行政程序、网络系统等方面做出了明确的指示性要求和原则性规定。其中，进一步要求各成员国在制定目标

---

① Green Paper-Towards a European strategy for the security of energy supply[EB/OL]. [2014 - 3 - 19]. http://eur-lex. europa. eu/smartapi/cgi/sga_doc? smartapi! celexplus! prod! DocNumber&lg = en&type_doc = COMfinal&an_doc = 2000&nu_doc = 769.

② Directive 2001/77/EC of the European Parliament and of the Council of 27 September 2001 on the promotion of electricity produced from renewable energy sources in the internal e-lectricity market [EB/OL]. [2014 - 3 - 19]. http://eur-lex. europa. eu/LexUriServ/Lex-UriServ. do? uri = CELEX:32001L0077:EN:NOT.

时，应按照《联合国气候变化框架公约》和《京都议定书》的要求，符合欧盟和各成员国关于国际气候变化的承诺。

2003 年 5 月，欧盟出台了增进生物燃料和其他可再生燃料在交通中使用的指令（又称《生物燃料指令》）（Directive 2003/30/EC）①。这一指令在 Article 3 中对成员国使用生物燃料和其他可再生燃料明确提出了最低份额要求，即各成员国生物燃料和其他可再生燃料占其国内交通燃料市场的份额，到 2005 年底不低于 2%，到 2010 年底不低于 5.75%②。

从执行情况来看，这一生物燃料指令并不理想，只有少数成员国，即丹麦、德国、匈牙利、爱尔兰、立陶宛、波兰和葡萄牙预计达到 2010 年可再生能源电力目标；奥地利、芬兰、德国、马耳他、荷兰、波兰、罗马尼亚、西班牙和瑞典有希望实现可再生能源在交通运输部门的消费目标③。这迫切需要并采取一个覆盖可再生能源消费领域的综合性政策来改变这种局面。同时，欧盟开始酝酿下一个十年的发展计划。

2007 年 EU-27 峰会通过了欧洲可再生能源工业到 2020 年可再生能源占最终能源消费 20% 的目标。2008 年 1 月欧盟委员会提出了 3 个 20% 的发展目标，即到 2020 年温室气体排放比 1990 年减少 20%，能源效率提高20%，可再生能源占最终能源消费的 20%④。这就为后来 2008 年 11 月欧洲可再生能源委员会（EREC）发布的欧洲可再生能源技术路线图、2010

---

① DIRECTIVE 2003/30/EC OF THE EUROPEAN PARLIAMENT AND OF THE COUNCIL of 8 May 2003 on the promotion of the use of biofuels or other renewable fuels for transport[EB/OL]. [2014 - 3 - 19]. http://ec. europa. eu/energy/res/legislation/doc/biofuels/en_final. pdf.

② 罗涛:《德国新能源和可再生能源立法模式及其对我国的启示》,《中外能源》2010 年第 15 期。

③ EUROPEAN COMMISSION. COMMUNICATION FROM THE COMMISSION TO THE EUROPEAN PARLIAMENT AND THE COUNCIL Renewable Energy：Progressing towards the 2020 target[EB/OL]. [2014 - 3 - 19]. http://eur-lex. europa. eu/LexUriServ/LexUriServ. do? uri = COM：2011：0031：FIN：EN：PDF.

④ Commission of the European Communities. Communication from the Commission to the European Parliament, the Council, the European Economic and Social Committee and the Committee of the Regions：2020 by 2020：Europe's climate change opportunity COM（2008）30 final, Brussels, 2008.

年 3 月欧盟委员会公布指引欧盟发展的"欧洲 2020 战略"奠定了 21 世纪第二个十年关于可再生能源发展总量的基调。

欧洲可再生能源技术路线图预计到 2020 年可再生能源装机容量将达到521.5 吉瓦,占总发电量的 33%—40%,如果欧盟提出的能效行动目标得以实现,这一比例将超过 40%;可再生能源供热份额将达到 22.9%—25.7%;生物燃料将占到能源需求的 10%。

2009 年 4 月,欧盟委员会发布了《可再生能源指令》(Directive 2009/28/EC)①。这一指令起到承上启下的作用,即是对 2001/77/EC、2003/30/EC 指令的修改乃至撤销,也是为实现未来 3 个 20% 目标而专门制定的强制性政策。从内容上看,该指令篇幅较长,共 29 条,确立了各成员国可再生能源强制性的 20% 的最终能源消费总量份额、10% 的交通运输份额和行动计划;制定成员国之间数量转让、与第三国合作项目、来源担保、行政程序、信息和培训、可再生能源电力入网等相关规则;建立液体、气体生物燃料可持续性标准、相关温室气体减排计算体系和网上公开透明平台。

欧盟统计局数据显示,2010 年 EU-27 可再生能源消费比重上升至12.4%。其中,可再生能源消费比重最高的成员国是瑞典,达到了47.9%,拉脱维亚、芬兰、奥地利和葡萄牙分别以 32.6%、32.2%、30.1% 和 24.6% 列居第 2—5 位。从整体来看,欧盟关于 2010 年的可再生能源总量目标已经实现。这说明欧盟制定的政策是比较有效的,尽管这一政策由于成员国实际情况的不同,进行了多次调整。但从成员国来看,则存在担忧。2010 年,有 15 个成员国没有达到可再生能源电力指标;有 22个成员国没有实现交通部门 5.75% 的生物燃料消费指标。这需要很多成员

---

① Directive 2009/28/EC of the European Parliament and of the Council of 23 April 2009 on the promotion of the use of energy from renewable sources and amending and subsequently repealing Directives 2001/77/EC and 2003/30/EC[EB/OL].[2014-3-19].http://eur-lex.europa.eu/LexUriServ/LexUriServ.do?uri=CELEX:32009L0028:en:NOT.

国采取进一步的措施确保未来目标的实现①。

2011 年 12 月欧盟委员会正式发布了 2050 能源路线图,确立了 2050 年欧盟的碳排放量比 1990 年减少 80%—95% 目标②。这一目标最早在 2009 年 10 月由欧洲理事会提出。这意味着欧盟比较看重在全球气候变化框架下,大力倡导节能减排,发展新能源,这是区别于美国新能源发展政策立足点的一个重要方面。

2050 能源路线图认为,在 2050 年建立一个安全的、有竞争力的、去碳化的能源系统是可能的。为此描绘了 7 种不同的情景。无论处于哪一种情景,可再生能源都将处于核心地位,其占最终能源消费比重将由目前的 10%,提升至 2050 年的 55%。在高能效情境下,2050 年可再生能源电力消费比重达到 64%;若处在高可再生能源场景下,这一比重将达到 97%。同时,由于节能效率的提高,2030 年、2050 年欧盟的能源消费将比 2005、2006 年的峰值分别降低 16%—20%、32%—41%。

该路线图认为,核能有助于降低系统成本和电力价格,仍然是一个主要的低碳电力来源。在碳捕获和存储(CCS)延迟和多样化的供应技术场景(显示最低的能源总成本)下,到 2050 年欧盟核能仍将占一次能源需求的 15%—18%。CCS 在能源系统转变过程中发挥重要的作用。在核电生产受限的大多数情景下,CCS 将有效减少 32% 的碳排放;在除了高可再生能源的其他情景下,也能减排 19%—24%。

2012 年 6 月,欧盟发布了关于《可再生能源:欧洲能源市场的主要参

---

① European Commission. Report from the Commission to the European Parliament, the Council, the European Economic and Social Committee and the Committee of the Regions Renewable Energy Progress Report[EB/OL]. [2014 - 3 - 19]. http://eur-lex. europa. eu/LexUriServ/LexUriServ. do? uri = COM:2013:0175:FIN:EN:PDF.

② European Commission. Communication from the Commission to the European Parliament, the Council, the European Economaic and Social Committee and the committee of the regions Energy Roadmap 2050[EB/OL]. [2014 - 3 - 19]. http://eur-lex. europa. eu/LexUriServ/LexUriServ. do? uri = COM:2011:0885:FIN:EN:PDF.

与者》的通报①。该通报一方面预测了可再生能源发展的美好前景，如强劲的可再生能源增长到 2030 年将产生超过 300 万个工作岗位，另一方面强调可再生能源发展依赖于私人部门投资，而后者又取决于可再生能源政策的稳定性。因此，明确长期的政策非常重要。

2013 年 12 月，由欧盟委员会能源、交通和气候变化行动三个总司联合发布了题为《2050 年欧盟能源、交通及温室气体排放趋势：2013 年参考情景》。这一报告指出，为确保到 2050 年全球气温上升不超过 2℃，欧盟需在 1990 年排放量基础上减少 80%—95%。为确保到 2050 年实现低碳经济，需要到 2030 年、2050 年分别减排 40%、80%。如果以 2013 年参考情景为基准线，那么需要到 2030 年、2050 年分别减排 32%、44%。

报告指出，清洁能源在欧盟的发展将是一场根本的变革。预计到 2050 年，天然气、风能、核能将各自占欧洲能源供应总量的 25%，尽管欧洲经济总量将在 2010 年基础上增长 78%，但能源消费将降低 8%，而能源整体价格将呈上升趋势②。2014 年 1 月，欧盟发布《2030 年气候与能源政策框架》的提案；2014 年 10 月，欧盟理事会通过这一提案，确立了 2030 年温室气体减排和可再生能源的量化目标，如表 3.1 所示。

表 3.1　欧盟 2020 年、2030 年和 2050 年的发展目标

目标 年份	温室气体减排 （比 1990 年）	可再生能源	能源效率
2020	减少 20%	占最终能源消费的 20%	提高 20%
2030	减少 40%	至少占能源消费的 27%	至少节能 27%（较基准情形）
2050	减少 85%—90%	未明确	未明确

①　European Commission. Communication from the Commission to the European Parliament, the Council, the European Economic and Soucial Committee and the Committee of the Regions Renewable Energy：a major player in the European energy market[EB/OL]. [2014 – 3 – 19]. http://eur-lex. europa. eu/LexUriServ/LexUriServ. do? uri = COM:2012:0271:FIN: EN:PDF.

②　欧盟发布《2050 年欧盟能源、交通及温室气体排放趋势》报告[J]. 王勤花, 译. 科学研究动态监测快报·气候变化科学专辑, 2014（2）：4 – 5. 详见：EUROPEAN COMMISSION. EU energy, transport and GHG emissions Trends To 2050 Reference scenario 2013 [EB/OL]. [2015 – 8 – 21]. http://ec. europa. eu/clima/policies/2030/models/eu_trends_2050_en. pdf.

需要明确的是，欧盟重视新能源的发展，也给予了长期的政策扶持①，但这不等于一些具体的政策工具不会调整，例如财政补贴。随着新能源技术进步和投资成本下降，先是在德国、英国、西班牙、罗马尼亚、波兰、捷克等成员国②，后在欧盟范围内削减新能源补贴。

2014 年 4 月，欧盟委员会发布新规，决定逐步取消对太阳能、风能、生物质能等可再生能源产业的财政补贴；自 2017 年起，所有的欧盟成员国都将被强制限制可再生能源产业补贴。其目的在于，通过让市场配置资源占据主导地位，以降低居高不下的电价，提升可再生能源产业竞争力。尽管削减了补贴，2014 年德国风电、光伏的政府补贴支出仍高达 300 亿欧元左右③，英国陆上风电场获得的财政补贴超过了 8 亿英镑。

三、欧盟主要成员国新能源产业发展的典型政策

（一）法国新能源产业发展的典型政策

法国新能源产业发展最显著的特点，当属核电。法国是世界上发展核电最坚定、核电依赖程度最高、运行最为安全的国家。核电在该国发电总

---

① 早在 2001 年，欧盟就通过立法，推广可再生能源发电。

② 需要说明的是，德国是最早将上网电价补贴制度应用于可再生能源发展的国家，也有可能成为首个取消该制度的国家。德国上网电价补贴制度的确立，可追溯到 1991 年《上网电价补贴法令》(The Feed-in Act)。上网电价补贴的好处是保障了可再生能源投资收益和市场预期，有利于增加能源自给，减少能源进口和碳排放，弊端是由此带来的上网电价较高，消费者承担的电费大幅度攀升。2000 年 4 月，德国制定了《可再生能源法》(2004 年、2009 年分别进行了修订)，明确了可再生能源补贴每年递减的政策。2010 年 4 月，德国调降住宅等建筑用太阳能电价 15%；7 月，调降大型太阳能电站太阳能电价 25%；同年，为加强德国光伏产业竞争力，又划拨 1 亿欧元财政资金，用于未来 3—4 年太阳能产业研发。2011 年，德国再一次大幅削减太阳能光电补助费率。2012 年 5 月，德国光伏电站项目的补贴每月下调 1%。德国削减可再生能源补贴的做法，得到了英国、西班牙等欧盟国家的效仿。2014 年 6 月底，英国能源与气候变化部决定，自 2016 年 4 月 1 日起提前取消陆上风电补贴；7 月 22 日，该部表示将进一步削减可再生能源项目补贴。

③ 数据来源：刘栋：《欧盟可再生能源发展前景打折扣》，《人民日报》2014 年 12 月 1 日。也有分析认为，2014 年，德国对于可再生能源的补贴总额约为 250 亿欧元，其中 40% 用于光伏，参见：《德国或成首个取消新能源电价补贴的国家》，[2015 - 8 - 22]. http://guangfu. bjx. com. cn/news/20150211/590074 - 2. shtml。

量的比重曾经高达85%以上，并且未发生过一次重大核事故①。这得益于法国发展核电的基本方针和长期坚持，对核电技术的重视，以及核运行安全的有效监管。早在1954年，就开始在Marcoule建设国内首批三座石墨气冷堆，并逐步形成了自己的一套成熟技术。从1970年开始从美国西屋公司购买并学习压水堆技术。中东石油危机之后，法国政府逐步调整能源战略，确立发展核电的主导地位。在引进美国核电技术基础上进行消化、吸收并创新，经过几十年的发展，开发了新一代安全性能和经济性能更先进的EPR压水堆（与德国合作）。由于在生产上具有批量化和标准化特点，从而节省了设计建造时间和管理成本，赋予了法国核电更多的经济性。

2005年7月13日，法国颁布的《确定能源政策定位的能源政策法》进一步确立了核电在能源供应中的重要地位，表明法国发展核能的一贯立场。2011年福岛核事故的发生对法国核安全提出了更多的要求。出于安全的考虑，2012年10月法国总统奥朗德宣布到2025年，核能发电占法国发电总量的比例将从当前的75%降至50%，其中的差额将由逐步增加的可再生能源补充。在贯彻欧盟可再生能源政策的前提下，2009年8月颁布的《格纳勒格法案一》（Grenelle 1）规定了环境变化和可再生能源发展目标，即到2050年将温室气体排放量降低到当时的1/4，到2020年实现23%的可再生能源利用比例②。2015年，法国核电在国内发电量的生产份额仍然高达76.3%。

（二）德国新能源产业发展的典型政策

德国在新能源产业发展上最显著的特点，是伴随"弃核"的能源转型，飞跃式发展可再生能源。福岛核事故发生后，德国总理默克尔决定在2022年前关闭境内所有17座核电站，并成功推动议院，使德国成为首个立法退出核电的工业大国。放弃核电带来的电力缺口，将由可再生能源进行填补。为此，德国政府推出了一项大力发展风能、太阳能和生物能以及改造新型智能电网的"能源转型计划"，预计在2022年之前将可再生能源

---

① 张宪昌、王来军:《后福岛时代的核电新进展》,《学习时报》2013年9月30日。
② 罗国强、叶泉、郑宇:《法国新能源法律与政策及其对中国的启示》,《天府新论》2011年第2期。

的比重翻倍达到 35% 左右；到 2030 年，可再生能源在德国电力供应中的份额要达到 50%，2040 年达到 65%，2050 年则要达到 80%。

德国在风电、光伏发电和生物燃料发展方面具有雄厚的产业基础。以风电为例，德国在 2001—2007 年保持风电装机容量世界第一，2008 年、2009 年才分别被美国和中国超越，到 2010 年底累计超过 25 吉瓦。相关的产业发展政策也比较成熟。在并网定价和发电目标方面，1991 年 1 月 1 日生效的《电力输送法》（StrEG），引入美国首创的固定电价制（Feed-in Tariffs，简称 FITs）。该法案规定，电网运营商不仅有义务接纳新能源和可再生能源电力并网，而且按照固定电价收购这一电力。可再生能源上网价格与常规发电技术的成本差价由当地电网承担。为了形成更精确的定价机制，2000 年颁布了《可再生能源优先法》（EEG），并分别于 2004 年、2008 年、2011 年进行了修订。2008 年修订的《可再生能源优先法》规定了德国到 2020 年的可再生能源电力发展目标，在总电力供应的份额至少达到 30%[1]。

为了弥补到 2022 年结束核电产业所产生的电力缺口，德国对 2011 年 7 月通过的《可再生能源法》进行修改，提高了可再生能源发展的未来目标，要求到 2020 年、2030 年、2040 年和 2050 年的可再生能源发电份额分别达到 35%、50%、65% 和 80%。为了减少电网运营商的征税损失，该法案提高了可再生能源的征税标准，2012 年增至 3.592 欧分/千瓦时。在税收激励方面，一是通过采取提高石油、天然气等传统能源的生态税，免征生物燃料生态税的办法，改变二者的相对价格，从反向激励生物燃料的发展；二是对生物燃料进行补贴，从正面鼓励生物燃料技术进步。并随着技术的进步，逐步削减补贴，实行比例配额制（2007 年 1 月 1 日《生物燃料配额法》正式生效）。

2013 年 5 月，德国实施了首年度为 2500 万欧元的光伏用储能电池系统公共资助补贴计划，这在全球还属于第一次。2015 年，德国可再生能源发电量达到 1873 亿千瓦时，约占全国总发电量的 29.0%，同比提高了 2.8

---

[1] 杜群、廖建凯:《德国与英国可再生能源法之比较及对我国的启示》,《法学评论》2011 年第 6 期。

个百分点，而核电下降至 14.2%①。预计 2050 年，德国可再生能源发电份额达到 80% 以上。

（三）英国新能源产业发展的典型政策

英国可能是最早实行配额制的国家。所谓配额制（RPS），简单来说，就是要求电力公司在收购的电力中含有一定比例的可再生能源发电。1989年 7 月，英国颁布《电力法》，规定了一个类似 RPS 的非化石能源电力义务。1990 年实施的《非化石燃料义务》（Non Fuel Obligation，简称 NFO），也含有类似的要求，建立了投标和补贴制度。这一机制通过投标，促使电力供应商之间展开竞争，从而降低上网价格。以风电为例，1990—1997年，英国风电上网电价从 10.0 便士/千瓦时降低到 3.8—4.95 便士/千瓦时②，年均下降 10.57%—14.81%。

1999 年 7 月，在非化石燃料义务基础上，制定并通过了《可再生能源义务法令》（Renewables Obligation Order），2002 年 4 月正式生效。这一法令确立了可再生能源电力义务制度，其实质是对可再生能源的开发利用实行配额制，例如规定 2003 年可再生能源电力比例达到 3%，2010—2011 年达到 11.1%，2013—2014 年达到 20.6%。这一制度的主要内容还包括，建立可交易绿色证书机制、惩罚制度和工商企业用电征收大气影响税制度，对于完不成任务的供电商将要交纳最高达其营业额 10% 的罚款。在这一配额制度影响下，尽管英国实际可再生能源发电份额目标并没有如愿以偿，但也出现了大幅的增长，由 2002 年的 1.8% 增加到 2010 年的 7%。

英国还是最早提出低碳经济的国家，设定了 2020 年在 1990 年基础上减排 34%、2050 年减排 80% 的目标，也是福岛核事故出现后坚持发展核电的国家。2011 年 7 月，英国能源与气候变化部发布了"英国可再生能源发展路线图"，确定到 2020 年可再生能源装机容量达到 29 吉瓦，满足

---

① 数据来源：德国联邦统计局网站（英文版）。参见：Gross electricity production in 2015：29% came from renewable energy sources[EB/OL]．[2016 - 8 - 22]．https://www. destatis. de/EN/FactsFigures/EconomicSectors/Energy/Production/GrossElectricityProduction. html.

② 国家电力监管委员会办公厅：《英国可再生能源有关法律政策》，《农村电气化》2008 年第 2 期。

15% 的能源需求，同时逐步降低可再生能源成本，提高其市场份额。

2012 年 5 月，英国围绕"电力市场改革"，公布了被称为"20 年来最大变革"的能源改革法案（草案），提出投资 1100 亿英镑扶植包括核电、可再生能源和普及碳捕获与封存技术（CCS）在内的低碳电力，并引入"差价合约"（CfDs）和"碳底价保证机制"来调动低碳电力供应商的生产积极性，增强政府干预电力市场的权力。

2014 年英国能源净进口依存度为 46.2%，同比下降 0.9 个百分点[①]，主要源于天气转暖与能源效率提高。2014 年英国可再生能源发电量有史以来首次超过核电，达到 64.4 亿千瓦时，发电份额达到 19.2%，高于核电 0.2 个百分点，低于煤电（29%）和天然气发电（30.2%）。在可再生能源电力结构中，2014 年排在第一位的仍然是生物质能，占到可再生能源总发电量的 36%，其次是陆上风电（28%）、海上风电（21%）、水电（9%）等。

四、欧盟新能源产业发展政策简评

从整体上讲，欧盟新能源产业发展政策是比较成功的。其原因首先在于，确立了明确的新能源产业发展框架。这一框架把全球气候变化和节能减排作为理论基础，把满足能源供应安全作为现实依据，提出了非常明确的发展战略规划和目标，并能够围绕战略目标的实现，实施有效的政策工具。

与美国不同，这一框架坚持把新能源作为替代能源进行长期发展，发展的方向和基本面只是在内部进行调整[②]，在外部没有显著变化。这就确保了人们投资新能源的市场收益，建立了连续不断的市场预期和信心，增加了新能源市场份额，不断提升新能源产业国际竞争力，由此造就了欧盟新能源在世界格局中的领先地位。

[①] Department of Energy & Climate Change. DUKES 2015 Chapter 1：Energy［EB/OL］. ［2015 - 8 - 22］. https://www. gov. uk/government/uploads/system/uploads/attachment_data/file/447628/DUKES_2015_Chapter_1. pdf, p17.

[②] 例如，德国的"弃核"，没有改变德国发展新能源的立场和决心，大大刺激了德国可再生能源的繁荣。

其次，实施了多样、灵活、动态、适宜的新能源产业发展政策工具。例如，固定电价制和配额制是发展新能源的两种办法，二者皆有利弊，存在明显的区别。欧盟虽然整体倾向于采用市场化的配额制，但也允许固定电价制在德国、西班牙等国家存在。实际上，在实践中二者并不是一个完全替代关系，也可以进行互补。在发展目标的制定上，根据整体状况和各成员国实际情况，尽可能制定可以实现的未来目标。在实施过程中，各国也可以按照自己的情况适度加快发展。

在激励措施上，形式多样，既有正向的直接有利于新能源发展的技术研发扶持、税收补贴或减免，又有反向的抑制传统能源发展的直接限制，征收传统燃料税、大气税等。在财政补贴上，既确立了补贴的进入制度，又实施了补贴的退出制度。这种退出制度既在立法上明确规定、设定底线，又在实践中赋予了执行的灵活性（区段选择和例外情况），可以根据实际发展情况，进行区段调整。

再次，在配套措施上，欧盟非常重视立法作用、市场规范和民众参与。在重视立法上，欧盟和美国存在一致之处，就是用具体的法律条文来明确、规范和约束政府的权力，相应的新能源发展政策具体目标、措施和执行期限均在法律上明确标示。其积极意义在于通过法治，保证公权力和私权利之间及内部运行的平衡，重视民众的意识和参与，确保政策制定的连续性、稳定性和衔接性。

与美国不同的是，欧盟在发展新能源方面具有政治上的统一性，相对较少受到政党之争的消极影响。在市场规范方面，在欧盟成员国和欧盟范围内不断推行的能源市场化改革为新能源产业创造了可持续发展的市场环境。在民众参与方面，积极发挥了非政府组织、民间团体的力量和作用，社会宣传力度较大，民众参与程度较大，新能源概念知识和节能减排、低碳环保、绿色城市意识深入人心。

第二节　美国新能源产业发展及其政策

为了引领美国经济走出危机，化"危"为"机"，创造新的经济增长点，在奥巴马总统期间，美国政府高度重视新能源的开发和利用，实施了美国史无前例的清洁能源复苏战略。美国清洁能源产业发展的一个重点目标就是大幅提升新能源在能源消费中的比例。

一、美国新能源产业发展概况

作为世界最大的一次能源消费国之一[①]，美国长期面临着能源安全的供应压力。为了实现"能源独立"、确保能源安全的目标，美国政府自 20世纪 50 年代始就通过政策干预，致力于寻求新式能源技术，大力发展核电；70 年代鼓励发展风能、太阳能、小水电和生物质能，力图能源供应类别的多样化和多元化，以满足本国庞大的能源消费需求。

经过几十年的发展，2015 年美国能源自给率接近 91%[②]，比 2012 年提高了近 10 个百分点。在美国一次能源生产结构中，2014 年天然气占比为 32%，同比提高了 1 个百分点；石油（原油和液态天然气）为 28%，同比提高了 2 个百分点；煤炭为 21%，同比下降了 3 个百分点；可再生能源（含水电）为 11%，核电为 9%。

美国能源结构逐步在改善。首先是，一次能源消费结构在逐步改善，新能源比重有所上升。2015 年美国一次能源消费总量达到 97.7 × 10^{15} Btu，同比下降 0.6%。其中，作为清洁能源和部分新能源（页岩气）的天然气比重同比提高了 1 个百分点，达到 29%；石油和煤炭比重略微下降至52%，可再生能源消费比重基本上保持了 10%，核电占比略微提升至 9%。从天然气长远发展来看，根据美国《2015 年度能源展望》，美国由 2013 年的净进口国到 2017 年将转变为净出口国。到 2030 年，液化天然气出口将达到 3.4 万亿立方英尺，这一水平将持续到 2040 年，占美国天然气出口总

---

① BP 公司数据显示,自 2010 年始,中国一次能源消费总量连续多年超过了美国,位居世界一次能源消费首位。由此,美国由第一降为第二。

② 数据来源:美国能源信息署网站,参见:Domestic energy production meets about 89% of U. S. energy demand[EB/OL]. [2016 – 08 – 21]. http://www. eia. gov/energyexplained/index. cfm? page = us_energy_home。

额的 46%[①]。

从电力生产结构来看，2015 年美国可再生能源比重在上升，达到 13%，比 2012 年提高了 2 个百分点。核电占比为 20%，同比提高 1 个百分点；天然气占比为 33%，同比提高 6 个百分点；煤电占比为 33%，同比下降 6 个百分点；汽油占比为 1%。在可再生能源中，水电依然占据首要地位，约为 6%；其次是风电，为 5%；再次是生物质能，约为 2%，地热不到 1%，太阳能接近 1%[②]。根据本课题的定义，2015 年美国新能源电力生产比重达到 33%[③]，比 2012 年提高了 8.72 个百分点。

从长期来看，依照《2015 年度能源展望》参考情形，美国可再生能源的发电份额将增长到 2040 年的 18%。未到期的联邦税收抵免和国家可再生能源配额制将继续推动非水电可再生能源在 2015—2018 年相对强劲地增长，2018 年可再生能源总发电量将增加 25%。2019—2030 年，电力需求增长放缓和较低的天然气价格将带来可再生能源容量的慢增长；2030—2040 年，可再生能源容量将再次加速增长[④]。

二、美国新能源产业发展政策

重视并发挥立法和法案的作用，是美国新能源产业发展政策制定和实施中最鲜明的特点。美国的新能源产业发展政策，主要通过联邦能源立法、联邦环境政策、州立法和农业立法等形式[⑤]体现出来。通过立法，基本明确了新能源相关产业的发展战略、发展目标、财政扶持、技术研发和国际竞争等。自 20 世纪 70 年代中东石油危机发生以来，美国共产生了五

---

①　数据来源：U. S. Energy Information Administration, Annual Energy Outlook 2015 With Projections to 2040(April 2015)。

②　数据来源：http://www. eia. gov/energyexplained/index. cfm? page = electricity_in_the_united_states。

③　这一数据未包含页岩气在内。实际数据应该比这一数字大。

④　数据来源：U. S. Energy Information Administration, Annual Energy Outlook 2015 With Projections to 2040(April 2015)。

⑤　Duffield J A, Collins K. Evolution of renewable energy policy[J]. Choices, 2006·21(1), p9. Available online：http://www. choicesmagazine. org/2006 – 1/biofuels/2006 – 1 – 02. pdf.

部具有代表性的能源综合性法案。

（一）第一部能源综合法案

美国最早的一部能源法案，是1978年11月由卡特总统签署的《1978年国家能源法案》（National Energy Act of 1978，NEA）。该法目的在于应对中东石油危机，增加美国国内能源供应，解决能源安全问题。这一法案下辖五个单一法案，对新能源均有涉及，可以说奠立了美国发展新能源的基本格调。

①《公用事业管制政策法案》（Public Utility Regulatory Policies Act，PURPA）。该法案规定公用电力事业必须购买符合规格的小电力设施生产出的可再生能源电力，以此来鼓励可再生能源发电，尤其是扶持生物质能发电。

②《1978年能源税收法案》（Energy Tax Act of 1978）。该法案授权个人使用太阳能、风能和地热设备可以享有高达200美元的税收抵免。对这些可再生领域进行商业投资可以减免10%的能源税[①]。对于汽车用乙醇混合燃料享有至少10%的免税，相当于每1加仑免征0.4美元的消费税。还允许可再生能源项目实行加速折旧。

③《国家节能政策法案》（National Energy Conservation Policy Act，NECPA）。该法案的目的是减少在建筑、交通、设备和一般操作等领域的非可再生能源使用。它赋予了政府向那些购买太阳能加热或制冷设备的家庭提供贷款的权利。

④《电厂和工业燃料使用法案》（Power Plant and Industrial Fuel Use Act）。该法案禁止新电厂使用石油和天然气，禁止不具备使用可替代燃料的电厂新建。

⑤《天然气政策法案》（Natural Gas Policy Act）。该法案要求逐步放宽对非常规天然气如页岩气、煤层气等天然气的井口价格管控，对1985年1月1日以后新井的井口价格不再控制，激励了对美国页岩气的开发。

---

① Friedmann P A, Mayer D G. Energy Tax Credits in the Energy Tax Act of 1978 and the Crude Oil Windfall Profits Tax Act of 1980[J]. Harv. J. on Legis., 1980, 17: 465.

（二）第二部能源综合法案

第二部综合性法案为 1980 年 6 月由卡特总统签署的《1980 年能源安全法案》（Energy Security Act of 1980）。这一法案主要由 6 个单一法案组成，在内容上突出了发展新能源的要求，引入贷款担保等资金融通机制，向年产量低于 100 万加仑的小乙醇生产厂提供贷款担保。

①《美国合成燃料公司法案》（U. S. Syntic Fuels Corporation Act）。该法案授权美国合成燃料公司提供 880 亿美元推行合成燃料计划。由于 1985 年石油过剩，该法案于 1986 年被废除。

②《生物质能和酒精燃料法案》（Biomass Energy and Alcohol Fuels Act）。

③《可再生能源法案》（Renewable Energy Resources Act）。

④《太阳能和节能法案》（Solar Energy and Energy Conservation Act）与《太阳能和节能银行法案》（Solar Energy and Energy Conservation Bank Act）。

⑤《地热能法案》（Geormal Energy Act）。

⑥《海洋热能转换法案》（Ocean thermal Energy Conversion Act）。

（三）第三部能源综合法案

第三部综合性法案为 1992 年 10 月由老布什总统签署的《1992 年能源安全法案》（Energy Policy Act of 1992），也是美国第一部大型能源政策法案[①]。这一法案主题为提高能效，共由 27 章（Titles）组成，细化了各种各样的措施，以减少对进口能源的依赖，为清洁可再生能源提供激励，增进建筑节能。这一法案把含有 85% 以上比例乙醇的调和燃料确定为交通运输替代燃料（即 E85）。

为鼓励生物燃料生产，这一法案拓展了燃料税收减免和混合燃料收入税减免，将两种乙醇低于 10% 的混合燃料纳入进来。要求联邦和州公务用车要购买一定比例的替代性燃烧汽车（AFV），并实行税收减免的优惠，还对生产 AFV 的厂家提供一定的资金支持。该法还对在 1994—1999 年之

---

① 罗涛:《美国新能源和可再生能源立法模式》,《中外能源》2009 年第 7 期。

间投入发电的风能涡轮机和生物质发电厂给予为期 10 年的税收减免，减免额度为 1.5 美元/千瓦时。实行铀复兴，成立国家战略储备铀①。

（四）第四部能源综合法案

第四部综合性法案为 2005 年 8 月由小布什总统签署的《2005 年能源政策法案》（Energy Policy Act of 2005）。这一法案是对 1992 年能源政策法案和其他相关法案的部分修订，共由 18 个标题组成，第一章为"能效"，第二章即为"可再生能源"，排在第三章"石油和天然气"之前②。第六章为"核问题"，第七章为"交通工具和燃料"，第八章为"氢"，第九章为"研究和开发"，第十三章为"能源政策的税收激励"，第十五章为"乙醇和发动机燃料"，第十六章为"气候变化"，第十七章为"对新技术的激励机制"，均对新能源和可再生能源有涉及。这充分表明了对新能源和可再生能源的重视。

该法案规定联邦政府消费新能源电力的比重，2007—2009 财年不低于 3%，2010—2012 财年不低于 5%，2013 及其以后财年不低于 7.5%。并提出，到 2015 年底非水电可再生能源装机至少达到 10 吉瓦。为实现 1997 年美国联邦政府百万太阳能屋顶计划提出的到 2010 年在 2 万个联邦建筑上安装太阳能系统，规定 2006—2010 财年每年投入 5000 万美元推行光伏能源商业化项目，每年投入 1000 万美元进行光伏系统评估项目。甘蔗乙醇项目补助（grants）3600 万美元。规定 2006—2012 年农村和偏远社区电气化每年补助 2000 万美元。为增加森林生物质用作电力、加热、交通运输燃料和其他用途的商业价值，2006—2016 年每年补助 5000 万美元。修订《1970 年地热蒸汽法案》（Geormal Steam Act of 1970）。在增强海岛能源独立自主上，每财年拨款 50 万美元进行可行性研究，拨款 40 万美元进行项目执行。

该法案基于通货膨胀因素的考虑，对《1954 年原子能法》（Atomic Energy Act of 1954）的一些数额进行调整。推行新一代核电站项目，要求

① Energy Policy Act of 1992［EB/OL］.［2013 – 09 – 29］. http://thomas. loc. gov/cgi-bin/bdquery/z? d102:HR00776:@ @ @L&summ2 = m&.

② Energy Policy Act of 2005［EB/OL］.［2013 – 09 – 29］. http://www. gpo. gov/fdsys/pkg/PLAW-109publ58/pdf/PLAW-109publ58. pdf.

不得迟于 2021 年 9 月 30 日完成核电站建设并运行原型反应堆,用于研发和建设活动的补助 2006—2015 财年达到 12.5 亿美元,这就为美国核电复兴设立了基本格调。2007、2008、2009 财年用于研发、示范和商业化应用活动的资金,可再生能源分别为 6.32 亿、7.43 亿和 8.52 亿美元,核能分别为 3.3 亿、3.55 亿和 4.95 亿美元;另外,核能公共建设与设施三年分别达到 1.35 亿、1.4 亿和 1.45 亿美元。为深海和非常规天然气投资等设置了奖励,并作了详细说明。

在个人住宅节能性能上,对纳税年度内光伏、太阳能热水和燃料电池支出均实行 30% 比例的税收免除,在金额上分别不超过 2000 美元、2000 美元和 500 美元。在鼓励选择性使用交通工具和燃料上,对符合标准投入运行的载重不超过 8500 磅、8500—14000 磅、14000—26000 磅和 26000 磅的燃料电池汽车,在纳税年度内分别给予纳税人 8000、1 万、2 万和 4 万美元的税收抵免。

在可再生燃料生产目标上,要求 2006—2012 年年产量分别达到 40 亿加仑、47 亿加仑、54 亿加仑、61 亿加仑、78 亿加仑、74 亿加仑和 75 亿加仑,而若不发布指令则 2006 年仅能完成目标的 2.78%。对生产能力小于 6000 万加仑的小型燃料乙醇生产商和生产能力小于 1500 万加仑的小型生物柴油生产商,可以享受 0.1 美元/加仑的生产所得税减免。

(五)第五部能源综合法案

第五部综合性法案为 2007 年 12 月由小布什总统签署的《2007 年能源独立和安全法案》(Energy Independence and Security Act of 2007)。这部法案以节能和能效、促进可再生能源利用为立法重点,共分为 16 章,涉及三项关键条款[①]。

一是平均燃料经济性标准(Corporate Average Fuel Economy Standards),确立了轿车和轻型卡车 2020 年平均油耗为 35 英里/加仑的目标。在改进汽车技术方面,制定以下相关政策:为先进电池发展建立贷款担保机制,资

_____

① Fred Sissine. Energy Independence and Security Act of 2007:A Summary of Major Provisions[R]. Congressional Research Service(CRS)Report for Congress, December 21, 2007. Available online:http://assets.opencrs.com/rpts/RL34294_20071221.pdf.

助插电式混合动力汽车，鼓励购买重型混合动力汽车，为各种电动汽车提供信贷。在政府购买方面，联邦机构被禁止购买不是低温室气体排放车辆的任何轻型机动车或中型客车。到 2015 年，联邦机构必须每年降低至少20% 的石油消费，增加 10% 的替代燃料消费。

二是可再生燃料标准（Renewable Fuel Standard），要求可再生燃料生产从 2008 年的 90 亿加仑增加到 2022 年的 360 亿加仑。在后者中，有 210 亿加仑可再生燃料必须从纤维素乙醇或者其他高级生物燃料中获取。在可再生燃料生产技术方面，要求汽油和柴油的生命周期温室气体（GHG）排放至少降低 20%。使用生物燃料取代 80% 以上化石燃料的生物燃料生产运营设施将获得现金奖励。授权为在乙醇生产比例较低的州进行生物燃料研究、开发和示范（RD&D）以及商业应用提供 2500 万美元的补贴；为一个研发可再生能源技术的大学计划提供高达 200 万美元的补助。要求能源部直接创建一个补助计划，帮助建立或转换基础设施使用可再生燃料，包括E85 燃料（85% 乙醇）。

三是电器和照明效率标准（Appliance and Lighting Efficiency Standards）。建立通用服务白炽灯能效标准和白炽反射器灯与荧光灯能效标准。另外，法案第十三章涉及智能电网，对其进行了界定。术语"智能电网"指的是一种允许流量分配系统，允许信息从客户的计电表在两个方向流动：从房子流向恒温器、电器和其他设备，又从这些应用设施流向房子。智能电网的定义包括各种操作和能源措施，包括智能电表、智能电器、可再生能源资源和能效资源。

（六）其他法案

此外，2009 年 2 月由奥巴马总统签署的《2009 年美国复兴与再投资法案》（American Recovery and Reinvestment Act of 2009）[1] 是近几年美国关于

---

[1] AMERICAN RECOVERY AND REINVESTMENT ACT OF 2009 [EB/OL]. [2013 -09-29]. http://www.gpo.gov/fdsys/pkg/PLAW-111publ5/content-detail.html.

新能源和可再生能源方面获得生效的最新一部法案（enrolled law）①。该法案第 4 章为能源和水发展。

其中能源部能源效率和可再生能源局（Energy Efficiency and Renewable Energy，EERE）获得 168 亿美元，是 2008 财年拨款（17 亿美元）的近 10 倍。这项拨款除大部分用于支持直接补助和返款（有些是履行《2007 年能源独立和安全法案》的相关规定）外，有 25 亿将用于支持 EERE 的应用研发与部署计划，包括 8 亿美元用于生物质项目，4 亿美元用于地热技术项目，还有 5000 万美元用于提高信息与通信技术的能源效率②。

经济激励法案也包括投资 50 亿美元用于完成《节能和生产法案》规定的越冬御寒援助项目（Weatherization Assistance Program），拨款 20 亿美元支持在美国境内制造先进的电池系统和组件，同时发展支撑软件；并对先进的锂离子电池、混合动力电系统、组件制造商和软件设计师提供设施资金奖励。

另外 3 亿美元将支持一项替代燃料汽车试点拨款项目（an Alternative Fueled Vehicles Pilot Grant Program）。法案中也保证拨款 32 亿美元用于"能效与节能专项"（Energy Efficiency and Conservation Block Grants），该项是在"2007 年能源独立和安全法案"中确定的，但是之前没有拨款。拨款将继续引导各州、当地政府和地区政府来支持能效与节能战略和项目，包括在政府大楼安装燃料电池、太阳能、风能和生物质发电设备计划的能源审计项目和计划。

在减税方面，法案除扩大和替代可再生能源系统的税收减免外，为大部分可再生能源发电设施提供了 3 年生产税抵减（PTC）延长期。风能可延长到 2012 年，城市废弃物、水电、生物质和地热发电均可延长到 2013

---

① 尽管 2009 年 7 月 2 日美国众议院通过了《美国清洁能源与安全法案》（American Clean Energy and Security Act of 2009），并在美国和国际社会产生了重大影响，但由于按照美国法制，还须经美国参议院通过和总统签署，才能正式生效。截至目前，这一法案仍然在搁置中。因此，本课题不再对其论述。

② Kevin Eber. Clean Energy Aspects of the American Recovery and Reinvestment Act [EB/OL].（2009 - 02 - 18）[2015 - 08 - 14]. http://www.renewableenergyworld.com/rea/news/article/2009/02/clean-energy-aspects-of-the-american-recovery-and-reinvestment-act.

年。法案中提出发行清洁能源债券，包括两种形式：一种是 16 亿美元的可再生能源债券（CERBs），一种是 24 亿美元的合格节能债券。这些债券将分配给各州和地方政府为清洁能源项目融资①。

除了这些综合性的能源法案外，美国还设有专门性的单一能源法案。例如早期为开发地热能，美国陆续通过了《1970 年地热蒸汽法案》《1974 年地热能研究、开发和示范法案》（Geothermal Energy Research，Development and Demonstration Act of 1974）和《1980 年地热能法案》（Geothermal Energy Act of 1980）。

为开发太阳能，美国陆续通过了《1974 年太阳能供热和制冷示范法案》（Solar Heating and Cooling Demonstration Act of 1974）、《1974 年太阳能研究、开发和示范法案》（Solar Energy Research，Development and Demonstration Act of 1974）、《1978 年太阳能光伏研究、开发和示范法案》（Solar Photovoltaic Energy Research，Development and Demonstration Act of 1978）、《1980 年太阳能和节能法案》（Solar Energy and Energy Conservation Act of 1980）、《1980 年太阳能和节能银行法案》（Solar Energy and Energy Conservation Bank Act of 1980）② 等等。

值得一提的是，美国开始重新回到《气候行动计划》（Climate Action Plan）中减排的目标轨道中来。2014 年 6 月，美国环境保护署发布了《清洁能源计划》（Clean Power Plan），首次提出了针对现有发电厂的碳排放标准，到 2030 年将美国电力领域的碳排放量减少 30%，减少 25% 由二氧化碳排放导致的烟尘。

2014 年 11 月，在奥巴马总统访问中国期间，在北京发布了具有历史性意义的《中美气候变化联合声明》，这是世界上最大的两个碳排放国作出的减排承诺。该声明提出，美国到 2025 年比 2005 年减排 26%—28%，这意味着 2005—2020 年，美国每年减排量的速度由过去的 1.2% 提

---

① 李桂菊、张军：《美国经济恢复与再投资法案确定洁净能源投资方向》，（2009 - 01 - 16）［2015 - 08 - 14］，http://www.hbttp.org.cn/show.jsp? id = 1260173306500。

② 罗涛：《美国新能源和可再生能源立法模式》，《中外能源》2009 年第 7 期。

高到现在和未来的 2.3% —2.8%①。2015 年 8 月奥巴马政府推出了《清洁能源计划》修订版，要求 2020 年美国电厂的碳排放量在 2005 年的基础上减少 32%，比原计划提高了 2 个百分点。

在政策措施上，2014 年 5 月和 6 月，美国政府宣布 350 家私营和公共部门已承诺安装为 13 万个家庭提供电力、共计 850 兆瓦的光伏系统，向农村地区的可再生能源和能效项目投资 6800 万美元。2014 年 11 月，美国政府联合 120 家企业、非营利组织和学校承诺采购电动车和技术，并在工作场所安装充电站，这带来的是电力公用事业公司的采购额将超过 5000 万美元②。

三、美国新能源产业发展政策简评

从整体上来讲，美国新能源产业发展立法表现出政策的稳定性、连续性和强制性等特点。由于在内容制定上非常详细，从而政策工具在实施上具有很强的操作性和应用性。例如，单就补贴一项，就分为直接补贴、税收补贴、研发补贴、特殊优惠和贷款担保等多种形式。这表明美国在制定能源政策时，充分考虑了产业发展的特点和市场调控的作用，是非常严谨、认真、细致的，也是卓有成效的。美国国会预算办公室（CBO）的一项报告显示，在补贴机制刺激下，2000—2010 年美国可再生能源发电量年均增长速度超过了发电总产量增长速度，尤其是风电保持了 31.8% 的年均增长率③。

但总体来讲，美国新能源产业发展战略不是稳定不变的。换句话说，美国新能源产业发展遭受了巨大的发展阻力。由于传统能源价格的不确定性、政党之争掩饰下的利益集团冲突和社会公众的认同程度变迁，美国能

---

① 王叶子:《美国政府 2014 年能源与环境政策回顾》,http://intl. ce. cn/specials/zxgjzh/201503/16/t20150316_4835957. shtml。

② 王叶子:《美国政府 2014 年能源与环境政策回顾》,http://intl. ce. cn/specials/zxgjzh/201503/16/t20150316_4835957. shtml。

③ 王叶子:《美国政府 2014 年能源与环境政策回顾》,http://intl. ce. cn/specials/zxgjzh/201503/16/t20150316_4835957. shtml。

源政策改革具有典型的渐进主义特征①。例如，20 世纪 80 年代后期国际油价大幅回落，里根政府上台后就大幅度削减各类可再生能源研发开支，新能源发展目标大大缩水。克林顿政府起初严格履行《1992 年能源安全法案》的要求，后来在面临联邦预算和共和党国会双重压力下，实际上放弃了能源政策革新的目标。

奥巴马上任后，尽管没有出台单独的能源法案，但美国能源战略发生了实质性的变化，那就是极力发展新能源。新能源在奥巴马能源政策中被给予了前所未有的重视，在实践中的回报就是 2008 年以来美国可再生能源发电量几乎增加了一倍，太阳能发电量提高了十倍。尽管如此，新能源发展在奥巴马时期也不是一帆风顺的，遭遇了不少阻力。美国民主党和共和党围绕气候变化、节能减排喋喋不休的争吵，影响到美国新能源发展战略的实施。2009 年美国众议院通过的《美国清洁能源与安全法案》在参议院遭拒，即是一个很好的说明。在 2013 年 10 月 1 日美国联邦政府的"关门"事件中，能源部等部门有超过 50% 的雇员被迫休假，这给新能源政策的具体实施带来挑战。

在过去，奥巴马并未给新能源产业发展完全扫清障碍。在未来，新能源产业发展也将在坎坷不平、蒺藜满布中前行。这一方面为其他国家赶超美国新能源技术带来必要的机遇，另一方面也表明在美国新能源发展历程中，如果离开了政策的扶持，新能源产业发展仍将步履蹒跚，踯躅前行。

第三节　日本新能源产业发展及其政策

日本政府制定的可再生能源补贴制度，使安装太阳能发电设备的用户有望 10 年即可收回初期投资。太阳能发电设备及其利用在日本逐渐普及。日本政府 2010 年出台的《日本战略能源计划》，制定了 CO_2 减排的长期路径，强调发展节能、新能源、绿色经济，延伸和细化了 2006 年提出的《新国家能源战略》，以促进日本节能技术的世界领先地位和新能源技术的

---

① 叶玉：《渐进主义与美国能源政策发展》，《国际展望》2010 年第 2 期。

长期发展。

一、日本新能源产业发展概况

日本是较早重视并开发新能源产业技术的国家之一，也是新能源产业发展相对成功的国家之一。20 世纪 50 年代以来，日本就注重发展核电技术。2011 年 3 月福岛核事故发生之前，日本共有 55 台现役核电机组（含文殊〈Monju〉原型快堆），总净装机容量达 47.3GWe，位居世界第三，仅次于美国、法国。根据世界核协会和国际原子能机构提供的相关数据，2010 年日本核电发电量达到 280.3 亿千瓦时，国内份额为 29.2%，约占全球的 10.65%。受 2011 年 3 月福岛核事故影响，日本核电连续两年负增长，2012 年为 17.07 亿千瓦时，仅占国内份额的 2.07%，2014 年下降为零。

在可再生能源产业发展上，光伏产业曾经一度辉煌。2000—2006 年，日本光伏发电累计装机容量连续多年位居世界首位，直到 2007 年才被德国超过。日本经济产业省的数据显示，2008 年日本的光伏电池产量仍然高于德国，仅低于中国，位居世界第二。EPIA 发布的《Global Market Outlook for Photovoltaic 2013—2017》显示，2012 年日本新增光伏装机容量达 2 吉瓦，占全球新增装机容量的 6.3%；累计容积容量达 6.914 吉瓦，占全球累计装机容量的 7% 左右，位居全球第 5 位。

日本风力发电协会 2013 年 1 月公布的数据显示，2012 年日本新增风电装机容量预计为 92 兆瓦，同比增长 8%；累计装机容量约为 2.649 吉瓦。日本新能源的一大特色是地热利用。日本地热资源丰富，早在 1966 年就建立了日本第一座商业化运作的（松川）地热发电站，形成了较为成熟的地热发电技术，并积极进行出口。但地热发电比较微弱，2010 年仅占总电力的 0.2%[①]。

从日本国内电力构成来看，新能源整体比重依然比较低。2009 年核电份额为 29%，不含水电的可再生能源发电仅为 1%，水电为 7%，天然气、

---

① 陆昊:《地热或将取代核能得宠日本》,《中国石化报》2011 年 4 月 29 日。

煤炭、石油分别为 29%、25%、7%①。福岛核事故发生后，大部分核反应堆停运检修，由此产生的电力缺口暂时主要依靠火力发电。福岛核事故的发生，也对日本的能源多元化供应政策产生了重要影响。这主要表现为，迫使日本政府宣布"去核化"的政策，从而打乱了先前大力发展核电的能源计划，不得不采取有效措施，加快可再生能源的开发利用进程。2013年，在日本电力结构中，核电不足 1%，非水能可再生能源发电达到 4.7%，化石燃料发电高达 88%。

二、日本新能源产业发展政策

（一）日本核电产业发展政策

由于日本本国能源资源极度匮乏，能源自给率仅为4%左右②，日本政府极度重视一切可以开发利用的本国资源，以满足国内庞大的能源需求。日本确立了优先发展核电的国家战略。1955 年，日本就颁布了《原子能基本法》。1956 年，成立日本原子能委员会，负责推进核能开发相关政策。同年，日本制定《原子能研究、开发及利用长期计划》，确立了日本国家原子能利用的基本方针。这一计划几乎每 5 年修改一次，2005 年更名为《原子能政策大纲》。1966 年，日本的第一座核电站即东海核电站正式运营。

中东石油危机发生之后，日本更加重视核电的作用。1974 年，日本国会通过"电源三法"，即《电源开发促进税法》《电源开发促进对策特别会计法》《发电用设施周边地域整备法》，规定政府可以对建设核电的地方公共团体给予高于火电和水电 2 倍的补助金③，加快了核电站的建设步伐。

1975 年，日本核电机组由 1972 年的 5 台发展到 10 台，装机容量由 1.823 吉瓦扩大到 5.30 吉瓦。这一发展势头即使在美国三里岛核事故发生

---

① METI Agency for Natural Research and Energy. Feed-in Tariff Scheme in Japan[EB/OL].[2014 - 3 - 19]. http://www.meti.go.jp/english/policy/energy_environment/renewable/pdf/summary201207.pdf.

② 单宝:《日本推进新能源开发利用的举措及启示》,《科学·经济·社会》2008 年第 2 期。

③ 王伟:《核电争议的日本宿命》,《社会观察》2012 年第 8 期。

之后也没有减弱。尽管日本国内一些地方不符合核电站选址条件，比如地震、海啸等自然灾害频发，在建的过程中遭到了反核运动人士的抵触，到20 世纪 90 年代末，日本还是陆续建成了 51 座核电站。

2006 年 7 月，日本经济产业省编制的《新国家能源战略》提出核能立国计划，要求以确保安全为前提，继续推进供应稳定、基本不产生温室气体的核电建设，2030 年核电比例从目前的 29% 提高到 30%—40%，争取更高。在政策措施上，把核电作为未来基础电源，在电力消费需求增长低迷情况下，建设新核电站替代退役核电站，维持核电比例稳中有升。积极推进核燃料循环利用，促进快中子增殖反应堆恢复运作，培育核能人才，推进核能技术开发①。

2006 年 8 月，日本经济产业省资源能源厅出台《原子能立国计划》，强调核能是最能保证稳定供应的替代能源，并且是一种低碳排放的清洁能源。2007 年 4 月，日本政府提出原子能立国战略，要求加大核电开发建设力度，在现有反应堆基础上，在 2020 年以前将增加 16—18 个新型轻水核反应堆。2008 年 3 月，日本经济产业省资源能源厅制定了《原子能政策的课题和对应——原子能立国计划》，计划重点开发下一代核技术，提高核能发电在日本能源利用中的比重②。

2010 年 6 月，日本经济产业省第二次修订的《日本战略能源计划》，提出到 2030 年，能源自给率和化石燃料自给率将达到目前的一倍，分别为36%、52% 左右；能源自给率，将由当前的 38% 提升至 70% 左右。为此，该计划决定到 2012 年新建 9 座核电站，到 2030 年新建 14 座。这意味着，日本 2030 年的核电份额，将由 2010 年的 30% 左右提升至 54%③。同月，在日本经济产业省再度推出的重振日本经济和国内产业的白皮书中，核电

---

① 日本《新国家能源战略》出台，http://www.sdpc.gov.cn/nyjt/gjdt/t20060728_78143.htm.

② 雷鸣:《日本节能与新能源发展战略研究》,吉林大学 2009 年博士论文,第 118页。

③ METI Agency for Natural Resources and Energy. The Strategic Energy Plan of Japan-Meeting global challenges and securing energy futures[EB/OL].[2014 - 3 - 19]. http://www.meti.go.jp/english/press/data/pdf/20100618_08a.pdf.

被列为重点发展和出口企业。

福岛核事故的发生，引起了日本大规模的反核行动。迫于这一压力，2012 年 5 月，野田佳彦内阁暂时关停了国内全部 54 座核电站，在两个月内实现了"零核电"运营状态（7 月份重启关西电力公司大阪核电站 3、4 号机组）。同年 9 月，日本民主党推出了到 2030 年实现日本无核化的"零核电"计划。

2012 年 9 月，日本吸取核监管的经验教训，专门成立了独立的原子能规制委员会机构（the Nuclear Regulation Authority），统一负责日本核能安全监管工作。2012 年 12 月自民党人安倍晋三担任首相后，采取了一些与"零核电"计划不同的做法，比如容许建立新的核电站，积极准备重启核电，并不遗余力地为日本核电产业出口展开游说。这与他的拥核立场有关，也与日本的实际情况相关。

客观地讲，"去核"所带来的庞大电力缺口一方面增大了经济成本，使安倍晋三 2013 年 6 月抛出的日本产业重振计划难以实现，另一方面，也给在短时间内通过培育可再生能源替代核电带来了巨大压力。因此，"去核"在日本短期内不现实，在长期也很困难。在惨痛的灾难和日本民意面前，"去核"实是一种暂时的无奈选择。

可以预见的是，未来日本会削减核电份额，但不会像德国那样明确"弃核"。2015 年 6 月，日本经济产业省召开探讨该国 2030 年电源构成比例的专家委员会会议，通过了将核电比例定在"20% 至 22%"的草案。2015 年 8 月，日本川内核电站 1 号机组重启，由此结束了日本 1 年 11 个月以来的"零核电"状态。

（二）日本非水电可再生能源产业发展政策

日本在大力发展核电的同时，也积极发展节能和可再生能源技术。早在 1951 年就实施了《热管理法》。中东石油危机发生之后，日本开始了大规模节能运动，积极开发新能源。1974 年 6 月，通产省工业技术院制定了日本第一个综合新能源技术开发长期规划——"阳光计划"[①]。该计划由政

---

① 朱真：《日本的"阳光计划"与"月光计划"——面向二十一世纪的日本新能源战略》，《计划经济研究》1985 年第 4 期。

府投资一万亿日元以上，主要开发太阳能、地热能、煤的液化与气化技术和氢能，目标期限为 2000 年。1978 年，制定并实施了以节能为主要内容的"月光计划"。1979 年，《热管理法》被《节约能源法》（又称合理使用能源法）取代。

1980 年，日本颁布《替代石油能源法》，成立新能源综合开发机构（NEDO），大规模推进核能、太阳能、海洋热能、生物质能发电、燃料电池等替代能源[1]。1989 年，日本又出台了"环境保护技术开发计划"，主要控制温室气体排放。1993 年，日本将上述计划有机融为一体，推出到 2030 年的"能源与环境领域综合技术开发计划"，即"新阳光计划"。其中研究经费高达 1.6 万亿日元[2]。财政补贴不仅包括生产者的投资补贴，还包括消费者补贴。

1994 年，日本政府公布了到 2000 年的"新能源发展大纲"，确定了太阳能发电等八大重点项目。1996 年日本政府在"新能源大纲"中，规定到 2000 年太阳能发电必须达到 400 兆瓦，2010 年将达到 4.6 吉瓦，分别为 1996 年的 100 倍、1000 倍。焚烧废弃物发电，2000 年必须达到 2 吉瓦，2010 年将达到 4 吉瓦，分别为 1996 年的 4 倍、8 倍。大纲还要求积极开发利用天然气、酒精和电力的"洁净能源汽车"，大力推广集中供暖系统、燃料电池等。日本政府的执行力是比较强的，这些规定的目标基本上得到了实现。

1997 年 4 月，为了大力推进新能源开发利用，从新能源技术和资金支持等方面进行政策引导，日本制定了《促进新能源利用特别措施法》，又称《新能源法》。1997 年 12 月，联合国气候变化第 3 次缔约方大会在日本东京召开，签署了《京都议定书》。由于这次会议在日本召开，日本非常重视《京都议定书》的生效，率先垂范，实施大力发展新能源、提高能效等一系列措施，以达到减排目标的实现，推动其他国家加入"议定书"。

---

①　姜雅：《中日两国在新能源及环境保护领域合作的现状与展望》，《国土资源情报》2007 年第 5 期。

②　杨泽伟：《发达国家新能源法律与政策研究》，武汉大学出版社 2011 年版，第 146 页。

2001 年 4 月，为了减少、再使用废弃物，发展循环经济，日本实施了《促进资源有效利用法》，也称再利用法。2002 年 6 月，日本引入新能源发电的配额制（RPS），即颁布了《日本电力事业者新能源利用特别措施法》，又称 RPS 法令，规定每年销售的电力中新能源所占的比例。为了配合这一法律实施，2002 年 11 月、12 月又分别颁布了施行令和施行法则。RPS 法令于 2003 年 4 月正式生效，在这一制度的作用下，2009 年可再生能源发电量实现了翻番[1]。

2004 年 6 月，日本通产省公布了新能源产业化远景构想的远期战略计划。该计划要求在 2030 年以前，把光伏、风能发电等新能源技术扶植成为生产规模达 3 万亿日元的基干产业之一，新能源在能源消耗的比重提升至 20% 左右，相关就业规模将达到 31 万人左右；2010 年燃料电池的市场规模，将达到 8 万亿日元，发展壮大成为日本的支柱产业之一。2006 年 5 月，日本政府再次提出《新国家能源战略》，要求通过大力发展新能源产业，降低对石油的依赖程度，由当前的 50% 降低到 2030 年的 40%；运输部门石油依存度要降低到 2030 年的 80%。

2009 年 2 月，日本针对住宅用太阳能发电引入剩余电力收购制度（the surplus electricity purchase system），这实际上是固定上网电价制度（FIT）的一种表现。从此，住宅用太阳能发电便被排除在 RPS 法适用对象之外。同年 11 月，推行家庭、学校等安装的光伏设备发电剩余电力收购新制度，电力公司收购价格为原来的 2 倍，达到 48 日元/ 千瓦时。新制度把原先的收购价格翻倍，还规定电力公司有在 10 年内收购剩余电力的义务。2010 年 6 月，日本经济产业省第二次修订的《日本战略能源计划》[2]，提出扩大可再生能源固定电价收购制度的适用范围。福岛核事故的发生，推动了日本政府实施加速可再生能源发展的决心。

---

[1] METI Agency for Natural Resources and Energy. Feed-in Tariff Scheme in Japan [EB/OL]. [2014 – 3 – 19]. http://www. meti. go. jp/english/policy/energy_environment/renewable/pdf/summary 201207. pdf.

[2] METI Agency for Natural Resources and Energy. The Strategic Energy Plan of Japan-Meeting global challenges and securing energy futures [EB/OL]. [2014 – 3 – 19]. http://www. meti. go. jp/english/press/data/pdf/20100618_08a. pdf.

2011 年 8 月 26 日，日本召开的第 177 届例行国会通过了《电力运营商开展可再生能源电力调度的特别措施法案》，将用于居民的光伏发电和用于产业的光伏、风能、低于 3000 千瓦的中小水电、地热能和不会对纸浆等现有用途带来影响的生物质能发电纳入固定电价收购制度①。并对不同可再生能源和不同的装机容量设立了不同的定价、不同的优惠措施和收购年限，具体如表 3.2 所示。

表 3.2 2012 年 7 月 1 日日本实施的可再生能源固定电价收购政策

能源	太阳能		风能		地热能		中小规模水电		
采购类别	≥10 千瓦	<10 千瓦（住户）	≥20 千瓦	不足 20 千瓦	15 兆瓦	不足 15 兆瓦	1 兆瓦 ~3 兆瓦	200 千瓦 ~1 兆瓦	不足 200 千瓦
含税价格（日元）	42.00	42.00	23.10	57.75	27.30	42.00	25.20	30.45	35.70
不含税价格（日元）	40	42	22	55	26	40	24	29	34
税前内部收益率（IRR）	6%	3.2%	8%	1.8%	13%		7%		
收购年限	20	10	20	20	15	15	20		

资料来源：译自 2011 年 10 月日本经济产业省发布的《日本固定电价计划》，参见：http://www.meti.go.jp/english/policy/energy_environment/renewable/pdf/summary201207.pdf。另外，生物质能的含税价格根据其类别，分为 5 种情况，在 13.65—40.95 之间；税前内部收益率在 1%—8% 之间，收购年限均为 20 年。

该制度于 2012 年 7 月 1 日正式生效。该制度通过经济激励，加大了日本光伏产业的繁荣。以一户家庭安装当时价格为 200 万日元的 4 千瓦太阳能光伏电池板为例，根据经济产业省的计算，月电费会从 7000 日元下降到 3660 日元（含 80 元的附加费，该附加费为固定上网电价制度下的消费者分摊费用，为 0.5 日元/千瓦时）；另外，通过出售光伏电池板产生的多余电力，还可以获得 9000 日元的收入。2012 年 7—12 月期间，约有 4 吉瓦

———————

① METI Agency for Natural Resources and Energy. Feed-in Tariff Scheme for Renewable Energy-Launched on July 1, 2012[EB/OL]. http://www.meti.go.jp/english/policy/energy_environment/renewable/pdf/summary 201209.pdf.

的光伏项目获得这一制度审批。

由于日本国内光伏安装量增速超出预期，日本政府开始削减这一激励标准。2013年4月，日本政府正式批准了将光伏上网电价削减10%的提议，从2013年4月1日起，光伏上网含税电价降至37.8日元／千瓦时，电价收购年限没有改变，其他相关可再生能源标准未发生变化。

2014年3月日本经济产业省宣布，从4月1日起继续大幅降低光伏上网电价，把10千瓦及以上光伏发电设施上网电价由36日元／千瓦时降至32日元／千瓦时，把10千瓦以下光伏发电设施上网电价由38日元／千瓦时降至37日元／千瓦时，收购年限不变。为鼓励海上风力发电，上网电价由22日元／千瓦时降至36日元／千瓦时[1]。尽管削减了财政补贴，日本仍然是全球可再生能源补贴最丰厚的国家。

2015年3月，日本经济产业省在长期能源供求预测小委员会第4次会议上宣布，预计2030年日本5种可再生能源发电比例将达到21%左右，其中水电为9.5%，光伏达到7%。

三、日本新能源产业发展政策简评

作为当代世界能源资源最为匮乏的国家之一，日本在节能和开发利用新能源、减少对外能源依赖方面，可谓殚精竭虑、不遗余力，努力将政策的作用发挥到极致。日本的国土面积、地理环境、气候条件，对核电、光伏和陆地风电的发展均为不利。但日本政府对新能源发展的重视程度之高，推进新能源发展的决心之大，制订政策措施的有效性和执行力之强，足以让世界其他国家为之刮目相看。

日本在发展新能源的过程中，立足于本国实际，逐渐调整完善能源政策目标的思路，由以前的"3E"发展到2010年的"5E"，即能源安全（energy security）、环境保护（environmental protection）、高效供给（efficient supply）、基于能源之上的经济增长（energy-based economic growth）

---

① 《日本调整可再生能源上网电价　新设锂离子电池补贴计划》，《华东电力》2014年第4期。

和能源产业结构改革（reform of the energy industrial structure）①。这不仅强化了能源安全与环境保护的一致性，而且强调了能源变革与经济增长的同步性，使能源安全、生态文明和经济增长成为日本经济社会发展的一条时代主线。

在环境保护上，日本积极把减缓气候变化战略列为环境各项战略之首。减缓气候变化，就成为日本新能源产业发展政策框架制定的一个理论支点。日本是《联合国气候变化框架公约》的支持者，也是《京都议定书》最早的支持国之一。在 1997 年京都召开的联合国气候变化框架公约参加国环境会议上，日本政府签署了《京都议定书》，承诺在 2008—2012年期间，温室气体排放量比 1990 年减少 6%②。2002 年 6 月，日本政府正式批准了《京都议定书》。

2010 年 6 月，在出台的《日本战略能源计划》中，日本制定了 CO_2 减排的长期路径，规定在 1990 年的基础上，到 2030 年减排 30% 或更多，到2050 年减排 80%。减排长期任务的存在和带来的压力，更能促进日本节能技术的世界领先地位和新能源技术的长期发展。

我们还要看到，福岛核事故发生之后，尽管日本极力扶持可再生能源发展，但是并网问题始终没有得到有效解决。在实施的固定上网电价制度中，缺少针对可再生能源优先并网的强制政策。基于日本电网的现实垄断，电力体制改革和电网系统调控改革已经成为日本新能源发展绕不过去的一道门槛。如何改、怎样改、改向何方是日本政府面临的一道难题。2014 年 6 月，日本国会通过第二阶段电力体系改革法案，推动电力零售企业准入自由化，积极为分布式发电扫除障碍。

2018 年日本政府修订了阐明中长期能源政策方针的《能源基本计划》，并于 2018 年 7 月 3 日就此做出了内阁决定。

根据国际减排框架《巴黎协定》，新的《能源基本计划》将所涉期间

---

①　METI Agency for Natural Resources and Energy. Feed-in Tariff Scheme for Renewable Energy-Launched on July 1, 2012［EB/OL］.［2014 - 3 - 19］. http://www.meti.go.jp/english/press/data/pdf/20100618_08a.pdf.

②　王乐：《日本的能源政策与能源安全》,《国际石油经济》2005 年第 2 期。

由以往的 2030 年扩展到 2050 年，提出将通过挑战实现脱碳化。其支柱是太阳能等可再生能源，该计划提出将解决成本高于国外和发电量易受天气影响等课题，使可再生能源发电成为经济上可独立核算的主力电源。

《能源基本计划》还就核能表示，将其作为脱碳化的选项之一，推进相关技术的研发，维持在尽可能低的范围内，降低对核能的依赖程度，但没有新建和增建核电站的内容。

关于各种电源的比率，该计划维持了以往目标，即 2030 财年可再生能源发电 22% 至 24%，核电 20% 至 22%，火力发电为 56% 左右。①

第四节　主要发达国家新能源产业发展政策比较与借鉴

主要发达国家新能源产业发展政策及演变历程表明，在新能源产业发展的早期阶段，由于市场动力的缺陷或不足，必须依靠政府的力量确保新能源发展的投资收益，保障其追求利润的内在驱动力。选择、制定一套有效、可持续的政策体系成为世界各国当前或未来发展新能源产业的重要保障。

一、认识新能源的战略属性，确立新能源产业发展的战略地位

新能源产业发展的战略地位，是由新能源的战略属性决定的。如果说新能源发展早期的政府扶持，是由于发达国家受中东石油危机带动油价持续攀高不得已而为之的应急之举②，那么，进入 21 世纪之后，特别是 2008 年国际金融危机之后，加快开发利用新能源不仅成为各国实现能源革命、保障能源供应安全的战略举措，还是引领第三次工业革命、带动一国经济

---

① https://www.thepaper.cn/newsDetail_forward_2238158.
② 反映在政策表现上，就是新能源政策工具的不稳定性。例如，20 世纪八九十年代，美国新能源产业发展的部分政策就出现了时断时续现象。

增长和提升国际市场竞争力的战略体现，更是各国强化环境保护、推动节能减排、建设生态文明的战略保障。美国、欧盟和日本普遍实施了新能源产业发展战略，新能源的战略属性日趋明显。

由于新能源与传统能源相比较的经济优势并不明显，还存在克服自然约束、基础科研攻关、技术改造升级等多项难题。这也决定了，新能源取代传统能源将是一项长期的、艰难的和曲折的历史过程。

在能源供应体系变革中，新能源将依次扮演补充能源、替代能源、主流能源的角色，最后达到主导能源的地位，实现新一轮的能源革命。因此，只有确立新能源产业发展的战略地位，制定新能源产业发展目标，实施有力的技术政策、财税政策、融资政策、价格政策、人才政策、环保政策等相关扶植工具，才能更好更快地推进新能源产业发展。

二、保持新能源产业发展政策运行的稳定性、持续性和连贯性

保持新能源产业发展政策运行的稳定性、持续性和连贯性，是由新能源产业发展的战略地位决定的。何谓战略？战略是指"政党、国家作出的一定历史时期内具有全局性的谋划……在一定历史时期内具有相对稳定性，在达到这一历史时期所规定的主要目标以前基本上是不变的……战略任务必须通过策略手段来完成"[1]。

进一步讲，战略是基于对某种存在状态及未来走势的总体把握、系统考量和综合选择而得出的具有全局指导性、长远决定性的判断[2]。战略一旦确立，就必须坚定长远信念，克服重重困难，冲破层层阻碍，摆脱桎梏藩篱，义无反顾，奋勇前行，决不能因外部干扰而滋生松懈，更不能调转基本方向，脱离发展轨道。在新能源产业发展的过程中，必须保持政策运行的稳定性、持续性和连贯性，权衡利弊，正视并解决其存在的问题。

---

① 《辞海（第六版彩图本）》，上海辞书出版社 2009 年版，第 2872 页。
② 张宪昌、曹新：《中国发展仍处在战略机遇期》，《中国青年报》2011 年 12 月 26日。

例如，核电技术的开发利用，必须重视安全问题，最大限度地降低安全隐患。当前，核聚变技术利用仍处于开发尝试的试验阶段，核裂变技术在应用领域尚未完全成熟。在特大的或极端型自然灾害面前，核运行安全仍然缺乏充足的经验，安全标准有待进一步提升。核运行日常操作和管理的人因错误率，有待进一步降低。日本福岛核事故的发生，以巨大的代价、惨痛的教训，给当代世界核电发展提供了有益的启示。法国核电政策的成功运行，激励着人类在发展核电上继续前行。保持政策运行的稳定性、持续性和连贯性，还要注意政策工具之间及内部的衔接和过渡，尽量减少由于政策波动所带来和所加剧的作用时滞。

三、借鉴国外新能源产业发展政策工具，应遵循资源配置规律，从本国国力和实际情况出发

发达国家新能源产业发展政策的演变表明，新能源产业发展在政策制定和实施上，既要注重发挥政府的整体调控作用，又要强调市场的微观配置功能，还要善于调动全社会人员的积极性和主动性。这意味着在资源配置机制方面，除了实现"看得见的手"和"看不见的手"二者的有机结合之外，还必须把社会协调纳入到资源配置整体框架内。

在政策工具选择上，一方面要做到全面系统，从而会触及技术研发支持、财税补贴和税收优惠激励、融资倾斜、立法倾向和社会宣传等诸多方面。另一方面，还要注重灵活实用，从一国国情国力和新能源需求程度出发。早在 20 世纪 90 年代，日本政府投入大量的资金应用于光伏发电研发、生产和推广领域，极大地促进了日本光伏发电技术水平的提高，确立了全球领先地位；而美国虽然也有类似的补贴，但相对规模较小，光伏发电技术未得到足够的重视。

在同一国家不同的发展阶段，政策工具的扶植力度也可以是不一样的。比如，2012 年 7 月以来，日本实行的光伏固定上网电价，不仅高于包括欧盟在内的世界其他地区，也高于日本历史上的平均电价水平。因此，在借鉴国外新能源产业发展政策工具时，应从本国实际情况出发，因时因地制宜，结合本国财力和经济发展的接受程度以及新能源产业发展的进度或阶段，来确定扶植的力度。

四、形成新能源产业发展政策评估制度，不断调整创新新能源产业发展政策工具

经济学理论表明，市场不是万能的，政府制定的政策也不是尽善尽美的，甚至存在"失灵"的情形。关于新能源产业发展两大制度——比例配额制和固定电价制的争论，由来已久。我们认为，二者具有各自适用的特定范围，对于二者的优点，完全可以统一在新能源产业发展的实践中去。例如，德国的主要模式是固定电价制度，但从2007年开始也对比例配额制进行积极的尝试。日本可再生能源发展政策在2012年7月以前主要实施的是比例配额制，在这之后转向固定电价制度。

任何一种制度抑或政策，都是实践的产物，是否适合一国实际，必须经过该国的实践来检验。在新能源产业发展政策调整演变过程中，需要形成建立有效的评估制度。既可以选择对发展成就进行纵向的动态比较分析和横向的静态比较分析，检验政策的执行力和实施效果；还可以选择确立一套关于政策决策、制定和实施的流程体系和标准，从政策本身的角度检验政策形成的科学性、准确性和完整性。

基于新能源的战略属性，中国在新一轮能源革命和国际竞争中决不能只是追随者，也不能是拾遗补阙的参与者，而是要发挥主导作用，成为国际新能源产业发展和市场规则的制定者，担负起引领世界生产、推广并使用新能源的使命。在新能源产业发展政策工具选择上必须有创新，有特色，形成一套适合本国国情的政策体系和标准。

概括来说，选择一套有效的政策体系和框架，对于中国新能源规模化、标准化和可持续发展，至关重要。这一体系框架，应该包括：

（一）新能源产业发展战略

在能源革命、生态文明、世界经济格局变动、中华民族伟大复兴的时代背景下，发展新能源应是一项国家长期发展战略。从战略内容上，涉及指导方针、遵循原则、发展规划、量化目标。由于战略是基于全局和长远发展的一种综合性判断和决策，一旦做出，必须坚决实施。考虑到当前我国新能源发展基础薄弱，推动能源清洁化是推动我国能源革命的过渡之举。

（二）新能源政策工具设计

在工具设计上，既要注重政策的进入，又要强调政策的执行，还要考虑到政策的退出。进入时，要恰当把握政策出台的时机，合理掌控政策支持的力度，通过准确性来体现政策的科学性。执行时，要快、准、狠，最大限度地减少政策时滞，最大化地发挥政策效力。退出时，要注意分阶段、有步骤，通过渐进性来体现政策的稳定性和持续性。

（三）新能源政策工具选择

基于新能源在世界范围内的战略属性和幼稚地位，需要给予有力的扶持、规范和一定的约束。具体的政策工具，包括财税政策、融资政策、技术政策、价格政策、人才政策、环保政策、国际竞合策略、立法保障、市场规范和社会支持等一系列有助于新能源产业可持续发展的政策。

（四）新能源政策效果评估

对新能源政策效果评估应该既有定性分析，又有定量分析，其目的在于考察、估量和评价原有政策的效果，从而进一步改进、调整和完善相应的政策工具，以推动新能源产业稳定快速发展。

第四章 发达国家新兴产业发展及其政策借鉴

能源革命引起生产技术变革，推动工业革命。新能源产业既是新兴产业的重要内容，又是新产兴发展的有力支撑，新能源为新兴产业发展提供坚实基础，在新兴产业发展中发挥至关重要的作用。在新的能源革命大背景下，尤其是 2008 年国际金融危机后，加快发展新兴产业就成为发达国家摆脱经济困境、促进经济增长、培育国际竞争新优势的重要战略。

第一节 欧盟新兴产业发展及其政策

欧盟成员国的新兴产业发展及其政策以能源与气候变化为战略框架和顶层设计，以绿色能源、低碳技术、电子技术和智能制造为核心，以主导气候变化与新一轮能源革命为突破口，注重推进新兴产业与传统优势产业融合发展，目标是要确立和扩大欧盟在世界工业、技术的优势和领先地位。

一、欧盟新兴产业发展态势

20 世纪 90 年代以来，欧盟确立了造船工业、汽车工业、高技术制造业、电子信息产业等新兴产业，并将电子信息产业作为经济发展的主要驱动力和引擎，全面融合升级金融服务业。进入 21 世纪，特别是 2008 年国际金融危机爆发以来，欧盟成员国以能源与气候变化为战略框架和顶层设计，大力发展以"低碳技术""智能制造"为核心的新兴产业，注重推进新兴产业与传统优势产业融合发展①，以确立和扩大欧盟在世界工业、技术的优势和领先地位。

注重将汽车制造业与新能源、节能环保产业结合发展。2008 年，欧盟在出台的《欧洲经济复兴计划》中提出"绿色汽车"倡议。作为汽车制造生产大国，德国为推进电池电动汽车在国内的研发与制造，于 2009 年 9 月实施《国家电动汽车发展计划》，提出"到 2020 年电动汽车总量达到 100 万辆"的目标。2009 年 10 月，法国出台了旨在发展电动车和可充电混合动力车的一揽子计划，提出"在 2020 年前生产 200 万辆清洁能源汽车"的最终目标，并在未来 4 年投入 4 亿欧元进行混合动力和电动汽车的研发，实施消费者购买补贴的激励制度，对于排放少于 60 克 CO_2/km 的补贴将达 5000 欧元②。英国从 2011 年起实施本国消费者购买节能电动汽车最高可获得 5000 英镑的购车补贴政策，这一政策将持续到 2018 年 3 月底。2015 年德国电动汽车总销量达到 24171 辆，占全球电动汽车市场份额的 4.40%，同比增幅为 83%，但是要实现 2020 年的远期目标，还有相当大的差距，也低于英国（28188 辆，5.13%）、法国（27081 辆，4.93%）的当年销量和全球份额③。有鉴于此，为鼓励电动汽车普及，德国在出台税收优惠政策④的基础上，从 2016 年 5 月 18 日起，开始实施总额为 12 亿欧元的电动汽车补贴计划。其中，在德购买 1 辆纯电动汽车的用户可获 4000 欧元补贴，购买 1 辆插电式混合动力汽车的用户可获 3000 欧元补贴。2016 年 6 月，继日本和挪威之后，德国宣布到 2030 年将禁止出售传统内燃机汽车，这将大大推动德国新能源汽车的发展。

注重将传统制造业与智能制造、电子信息和物联网产业结合发展。影

---

① 洪京一：《战略性新兴产业 2015—2016》，社会科学文献出版社 2016 年版，第 4 页。

② 《法国推出电动车及混合动力车发展计划》，《商品与质量》2009 年第 45 期。

③ 《全球电动汽车市场销量 2015 年总结及 2016 年展望》，http://www.evcity.cn/news/2/7885.html，2016 - 04 - 20 发布。

④ 2011 年 5 月，德国政府批准的一项电动汽车计划规定，在 2011 年 5 月到 2015 年 12 月之间购买的新电动汽车，可免 10 年行驶税；2016 年 1 月到 2020 年 12 月之间购买的电动汽车，可免 5 年行驶税。

响最大的，当属德国 2013 年 4 月在汉诺威工业博览会推出的工业 4.0 战略。其目的是确保德国制造业在全球的领先地位，实质上是一种再工业化战略。从国内来看，这一战略是在《德国高技术战略》（2006）与《德国 2020 高技术战略：思想·创新·增长》（2010）的基础上提出来的，是德国《高科技战略 2020 行动计划》（2011）的一部分。从国外来看，这一战略与美日的"再工业化"不同，其核心在于利用互联网、物联网以及模块化技术，推进以智能制造、互联网、物联网、新能源、新材料、现代生物等为特征的新一轮工业革命①，从而实现工业经济数字化、信息化、智能化、网络化变革。2013 年 9 月，德国联邦教育研究部工业 4.0 工作组发布了《保障德国制造业的未来：关于实施工业 4.0 战略的建议》，强调指出信息与通信技术（ICT）大约支撑了德国 90% 的工业制造过程，要保障德国制造业的未来在第四次工业革命的发展上起到引领作用，需要广泛地将物联网和互联网应用于制造领域，也就是工业 4.0。为把德国建设为世界领先的创新国家，2014 年 9 月推出《新的高技术战略——创新为德国》。这一"新高技术战略"提出 6 项优先发展任务，分别为数字经济与社会、可持续经济与能源、创新工作环境、健康生活、智能交通和公民安全。为解决"工业 4.0"中的数字化问题，2016 年 3 月德国联邦经济与能源部发布《德国数字化战略 2025》，探索德国"自下而上"的智能制造模式。

在德国 4.0 战略的推动下，2013 年 9 月法国推出了为期十年的《新工业法国》计划，确定了数字医院、大数据、云计算、物联网、超级计算机、机器人、网络安全、未来工厂人等 34 个优先发展项目。为进一步发展核心产业，形成核心优势，2015 年 5 月法国政府大幅调整《新工业法国》，出台《新工业法国 II》，确立了"一个核心，九大支点"的法国"再工业化"总体布局。其中，"一个核心"，即"未来工业"，主要是实现工业生产向数字制造、智能制造转型；"九大支点"，包括大数据经济、现代化物流、新型医药、物联网、宽带网络与信息安全、智能电网等。

在新兴产业得到大力发展的情况下，2015 年德国工业（不含建筑业）

---

① 邹力行：《德国工业 4.0 与中国制造 2025 比较》，《国际金融报》2015 年 10 月 26 日。

增长 2.2%，经通胀调整后的 GDP 增长 1.7%，高于过去十年 GDP1.3% 的平均增幅①；法国制造业增长 1.4%，GDP 增长 1.1%，创 4 年以来 GDP 的最高纪录②。从 2015 年第一季度以来，EU-28 经济增长出现了好的变化，如表 4.1 所示。

表 4.1　2014 年以来 EU-28 和德法英 GDP 同比增长率情况（%）

时间\国家	2014 Q1	2014 Q2	2014 Q3	2014 Q4	2015 Q1	2015 Q2	2015 Q3	2015 Q4	2016 Q1	2016 Q2
EU-28	1.4	1.3	1.6	1.7	2.3	2.2	2.1	2.4	1.7	2.0
德国	2.6	0.9	1.2	1.7	1.3	1.8	1.8	2.1	1.5	3.1
法国	0.8	0.3	0.7	0.7	1.4	1.2	1.1	1.4	1.5	2.0
英国	1.6	3.2	3.9	3.5	3.7	2.0	1.5	1.8	1.6	0.4

资料来源：欧盟统计局数据库网站。详见：http://ec.europa.eu/eurostat/tgm/refreshTableAction.do? tab = table&plugin = 1&pcode = teina011&language = en。

二、欧盟新兴产业发展政策

2008 年国际金融危机和 2009 年欧洲主权债务危机的双重爆发，沉重打击了欧盟经济，促使欧盟反省、检讨和调整自己的产业政策。由此，欧盟加大了新兴产业发展政策制定和实施力度，把推进新兴产业、新兴经济发展作为摆脱危机的药方，注重传统优势和新型优势的结合。这可以从欧盟战略、新工业政策、研究创新框架计划、专项行动计划中，略见一斑。

（一）欧洲 2020 战略与新兴产业

欧盟委员会在 2010 年 3 月发布的《欧洲 2020 战略——实现智能型的、可持续的、包容性的增长的战略》（简称《EUROPE 2020》）中，描绘了欧洲社会到 2020 年市场经济的发展愿景。这是继里斯本战略之后，欧盟的第二个十年经济发展规划。《EUROPE 2020》提出了三大相辅相成的战略重点，四大主要目标以及实现目标的七大旗舰计划，如表 4.2 所示。这一战

---

① 数据来源：德国联邦统计局 2016 年发布初步统计数据。

② 数据来源：法国国家统计局 2016 年发布初步统计数据。

略奠立了欧盟新兴产业、新兴经济的发展方向、目标和思路框架。从主要目标和战略重点来看，欧盟的新兴产业、新兴经济发展是以绿色低碳智能为核心的。

表 4.2 欧洲 2020 战略与新产业、新经济概述

欧洲 2020 战略				
	主要内容			涉及新产业新经济
五大主要目标	（1）在 20—64 岁的总人口中，就业率必须从目前的 69% 提高到至少 75% 。 （2）实现让研发投入达到 GDP3% 的目标，尤其是要改善私营部门的研发投资条件，编制追踪创新情况的新指标。 （3）将温室气体排放量减少至少 20%（较 1990 年的排放量），或如果条件合适，减少 30% 。将可再生能源占最终能源消费量的比例提高至 20% ，并将能效提高 20% 。 （4）将未能完成基本教育的人所占的比例从目前的 15% 减少到 10% 以下，让受过第三级教育的年轻人（30—34 岁）所占的比例从目前的 31% 提高到至少 40% 。 （5）欧洲生活在国家贫困线以下的人的数量必须减少 25% ，让 2000 万以上的人脱贫。			（1）研发投入 （2）温室气体减排与可再生能源发展、能效 （3）人才培训
三大战略重点	智能型的增长	可持续的增长	全面的增长	其中，智能型增长是打造基于知识和创新的经济
七大旗舰计划	（1）创新——欧盟"创新联盟"计划：改进欧盟研究框架条件，让研究和创新活动获得更多的资金，以强化创新链和提高欧盟各国的研发和创新投资。 （2）教育——欧盟"流动的青年"计划：提高教育系统	（4）气候、能源和流动性——欧盟"提高欧洲资源效率"计划：让经济增长不再仅依赖于资源的使用，支持转向低碳经济，增加可再生能源的使用，改革运输产业部门，提高能效。 （5）竞争力——欧	（6）就业和技能——欧盟"新技能和就业议程"计划：改进劳动力市场，通过终生教育和培训提高人们的技能，让他们的就业能力得到增强，以提高劳动力市场的参与度，让劳动力需求和供应更好地匹配，促	（1）创新计划 （2）教育培训 （3）互联网 （4）可再生能源及能效 （5）微观产业政策 （6）人才市场及技能培训

续表

欧洲 2020 战略			
七大 旗舰 计划	的效能,增强欧洲高等教育的国际吸引力。 (3)数字化社会欧盟"欧洲数字化议程"计划:推进高速互联网的全面普及,从建设面向企业和家庭的数字化单一市场中受益。	盟"全球化时代的产业政策"计划:改善企业尤其是中小企业的经营环境,支持发展强大的、可持续发展的、具有全球竞争力的产业。	进劳动力的流动。 (7)消除贫困——欧盟"欧洲消除贫困平台"计划:确保增强社会和国家的凝聚力,从而让广泛的人群都能分享经济和就业增长所带来的利益,让贫困人群和受社会排斥的人群都能活得有尊严,积极融入社会。	

资料来源:COMMUNICATION FROM THE COMMISSION. EUROPE 2020:A strategy for smart, sustainable and inclusive growth [EB/OL]. http://eur-lex. europa. eu/LexUriServ/Lex-UriServ. do? uri = COM:2010:2020:FIN:EN:PDF.

(二) 再工业化政策与新兴技术

为了重新确立工业的核心地位,扭转危机前"去工业化"带来的经济增长困境,欧盟委员会在 2012 年 10 月 10 日发布了《一个强大的欧洲工业有利于增长和经济复苏》的工业政策(简称"新工业政策"或者"再工业化政策")提案[1]。这一政策出台的目的是,扭转工业增长的衰退势头,实现再工业化目标,即工业在欧盟 GDP 中的占比由当前的 16% 提高到2020 年的 20%。欧盟的这一工业化政策,不是简单的重复发展工业,而是通过增加研发和投资,创新先进技术,使欧洲成为"新一轮工业革命"的发源地,确立欧洲在世界工业的领先优势、核心地位。在"再工业化政策"中,欧盟委员会提出重点加强六大优先发展技术和产业的研发投入。

---

[1] COMMUNICATION FROM THE COMMISSION TO THE EUROPEAN PARLIA-MENT, THE COUNCIL, THE EUROPEAN ECONOMIC AND SOCIAL COMMITTEE AND THE COMMITTEE OF THE REGIONS. A Stronger European Industry for Growth and Economic Recovery [R] Brussels, 10. 10. 2012. 详见:http://eur-lex. europa. eu/legal-content/EN/TXT/PDF/? uri = CELEX:52012DC0582&from = EN.

这六大优先发展领域分别是清洁生产先进制造业技术、关键使能技术、生物基础产品、可持续产业政策及建筑和原材料、清洁车辆和智能电网等。其中前两项，欧盟认为欧洲已在世界处于领先地位。如表4.3所示。

表 4.3　欧洲再工业化政策中的六大优先发展技术和产业状况与前景

六大优先发展技术和产业	2012 年全球市场规模	未来全球市场预计规模	2012 年欧洲的世界地位、份额	欧洲措施或前景
清洁生产先进制造业技术（3D 打印，机器人等）	约 3750 亿欧元	2020 年超过 7500 亿欧元	领先；市场份额 >35%，专利份额 >50%	地平线 2020 下的公私合作模式，NER300 计划，SILC 拨款计划
关键使能技术（微纳米电子技术、新材料等）	6460 亿欧元	2015 年超过 1 万亿欧元	领先；专利份额 >30%	研发战略
生物基础产品（生物塑料、生物润滑油等）				到 2020 年，达到 400 亿欧元，年均增长 5.3%，提供 9 万个就业岗位
可持续产业政策、建筑和原材料				到 2020 年每年创造的产值约达 250—350 亿欧元
清洁车辆		2020 年插入式电动汽车和混合动力汽车市场份额约占 7%		2012 年 11 月《汽车 2020 年行动计划》
智能电网				到 2020 年建设投入达到 600 亿欧元，至少 80% 的家庭安装智能计量系统

资料来源：EUROPEAN COMMISSION. A Stronger European Industry for Growth and Economic Recovery［EB/OL］. http：//eur-lex. europa. eu/legal-content/EN/TXT/PDF/？uri = CELEX：52012DC0582&from = EN.

（三）"地平线2020"科研和创新框架计划

为催生新生经济增长动力、推进《欧洲2020战略》实施，欧盟委员会于2011年11月30日公布了经费高达近800亿欧元的《"地平线2020"科研和创新框架计划》（HORIZON 2020）提案，也就是欧盟第八研发框架计划，也是迄今为止欧洲最大的科研和创新计划。这一计划在延续了欧盟第七研发框架计划（FP7）的基础上，将科研和创新投入经费增长了四成多，达到786.31亿欧元，实施时间从2014年至2020年，如表4.4所示。

表4.4 历届欧盟研发框架计划

名称	年度	经费	目标和任务
欧盟第一研发框架计划（FP1）	1984－1987	32.71亿欧元	（1）建设欧盟统一的研究区域（ERA）； （2）保持科学技术的卓越； （3）提升工业企业的竞争力； （4）应对经济社会的挑战。
欧盟第二研发框架计划（FP2）	1987－1991	53.57亿欧元	
欧盟第三研发框架计划（FP3）	1990－1994	65.52亿欧元	
欧盟第四研发框架计划（FP4）	1994－1998	131.21亿欧元	
欧盟第五研发框架计划（FP5）	1998－2002	148.71亿欧元	
欧盟第六研发框架计划（FP6）	2002－2006	192.56亿欧元	
欧盟第七研发框架计划（FP7）	2007－2013	558.06亿欧元	前4点同上； （5）摆脱危机，实现经济增长、扩大就业。
地平线2020（FP8）	2014－2020	786.31亿欧元	

资料来源：[1] Factsheet：Horizon 2020 budget [EB/OL]. http://ec. europa. eu/research/horizon2020/pdf/press/fact_sheet_on_horizon2020_budget. pdf；[2] 欧盟"地平线2020计划"项目 [EB/OL]. http://oir. whu. edu. cn/content/? 1805. html.

在政策设计上，"地平线2020"首次将欧盟的所有科研和创新资金汇集于一个灵活的框架中，作了一次重大创新。这一计划将集中欧盟资助经费，重点聚焦三大战略优先领域，其中每个优先领域都分别部署多项行动计划，另外单列四项资助计划，额外提出欧洲原子能共同体（Euratom）的资助计划，具体内容如表4.5所示。在卓越的科学研究领域分支的未来和新兴科技（FETs）计划提出，在"地平线2020"期间，FET

将把欧盟的主要支持力量投入到 FP7 敲定的两个 FET 旗舰计划中："石墨烯"和"人脑计划"（HBP）。在产业领导力优先领域，部署促成和工业技术领导力、风险融资渠道与中小企业创新支持三项行动计划。其中，促成和工业技术领导力计划预算经费高达 135.57 亿欧元，专门支持信息和通信技术（ICT）、纳米科技、先进材料、生物技术、先进制造和加工以及太空领域的研发和示范、标准化和认证（适当情况下）项目。这一计划指出关键使能技术（KETs）、信息通信技术（ICT）和空间技术是决定欧洲企业全球竞争力的关键。在社会挑战领域分支的安全、清洁和高效能源行动计划，提出能源挑战旨在支持能源系统转型，使其向更加可靠、可持续和更具竞争力的方向发展。具体来看，这一行动计划主要围绕降低能源消耗和碳足迹，低成本、低碳供电，替代燃料和移动能源，欧洲一体化智能电网，新知识和科技，强劲的决策制定和公共参与，能源和 ICT 创新的市场接纳共 7 个具体目标和研究领域展开，预算经费高达 59.31 亿欧元。

表 4.5 "地平线 2020"框架计划主要内容和经费预算情况（2014 版本）

三大战略优先领域	预算金额（亿欧元）	经费比例	行动计划	单项预算金额（亿欧元）	单项经费比例
卓越的科学研究	244.41	31.73%	欧洲研究理事会（ERC）出资支持前沿研究	130.95	17%
			居里夫人计划（MSCAs）	61.62	8%
			未来和新兴科技（FETs）	26.96	3.5%
			欧洲研究基础设施（包括电子基础设施）	24.88	3.23%
产业领导力	170.16	22.09%	促成和工业技术领导力	135.57	17.6%
			风险融资通道	28.42	3.69%
			中小企业创新支持	6.16	0.80%

续表

三大战略优先领域	预算金额（亿欧元）	经费比例	行动计划	单项预算金额（亿欧元）	单项经费比例
社会挑战	296.79	38.53%	健康、人口结构变化和人类幸福	74.72	9.7%
			粮食安全、可持续农业和林业、海洋、海洋和内陆水研究以及生物经济	38.51	5%
			安全、清洁和高效能源	59.31	7.7%
			智能、绿色和综合交通	63.39	8.23%
			气候行动、环境、资源效率和原材料	30.81	4%
			变化世界中的欧洲—包容、创新和反思的社会	13.09	1.7%
			安全社会—保护欧洲及其公民的自由和安全	16.95	2.2%

四项单列资助计划		资助内容	预算金额（亿欧元）	经费比例
人才广泛化和参与扩大化		引入卓越具体措施	8.16	1.06%
科学与社会和科学为了社会		建立科学和社会的有效合作	4.62	0.60%
欧洲创新科技研究所（EIT）		支持知识和创新群体，促进产学研结合	27.11	3.52%
联合研究中心非核能研究（JRC）			19.03	2.47%
欧盟管理的总预算			770.28	100%
EURATOM（欧洲原子能共同体）（2014—2018）		核聚变研发计划	7.28	45.42%
		核裂变研发计划	3.16	19.68%
		联合研究中心核能研究定向拨款	5.6	34.9%
EURATOM 管理的总预算			16.03	100%
"地平线2020"总预算			786.31	

资料来源：Factsheet: Horizon 2020 budget. 详见：http://ec. europa. eu/research/horizon2020/pdf/press/fact_sheet_on_horizon2020_budget. pdf。

"地平线2020"计划除了规定投入领域和预算分配之外，还在投入方式上进行了广泛创新。主要有以下 7 种形式：（1）研究与创新基金；（2）培训与流动基金；（3）跨国间的计划联合投入；（4）协调与支持投入；（5）债券与股权投资基金；（6）政府奖励；（7）面向创新的公共采购。在计划制定上，广泛征求民众意见，重视事前影响和评价，建立系统的计划检测评估体系。广泛吸收外部专家对已有科研创新计划进行科学评估，多渠道征集关于科技创新投入改革意见，搭建科研创新机构、企业、大学、民众等利益方的互动交流平台，优化公共资讯网络。提供多种政策方案选择，立足实际，从成本效益（效率）、有效性和协同性角度加以比较，应用计量经济学等模型，确立了"地平线 2020"最佳方案。据计算，到 2030 年，"地平线 2020"计划可拉动 GDP 增长 0.92 个百分点，提高出口增长 1.37 个百分点，增加 0.40 个百分点的就业[①]。建立有效的监测评估系统对"地平线 2020"计划来说，必不可少。设立检测评估参数，进行年度检测、中期评估（2017 年之前）和后期评估（2023 年）。

（四）具体行动计划

2008 年国际金融危机爆发以来，欧盟已经发布了不少专项计划，例如物联网行动计划（2009）、开放数据战略（2010）、2050 能源路线图（2011）、云计算战略（2012）、高性能计算机战略（2012）、网络安全战略（2013）、新电子产业战略（2013）、民用机器人研发项目——"火花"计划（SPARC，2014）等等。其中，欧盟预计，云计算战略的实施到 2020 年将为欧盟创造累积产值（GDP）9570 亿欧元，增加就业人数 380 万。新电子产业战略到 2020 年研发创新财政拨款高达 50 亿欧元。"SPARC"计划将在欧洲创造 24 万就业岗位，使欧洲机器人行业年产值增长至 600 亿欧元，占全球市场份额提高至 42%。

三、欧盟新兴产业发展政策小结

从整体上来讲，作为欧盟再工业化战略的主要组成部分，欧盟的新型产业发展政策顺应了世界科技发展潮流和新一轮工业革命的需要，是欧盟

---

① 常静、王冰：《欧盟"地平线 2020"框架计划主要内容与制定办法》，《全球科技经济瞭望》2012 年第 27 期。

摆脱金融危机、主权债务危机的重要手段，是培育经济发展新动力与国际竞争新优势的强力武器，为欧洲重返世界工业核心地位创造了有利条件。

从内容导向来看，欧盟的新兴产业发展政策以绿色能源、电子技术和智能制造为核心，以主导气候变化与新一轮能源革命为突破口，既注重培养新兴优势，又注重发挥传统优势，将传统优势产业和新兴优势产业融合发展。

从资源配置方面，既注重政策的调控引导，又注重发挥市场配置资源的决定性作用，不断优化政府与市场合作机制。通过引入公私合作机制，实施产业重大科技专项，采用联合技术计划和契约型公私合作形式。欧盟向"地平线2020"计划支持的创新药物（二期）、燃料电池与氢（二期）、清洁天空（二期）、生物基产业和电子元器件及系统共 5 项联合技术计划投入 62.25 亿欧元，带动产业界直接投入达 110.75 亿欧元①。在"地平线2020"支持下的契约型公私合作专项中，投向绿色汽车、可持续流程工业、机器人、第五代通信、光子技术、高性能计算领域的欧盟预算总额将超过 44.5 亿欧元，带动产业界直接投资额达 78.5 亿欧元②。

从激励手段和方式来看，灵活多样。在新能源领域，既有正向的直接有利于新能源发展的技术研发扶持、税收优惠、消费补贴，又有反向的抑制传统能源发展的直接限制、征收传统燃料税、大气税等。在财政补贴上，既确立了补贴的进入制度，又实施了补贴的退出制度。

从政策制定和实施流程上来看，充分尊重民意，考虑各国国情和发展的特殊性、差异性，注重政策的一致性、连贯性，将欧盟大政方针的连贯性、一致性和各国目标的灵活性结合起来，实现了欧盟新兴产业发展政策的延续性和稳定性。注重政策实施效果的评估和检测，不断修正优化新兴产业发展政策，力求取得促进新兴产业发展的最佳效果。

---

① 刘润生：《欧盟产业重大科技专项的组织实施》，《全球科技经济瞭望》2015 年第 9 期。

② EUROPEAN COMMISSION. Contractual public-private partnerships in Horizon 2020 for research and innovation in the manufacturing, construction, process industry and automotive sectors [EB/OL]. http://ec. europa. eu/research/industrial _ technologies/pdf/contractual-ppps-in-horizon2020_en. pdf.

第二节　美国新兴产业发展及其政策

2008 年国际金融危机之后，再工业化战略贯穿了美国新兴产业发展政策的始终。而再工业化的本质，不单单是要实现工业的回归，更重要的是要推动新一轮工业革命。美国新兴产业发展的核心和重点，在于新一轮工业革命技术的研发和应用。在美国新一轮工业革命中，新能源产业发展处于重要地位。

一、美国新兴产业发展态势

从 1790 年初露端倪的纺织业，到 1830 年兴起的铁路以及随后的钢铁、通讯、石化、制药业，到 20 世纪初的汽车制造业和 50 年代的电子计算机、原子能、航空航天，再到 80 年代的电子信息、互联网、金融和房地产等等，一次次催生了美国经济成长的神话，造就了繁荣的美国经济和强大的国际竞争力。

进入 21 世纪之后，美国新兴产业的发展主要集中在新能源、智力和文化产业，以及物联网三大领域①。2015 年 10 月，美国国家经济委员会和科技政策办公室联合发布了新版《美国国家创新战略》。这一战略确定了美国未来九大优先发展领域，分别是精密医疗、卫生保健、大脑计划、先进汽车、智慧城市、清洁能源和节能技术、教育技术、太空探索和高性能计算。此外，网络安全、云计算、移动互联网等，也是美国政府创新论坛的重要主题。

2008 年国际金融危机发生之后，新能源的开发和利用成为美国拯救危机的重要法宝，得到较快发展。随着页岩气革命的深化、可再生能源的产业化推广，美国能源自给率提升到 90% 以上。2014 年美国的页岩气产量达到 13.447×10^{12} 立方英尺，合计 3805.5 亿立方米，是 2000 年产量 122 亿

---

① 巫云仙:《美国政府发展新兴产业的历史审视》,《政治经济学评论》2011 年第 2 期。

立方米的 31.19 倍，占到天然气的比重由 2000 年的 2% 提高到 42% 以上，2015 年这一比重进一步上升到 50%。2005—2015 年天然气商业价格由 11.34 美元/千立方英尺下降到 7.89 美元/千立方英尺，下降幅度高达 30% 以上①。2015 年美国可再生能源消费量达到 9.7×10^{15} Btu，占美国一次能源消费的比重达到创纪录的 10%；核电消费量达到 8.3×10^{15} Btu，占美国一次能源消费的比重达到 8.3%。根据本课题的定义，包含页岩气在内的美国新能源占一次能源消费的比重达到创纪录的 33.5%。

人脑研究取得新成果，生物医药取得多项重大突破。2015 年 8 月，俄亥俄州立大学培育出几乎完全成型并且能够基因表达的人类大脑，这在实验室中尚属首次。2015 年 9 月，华盛顿大学研究团队完成了复杂程度前所未有的人脑直连实验，首次证明了人类两个大脑可以直接连接。在疫苗研究与临床领域，一些研究机构与企业联合研制的埃博拉疫苗已完成一期或二期人体临床试验。2015 年 10 月，美国食品和药物管理局（FDA）批准了首个用于治疗癌症的黑色素瘤新疗法。在基础研究领域，美国哈佛医学院在让猪成为人体器官捐献者方面取得了历史性突破，攻破了一个最大难关，即断绝猪内源性逆转录病毒（PERVs）在器官移植接受者体内重新激活的可能性②。

航空航天取得新进展，NASA 仍处于世界"领跑者"地位。2015 年 9 月 NASA 发现了火星表面存在液态水的证据；10 月，发布《美国航天局的火星之旅：开拓太空探索下一步》报告，提出登陆火星的三步走计划。除了探测木星外，2015 年对金星、冥王星也进行了探测，发现冥王星存在"蔚蓝天空"。在深空领域，美国发现了迄今最遥远的星系，距地球约 132 亿光年③。在航天运输方面，美国私企 Space X 取得优异表现，载人"龙"飞船逃生系统测试成功，于 12 月成功实现猎鹰九号运载火箭第一级的着陆回收。2015 年 11 月—2016 年 4 月，蓝色起源公司四次成功发射并回收同一枚火箭——New Shepard 亚轨道火箭，开启了火箭软着陆回收的先河，在

---

① 数据来源：美国能源信息署。
② 科技日报国际部：《2015 年世界科技发展回顾》，《科技日报》2016 年 1 月 3 日。
③ 科技日报国际部：《2015 年世界科技发展回顾》，《科技日报》2016 年 1 月 22 日。

人类火箭飞行史上具有标志性意义。

机器人产业正在兴起。作为先进制造业中不可替代的重要装备和手段，工业机器人已经成为衡量一个国家制造水平和科技水平的重要标志。作为机器人的发源地，美国已经成为全球自动化竞赛的领先者之一。根据国际机器人联盟（IFR）发布的数据，到 2018 年美国工业机器人出售的数量将达到 31000 台，比 2014 年的 26202 台增加 18.31%，年均增长至少5%。其中，一半的机器人将应用于汽车制造和零部件供应。2014 年美国汽车制造业机器人使用密度（每万名员工中使用机器人数量）为 1141 台，仅次于德国（1149 台）和日本（1414 台）①，位居全球第三，如图 4.1所示。

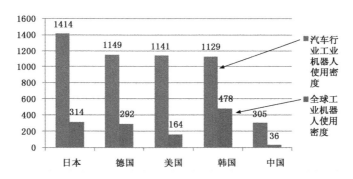

图 4.1　2014 年全球工业机器人和汽车行业工业机器人使用密度

资料来源：国际机器人联盟（IFR）。

二、美国新兴产业发展政策

2007 年次贷危机和 2008 年金融危机的爆发，沉重打击了美国的房地产和金融业，出现了经济衰退、失业率居高不下等严重经济问题。如何化解这场危机，保持美国的全球竞争力是当时奥巴马新政府亟待解决的难题。以发展新能源，推进新一轮能源革命为重点的再工业化战略，就成为应对之策。这一战略旨在通过重振制造业，大力发展先进制造业，通过促

———————————

① US economy：Auto sector buys every second industrial robot.［EB/OL］http://www.worldrobotics. org/index. php？id = home&news_id = 288.

进制造业回流和高速增长，让美国回归实体经济。作为再工业化的推动引擎，就是不间断地持续地实施创新战略。

（一）清洁能源革命为重点的再工业化

2009 年 2 月，奥巴马签署了总额高达 7870 亿美元的经济刺激法案——《2009 年美国复兴与再投资法》（American Recovery and Reinvestment Act of 2009）。这一法案聚焦的投资基本上覆盖了美国新兴产业的全部领域。在 1200 亿美元的基建和科研投入中，新能源和提升能源使用效率、生物医学基础领域以及航天、海洋和大气领域成为投入重点，分别投入 468 亿美元、100 亿美元、20 亿美元。其他同样作为投资重点的可再生能源及节能项目、医疗信息化、环境保护，分别投入 199 亿美元、190 亿美元和 145 亿美元。在研发上，计划十年内对能源输配和替代能源、节能产业、电动汽车，分别投入 189 亿美元、218 亿美元、200 亿美元。在信息、通信和安全技术方面的建设投入达到 100 亿美元。

2009 年 12 月，公布了《重振美国制造业框架》，从要素条件、社区创新、国外市场、改善金融和税收环境等七个方面，提出促进制造业发展的政策措施。2010 年 3 月，美国政府发布《国家出口计划》（National Export Initiative，即美国出口倍增计划）。这一计划提出未来五年内美国实现出口额翻一番的目标，也就是由当时的 1 万亿美元增加到 2015 年的 2 万亿美元，预计这会增加 200 万的就业岗位。2010 年 8 月，美国国会通过了《制造业促进法案》，清洁能源产业成为制造业发展的重点，同时对本土制造业原材料进口、本土美国企业给予税收减免。2010 年 12 月，美国国会通过了旨在保持美国领先地位的《美国竞争力法案》。

2011 年 6 月，美国总统奥巴马启动"先进制造伙伴关系"（AMP）计划，聚合工业界、高校和联邦政府的力量和作用，创造高品质制造业工业机会，投资先进制造业技术。2012 年 2 月，美国国家科学技术委员会发布了《先进制造业国家战略计划》。这一计划是对前述制造业政策的深入和细化，是政策中的"政策"。在内容上更加具体，明确提出要完善先进制造业创新政策，加强"产业公地"建设①，优化政府投资以及利益相关者和五大目标。在以上政策的推动刺激下，佳顿、卡特彼勒、福特、星巴克等跨国企业将国外部分产品、代工工厂、就业岗位迁回美国进行生产。

美国制造业的基础研究在全球居于领先地位，但在转化为美国本土制造能力方面是一个短板。为改变这一局面，促进美国制造业复兴，2013 年 1 月美国总统执行办公室、国家科学技术委员会和高端制造业国家项目办公室联合发布《国家制造创新网络：一个初步设计》（National Network of Manufacturing Innovation：A Preliminary Design，简称 NNMI）。在内容上聚焦制造过程（增材制造）、先进材料、使能技术和工艺技术。国家制造创新网络的最大创新之处就是设立国家制造业创新学院（IMI）。其主要任务，一是聚焦应用研究、开发和示范项目，降低新技术商业化成本的风险。二是通过各级教育和培训，改善和扩大劳动力。三是发展提高创新能力的方法和实践，增强创新学院对产业综合体的影响力。四是鼓励中小企业参与创新学院。五是共用共享基础设施。

2014 年 12 月，美国国会通过了《振兴美国制造与创新法案》（RAMI2014），授权商务部部长在《国家标准与技术研究院法案》（NIST）框架下实施制造业创新网络计划。建立国家制造创新机构，构建国家制造创新网络上升为法定计划。这一法案明确了制造业创新中心重点关注的领域，主要是纳米技术、先进陶瓷、光子及光学器件、复合材料、生物基和先进材料、混动技术、微电子器件工具开发等。

2016 年 2 月，美国商务部部长、总统行政办公室、国家科学与技术委员会、先进制造国家项目办公室，向国会联合提交了首份《国家制造创新网络计划年度报告》和《国家制造创新网络计划战略计划》。其中战略计划提出，国家制造创新网络是各级政府、工业界、学术界共同搭建的资源和服务共享平台、孵化器，如图 4.2 所示。

制造创新机构是 NNMI 计划的核心。自国家制造创新网络发起，美国计划建立 45 家制造创新机构。截至 2015 年底，已经建成 7 家，在建 2 家，如表 4.6 所示。

---

① 所谓产业公地，是指许多制造商（尤其是中小企业）所共享的知识资产和有形设施。

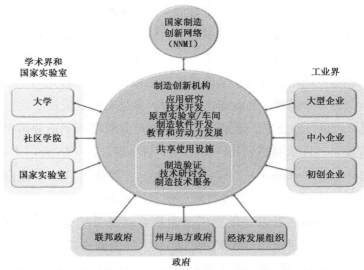

图 4.2　制造创新机构生态系统

表 4.6　美国制造业创新机构建设情况

序号	机构名称	所在地区	关注内容	建设情况
1	美国制造（国家制造创新机构）	俄亥俄州杨斯顿	增材制造和3D 打印技术	2012 年 8 月建成
2	数字制造与设计创新机构	伊利诺伊州芝加哥	数字设计与制造的集成	2014 年 2 月建成
3	明日轻质创新（美国轻质材料制造创新机构）	密歇根州底特律	轻金属制造技术	2014 年 2 月建成
4	电力美国	北卡罗来纳罗利	基于宽能隙半导体的电子器件	2014 年 12 月建成
5	先进复合材料制造创新机构	田纳西州诺克斯维尔	先进纤维增强聚合物复合材料	2015 年 6 月建成
6	AIM 光子（美国集成光子制造创新机构）	纽约州罗彻斯特	集成光子电路制造	2015 年 7 月建成
7	下一代柔性（柔性混合电子制造创新机构）	加利福尼亚州圣何塞	半导体与柔性电子器件的制造和集成	2015 年 8 月建成
8	革命性的纤维和纺织品创新机构	马萨诸塞州剑桥	现代纤维	2016 年预算在建

序号	机构名称	所在地区	关注内容	建设情况
9	智能制造创新机构（归美国智能制造领导力联盟领导）		先进传感器、控制器、平台和制造建模（ASCPMM）技术	征集中

（二）持续实施的三大创新战略

2009 年 9 月，美国总统执行办公室、国家经济委员会和科技政策办公室联合发布《美国创新战略：推动可持续增长和高质量就业》。这一战略是在《2009 年美国复兴与再投资法》的基础上推出的，包括三个部分。第一部分是对美国创新的基本要素投资，包括增加研发预算，规定研发投资要占到 GDP 的 3%，培养创造世界级的劳动力，使电网现代化，发展高速铁路，开发下一代空中交通控制系统，扩大宽带接入，支持研发下一代通信技术等。第二部分是推动竞争市场，激励有效创业，包括促进美国出口，促进资本市场开放，促进高增长和基于创新的创业，促进公共部门创新和支持社会创新。第三部分是促进国家在优先领域获得突破，也就是发动清洁能源革命，在未来十年内投资 1500 亿美元支持太阳能、风能、绿色建筑、高能效照明、下一代生物燃料、抗扩散的核反应堆、蓄能、碳集储等清洁能源技术的研发和示范[①]；支持先进的汽车技术，推动医疗卫生技术的创新，利用科技应对 21 世纪的"大挑战"。

在 2009 年 9 月创新战略的基础上，2011 年 2 月，美国白宫再次发布《美国创新战略——确保国家的经济增长和繁荣》（2011）。这次更新和修订，从经济繁荣的高度更加强调创新的作用，指出企业是美国创新的发动机，政府扮演推动者的角色。在主要内容上，在"对美国创新的基本要素投资"篇幅中美国在基础研究中的领先地位，由过去的"恢复"改为"加强和扩展"。在"市场"方面，提出"以市场为基础的创新"，措施更加具体，包括加快 R&E 税收减免制度加速企业创新，保护知识产权促进独创性，鼓励高增长和基于创新的企业家精神，推动建设创新、公开和竞争的市场。在"推动国家

---

① 《美国创新战略——推动可持续增长和高质量就业》，《中国科技产业》2010 年第 Z1 期。

优先领域突破方面"，一是保留第一项——"发动清洁能源革命"，提出到 2035 年美国 80% 的发电量由清洁能源供应的目标。二是将发展先进的汽车技术放入加快生物技术、纳米技术和先进制造业发展。三是专门提出"促进空间技术能力和运用的研究突破"，如表 4.7 所示。

表 4.7 2009 年美国创新战略与 2011 年美国创新战略主要内容的比较

美国创新战略（2009）	美国创新战略（2011）
一、对美国创新的基本要素投资： 1. 恢复美国在基础研究中的领先地位； 2. 培养掌握 21 世纪技能的下一代人，创造世界一流素质的劳动力； 3. 建设先进的物质基础设施； 4. 发展先进的信息技术生态系统。	一、对美国创新的基本要素投资： 1. 培养掌握 21 世纪技能的下一代人，创造世界一流素质的劳动力； 2. 加强和扩展美国在基础研究中的领先地位； 3. 建设先进的物质基础设施； 4. 发展先进的信息技术生态系统。
二、推动竞争市场、激励有效创业： 1. 促进美国出口； 2. 支持开放的资本市场，将资源配置到最有前景的创意； 3. 促进高增长和基于创新的创业； 4. 促进公共部门创新和支持社会创新。	二、以市场为基础的创新： 1. 加快 R&E 税收减免制度加速企业创新； 2. 通过有效知识产权政策促进独创性； 3. 鼓励高增长和基于创新的企业家精神； 4. 推动建设创新的、公开的和竞争的市场。
三、推动国家优先领域取得突破： 1. 发动清洁能源革命； 2. 支持先进的汽车技术； 3. 推动医疗卫生技术的创新； 4. 利用科技创新应对 21 世纪的"大挑战"。	三、推动国家优先领域取得突破： 1. 发动清洁能源革命； 2. 加快发展生物技术、纳米技术和先进制造技术； 3. 促进空间技术能力和运用的研究突破； 4. 促进医疗卫生技术实现突破； 5. 实现教育技术质的飞跃。

资料来源：《美国创新战略——确保国家的经济增长和繁荣》（2011 年版）。

2015 年 10 月，为推动经济增长，解决美国面临的现实挑战（如保障美国人更健康、更长寿，加速低碳经济转型，促使政府更加透明、高效、灵敏等），美国国家经济委员会与白宫科技政策办公室联合发布《美国创新战略》，指出创新是经济增长的源泉。该版本肯定了联邦政府在投资美国创新基本要素、激发私营部门创新、赋予全国创新者权利三大要素方面的重要作用，提出了奥巴马政府三个新的战略计划，扩建形成六大创新要素。这三个战略计划重点分别为创造高质量就业岗位和持续经济增长、推动国家优先领域突破及建设创新型政府服务大众，如表4.8所示。其中，战略计划之一——"创造高质量就业岗位和促进经济增长"，明确提出巩固先进制造业的领先地位，加大新兴产业投资。在"推动国家重点创新领域取得突破"中，提出建设智慧城市，发展高性能运算等。

表4.8 《美国创新战略》2015版本主要内容

美国创新战略(2015)的六大关键要素	
前三大要素	后三大要素——三个战略计划
一、投资创新基础要素： 1.在基础研究方面进行世界领先的投资； 2.推进高质量的科学、技术、工程、数学（STEM）的教育； 3.开辟移民路径以帮助推动创新型经济； 4.建设一流的21世纪基础设施； 5.建设下一代数字基础设施。	四、创造高质量就业岗位和促进经济增长： 1.巩固美国先进制造业的领先地位； 2.加大新兴产业投资； 3.构建包容性创新型经济。
二、激发私营部门创新： 1.扩大鼓励创新的税收抵免； 2.为创新型企业家提供便利； 3.构建鼓励创新的市场环境； 4.向创新者开放相关联邦数据； 5.拓展研究成果商业化渠道； 6.支持区域性创新发展； 7.支持创新型企业参与国际竞争。	五、推动国家重点创新领域取得突破： 1.各行业的重大挑战； 2."精准医疗"计划； 3.通过"脑计划"加速发展新型神经技术； 4.推动卫生保健领域的突破性创新； 5.引入先进交通工具减少事故发生； 6.建设智慧城市，及时识别城市隐患； 7.推动清洁能源，提高能源效率； 8.推动教育技术革命； 9.推动空间技术突破； 10.发展高性能运算； 11.到2030年，利用创新方法帮助消除全球极端贫困。
三、培养更多创新人才： 1.加强创新激励； 2.通过"全民制造"运动等方式挖掘创新型人才。	六、建设创新型政府： 1.采取创新措施提高公共部门运转效率； 2.发展创新实验室，培育公共部门创新文化； 3.完善政府电子政务系统； 4.采取基于大数据的创新方法解决社会问题。

资料来源：A STRATEGY FOR AMERICAN INNOVATION[EB/OL]. https://www.whitehouse.gov/sites/default/files/strategy_for_american_innovation_october_2015.pdf。

（三）值得一提的"智慧地球"战略

"智慧地球"这一概念，最早是由 IBM 公司首席执行官彭明盛，在 2008 年 11 月 6 日发表题为《智慧地球：下一代的领导议程》的演讲中提出来的①。2009 年 1 月 28 日，奥巴马与工商业领袖举行"圆桌会议"，彭明盛正式提出"智慧地球"计划，阐明"智慧地球"的短期和长期战略意义。基于对金融危机的应对、保持和夺回全球竞争优势的考虑，奥巴马对此进行了高度评价，发表了重要讲话。奥巴马认为，"智慧地球"计划与 20 世纪 90 年代克林顿提出的"信息高速公路"战略同等重要，并把"智慧地球"计划上升为美国国家战略。随后，奥巴马政府在《2009 年美国复兴与再投资法》中，投资 72 亿美元推进宽带基础设施建设，190 亿美元推进智慧医疗，110 亿美元推进智慧电网建设。

根据 IBM 的解释，"智慧地球"首先通过感应器连接各种各样的基础设施，如电网、桥梁、隧道、建筑、大坝、管道等，形成物联网。然后通过高速发达的网络，将人、数据和各种物体连接起来。最后"超级计算机""云计算"，将物联网进行有机整合，实现精细管理、智能控制。也就是说，"智慧地球"融合了互联网、物联网、高性能计算技术，代表了新一代信息技术的发展方向。2009 年 9 月，爱荷华州迪比克市和 IBM 共同宣布，将建设美国第一个智慧城市。2010 年 3 月，美国联邦通信委员会（FCC）向国会提交了国家宽带计划，提出 2020 年以前基本实现家庭普及百兆宽带的目标。2010 年，美国提出加强智慧型基础设施建设、推进智慧应用项目的经济刺激计划。2014 年 10 月，美国国家标准与技术研究院（NIST）发布《美国政府云计算技术路线图》，积极推动云计算技术创新②。2015 年 7 月，美国正式启动国家战略性计算计划（National Strategic Computing Initiative，NSCI），旨在使高性能计算（HPC）覆盖整个美国政府，并与产业界和学术界通力合作，维持美国在全球高性能计算的领先地位，实现利益最大化。2015 年 9 月，美国发布了"白宫智慧城市行动倡议"。美国联邦政府将投入 1.6 亿以上美元进行研发，推动超过 25 项以上

---

① 张永民：《解读智慧地球与智慧城市》，《中国信息界》2010 年第 10 期。

② 许振强：《中美智慧城市领域合作现状研究》，《建设科技》2015 年第 23 期。

的智慧技术合作，旨在解决减少城市交通拥堵、打击暴力犯罪、推动经济增长、应对气候变化、改进城市服务质量等重要难题。

2016年5月，美国政府发布了《联邦大数据研发战略计划》。这一计划是2012年3月《大数据研究与开发计划》的延续、拓展和深化，从大数据技术、数据可信度、网络基础设施、共享管理、隐私安全伦理、人才教育培训和创新生态系统跨机构协作等方面，提出了大数据研发领域的7大战略。美国的大数据战略具有布局早、实施早、投入大、覆盖面广的特点，这将为美国"智慧城市""智慧地球"战略的实施打下坚实的数据基础。

三、美国新兴产业发展政策小结

2008年金融危机之后，对再工业化战略的重视贯穿了美国新兴产业发展政策的始终。而再工业化的本质，不单单是要实现工业的回归，更重要的是积极主动研发和采用新技术，推动新一轮工业革命。

概括美国这几年新兴产业发展的大战略、大政策，不难发现其规划核心和实施重点，在于新一轮工业革命技术的研发。在新一轮工业革命中，能源革命处于核心地位。有鉴于此，奥巴马把新能源和清洁能源的发展作为政府工作的重中之重，就成为情理之中的事。在这短暂的几年里，美国新兴技术重点发展领域尽管个别有所调整和变化，但对新兴产业的重视有增无减。

从产业发展的链条来看，基于保持美国领先地位的考虑，美国新兴产业发展政策对于基础研究和原始创新给予了充分重视，较早进行了战略规划和战略布局。设立专门的创新机构，为新兴产业发展打造创新主体平台，是美国国家创新的一大亮点。注重营造创新生态系统的环境，打造创新型政府，注重人才的培养，推动跨部门协作，是美国国家创新的一大特色。

从政策扶植的方式来看，既有国内预算投入、税收抵免，又有方便贷款、贷款优惠，既有公共服务优化、基础设施建设，又有知识产权制度、人才培养，既有政府采购、鼓励出口，又有贸易保护、限制进口①。

---

① 主要指通过绿色壁垒、关税条款，限制国外优势产品进口到国内。

第三节　日本新兴产业发展及其政策

日本是当今世界非常注重产业政策的国家之一。日本之所以能够在节能环保、太阳能发电、高端装备、生物医疗、新材料等新兴产业领域确立强大的乃至全球领先的竞争优势，在很大程度上得益于日本新兴产业发展政策的制定、实施和完善。

一、日本新兴产业发展态势

二战结束以后，日本以煤炭、钢铁、电力等能源为主的产业迅速成长，并成长为日本国民经济恢复时期的主导产业。进入 20 世纪 60—70 年代的黄金发展时期，日本为振兴经济，向现代化方向发展，确立了石油化工、机械制造为主导的工业经济，汽车产业、家电产业得到快速发展。为摆脱中东石油危机的困境，彻底解决国内资源能源长期匮乏的瓶颈，20 世纪 80 年代日本确立了"技术立国"的基本国策[1]，大力发展技术密集型和知识密集型产业，新能源、新材料、节能环保、医用电子器材、生物技术、机器人等一大批新兴产业兴起。

20 世纪 90 年代，日本逐步确立了"IT 立国"的发展思路，大力发展电子和信息技术产业。进入 21 世纪后，信息通讯、健康养老、环境保护等相关的产业日益发展，节能技术、新能源、生物工程、海洋开发在日本愈加重视。2008 年金融危机发生之后，低碳节能技术及制造、太阳能、核能（2011 年福岛核泄漏危机发生后受挫）、IT、医疗成为新兴产业发展重点。

可再生能源发展迅速。日本的可再生能源主要包括水电、太阳能、风能、生物质能和地热能。从装机量来看，2015 年日本可再生能源总装机量达到 90.089 吉瓦，比 2008 年增长 62.67%[2]。其中，增长最快的是光伏发

---

[1]　日本"技术立国"作为基本国策的提法，最早出现于 1980 年 3 月日本产业结构审议会向通产省提交的"80 年代通商产业政策"的咨询报告中。

[2]　数据来源：IRENA：《RENEWABLE ENERGY STATISTICS 2016》。

电，2015 年光伏发电总装机量达到创纪录的 33.3 吉瓦，是 2008 年的
15.53 倍。从公共融资来看，作为机构融资的代表之一，2011—2014 年日
本国际合作银行向可再生能源发放贷款额分别为 9.4 亿美元、2.12 亿美
元、4.33 亿美元、13.83 亿美元①。从可再生能源消费比例来看，2015 年
日本可再生能源占能源消费的比重达到 12%，预计到 2030 年增加到
22%—24%②。2015 年，日本在有机质能源方面取得进展，乙醇燃料电池
发电效率大幅提高，高羧酸转化为乙醇的产率大幅提高。

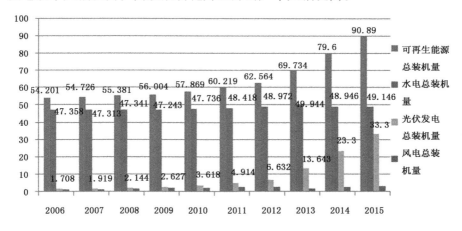

图 4.3　2006—2015 年日本可再生能源总装机量（吉瓦）

资料来源：IRENA：《RENEWABLE ENERGY STATISTICS 2016》.

　　新能源汽车产业不断壮大。当前，日本的新能源汽车类型主要包括混
合动力汽车、纯电动汽车、插电式混合动力汽车、燃料电池汽车、清洁柴
油汽车等。在日本经济产业省和国土交通省的大力扶持下，2013 年日本新
能源汽车市场占有率达到了 2020 年的目标，为 23%。混合动力汽车已经
优先普及，销量远超纯电动汽车和插电式混合动力汽车。2016 年第一季
度，电动汽车和插电式混合动力汽车的市场销量仅占混合动力汽车销量的
3.3%。日本的氢燃料电池汽车发展已领先全球。2016 年第一季度，丰田

---

① 数据来源：IRENA：《RENEWABLE ENERGY STATISTICS 2016》。

② Japan's Energy White Paper 2016［EB/OL］. http://www. enecho. meti. go. jp/en/
category/whitepaper/pdf/whitepaper_2016. pdf。

公司氢燃料电池汽车"MIRAI"累计销量达到 170 辆，单月增幅达到 14.5%①。根据《日本新一代汽车战略 2010》，预计到 2020 年，普及氢燃料电池乘用车 6000 辆，燃料电池客车 100 辆以上，燃料电池市场占有率达到 3% 左右，混合动力汽车、插电式混合动力汽车和纯电动车市场占有率达到 50%—70%。

保持工业机器人领先地位。工业机器人虽然没有诞生在日本，却最早在日本得到了产业规模化生产。经过了 50 年左右的发展，日本在工业机器人整机制造、关键零部件以及感应测量、认知、移动技术、机械控制等相关技术在世界上处于领先地位（如表 4.9 所示），成为世界上为数不多的产销大国。根据日本工业机器人协会的数据统计，2014 年日本工业机器人生产和安装总量为 12.7 万台，同比增长 30.5%；产值达到 49.2 万亿日元，同比增长 24.2%。2014 年日本工业机器人新装机量为 2.93 万台，同比增长 17%，创造了 2008 年以来的销量纪录②。2014 年 7 月，日本在发布《机器人白皮书》中，提到 2010 年日本经济部、贸易部、工业部和 NEDO 对日本国内机器人产业发展的未来预测，预计 2020 年为 29000 亿日元，2025 年为 53000 亿日元，2035 年为 97000 亿日元。

表 4.9　日美欧中机器人技术水平现状比较

领域 国家		日本	美国	欧洲	中国
整机	工业机器人	非常先进	非常先进	先进	落后
	医疗机器人	先进	非常先进	先进	非常落后
	野外机器人	先进	先进	先进	落后
	个人服务机器人	先进	非常先进	先进	先进

---

① 《2016 年第一季度日本新能源汽车及基础设施发展现状》,http://www.d1ev. com/44613.html。

② 中国工业和信息化部赛迪研究院:《中国机器人产业发展白皮书》,2016。

续表

国家 ＼ 领域	日本	美国	欧洲	中国
相关技术 系统集成	先进	先进	先进	先进
人机对话	落后	非常先进	非常落后	非常落后
智能化技术	落后	非常先进	落后	非常落后
感应测量、认知	非常先进	非常先进	先进	落后
移动技术	非常先进	先进	先进	落后
机械控制	非常先进	先进	非常先进	先进
传动装置、机械装置	非常先进	先进	非常先进	先进
关键零部件 精密减速器	非常先进	先进	先进	落后
伺服驱动器	非常先进	先进	先进	落后
伺服电机	非常先进	非常先进	非常先进	落后

资料来源：中国工业和信息化部赛迪研究院《中国机器人产业发展白皮书（2016 年版）》。

电子产业稳步恢复。据日本电子信息技术产业协会（JEITA）统计，2015 年日本电子产业总值达到 12.4 万亿日元，是 2012 年以来的最高水平，同比增长 5.3%。全年出口 9.95 万亿日元，同比增长 5.9%；进口 11.03 万亿日元，同比增长 1.5%。在技术方面，日本在可穿戴终端、WiFi、蓝牙和移动公共线路等高端技术领域，处于世界领先地位。环境和能源新材料在全球市场占绝对优势地位。2015 年日本在全球新材料市场的垄断地位如下：有机 EL 材料 90%，高端多层陶瓷电容器用纳米级钛酸钡 80%，聚乙烯醇胶卷 80%，用于汽车、电子的合成镁氧 70%，飞机、汽车用碳纤维 70%，300mm 太阳能电池半导体电路板 70%，用于燃料电池的氧化锆 60%，锂电池隔板 50%，海水淡化逆渗透薄膜 50%①。

二、日本新兴产业发展政策

日本是当今世界上非常注重使用产业政策的国家之一。在日本，每一轮新兴产业浪潮的兴起，无不与产业政策、产业战略相关。正如 2004 年的

① 洪京一：《战略性新兴产业 2015—2016》，社会科学文献出版社 2016 年版，第 6 页。

《新产业创新战略》，扶植了燃料电池、信息家电、机器人、影视文化、医疗保健、环境能源、企业外包等，2004 年的 "u-Japan" 战略和 2006 年的 IT 新改革战略、新一代宽带战略 2010，推动了 IT 产业的进一步发展。2008 年金融危机发生之后，扶持新兴产业发展就成为应对危机的重要举措。

2008 年 7 月，日本发布了《构建低碳社会行动计划》，提出力争到 2020 年太阳能电池的采用量（按发电量计算）达到 2005 年的 10 倍，到 2030 年提高至 40 倍，并在未来 3—5 年后，降低一半左右的太阳能电池系统价格。2008 年 11 月，为了贯彻落实这一目标，日本经济产业省、文部科学省、国土交通厅和环境省联合发布《太阳能发电普及行动计划》，推进太阳能电池材料和模块技术开发，奖励补助蓄电池技术开发和家庭太阳能普及。为了重新夺回太阳能装机世界第一的位置，应对全球气候变化，2009 年 1 月，日本恢复了面向住宅安装太阳能发电设备的补助金制度。2009 年 2 月，日本决定实施太阳能发电剩余电力收购新制度；同年 11 月，正式实施这一制度，电力公司以过去 2 倍的价格，也就是 48 日元/千瓦时的价格购买剩余电力。

2009 年 4 月，面对经济疲软趋向，日本总务省发布了 "数字日本创新计划"（也称为 ICT 鸠山计划），提出 9 项切入点措施，即挖掘产业、政府和地区三大潜力，构建先进的数字网络、培育和强化创意产业、发展绿色 IC、加强 ICT 业的国际竞争力、培养高技能的 ICT 人才和创建安全可靠的网络。同年 4 月 9 日，日本首相麻生太郎宣布《未来开拓战略》，旨在建成世界第一的环保节能国家，确保日本太阳能发电、蓄电池、燃料电池、绿色家电等低碳技术产品市场份额位居世界第一。

2009 年 4 月 10 日，日本内阁府推出了总额高达 56.8 万亿日元的新经济刺激方案——《经济危机对策》。其中，财政公共预算支出高达 15.4 万亿日元。这一对策指出投资未来技术是长期应对的举措，紧急实施三大项目。一是 "低碳革命"（预算 1.6 万亿日元），推动太阳能发电、小水力发电普及（到 2020 年可再生能源消费份额达到 20%），推动低能耗车、节能家电发展（到 2020 年电动车和混合动力汽车的销售比例达到新车销售总量的 50%），推动低碳交通革命，实施资源大国计划。二是 "健康长寿与育儿"（预算 2.0 万亿日元），实施地区医疗再生计划，改善护理人员待遇，完善护理设施（补助开发护理服务机器人），实施育儿及教育支援。三是"发挥基础设施的作用，完善 21 世纪基础设施"（预算 2.6 万亿日元），充分发挥农林渔业潜力，开发尖端技术，强化人才培养，完善基础设施，发挥 IT 潜力和软实力，建成观光大国（力争到 2020 年外国游客达到 2000 万人，观光业消费额达到 2.5 万亿——4.3 万亿日元)[1]。这三大项目实质上是在扶植日本的新兴产业，培育巩固新技术、新产品的竞争力。

2009 年 4 月，日本经济产业省（METI）和新能源产业技术综合开发机构（NEDO）联合发布《2009 年战略技术路线图》，重点发展信息通信、纳米技术与部件、系统与新制造、生物技术、环境、能源、软实力和战略融合 8 大类领域技术，如表 4.10 所示。2009 年 7 月，日本高级通信信息网络社会推进战略总部推出了以 2015 年为截止期的中长期信息技术发展战略——"I-Japan"战略。这一战略是对 2002 年"e-Japan"战略和 2004 年"U-Japan"战略的延续，旨在构建一个以人为本、充满活力的数字化社会。"I-Japan"战略由三个关键部分组成，一是建立电子政府、医疗健康、教育和人才培养核心领域信息系统，二是产业、地区信息化和培育形成新产业，三是完善数字化基础设施[2]。面对国际汽车行业的激烈竞争和贸易争端，2010 年 4 月日本经产省公布了《新一代汽车战略 2010》。这一战略旨在把日本汽车业发展成为新一代汽车的研发中心，提出到 2020 年日本 EV、HEV 等新一代汽车在新车销量的份额达到 50%，到 2030 年将增加到 70%。

表 4.10　日本《2009 年战略技术路线图》技术领域

八大类技术领域	具体领域
信息通信	半导体；存储器和非易失性存储器；计算机；网络；应用性软件系统
纳米技术与部件	纳米技术；材料和部件；光纤技术；绿色可持续化学
系统与新制造	机器人；微机电系统；设计、制造、加工；飞机；航天

---

① 朱相丽：《日本应对金融危机的新经济刺激方案》，《全球科技经济瞭望》2010 年第 1 期。

② 于凤霞：《i-Japan 战略 2015》，《中国信息化》2014 年第 13 期。

续表

八大类技术领域	具体领域
生物技术	制药、诊断；诊断、治疗器械；再生医学，包括抗癌治疗等应用医学；有效应用生物技能技术
环境	CO_2 固定化、有效利用；脱氟利昂对策；3R（Reduce，Reuse，Recycle）；化学物质综合管理
能源	能源；超导技术
软实力	国民生活技术；服务工程学；计算机处理信息内容
战略融合	可持续发展的制造技术；计量、测量仪器系统

资料来源：《技術戦略マップについて》和上海科技发展研究中心《科技发展研究》，2010 年第 13 期。

2010 年 6 月，日本内阁府通过《新成长战略》，旨在实现一个强势经济、强势财政和强势社会保障的社会，以解决自 1990 年以来日本长达 20 年的经济低迷等问题。这一战略，提出绿色创新（到 2020 年温室气体减排 20%，创造 50 兆日元产值、140 万人新就业）、生活创新（到 2020 年建成健康大国，创造 50 兆日元产值、284 万人新就业）、亚洲经济、观光立国与地区活力化（到 2020 年外国游客达到 2500 万人，创造 10 兆日元产值、56 万人新就业）等需求方面成长领域的策略，也提出科学、技术、资讯、通讯立国（2020 年之前，官民之研发经费支出占 GDP 的 4% 之上等）、就业与人才（2020 年之前，20 岁到 64 岁的就业率达到 80% 等）、金融供给方面的策略，以实现 2020 年之前实际 GDP 年均增长率达到 2%、物价 GDP 平减指数稳定在 1% 左右、失业率在 4% 以下[1]。

2012 年 7 月，日本正式实施"可再生能源固定价格收购制度"，又称为"全量收购制度"。这一制度收购对象包括光伏发电、风力发电、地热发电、中小水力发电（3 万千瓦以下）、生物质发电五种。2013 年 4 月，日本内阁通过《海洋基本计划》（2013—2017 年），将培育壮大海洋经济定位为新的经济增长点。2013 年 6 月，日本内阁批准了作为安倍经济学第

---

[1] 苏显扬、吕慧敏：《日本的竞争力与新成长战略》，《国际经济情势双周报》第 1713 期。

三只箭的《日本复兴战略》，涉及产业复兴、战略市场创造和国际发展三大行动计划。为推进这一战略实施，2014年1月日本内阁会议通过了《关于强化产业竞争力的执行计划》，实施以加强监管和制度改革为中心的产业竞争力强化政策。

2014年5月，日本新能源产业技术综合开发机构公布了《关于工业、商业和生活机器人化的白皮书》，提议通过机器人技术利用来应对日本老龄化社会挑战和核电站反应堆废弃工作。2015年1月，日本国家机器人革命推进小组发布了《机器人新战略》，计划用五年的时间推进1000亿日元规模的机器人扶持项目，使日本机器人成为世界机器人创新基地，应用广度世界第一，迈向领先世界的机器人新时代。

2014年6月通过了新版科技创新综合战略——《科学技术创新综合战略2014——为了创造未来的创新之桥》，提出重点推进信息通信技术、纳米技术和环境技术三大跨领域技术发展，将日本打造成为"全球领先的创新中心"。2016年1月，日本内阁会议在五年科学技术政策基本指针"第5期科技技术基本规划"中，列入总额约26万亿日元的研发经费，重点研发人工智能系统及物联网，提出要实现领先于世界的"超智慧社会"——"社会5.0"（Society 5.0），如图4.4所示。

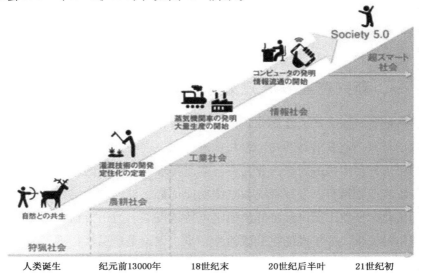

图4.4 社会进化史

三、日本新兴产业发展政策小结

自 20 世纪 90 年代以来，日本经济陷入了长期的低迷状态。直到今天，日本经济名义增长率还在 3% 以下。实现日本复兴，重振日本经济，保持世界领先地位是日本政府的主要施政目标，也是一项长期发展任务。不间断地实施新兴产业发展政策就成为日本政府摆脱发展困境、培植国际竞争新优势的施政纲领和强力工具。

尽管当前的日本经济增速无法与 1985 年广场协议签订之前的日本速度相提并论，日本在节能环保、太阳能发电、高端装备、生物医疗、新材料等新兴产业领域确立了强大的乃至全球领先的竞争优势。这在很大程度上得益于日本新兴产业发展政策的制定、实施和完善。如果缺少政府的提前规划，不注重发展新兴产业，日本的经济动力优势可能会进一步丧失。

第四节　欧美日新兴产业发展政策借鉴

尽管欧美主流经济学未把产业发展政策理论纳入整个产业经济学框架，但新兴产业发展政策在欧美的实践已是不争的事实。研究这一实践，对于不断完善中国战略性新兴产业发展政策，更好推动战略性新兴产业发展具有重要意义。

一、新兴产业发展政策必要而须有效

从欧美日新兴产业发展和政策历程来看，制定、实施新兴产业发展政策推动新兴产业发展是共同特点和普遍特征。这一方面要遵循产业发展规律的要求，使本国的新兴产业发展与就业实现又好又快的增长，并与本国的传统产业相结合，发挥系统和整体功能优势，推动产业结构合理、经济结构优化，使整个国民经济健康稳定可持续发展。另一方面，满足产业国际竞争的要求。如果谁能在全球领先一步，无论是产品、标准、品牌，还是设计、理念、思维，都有可能获得相关领域的国际话语权，获得先行优势，确立全球领先地位。相反，如果踌躇不前，慢了半拍贻误时机，就会落在别人后面，面临更大的发展压力。

日本国内核电在 2011 年福岛核泄漏之后遭遇滑铁卢，而国外核电仍然保持着强大的竞争实力，强有力地证明了日本核电产业发展政策的效力。再如，日本太阳能发电世界第一宝座的保持和丧失，说明了产业政策的重要性。1999—2004 年日本保持了太阳能世界第一的发电量，在于日本实施了强制收购制度。由于收购制度的逐步丧失，2005 年日本发电量被德国超越，到后来日本又不得不实施全电量收购制度，也就是固定电价收购制度，但日本很难超越新的对手。在欧洲各国对电动汽车实施购买补贴之际，德国坚持不实施购买补贴。这一局面，被 2016 年 5 月 19 日德国的内阁决定打破。这一天，德国内阁通过了新的电动车促销措施及税收优惠的政策。基于产业竞争伴生而来的各国政府之间的竞争也是产业发展政策制定的重要依据。

新兴产业发展政策还具有阶段性和历史性的特点。新兴产业发展政策，无论其制定产生，还是调整完善，乃至废止退出，都需要适应新兴产业的生命周期，满足生命周期各个阶段的发展变化，具有明显的阶段性，是一个历史的产物。这就涉及一个新兴产业发展政策有效性的问题。从理论上讲，新兴产业发展政策具备可行而且有效性。但这并不意味着，在实践中，任何政策都是有效力的。在网络化信息化高度发展的当代社会，一项新兴产业发展政策在顶层设计时，必须做好长期规划、中期目标和短期效果预期，征集企业、大学、科研院所和广大民众的意见，吸收社会的智慧，提供更好的决策方案。在实施时，必须注重实际效果评估和公众反馈，及时修订完善政策。欧盟地平线 2020 战略在提案申请中，针对欧盟 803 亿欧元拨款的请求，共有 9325 位专家进行了评估①，最终达成了 786.31 亿欧元的预算。

近来，国内以林毅夫和张维迎关于产业政策存废为代表的争论，引发产业政策有效性的深入思考。对于新兴产业发展政策的精确评估，是一个值得深入研究而且必须尽快研究的问题。

---

① Horizon 2020 statistics [EB/OL]. http://ec. europa. eu/programmes/horizon2020/en/horizon-2020-statistics.

二、构建力求完备的新兴产业政策体系

从欧美日新兴产业政策框架结构上来看，新兴产业发展政策体系主要包括新兴产业发展战略目标、阶段性任务、政策实施工具和评价机制。从新兴产业发展的要素依赖来看，新兴产业政策体系主要包括新兴产业发展的财税政策、新兴产业发展的融资政策、新兴产业发展的技术政策、新兴产业发展的人才政策、新兴产业发展的价格政策、新兴产业发展的环保政策、新兴产业发展的国际竞合策略和新兴产业发展的配套措施等多个方面，对新兴产业发展政策体系进行深入研究。

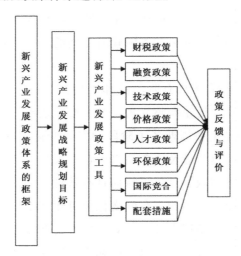

图 4.5 新兴产业发展政策的体系框架

新兴产业发展的财税政策可以从市场供给和需求两个角度培育扶植带动新兴产业发展。一方面，对完成产量目标或者技术创新目标的新兴企业、新型产品给予正向补贴或税收优惠激励，或者以直接投资的形式，引导推动企业生产向品牌、规模、标准化发展，培育或扩大市场总供给；另一方面，对终端使用者和消费者给予一定的补贴激励，推动新兴产业产品走向市场，走向商业化。

新兴产业发展的融资政策主要是化解新兴产业发展中出现的生产方和应用方资金周转困难问题。这种资金短缺可能是由于生产方技术研发、引

进技术或者经营周转困难造成的，也可能是终端安装使用环节带来的。

新兴产业发展的技术政策关系着新兴产业的技术创新能力，而技术创新能力决定着一国产业的市场竞争力，决定着该国的国际市场地位。在经济发展的特定阶段，可以采取灵活的技术路线。但一旦在国际市场上占有支配地位，就必须走向原始创新之路。技术政策往往和财税政策、融资政策、人才政策等其他政策结合使用。

新兴产业发展的人才政策主要是激励吸引相关的人才到新兴产业来。这既包括创新人才的流向、培养和考核，还涉及创新环境的净化、塑造和推广。其中很重要的一点，就是要培养一批具备现代企业家精神的创新人才队伍。

新兴产业发展的价格政策主要涉及市场定价和政府定价的结合问题。例如，可再生能源产业的价格政策，是指建构与能源价格形成机制和政策体系相协调和配合的可再生能源电力价格形成机制和政策体系，促进可再生能源和新兴产业的持续健康发展。

新兴产业发展的环保政策是指通过一系列环境规范约束，使新兴产业发展行驶在保护生态自然环境和人文环境的轨道上，符合现代社会低碳、智能、绿色、环保方向，实现产业资源的再循环、再利用，做到可持续发展。

新兴产业发展的国际竞合策略则是指新兴产业走向国际市场政府应该采取的策略，以帮助引导企业进行更好的合作与竞争，这也是一国产业国际竞争力的重要组成部分。

新兴产业发展的配套措施主要包括新兴产业的立法保障、市场规范和社会支持三个方面。新兴产业的立法保障既涉及产业生产领域的安全问题，也涉及产业发展的可持续性问题，如核电的废立等。市场规范侧重于如何发挥市场机制配置资源的决定性作用，如何制定有效的规则维护市场秩序。社会支持指整个社会对新兴理念的认可、关注及产品购买。

第五章　中国能源生产与消费革命

我国已经成为世界上最大的能源生产国和消费国。我国能源发展取得巨大成绩，也面临着能源需求压力巨大、能源供给制约较多、能源生产和消费对生态环境损害严重、能源技术水平总体落后等挑战，因此必须从国家发展和安全战略高度，推动我国能源生产与消费革命。推动能源生产革命，要建立多元供应体系；推动能源消费革命，要抑制不合理能源消费；推动能源技术革命，要带动产业升级；推动能源体制革命，要打通能源发展快车道；要全方位加强国际合作，实现开放条件下能源安全。

第一节　能源生产革命

我国能源资源相对短缺，难以满足国内经济社会发展需要。保障我国能源安全，我国能源生产革命要围绕能源供给安全化、多元化、低碳化和智能化的发展方向，推动我国能源开发和利用方式实现重大突破。形成煤、油、气、核、可再生能源等多轮驱动的能源供应体系。

一、我国能源生产革命的背景

（一）我国能源供给安全风险增加

我国能源资源储藏相对短缺，国内能源生产、供给量远远不能满足国内工业化、城镇化和居民消费的需要，相当部分能源要从国外进口。我国能源独立性差，供给稳定性存在较大不确定性因素。我国能源禀赋的特征

是多煤、少油、缺气。进口能源主要是油气，其中石油占绝对比重。我国
石油自给率不足，对外依存度高，2015年石油对外依存度高达60.6%。石
油进口主要集中在中东、非洲和俄罗斯地区。石油进口对中东地区依赖程
度较高，2014年，我国从中东进口的石油占全部进口石油的46.1%。

　　近年来，受地缘政治影响，国外石油供给存在较大风险。一是运输的
风险增加。我国从中东和非洲地区进口的石油是通过海上运输来实现的。
石油海上运输受制于霍尔木兹海峡和马六甲海峡。这条运输通道经常受到
北非区域海盗、恐怖主义组织侵扰，油轮运输安全是一个较大的隐患。马
六甲海峡是东亚国家海上石油运输通道的咽喉之地，为美国及其跟随势力
所把持，对我国而言，是战略上的隐患。二是供给的不确定性。俄罗斯与
我国在油气合同上缺乏行动一贯性，习惯将能源作为政治手段，在经济利
益、地缘政治格局等因素影响下，突然中止合同的可能性随时存在。中东
地区由于区域政治、恐怖主义等因素，石油生产经常受到不可控因素的干
扰。北非社会政局并不是很稳定，从而影响到其国内石油生产。

　　（二）主要发达国家先后推行能源生产转型战略

　　基于能源供给安全、低碳排放等原因，主要发达国家先后推行能源生
产转型战略。美国推行以"能源独立"为核心的转型战略。自20世纪70
年代石油危机开始，历届美国总统都把保证"能源安全"作为国家战略，
强调节能和实现能源供应渠道的多元化，降低对中东油气资源的过分依
赖。2005年美国政府颁布了《能源政策法案》，强化了能源供应多元化的
重要性。2007年美国政府发布《能源独立与安全法案》，旨在通过降低对
本国石油工业的补贴，鼓励替代能源规模化利用。欧盟推行以低碳化为核
心的转型战略。欧盟为了摆脱对俄罗斯石油的依赖、减少碳排放量，试图
通过大力发展可再生能源，实现双重目标。2005年欧盟开启了碳排放交易
体制（ETS），制定低碳能源战略，中期目标为到2020年欧盟的温室气体
排放量要在1990年的基础上下降25%。日本推行以提高能效为核心的转
型战略。20世纪90年代日本先后出台《能源政策基本法》《能源基本计
划》《新国家能源战略》等，其主旨是节能并减少对化石能源的依赖。
2009年4月，《绿色经济与社会变革》提出对高碳产业如钢铁、水泥、电

力等工业部门进行低碳技术改造。2010 年日本能源消费强度仅为 0.1toe/千美元，约为我国的八分之一，世界平均水平的三分之一①。

二、我国能源生产革命的内涵及思路

（一）能源生产革命的内涵

我国能源生产革命的内涵是围绕能源供给安全化、多元化、低碳化和智能化的发展方向，推动我国能源开发和利用方式实现重大突破。安全化是指能源供给的持续性和稳定性。多元化是指形成煤、油、气、核、新能源、可再生能源多轮驱动的能源供应体系。低碳化是指能源利用过程中的低碳排放。智能化是指在信息化的基础上实现能源开发、输送、分配和利用一体化，实现能源系统高效协同运行。

（二）能源生产革命的思路

坚持能源供给安全化、多元化、低碳化和智能化的发展方向，立足当前能源资源禀赋条件，充分利用好国内现有能源资源，挖潜增效，逐步建立多元化的能源供应体系。具体而言，我国能源生产革命大致分为两个阶段：第一阶段，逐步降低煤炭在能源结构中的占比，提高煤炭清洁利用水平。大力推进绿色煤炭技术变革和油气倍增计划，提高利用效率和清洁度。通过在消费领域推行煤改气等措施，形成倒逼机制，逐步淘汰落后煤炭生产能力。第二阶段，依靠科技创新，大规模开发利用新能源与可再生能源，发展储能技术、分布式能源技术与化石能源和非化石能源耦合协同互补的智能技术，大幅度提高非化石能源在能源结构中的比例。全面实现能源安全化、低碳化和智能化等，形成煤、油、气、核、可再生能源等多轮驱动的能源供应体系。

三、推动能源生产革命的措施

（一）积极稳妥化解过剩产能

落实国务院《关于煤炭行业化解过剩产能实现脱困发展的意见》，力

---

① 任东明、谢旭轩等：《推动我国能源生产和消费革命初析》，《中国能源》2013 年第 10 期。

争用三到五年时间，退出产能五亿吨左右、减量重组五亿吨左右。严格控制煤炭新增产能，从 2016 年起，3 年内原则上停止审批新建煤矿项目。加快淘汰落后产能，2016 年力争关闭落后煤矿 1000 处以上，合计产能 6000 万吨。推动煤炭行业兼并重组。

严格控制煤电新开工规模，对存在电力冗余的地区要根据实际情况，取消一批不具备核准条件的项目，暂缓一批煤电项目核准，缓建一批已核准项目。利用市场机制倒逼，加快推进电力市场化改革，新核准的发电机组原则上参与电力市场交易。

（二）推进煤炭清洁高效利用

按照安全、绿色、集约、高效的原则，不断提高煤炭清洁高效开发利用水平。

首先，提高煤炭清洁利用水平。一是科学规划煤炭开发利用规模。统筹煤炭资源条件、水资源承载力和生态环境容量，确定合理的科学产能，优化煤炭开发布局。二是开展煤炭矿区循环经济。按照减量化、资源化、再利用的原则，积极推进煤炭分级分质梯级利用，科学利用矿井水、煤矸石、粉煤灰等副产品，综合开发利用煤炭共生资源，构成煤基循环经济产业链，提高产品附加值和资源综合利用效率。加大煤炭洗选比重，鼓励煤矸石等低热值煤和劣质煤就地清洁转化利用。三是切实提高煤炭加工转化水平。按照节水、环保、高效的原则，继续推进煤炭焦化、气化、液化等关键技术攻关和示范，提升煤炭综合利用效率，降低系统能耗、资源消耗和污染物排放，实现清洁生产。

其次，清洁高效发展煤电。转变煤炭使用方式，着力提高煤炭集中高效发电比例。提高煤电机组准入标准，新建燃煤发电机组供电煤耗低于每千瓦时 300 克标准煤，污染物排放接近燃气机组排放水平。

（三）提高石油天然气生产能力

稳步提高国内石油产量。坚持陆上和海上并重，对我国石油储藏实行分类开发。对松辽盆地、渤海湾盆地等区域的老油田，积极发展先进采油技术，提高原油采收率，保持产量基本稳定。对西部塔里木盆地、鄂尔多斯盆地、准噶尔盆地、柴达木盆地等区域的油田，一方面加大油气资源勘探力度，努力探明更多优质储量；另一方面推广采用先进技术，提高采油率。高度重视海洋石油开发，加强渤海、东海和南海等海域近海油气勘探开发，加强南海深水油气勘探开发，积极推进深海对外招标和合作，尽快突破深海采油技术和装备自主制造能力，大力提升海洋油气产量。全面推进国内各区域油气勘探开发的同时，重点稳定大庆、辽河、新疆、塔里木、胜利、长庆、渤海、南海、延长等 9 个千万吨级大油田的产量。

大力发展天然气。按照常规与非常规并举、陆上与海上并重的原则，加快常规天然气增储上产，尽快突破非常规天然气发展瓶颈，促进天然气储量产量快速增长。一是加快常规天然气勘探开发。以四川盆地、鄂尔多斯盆地、塔里木盆地和南海为重点，加强西部低品位、东部深层、海域深水三大领域科技攻关，加大勘探开发力度，力争获得大突破、大发现。二是重点突破页岩气和煤层气开发。着力提高四川长宁—威远、重庆涪陵、云南昭通、陕西延安等国家级示范区储量和产量规模，同时争取在湘鄂、云贵和苏皖等地区实现突破，尽快实现页岩气规模化、"工厂化"生产。积极研究并推动出台致密气、海洋油气勘探开发及老油井稳产增产等方面的财税支持政策。

（四）大力发展清洁能源

"十二五"期间，我国清洁能源快速发展，水电、核电、风电、太阳能发电装机规模分别增长 1.4 倍、2.6 倍、4 倍和 168 倍，带动非化石能源消费比重提高了 2.6 个百分点[1]。与欧美国家相比，我国可再生能源在能源体系中占比仍然比较低。按照能源发展"十三五"规划要求，我国非化石能源消费比重要提高到 15% 以上，天然气消费比重力争达到 10%，煤炭消费比重降低到 58% 以下。发电用煤占煤炭消费比重要提高到 55% 以上。

安全发展核电。在采用国际最高安全标准、确保安全的前提下，适时在东部沿海地区启动新的核电项目建设，研究论证内陆核电建设。坚持引进消化吸收再创新，重点推进 AP1000、CAP1400、高温气冷堆、快堆及后

---

[1]　国家能源工作会议，http://www.nea.gov.cn/2015－12/29/c_134962308.htm。

处理技术攻关。

按照输出与就地消纳利用并重、集中式与分布式发展并举的原则，加快发展可再生能源。积极开发水电。在做好生态环境保护和移民安置的前提下，以西南地区金沙江、雅砻江、大渡河、澜沧江等河流为重点，积极有序推进大型水电基地建设。因地制宜发展中小型电站。大力发展风电。重点规划建设酒泉、内蒙古西部、内蒙古东部、冀北、吉林、黑龙江、山东、哈密、江苏等9个大型现代风电基地以及配套送出工程。以南方和中东部地区为重点，大力发展分散式风电，稳步发展海上风电。加快发展太阳能发电。有序推进光伏基地建设，同步做好就地消纳利用和集中送出通道建设。加快建设分布式光伏发电应用示范区，稳步实施太阳能热发电示范工程。加强太阳能发电并网服务。鼓励大型公共建筑及公用设施、工业园区等建设屋顶分布式光伏发电。

要着力解决当前普遍存在的弃水、弃风、弃光问题。优化控制增量，根据规划有效把握水电、核电发展节奏，发展风电、光伏、生物质能、地热能以就近消纳为主。化解消纳存量，优化系统调度运行，鼓励发展抽水蓄能等调峰电源，提高跨省跨区输电通道利用效率。大力推进分布式能源发展。

（五）加强储备应急体系

加强能源储备建设，完善能源储备应急体系，实现能源储备的平稳市场和应急功能。加强能源储备制度建设，建立国家储备与企业储备相结合、战略储备与生产运行储备并举的储备体系，建立健全国家能源应急保障体系，提高能源安全保障能力。

不断扩大油气储备规模，根据油气消费量做好能源储备规模的科学规划。在不断完善国家储备体系的同时，鼓励民间资本参与储备建设，鼓励发展商业储备，建立企业义务储备。加快天然气储气库建设，鼓励发展企业商业储备，支持天然气生产企业参与调峰，提高储气规模和应急调峰能力。建立煤炭稀缺品种资源储备，鼓励优质、稀缺煤炭资源进口，支持企业在缺煤地区和煤炭集散地建设中转储运设施，完善煤炭应急储备体系。

完善能源应急体系，加强能源安全信息化保障和决策支持能力建设，逐步建立重点能源品种和能源通道应急指挥和综合管理系统，提升预测预警和防范应对水平。

第二节　能源消费革命

面对能源消费增长较快，化石能源占比较大给我国能源安全和生态环境带来的挑战，能源消费必须紧跟开发利用清洁、低碳的可再生能源的世界能源发展潮流，控制能源消费总量；抑制不合理的能源消费，鼓励节约用能，切实转变能源消费方式；提高能源利用效率，优化调整产业结构。

一、世界能源消费趋势

能源消费量增长主要受世界人口增长、人均能耗水平和产业能耗三大因素制约。长期以来，世界能源消费量处于增长趋势。随着人类文明演进和社会复杂程度的增大，人均能耗水平和单位 GDP 能耗水平呈现不同的增长趋势。世界人均能耗水平从 1995 年的 1.51 吨油当量/人增加到 2013 年的 1.80 吨油当量/人，平均同比增幅 0.92%。受益于节能降耗技术的发展和主要经济体经济结构的调整，世界单位 GDP 能耗从 2003 年 0.28 吨油当量/千美元快速降至 2007 年的 0.19 吨油当量/千美元，2011—2013 年基本稳定在 0.17 吨油当量/千美元①。考虑到人口规模和经济规模持续增长，世界能源消费总量呈增长趋势。

英国 BP 公司《2035 世界能源展望》预计，从 2012 年到 2035 年，全球能源消费将增长 41%，年均增长 1.5%。增速将从 2005—2015 年的 2.2% 降至 2015—2025 年的 1.7%，再之后 10 年降至仅有 1.1%。国际能源署（IEA）2014 年 10 月发布的《世界能源展望 2014》报告预计，在基准情形下，2012—2040 年，全球能源消费年均增长率为 1.3%，2012—2020 年为 1.7%，2020—2030 年为 1.3%，2030—2040 年为 1.0%。其中

① 张映红、路保平：《世界能源趋势预测及能源技术革命特征分析》，《天然气工业》2015 年第 10 期。

2020 年能源消费总量为 218 亿吨标准煤，2030 年全球能源消费总量为 248.76 亿吨标准煤，2040 年全球能源消费总量为 275.38 亿吨标准煤[①]。

世界能源理事会（WEC）《世界能源远景：2050 年的能源构想》报告认为，全球能源需求将继续增长，到 2050 年翻番，预计 2020 年的能源供给（消费）总量为 218.71 亿吨标准煤，2030 年的能源供给（消费）总量为 252.04 亿吨标准煤，2040 年的能源供给（消费）总量为 280.61 亿吨标准煤，2050 年的能源供给（消费）总量将达到 298.98 亿吨标准煤，较 2010 年的 185.7 亿吨标准煤增长 61%，年均增长 1.53%，增速将从 2010—2020 年的 1.76% 降至 2020—2030 年的 1.53%、2030—2040 年的 1.16%，到 2040—2050 年则降至 0.64%。综合以上预测报告数据，2030 年能源消费总量预计为 250 亿吨标准煤左右，2040 年为 275—280 亿吨标准煤，2050 年全球能源消费总量预计为 295—300 亿吨标准煤[②]。

在世界能源消费结构中，煤、油、气占支配地位。这种结构短期内不会出现太大改变。在 2014 年世界一次能源消费结构中，煤炭、石油、天然气、核能、水电、可再生能源、地热占比分别为 30.03%、32.57%、23.71%、4.44%、6.80%、2.11% 和 0.89%。其中，世界煤炭、石油工业已分别具有 246 年和 156 年历史，天然气工业尚处于快速发展的初期，核电工业处于 2011 年福岛事件后的复苏期，可再生能源方兴未艾[③]。

以煤、油、气占主导地位的能源消费结构，导致了高碳排放量，是全球气候变暖的根本原因。煤、油、气等化石能源曾经支撑了第一次、二次工业革命，推动了人类文明进步和经济社会发展。如今，化石能源消费面临两大挑战：一是化石能源资源日渐枯竭，急需寻找替代能源；二是化石能源消费引致的气候变化，威胁着人类生产和发展。因此，开发利用清洁、低碳的可再生能源成为世界能源发展的主导潮流。

---

① 白旻：《全球能源格局深度调整背景下的中国能源生产和消费革命》，《资源再生》2015 年第 12 期。

② 白旻：《全球能源格局深度调整背景下的中国能源生产和消费革命》，《资源再生》2015 年第 12 期。

③ 张映红、路保平：《世界能源趋势预测及能源技术革命特征分析》，《天然气工业》2015 年第 10 期。

二、我国能源消费现状

(一) 能源消费增长较快

长期以来,我国能源消费一直是粗放式增长。从 1979 年到现在我国一直保持着能源消费快速增长,增速高于世界平均水平。2000 年以前我国能源消费增长速度是世界平均水平的 3 倍。2000—2012 年,我国能源消费年均增长 8.93%,远远高于同期世界 2.44% 的增长速度。除中国以外,全球其他国家的能源消费年均增速只有 1.28%[①]。2013 年我国能源消费总量为 37.5 亿吨标准煤,是 2000 年的 2.6 倍[②]。

随着我国经济发展进入新常态,经济增速下降,我国能源消费进入中低速增长期。本世纪以来,我国能源消费总量从 14.6 亿吨标准煤增长到 42.6 亿吨标准煤,年均增长 7.9%,比上世纪最后 20 年的年均增速高出 3.4 个百分点。随着我国经济发展逐步进入新常态,能源消费增速也将逐步换挡,预计从现在到 2020 年我国一次能源消费年均增速将降至 3.4% 左右,到 2030 年可能降至 2.3% 左右。[③]

(二) 能源消费结构中化石能源占比较大

煤炭、油气等化石能源是我国能源消费的主要组成部分。目前,我国煤炭消费占一次能源的比重高达 66% 左右,比世界平均水平高 35 个百分点[④]。我国能源发展处于油气替代煤炭、非化石能源替代化石能源的双重更替期。一方面要顺应世界发展趋势,努力减少煤炭消费,增加石油、天然气的比重。另一方面,要大力发展非化石能源,与世界同步进入低碳能源时代,到 2020 年我国非化石能源占一次能源的比例须达到 15% 左右,到 2030 年要达到 20% 左右。

[①]　BP, statistical review of world energy 2013.

[②]　汪建平:《科学谋划"十三五"电力工业发展积极推动能源生产和消费革命》,《中国能源报》2014 年 6 月 30 日。

[③]　彭源长:《大力推进新常态下的能源生产消费革命——专访努尔·白克力》,《当代电力文化》2015 年第 3 期。

[④]　王力凝:《从能源指标看中国经济:消费革命任务艰巨》,《中国经营报》2015 年 10 月 26 日。

欧美国家早已告别了煤炭为主要能源的时代，中国因为环境问题也要求调整能源结构，煤炭的消费占比会逐渐减少，但这将是一个伴随着中国经济结构以及能源结构调整的长期过程。

（三）能源消费给我国能源安全和生态环境带来挑战

能源消费的资源约束矛盾突出。我国人均能源资源拥有量在世界上处于较低水平，目前人均能源消费水平仅为发达国家平均水平的 1/3。随着经济社会发展和人民生活水平的提高，未来能源消费还将大幅增长，资源约束不断加剧。

能源消费过高给我国能源安全带来严重挑战。2012 年石油进口依存度已经达到 58%，新增石油消费主要靠国外资源供给。天然气进口依存度加速提高，2012 年已经高达 28.9%，近 1/3 的天然气消费依赖进口。2015 年我国石油进口依存度达到 60.6%。如果不控制石油消耗快速增长，2020 年我国石油消耗将超过 6 亿吨，2030 年将超过 8 亿吨，2030 年石油进口依存度将达到 75% 左右[①]。地缘政治风险加大，导致石油海上运输安全风险加大，跨境油气管道安全运行问题不容忽视。国际能源市场价格波动增加了保障国内能源供应的难度。能源储备规模比较小，应急能力相对较弱，能源安全形势严峻。

化石能源特别是煤炭的大规模开发利用对我国生态环境造成严重影响。化石能源使用是 $PM_{2.5}$、氮氧化物和二氧化硫等大气污染物的主要排放源。酸雨、雾霾、温室气体排放等是化石能源大规模消费的结果。据统计，我国每年散烧煤消费大概在 7 亿—8 亿吨的水平，占煤炭消费总量的 20%，主要是采暖小锅炉、工业小锅炉、农村的一些生产生活领域[②]，与美国、欧盟相比，20% 散烧煤的水平是相当高的。大量散烧煤未经洁净处理直接燃烧，造成大量大气污染物排放，使得雾霾天气频频发生。2013 年 1 月份我国从东北、华北到中部乃至黄淮、江南地区出现大范围、长时间严重雾霾，影响面积达 130 多万平方公里。化石能源利用带来的温室气体

---

①　李伟：《中国未来能源发展战略探析》，《人民日报》2014 年 2 月 12 日。

②　杜燕飞：《"十三五"期间要大力发展新能源严控煤电装机规模》，人民网－能源频道，http://energy.people.com.cn/n1/2016/1108/c71661-28844193.html。

排放，已使我国成为世界上最大的温室气体排放国。我国能源相关温室气体排放 2011 年为 72.7 亿吨，占全球的 24.0%[①]。

三、能源消费革命的内涵及面临的困境

（一）能源消费革命的内涵

能源消费革命是指通过采用新技术、改变消费模式等途径，实现能源消费种类及方式发生质的变化。其内容主要包括：控制能源消费总量；抑制不合理的能源消费，鼓励节约用能，切实转变能源消费方式；提高能源利用效率，优化调整产业结构。

（二）能源消费革命面临的困境

1. 控制能源消费规模与快速工业化、城镇化之间的矛盾

能源需求与城镇化高度相关，城镇化导致城市人口规模增加、城市经济行为和通行频繁等，引致能源消费增加。Reiss、Peter（2005）[②] 等通过分析认为能源需求主要取决于城镇化、生活水平等。随着城镇化的发展，能源消耗越来越大。中国一次能源消费需求城镇占据了 80%[③]，城镇化的提升将提升能源消费，城镇化的提升将给能源的时空保障带来较大的压力。改革开放以来，我国城镇化率稳步提升，从 1978 年的 17.98% 上升到 2012 年的 53%，与此同时，能源消耗也大幅提升，从 1978 年的 57144 万吨标准煤，到 2013 年消耗了 375000 万吨标准煤，能源消耗总量提高了将近 7 倍[④]。这表明，能源消耗与城镇化呈正相关。从目前城镇化进程来看，我国城镇化尚未完成，还将持续保持较长一段增长。因此，城镇化引致的能源消耗将持续增长。

工业化也是我国能源消费增加的重要因素之一，工业耗能占总能源消

---

① Key World Energy Statistic 2012, International Energy Agency.

② Reiss, Peter C. Matthew W. White. Household Elec-tricity Demand, Revisited [J]. Reviews of Economic Studies, 2005, 72：853—883.

③ 张雷、黄园淅等:《中国城镇化进程的能源供应时空协调研究》,《国际石油经济》2009 年第 7 期。

④ 谢利平:《能源消费与城镇化、工业化》,《工业技术经济》2015 年第 5 期。

耗的71.8%，是能源消费的最大因素①。1990—1994年伴随工业化的快速增长，我国能源消费大幅增长。1996年亚洲金融危机发生，我国工业化增长减速，能源消费增速也逐渐下降。此后，随着工业恢复增长，能源消费也随之增加。我国处于工业化中期，尚未完成工业化，重化工业还是国内部分区域投资热点，能源消耗将保持较快增速。

2. 减少煤炭消费与产煤地区经济增长之间的矛盾

为优化能源消费结构，我们要求大力降低能源消费结构中煤炭的比重。2013年我国煤炭价格下降17%，对主要产煤地区经济产生极大冲击。主要产煤地区过去长期依赖煤炭经济，产业结构单一。一旦煤炭价格下降，区域产业全面衰退，地方财政收入下滑，新增就业跟不上，失业人员迅速增加，社会不稳定因素不断积累。短期内，产业结构无法调整，地方政府只能千方百计地刺激煤炭经济，这就与我们控制煤炭消费总量之间存在矛盾。

3. 能源资源禀赋特征与优化能源消费结构之间的矛盾

我国能源资源禀赋的基本特征是富煤、缺油、少气。这决定了我国能源消费结构中煤炭在未来一段时间内仍占首要位置。2014年，我国能源消费总量为42.6亿吨标准煤，比2013年增长2.1%。其中：煤炭消费量占能源消费总量的66%，比2013年下降2.9%②。即使煤炭的能源消费比重有所下降，但仍然占据主体地位。富煤的资源禀赋特征决定了煤炭相对于其他化石能源的优势，即低成本、可及性等。煤炭消费的主要领域是燃煤发电与供热消费，二者占我国煤炭消费总量的50%。2014年，我国煤电装机容量达到82524万千瓦，比2013年增长4.96%，占全国发电总装机容量的60.67%③。

四、推动中国能源消费革命的措施

---

① 谢利平：《能源消费与城镇化、工业化》，《工业技术经济》2015年第5期。
② 李振宇、黄格省、黄晟：《推动我国能源消费革命的途径分析》，《化工进展》2016年第1期。
③ 李振宇、黄格省、黄晟：《推动我国能源消费革命的途径分析》，《化工进展》2016年第1期。

（一）严格控制能源消费过快增长

从总量上控制能源消费规模，抑制过快增速。将能源消费与经济增长挂钩，将单位 GDP 能耗值作为地方政绩重要考核指标之一。

实行区域差别化能源政策。在能源资源丰富的西部地区，根据水资源和生态环境承载能力，在节水节能环保、技术先进的前提下，合理加大能源开发力度，增强跨区调出能力。合理控制中部地区能源开发强度。大力优化东部地区能源结构，鼓励发展有竞争力的新能源和可再生能源。

控制煤炭消费总量。制定国家煤炭消费总量中长期控制目标，实施煤炭消费减量替代，降低煤炭消费比重。

（二）实施工业节能、提升能效计划

严格限制高耗能产业和过剩产业扩张，大力发展节能高效的战略性新兴产业，加快淘汰落后产能。对高能耗产业和过剩产业实行能源消费总量控制硬约束，通过设定能源消费总量指标来规划行业的投资规模。对其他产业按先进能效标准适应硬约束，现有产能能效要限期达标，未达标的限期整改，新增产能必须符合国内先进能效标准，否则，推迟投资生产。淘汰落后生产工艺和设备，采取等量置换或减量置换的方法，加大淘汰力度。从节能、环保的角度制定统一的淘汰落后标准，大力推广成熟的先进节能技术。

（三）积极推动城镇化节能

科学编制城镇规划，优化城镇空间布局，推动信息化、低碳化与城镇化的深度融合，建设低碳智能城镇。制定城镇综合能源规划，大力发展分布式能源，科学发展热电联产，鼓励有条件的地区发展热电冷联供，发展风能、太阳能、生物质能、地热能供暖。

实施绿色建筑行动计划。加快绿色建筑建设和既有建筑改造，推行公共建筑能耗限额和绿色建筑评级与标识制度，大力推广节能电器和绿色照明，积极推进新能源城市建设。

（四）培育全民节能观念，推动能源消费方式革命

实施全民节能行动计划，加强宣传教育，普及节能知识，推广节能新

技术、新产品，大力提倡绿色生活方式，引导居民科学合理用能，使节约用能成为全社会的自觉行动。加快农村用能方式变革，因地制宜发展农村可再生能源，推动非商品能源的清洁高效利用，加强农村节能工作。

　　强化循环利用、共享等观念，推动能源消费方式革命。一是发展循环经济，推进资源循环利用。将各种生产生活所产生的余能、余热和废弃物梯次循环利用，全社会能源利用效率大幅度提高。二是加强资源共享，推动"集约节能"。在企业和人口密集地区通过集中共享方式，实现能源消费的规模化效应，提高能源利用效率。

第三节　能源技术革命

　　能源技术革命在能源革命中起决定性作用，是推动能源革命的重要手段。推动我国能源技术革命，必须制定我国"追赶"和"跨越"并重的能源技术发展战略，实施有力措施，实现我国能源技术的跨越式发展。

一、我国能源技术革命的背景

（一）全球正经历一场能源技术革命

　　在人类历史上已经出现了三次工业革命，每次工业革命都极大地解放了生产力，推动了人类社会大发展。在每次工业革命中，能源技术革命都起到至关重要的作用。煤炭和蒸汽技术的广泛应用推动了第一次工业革命，石油、天然气和电力技术的广泛应用推动了第二次工业革命，核能、太阳能等新能源技术、化石能源新技术的广泛应用正在推动第三次工业革命。目前，全球能源技术创新进入高度活跃期，呈现多点突破、加速应用等特点。例如，可再生能源、非常规油气已经进入了大规模应用阶段，电动汽车和转化环节的职能电网方兴未艾，而可燃冰开发、碳捕获封存等技术有望取得新突破。这些技术主要集中在发达国家，并且以更广、更深入方式渗透到各行各业，正在改变工业生产方式，新的应用成果不断涌现。

欧美等发达国家高度重视这次能源技术革命，并制定了相应的政策措施以迎接未来挑战。美国发布了《全面能源战略》等战略计划，提出形成从基础研究到最终市场解决方案的完整能源科技创新链条。日本陆续出台了《面向 2030 年能源环境创新战略》等计划，推进节能和可再生能源，发展新储能技术。欧盟制订了《2050 能源技术路线图》等战略计划，突出可再生能源在能源供应中的主体地位。各主要国家均把能源技术视为新一轮科技革命和产业革命的突破口，制定各种政策措施抢占发展制高点，增强国家竞争力和保持领先地位。

（二）我国能源技术滞后于世界水平

近年来，我国能源科技创新能力和技术装备自主化水平显著提升，建设了一批具有国际先进水平的重大能源技术示范工程。初步掌握了页岩气、致密油等勘探开发关键装备技术，大型天然气液化、长输管道电驱压缩机组等成套设备实现自主化，煤矿绿色安全开采技术水平进一步提升，智能电网和多种储能技术快速发展，陆上风电、海上风电、光伏发电、光热发电、纤维素乙醇等关键技术均取得重要突破。一系列具备国际先进水平的重大能源示范工程成果标志着我国能源科技水平得到了跨越式发展。

但是，我们要看到，与世界能源科技强国相比，我国能源技术水平仍然相对落后，主要表现在：核心技术缺乏，关键材料装备依赖进口；产学研结合不够紧密，创新活动与产业需求脱节；创新体制机制不够完善，人才培养、管理和激励制度有待改进；缺少长远谋划和战略布局等。

二、我国能源技术革命的意义

能源技术革命在能源革命中起决定性作用，是推动能源革命的重要手段。

能源技术革命是能源生产革命的根本，其意义在于提高了能源的生产和运输效率，促成了更多清洁高效利用的新能源产品以及跨行业组合生产。在能源生产方面，通过能源新技术应用，实现煤炭等化石能源的清洁高效利用，加快发展绿色新能源，从而形成以煤、油、气、核、新能源、可再生能源多轮驱动的能源供应体系。在能源传输方面，通过智能电网等新技术的应用，打破传统能源传输介质制约，更新能源传输方式。能源技术革命是发展多层次能源供给的重要支撑，只有通过技术创新推动新能源开发与应用，才能有效加强能源供给基础设施建设，为建立多元供应体系打下基础。

能源技术革命是能源消费革命的重要条件。其意义在于减少能源消费量、优化能源消费结构和提高能源消费便利化。通过利用新技术加快燃煤发电升级与改造，打造高效清洁的能源产品，有利于抑制不合理的能源消费。加快太阳能、核能等新能源技术进步，提供稳定的替代能源，有利于优化能源消费结构，促进能源消费转型。分布式能源技术的发展，有利于提高能源消费的便利化，实现就地能源消费。智能电网技术的拓展，实现能源消费大数据技术广泛应用，对能源消费流量及状态数据可以通过实时采集，有利于能源间的协调控制与均衡发展。

能源技术革命是推进能源价格市场化改革的重要手段。其意义在于通过能源技术创新降低能源生产成本，从而提高新能源的经济性，特别是，有利于逐步取消可再生能源的财政补贴并推动可再生能源价格市场化。能源技术革命有利于商业模式创新，从而为市场化价格机制的形成和构建有效竞争的市场结构和市场体系创造条件。

三、我国能源技术革命的战略思路

（一）明确能源技术革命方向

抓住建立绿色、低碳、智能能源体系的战略方向，围绕保障安全、优化结构和节能减排等目标，明确能源技术革命的方向：一是提供能源安全技术支撑。通过能源技术创新加快化石能源勘探开发和高效利用，构建常规和非常规、化石和非化石、能源和化工以及多种能源形式相互转化的多元化能源技术体系。二是围绕环境质量改善目标提供清洁能源技术支撑。通过能源技术创新，大幅减少能源生产过程污染排放，提供更清洁的能源产品，加强能源伴生资源综合利用，构建清洁、循环的能源技术体系。三是围绕二氧化碳峰值目标提供低碳能源技术支撑。通过能源技术创新，加快构建绿色、低碳的能源技术体系。四是围绕能源效率提升目标提供智慧能源技术支撑。实现各种能源资源的最优配置，构建一体化、智能化的能源技术体系。

（二）制定实施"追赶"和"跨越"并重的能源技术发展战略

按照创新机制、夯实基础、超前部署、重点跨越的原则，制定并实施"追赶"和"跨越"并重的能源技术发展战略。

首先，根据我国国情和全球能源技术发展方向，制定科学合理的能源技术路线图。实施国家能源科技创新战略，由目前需求拉动的"跟随式"创新，逐步向需求拉动与技术推动的双重作用转变，发挥技术引领作用。

其次，加大对能源战略性前沿技术和重大应用技术的研发支持力度，通过超前部署，实现在关键领域里能源技术领先。供给侧重点支持非常规油气勘探开发技术、煤制油等石油替代技术、煤气化整体联合循环等新一代火力发电技术、风力发电、光伏发电、生物能源技术、第三代和第四代核能技术。需求侧重点支持电动汽车、分布式能源系统、热电联产系统技术；输送转换环节重点支持智能电网、储能技术和氢能技术以及碳捕获及封存技术。

四、推动我国能源技术革命的措施

（一）集中投入，争取重点领域的能源技术创新突破

根据《能源发展战略行动计划（2014—2020）》，明确能源技术创新的重点领域和方向。一是9个重点领域，包括非常规油气及深海油气勘探开发、煤炭清洁高效利用、分布式能源、智能电网、新一代核电、先进可再生能源、节能节水、储能、基础材料等。二是20个重点创新方向，包括页岩气、煤层气、页岩油、深海油气、煤炭深加工、高参数节能环保燃煤发电、整体煤气化联合循环发电、燃气轮机、现代电网、先进核电、光伏、太阳能热发电、风电、生物燃料、地热能利用、海洋能发电、天然气水合物、大容量储能、氢能与燃料电池、能源基础材料等。

（二）构建以企业为主体、市场为导向，政产学研用相结合的创新体系

能源科技创新要发挥企业的主体地位，激发企业技术创新活力，激发企业创新内生动力。企业要坚持能源科技引领市场和面向市场的原则，根据市场和能源产业结构来调整研发重点，确定能源技术创新的发展规划，明确能源科技创新的发展方向和重点。同时，企业应与高校科研机构的能源研究部门建立稳定合作关系，加快能源科技成果的商品化与产业化，在能源领域和油气产业中拥有一定数量的自主知识产权及核心技术，实现能源技术创新成果的驱动作用和市场效应。

鼓励大型能源企业建立能源科技创新平台，例如能源技术研究中心、能源技术重点实验室、能源技术博士后工作站等。政府通过税收和财政等政策对此给予鼓励和支持，引导大企业不断地增加能源技术的研发投入，积极地开展各类能源技术创新活动，在实际操作中采用先进能源技术、工艺与设备，加速能源科技成果向实际生产力转化。

（三）优化能源技术创新的政策环境

能源技术创新存在较大的不确定性和风险性。世界各国的普遍做法是为能源技术创新提供支持，支持的方式包括财政补贴、直接投入、帮助融资以及税收减免等。从当前我国实践来看，要推动企业能源技术创新，需要重点加强的是：第一，完善技术创新投融资机制，积极发挥政策性金融、开发性金融和商业金融的优势，加大对能源技术重点领域的支持力度；第二，创新税收价格保险支持机制，实施有利于能源技术创新的税收政策，完善能源企业研发费用计核方法，切实减轻能源企业税收负担，针对能源技术创新示范工程落实资源、能源、土地等要素和产品价格优惠政策。

（四）以科技重大专项和重大项目为依托，推动能源技术自主创新

抓好科技重大专项，力争页岩气、深海油气、天然气水合物勘探开发技术及新一代核电核心技术等取得重大突破。加快实施大型油气田及煤层气开发国家科技重大专项。加强大型先进压水堆及高温气冷堆核电站国家科技重大专项。加强技术攻关，力争页岩气、深海油气、天然气水合物、新一代核电等核心技术取得重大突破。

依托重大工程项目带动自主创新，加快科技成果转化，形成具有国际竞争力的能源装备工业体系。加快能源装备制造创新平台建设，支持先进能源技术装备"走出去"，形成具有国际竞争力的能源装备工业体系。依托海洋油气和非常规油气勘探开发、煤炭高效清洁利用、先进核电、可再生能源开发、智能电网等重大能源工程，加快科技成果转化。

第四节　能源体制革命

能源体制革命是能源革命的重要组成部分，是实现能源消费革命、能源生产革命、能源技术革命和全方位国际合作的制度保障。推动能源体制革命，才能打通能源发展快车道。要坚定不移推进能源体制改革，还原能源商品属性，构建有效竞争的市场结构和市场体系，形成主要由市场决定能源价格的机制，转变政府对能源的监管方式，建立健全能源法制体系。

一、我国能源体制存在的问题

21 世纪以来，我国能源发展成效显著，能源多元化趋势明显，能源市场规模迅速扩大。但是，受多种因素制约，能源体制仍存在一些较突出的深层次矛盾和问题，制约能源产业市场化和国际化，严重影响能源安全、节能减排和生态环境可持续发展。这些深层次的问题主要表现在以下几个方面：

第一，能源价格形成机制不健全。我国能源价格主要由政府制定，价格构成不合理，缺乏科学的价格形成机制，不能真实反映能源产品市场供求关系、稀缺程度及对环境的影响程度，价格缺乏对投资者、经营者和消费者有效的激励和约束作用。具体而言，表现为：成品油、天然气、电力等价格仍主要由政府行政决策制定；价格构成不合理，管网等基础设施成本核定不尽科学，生态环境等外部性成本尚未实现内部化；价格扭曲问题突出，居民用电、用气等价格长期低于成本，交叉补贴现象普遍。能源税制不够完善，资源税的构成和水平仍不合理，煤炭、石油和天然气、可再生能源的综合性财税政策不协调，支持新能源产业发展的财政补贴、贴息和税收优惠等手段单一，价格不能真实反映能源产品市场供求关系、稀缺程度及对环境的影响程度。

第二，能源市场体系发展不成熟。主要表现为市场结构不合理、垄断经营现象普遍存在、限制竞争等问题。首先，市场主体结构不健全。能源企业大多为大型国有企业，民营资本进入较少，多元化的市场主体格局尚未形成。民营企业无法与国有大型企业进行竞争，导致市场竞争不充分。其次，市场准入门槛行政主导。特别是，在煤炭、石油和天然气资源矿业权的取得上仍主要由政府行政主导，缺乏统一的市场准入标准和公平的市场竞争法则。再次，产业集中度高。电网组织高度集中，输配售一体化经营，区域电网公司的主体功能逐步弱化。油气行业产业集中度高，基本事实勘探、开发、炼油、输送、进口、销售一体化经营，多元化主体在产业链不同环节参与竞争的格局尚未形成①。

第三，政府监管缺乏效率。我国对能源行业监管主要采取行政手段，经济手段和法律手段运用较少，而行政手段又偏重行政审批。政府监管越位和缺位并存。一是政府对市场干预太多，市场监管过于微观具体，主管部门重视通过投资项目审批、制定价格和生产规模控制等方式干预微观经济主体的行为。二是能源规划和政策滞后，能源战略前瞻性不够。能源规划经常滞后于能源形势发展，缺乏科学性、指导性和可操作性，规划之间不能有效衔接。三是能源监管缺位现象突出。在能源监管领域，市场准入、价格、投资、成本、市场交易秩序等监管职能分散于发展改革委员会、能源局等部门，分散监管，容易导致职责不清。特别地，对油气管网的安全监督、清洁生产和合理利用的行业监管不到位，专业性监管力量、技术手段、标准规范等监管能力和水平难以满足传统能源与新能源并存和能源转型发展需要。

第四，能源法律体系滞后。我国能源法律体系不完善，能源基本法长期缺位，部分立法滞后且修订缓慢，石油天然气法、天然气供应法、热力供应法等能源公共事业法缺乏，因而在一些重要能源领域的建设、管理和

---

① 景春梅、刘满平：《新常态下能源体制变革路线图》，《上海证券报》2015 年 10 月 1 日。

运营方面无法可依。已有的法律中，部分法律内容与现阶段市场经济发展和节能减排需要不相适应，法律规定可操作性差。关于能源建设和管理的一些具体规定分散在效力等级不同的法律、行政法规、地方性法规和部门规章之中，缺乏必要的衔接。在能源建设和管理上，过度依赖行政执法，惩戒力度不足、执法不严等问题比较突出。

二、能源体制革命的内涵及原则

能源体制革命不是简单的能源体制改革，而是要对现存的能源体制进行深度变革。能源体制革命的核心是界定、处理好政府和市场的关系。但能源体制革命不仅仅是简单的市场化，包括三方面内容：一是建立由市场决定能源价格的机制，让价格能正确地反映出市场供求关系，正确地反映能源的生产成本；二是转变政府对能源的监管方式，最大限度地减少政府对能源市场的随意干预，推进政府监管的规范化；三是依法治能源，建立健全能源法律体系，为能源治理提供法律依据，逐渐消除根据行政部门规章治理能源的现象。

推动能源体制革命，要遵循"创新、协调、绿色、开放、共享"新发展理念，按照发挥市场在资源配置中的决定性作用、更好发挥政府作用的要求，着力破解制约能源可持续发展的体制机制障碍，创建面向全球化、面向市场竞争、体系完整的现代能源体制和可再生能源优先与气体能源支持、分布式与集中式相互协同、需供互动、节约高效的现代能源体系，提供清洁低碳、安全高效的能源。

在新发展理念指导下，能源体制革命要坚持三项原则：

第一，市场主导原则。遵循行业特点和发展规律，区分自然垄断和竞争性环节，允许各类市场主体进入能源领域。着力构建"有效市场 + 有为政府"，加强市场建设，强化市场监管，维护市场秩序，鼓励公平竞争，激发市场主体动力和活力，建立现代能源市场体系。

第二，能源安全和可持续发展原则。基于我国是能源消费大国和能源生产有限的基本现实，强化能源安全的观念。围绕统筹国内国际两个市场、两种资源，积极参与全球能源治理和能源竞争的战略，推动能源体制革命。考虑到能源供给有限性和全球气候变暖等因素，要高度重视能源可持续发展，并努力改变传统能源体制下衍生出来的能源结构和能源使用方式。

第三，分享原则。分享原则有两个要点：一是社会的能源福利水平不断提高，二是能源供给主体多元化和分散化。前者指能源革命的目的就是为人民群众提供优质清洁、价格合理、供应充足的能源，不断提高人民群众的能源福利水平；后者指各类社会主体包括企业和居民，都有机会参与能源生产，例如分布式能源生产等。

三、能源体制革命的主要任务

（一）放宽市场准入，健全市场竞争秩序

放开准入限制。制定能源投资负面清单，鼓励和引导各类市场主体依法平等进入负面清单以外的领域，推动能源投资主体多元化，形成以特大型能源企业为骨干、众多不同所有制和不同规模能源产输销企业并存的市场竞争格局。在油气领域，鼓励各种所有制企业进入非常规油气资源的勘探开发，将页岩油作为独立矿种进行矿权登记管理；放宽油气储运、加工和销售的市场准入，取消对进口原油、成品油和天然气的限制。在放宽市场主体准入限制的同时，科学确定安全、环保、节能等方面的准入标准，实行统一的市场准入制度。要加强产品和服务质量的监管，让竞争主体在同样的标准和水平上竞争。

建立健全能源市场基本交易制度，分步建立全国统一市场与多个区域市场相互衔接，规则统一、功能互补、多层级协同的现代能源市场体系。建立调度、交易独立的电力系统运营机构，实施输电网与配电网业务和资产的有效分离。对油气、煤炭等资源矿业权完全采用招投标，通过市场竞争有偿取得。推进油气管网产权独立以及管道运输服务和销售业务的完全分离，全面强制推行管网等基础设施第三方公平准入。在电力领域，推行大用户直购电，在发电侧和售电侧形成多买方、多卖方的市场竞争，打破电网企业单一买方和单一卖方的市场格局。

（二）推进能源价格改革，形成市场主导的能源价格形成机制

深化能源价格改革，还原能源商品属性，形成主要由市场决定能源价

格的机制。竞争性环节市场价格由市场决定，打破垄断格局，鼓励多元主体参与竞争，形成市场化的价格机制。对于具有自然垄断性质的管输等环节，价格主要由政府监管，创建真实反映供求关系、资源稀缺程度及对环境影响程度的价格机制和财税体系，以切实解决当前价格政策和价格形成机制不合理等问题。

具体而言，分行业有针对性地推进价格改革。煤炭领域，继续完善煤电联动机制、完善交易平台建设，建立覆盖煤炭全成本的价格机制。鼓励煤炭企业和电力企业自主衔接签订合同，自主协商电煤价格。建立健全全国煤炭市场体系，有效发挥煤炭交易中心和煤炭期货市场作用，深化煤炭价格市场化机制。改革煤炭成本核算政策，将煤炭资源有偿使用费、安全生产费、生态环境保护与治理恢复费、煤炭转产资金、职业健康费用等，按照一定渠道列支到煤炭成本中去，实现外部成本内部化，在取消不合理收费、基金的基础上逐步实现覆盖全部成本的煤炭价格。石油领域，在 2013 年新的成品油价格形成机制基础上进一步完善定价机制，包括调价周期、调价频率、调价幅度、调价方式等，时机成熟时可将定价权下放给行业协会或企业，在实现与国际接轨的基础上，价格调整不必由政府发布，可以由行业协会按照政府确定的规则，自行调整发布。天然气方面，应加快上游气源多元化改革，真正落实管网、储气库、LNG 接收站等基础设施的公平开放，尽快实现管输成本的独立核算；长期而言，应对天然气实施全产业链改革，竞争性环节引入竞争，对自然垄断性环节加强监管，形成"管住中间、放开两头"的监管模式，从根本上理顺天然气价格机制。

（三）抓好重要能源法律法规的制定、修订和完善

针对目前我国能源领域综合性法律法规不健全、现有法律法规较为陈旧、修订立法工作滞后等制约能源体制改革的问题，抓紧修订现有法律法规，及时扫除法律障碍。对已经形成决策的改革成果，要及时上升为法律法规。构建和完善以《能源法》为统领的能源法律体系，以法律法规为依据指导能源市场化改革。着力推进《电力法》《能源法》《核电管理条例》《海洋石油天然气管道保护条例》立法工作，统筹推进《国家石油储备管理条例》《能源监管条例》《石油天然气法》《煤炭法》的研究和制修订工作。研究制订完善《可再生能源法》《石油天然气管道保护法》相关配套办法，修改现行《电力法》《矿产资源法》《煤炭法》《节约能源法》等能源单行法中部分不符合实际的内容。

（四）转变政府能源监管方式，完善政府监管机制

坚持市场化改革方向，清晰界定政府和市场的边界，发挥市场在资源配置中的决定性作用。政府今后对能源的监督和管理应体现在宏观引导、市场监管、资源保护和利益协调等职能。

加快简政放权，继续取消和下放行政审批事项。加强能源发展战略、规划、政策、标准等制定和实施，制定和完善监管规则、规定、方法和程序，实行闭环监管，遵循监管规则，合法工作规程，提出监管报告，落实监管责任，完善监管机制。

健全监管组织体系，明确并落实监管主体及监管责任。推动"证监分离"改革，设立独立、统一、专业化的监管机构，健全中央和省两级、垂直的监管组织体系。各级能源主管部门必须遵循谁审核、谁负责、谁处理的原则，严格落实审核的责任制、管理的责任制和监管的责任制。各级能源主管部门授权后要履行审核和管理的责任，国家能源局派出机构履行专项监管和问题监管的责任。各级能源主管部门要支持国家能源局派出机构的专项监管工作，及时提供项目审核的有关情况、资料和信息。国家能源局派出机构要配合各地依法依规受权履责工作。

第五节　能源国际合作

推进能源生产与消费革命必须广泛开展能源国际合作。加强国际能源合作，要加强能源开发利用的互利合作，加强能源出口国和消费国之间、能源消费大国之间的对话和合作；形成先进能源技术的研发推广体系，加强节能技术研发和推广，支持和促进各国提高能效，节约能源；维护能源安全稳定的良好政治环境，携手努力，共同维护产油地区的稳定，确保国

际能源通道安全。通过对话和协商解决分歧和矛盾，构建各国共同发展的能源合作新格局。

一、我国能源国际合作的历程

（一）新中国成立初期"一边倒"的能源国际合作模式

新中国成立初期，我国能源国际合作从属于苏联的"集体安全"能源合作战略。以美国为首的西方资本主义国家对新中国进行能源封锁，导致我国石油进口向社会主义阵营"一边倒"。中国的石油进口来源主要以苏联为主，此外，还从罗马尼亚等东欧社会主义国家进口少量石油。

从朝鲜战争开始至 20 世纪 60 年代初期，苏联承担着中国进口石油的绝大部分，1962 年之前苏联石油占我国石油进口总量的 70%。[1] 1950 年，我国从苏联进口的石油及石油制品为 17 万吨，到 1953 年，进口量迅速增加到 103 万吨[2]。

除石油贸易外，中苏之间等能源合作还表现在能源勘探和采集方面。新中国成立初，石油工业底子薄，石油勘探技术、设备落后，石油人才缺乏。苏联及东欧社会主义国家给予了帮助。中苏在新疆独山子合作，成立中苏石油股份公司。苏联提供钻机、井架等设备，同时也安排了工程师和技术工人。到 1954 年，中苏石油股份公司完成勘探井总量达 92 口，累计生产原油 17.46 万吨，不仅增加了可采储量，还对准噶尔盆地、塔里木盆地进行了试钻探[3]。在采油技术方面，苏联也提供了很多帮助。在最早建立的新疆油田，苏联专家为中方培养了 700 多名中方技术骨干，30 多名大中专毕业生，这些人把先进技术和方法传播到各个油田[4]。从

---

① 李昕:《1949 年以来的中国石油进出口地位演变》,《西南石油大学学报》2014 年第 1 期。

② 解密档案"THE PETROLEUM INDUSTRY IN ECONOMIC REGIONS IX, XI, AND XII of THE USSR", Office of Current Intelligence, 1955.8, P19。

③ 李富春:《关于发展国民经济的第一个五年计划的报告——在一九五五年七月五日至六日的第一届全国人民代表大会第二次会议上》,《人民日报》1955 年 7 月 8 日。

④ 中国石油钻井编辑委员会:《中国石油钻井(综合卷)》,石油工业出版社 2007 年版,第 3 页。

1950 年到 1959 年，中国石油系统先后聘请苏联专家、技术人员和工人
434 人①。

20 世纪 60 年代中苏关系破裂，苏联从石油部门撤走大量专家，中国
走上能源独立自主的道路。

（二）以合作开发海上石油资源为主要特征的国际合作模式
（1978—1993 年）

改革开放初期，我国海上石油技术处于刚起步阶段，资金、技术和经
验都缺乏，不可能完全靠自给自足的力量发展海洋石油工业。合作开发海
上石油资源就成为对外开放吸引外资的最佳选择。

1979 年，石油部与 13 个国家的 48 家石油公司在 42 万平方公里海域
内签订 8 个物探协议，在沿海组建了 21 个定位台站②。1980 年 6 月，中国
石油公司海洋分公司与日本石油公司达成了勘探开发中国渤海南部和西部
海域石油的协议，与法国石油公司签订勘探开发渤海中部海域的合同，之
后又与美国阿科公司签订南海合作勘探合同。1982 年国务院颁布《中华人
民共和国对外合作开采海洋石油资源条例》，正式确立了我国的国际能源
合作规则机制。同年，中国海洋石油总公司成立，负责能源合作招标在海
洋事务上的具体工作。1983 年底中海油首轮国际合作招标结束，分别与 9
个国家的 27 家公司签订 18 个石油合同③。

从合作对象上看，主要是西方发达国家。20 世纪 80 年代中美能源合
作主要集中在煤炭、石油、天然气等化石能源领域。中国与欧共体的能源
合作以技术培训为主要内容，欧共体帮助中国培训能源计划制定、能源企
业管理人员和高校能源教师。中日之间的能源合作内容包括中国向日本出
口石油，进口日本的技术、成套设备和建设器材。

（三）以"走出去"为主要特征的能源国际合作战略

---

① 百年石油编写组：《百年石油》，石油工业出版社 2009 年版，第 30 页。
② 韩学功：《"引进来、走出去开创国际石油合作新局面"》，《中国石油化工经济分析》2008 年第 11 期。
③ 余建华：《世界能源政治与中国国际能源合作》，长春出版社 2011 年版，第 276 页。

（1993—2005 年）

1993 年在我国能源国际合作方面具有里程碑意义。一是国家能源战略发生重大变化。1993 年 11 月党的十四届三中全会探讨了建立社会主义市场经济体制的若干重大问题。在党的十三大精神指导下，"走出去"成为能源发展战略的重要内容，主张"努力开拓国际市场，在参与国际竞争中发展和壮大自己"。二是能源形势发生了重要变化。随着国内能源需求的快速增加，1993 年我国成为能源净进口国，从 1992 年的净出口 565 万吨变为 1993 年 988 万吨的净进口水平。

1993 年中国石油天然气集团收购秘鲁塔拉拉油田，迈出了中国石油走向国际市场的第一步。此后五年时间里，中国能源企业先后在加拿大、印度尼西亚、泰国、巴布亚新几内亚等国参与收购、投资石油项目。这段期间投资的主要特征是：投资规模小，以提高老油田采油率的项目为主。从 1997 年开始，海外石油投资的特征发生变化：投资规模增大，开始涉足勘探领域。1996 年 11 月，中石油公司投资中标苏丹石油项目，与马来西亚、加拿大、苏丹的三家石油公司共同组成了联合作业公司，是中国石油企业首次与外国石油公司联合投资 10 亿美元以上的共同作业的大型项目。项目取得了良好的投资业绩，坚定了国内能源企业"走出去"的决心和信心。以中石油、中石化、中海油和中化四大集团为核心的中国石油企业，在世界 30 多个国家参与了 65 个油气项目的勘探和开发，中方累计投资了 70 亿美元①。

这段期间，我国与国际能源组织和机构之间的合作交往逐渐密切起来。从 1990 年至 2000 年中国 3 次承办亚太经合组织能源工作组大会，10 次组织承办其下属专家小组会议及研讨会②。1996 年，中国与国际能源署（IEA）签订《关于在能源领域里进行合作的政策性谅解备忘录》，加强双方在能源节约与效率、能源开发与利用、能源行业的外围投资和贸易、能源供应保障、环境保护等方面的合作。2000 年中国参加国际能源论坛，

---

① 卢林松：《四大集团海外油气投资逾 70 亿美元》，《海洋石油》2005 年第 3 期。

② 徐莹：《中国参与能源国际组织的现状及前景》，《现代国际关系》2010 年第 12 期。

2001 年中国成为能源宪章代表大会观察员。

（四）多元化的能源国际合作模式（2005—　）

21 世纪初期，我国经济高速增长，伴随而来的是能源的大规模需求。2002 年我国石油需求达到 2.457 亿吨，成为世界上第二大石油消费国。快速增长的能源需求引起了国际上的重视，出于全球气候变暖的担忧以及维持自身能源保障等因素，世界上部分国家和地区对我国的能源投资采取了抵制态度。2005 年中海油公司收购美国优尼科石油公司，遭到美国国内政治力量干预而最终失败。此外，由于中东及非洲的政治因素，我国石油海上运输通道的风险迅速提高。能源安全逐渐成为我国能源建设的重点关注问题。围绕着能源来源多元化、合作种类的多元化、运输渠道的多渠道等方面，"多元化"的能源国际合作战略成为应有之义。

从 2006 年开始，我国以"能源安全"为目标的"多元化"能源国际合作战略逐步完善。2006 年 7 月胡锦涛出席八国集团同发展中国家领导人举行的圣彼得堡对话会议上，提出了新能源安全观，即"为保障全球能源安全，应该树立和落实互利合作、多元发展、协同保障的新能源安全观"。新能源安全观的推出明确了中国能源合作的转型，以共同安全为基础，以国际协作为核心，以互利合作、多元发展、协同保障为特征，以共赢发展为目标，更加注重能源的共同发展，为我国全方位、"多元化"的国际能源合作战略的实施提供了重要的理论支撑。

能源国际合作出现了几个新变化：第一，不断丰富和完善中国参与能源国际合作机制。2012 年《能源发展"十二五"规划》强调积极稳妥参与国际能源期货市场交易以及积极参与全球能源治理，充分利用国际能源多边和双边合作机制。2015 年《能源发展"十三五"规划》提出，"提升参与全球能源治理和规则制定能力，构建公正的全球能源治理机制，提升我国在国际能源领域的话语权"。在这个发展思路指导下，我国在参与制定能源国际合作机制方面取得了较好的成绩。2005 年以前，中国与石油输出国组织并没有建立官方联系，中国与中东、中国与俄罗斯、中国与中亚以及非洲地区的石油进口和能源贸易主要通过中国与相关产油国之间的双边能源合作来实现。2005 年 12 月石油输出国组织轮席主席法赫德·萨巴赫到访中国,开启了与中国的正式能源合作,组织建立了"高层能源圆桌会议"作为双方的能源对话机制,并且确立了"圆桌会议"的基本目标、议题范围和总体目标。

第二,不断拓展油气来源,减少对单一区域的过度依赖。一方面,扩大油气贸易对象。另一方面,通过直接投资,建立油气国际合作区域。中国在全球 33 个国家执行着 100 多个国际油气合作项目,建成了五大国际油气合作区,主要包括以苏丹项目为主的非洲地区,以哈萨克斯坦项目为主的中亚俄罗斯地区,以委内瑞拉、厄瓜多尔项目为主的美洲地区以及以印度尼西亚项目为主的亚太地区,形成了中国开展国际油气资源合作的全球性区域格局。

第三,能源国际合作品种从传统能源扩展到新能源,新能源的国际合作逐步深化。中国能源国际合作已经从最初的以石油和天然气为主,逐步扩展到天然铀、煤炭、电力、风能、生物燃料、节能和能源科技装备等多个领域。新能源的主要合作对象是美国和欧盟。就中美新能源合作而言,2009 年 8 月,中国华能集团与美国杜克能源公司签署能源备忘录,双方合作开发可再生能源和清洁能源。2009 年中美签订了《中美清洁能源联合研究中心合作协定书》《中美清洁能源和气候变化合作谅解备忘录》,构建了中美之间新能源合作框架。在与欧盟的合作中,重点围绕新能源展开。风能、光伏能、核能是中欧之间合作的重点对象。

二、我国能源国际合作面临的挑战

(一)地缘政治

美国的中东政策调整将提高我国石油运输风险。页岩气革命使得美国能源独立取得实质性进展。这势必影响到美国的中东政策。美国在中东推进民主化进程时将不再受到石油问题牵制,政策可能变得更加强硬。中东国家能否适应美国政策调整,是一个未知的问题。可以明确的是,国际石油市场将更加不稳定。由于地缘政治风险增加,我国石油运输通道的安全风险将提高。长期以来,国际政治局势平稳,国际石油运输通道相对安全,我国石油运输搭便车。如今,我国南海、中东和非洲地区的地缘政治风险增加的可能性大，我国石油运输将直接暴露在地缘政治风险中。

我国与中亚的能源合作深化必须考虑俄罗斯的中亚利益。由于中亚和独联体国家是俄罗斯重要的战略后方和优先发展方向，同时中亚与俄罗斯在能源问题上也高度相关、唇齿相依，因此中国与中亚各国加强能源合作和互联互通建设势必会使俄罗斯产生忧虑。例如，俄罗斯担心"中吉乌铁路"使用的标准轨与俄式轨不能衔接，导致中亚国家增加对俄离心倾向。

此外，印度、日本将影响到中国与东南亚国家之间的能源合作方式及深度。印度作为南亚地区的大国，不希望别国插手南亚。中印两国间在国际能源贸易中也存在现实的竞争。

（二）能源合作信任

中国能源需求规模越大，越影响国际市场格局。国际上对中国能源需求的质疑声音越来越多，主要集中在能源的碳排放和能源合作方式。在国际气候大会上，对中国碳排放的指责声音从来没有停止过。中国在油气领域的国际合作容易被贴上"掠夺资源"的标签。近年来，无论在缅甸、哈萨克斯坦、俄罗斯还是拉美资源国，对中国企业投资的反对声音从民间到政府不绝于耳。在全球合作平台上，中国是个新到者，从一开始的受欢迎、受期待到现在的贸易"双反"只能说明，巨大的经济总量和人口总量如果加上能源的诉求，则会使世界传统政治经济体系主动接受中国的融入和改造变得更加困难。

在新能源国际合作过程中，美国、欧盟为了维护自身产业安全，双方通过参与国际机制维护各自利益，相互之间的互信交流机制某些时候处于脆弱的状态，导致双方对合作的相对收益非常关注。

（三）能源基础设施

目前，中国能源进口的运输方式有三种，第一，是用油轮通过海上运输通道将境外石油运至国内；第二，通过管道将石油运至国内；第三，通过铁路运送罐装石油。中国能源进口主要依靠海运，对海上运输通道有很强的依赖性。为了破解中国能源海上困局，近两年中国国际合作也把能源运输通道的建设摆在了重要位置。加强与"一带一路"沿线国家的能源基础设施共建就显得至关重要。但是，能源基础设施建设面临困难众多，突出表现在两方面：一是资金，二是环保。

能源基础设施建设存在巨大的资金缺口。亚洲开发银行曾经预测，2010—2020 年期间，亚太地区基础设施建设投资需要 8 万亿美元，而亚洲开发银行每年能提供的基础设施项目贷款仅为 100 亿美元。推动"一带一路"沿线国家能源基础设施建设，需要海量资金。相对于中方，能源合作国家提供建设资金的意愿和能力非常有限，这就决定了在整个投资规模结构中中国占大比例。我国发起并建立亚洲基础设施投资银行，但对于整个建设规模来说，依然是捉襟见肘。

"一带一路"沿线国家多数生态环境较为脆弱，其中有不少国家处于干旱、半干旱环境，生态风险较大。而在能源合作的过程中，难免会对生态环境产生影响，如勘探、开采、铺设管道等活动。在此过程中若不能妥善处理环境保护问题，不仅将对生态环境造成破坏，对当地居民造成不利影响，而且还极易引发东道国的抵制。在此方面，缅甸密松水电站项目的搁浅应当成为前车之鉴。

（四）新能源合作中的贸易保护主义倾向

在新能源国际合作领域，欧美的贸易保护主义倾向特别明显。一是在新能源技术方面对中国实行出口壁垒。2011 年 6 月，美国商务部发布《战略贸易许可例外规定》，将中国排除在 44 个可享受贸易便利措施的国家和地区之外。由于美方认为很多新能源设备、技术及关键材料会被中国军方利用，因此即便是燃料电池技术研发也会受到美国技术出口限制。目前欧盟对华高技术出口限制，主要集中在欧盟自身认为可从民用转为军用的两用技术以及涉及国家安全的技术两个方面。而中国目前迫切需要从欧盟进口的节能环保、绿色低碳发展方面的新能源技术，往往被欧盟以涉及国家安全或者军事方面因素加以限制。二是在新能源产品方面对中国实行进口壁垒。欧美利用 WTO 等规则实行贸易保护，对中国的光伏产品等采取反倾销、反补贴和绿色贸易壁垒等措施。例如，2011 年 11 月 8 日，美国商务部正式对中国输美太阳能电池（板）发起反倾销和反补贴调查。

三、我国能源国际合作的思路

(一) 积极参与全球能源治理，构建中国主导的能源合作机制

能源国际合作机制存在的意义就在于创造互利的能源国际合作环境，并在互利的基础上事先和调节各国能源利益的分配。国际组织常常在美国操纵下，按照美国的利益建立、控制和修改国际合作机制。中国如果要达到自主性的国际能源战略，必须设立符合中国利益或者能源消费大国利益群体的合作机制。从周边的多边合作开始，推动能源机制的建立。在这个机制下，推行符合地区的能源计价体系、运输规则、能源安全、企业投资和竞标的相关规定，提高机制下资源优势互补的能力。

要加强与世界性的石油输出和消费组织，特别是与国际能源机构（IEA）和石油输出国组织（OPEC）的交流与合作，积极参与能源宪章会议、国际能源论坛、联合国会议等；

逐步完善上海合作组织能源机制建设。目前中国已经与俄罗斯、哈萨克斯坦、乌兹别克斯坦建立了相对稳定的能源合作机制。中国每年从中亚三国进口天然气达到 800 亿立方米。需要突破或者进一步深化的领域主要是两方面：一是推行能源交易上的人民币支付方式。早在 2009 年，基于金融危机的教训，上合组织峰会就开始讨论建立跨国结算方式，讨论了增加本币结算的比重、扩大外汇储备的品种，以及建立新的超国家货币的可能性。

(二) 坚持能源贸易和能源投资并举，推动能源渠道多元化

在国际能源贸易方面，中国应制定和实施积极的能源进口战略，努力开辟质优、价廉、稳定的多种进口渠道。中国应努力实现石油进口来源地多元化，除了在中东、北非、中亚、俄罗斯和中国南海等石油资源富饶地区参与竞争外，还要参与西非、拉美、东南亚和大洋洲等地区的能源开发与合作，寻求广泛的海外油气资源来源，以拓宽中国能源安全的国际空间，努力实现能源进口来源的多元化。探索签订在油气领域合作的政府协议或意向性文件，包括签订长期稳定的购油协议。

国际能源投资合作方面，中国应鼓励中国企业走出去，采取直接投资

的方式，努力开拓海外能源市场，尽量多地争取海外能源，扩大国际能源份额。除了股权投资以外，还可以发展非股权安排的投资模式。中国政府可以和重点能源生产国签订双边投资协定，这样既可以突破两国有关对外投资内生机制的不足，也是保护双方投资的重要手段，增强中国企业的信心和安全感。政府可通过建立企业海外风险勘探基金，为国内企业"走出去"开拓能源新渠道提供保障。发挥出口信用保险的作用，进一步完善为国家鼓励的境外投资项目提供政治风险和非商业性保险的制度。完善海外投资的法律法规体系，要加快海外投资审批等体制的改革，切实落实企业的海外投资权，赋予企业更大的境外经营管理自主权，使政府的宏观指导和企业的审慎决策有机结合。

（三）构建能源消费国、生产国平等协商、共同发展的能源合作新格局

积极开展与印度等新兴能源消费大国合作，避免恶性竞争。印度作为新兴的能源消费大国，为争取更多的国际能源保障，与中国进行了激烈竞争，曾经造成了双方受损的教训。例如，2004 年，中印争夺安哥拉油田股份，过度竞争让安哥拉政府受益，虽然最终中国胜出，但交易成本高出了许多。经过多次教训后，双方意识到了这种零和博弈的后果。2005 年中印两国签订《中印联合声明》，鼓励两国有关部门在第三国协作勘探和开采石油。2005 年，中印联合收购了加拿大石油公司在叙利亚的石油资产。目前，中印之间合作取得了阶段性成果，主要表现在：一是合作开采石油，双方在哈萨克斯坦、苏丹、伊朗等油田开展了合作；二是开展联合竞购、相互投资参股；三是能源设备的购买，2007 年印度公司宣布购买中国境内超过 50 亿美元的商品和服务，其中，能源设施约 10 亿美元①；四是在重大国际能源议题上双方保持一致立场，既包括在气候谈判上的协调，也包括节能减排技术和新能源的发展。

建立东北亚能源合作机制，稳定国际石油市场价格。东北亚地区是世

---

① 陈利君:《孟中印缅能源合作与中国能源安全》,中国书籍出版社 2009 年版,第 76 页。

界能源消费增速最快的地区，但该区域能源储藏不足。从石油来看，东北亚地区的石油进口主要依靠中东地区，但是中东给出的石油价格要高于欧美，形成离岸价格较高的"亚洲溢价"。其本质是国际石油定价规则的不平等，"亚洲溢价"的深层次原因是亚洲对中东地区原油的依赖和亚洲能源消费国之间的竞争。据统计，"亚洲所消耗的石油中约有66%依赖进口，而其中约有83%从中东地区进口"①。欧美在进口价格上的优势，最重要的是得益于完善的能源协调机制和石油期货市场，在保障能源安全和推行国家能源战略上，现代石油期货市场发挥着越来越重要的作用。因此，东北亚能源合作机制要包括两方面内容：一是联合组建期货市场；二是尝试建立东北亚能源储备合作。

（四）着力拓展能源进口通道，保障能源运输安全

实现海上石油运输通道的多元化，在稳定海上运输主导地位和加大铁路运输努力的同时，重点拓展新的运输通道（包括新的海上通道），特别是管道运输。中国应加强国际合作，共同维护马六甲海峡航运安全，并积极探索避开咽喉地带的运输新线路和途径。

完善陆上通道基础设施，保障油气过境运输安全。陆上通道分为西北、东北和西南三个路线。西北通道是中哈石油管道，西南通道是中缅油气管道，东北通道是中俄石油管道。三大石油管道进口量将超过7000万吨/年，占到中国石油进口量的三分之一②。随着十多年对管道建设的重视，能源运输领域的合作和能源安全问题越来越集中在可靠和稳定的能源过境运输上。现有和潜在过境运输路线在合作及能源谈判中容易出现的争议包括"1. 技术原因引发的争议；2. 商务经济纠纷产生的问题；3. 过境运输的生态环境破坏引发的问题；4. 政治原因造成的管道运输的人为中断的威胁；5. 过境运输领域市场经济原则的实施问题；6. 对现有运输基础设施

① 《携手应对"亚洲溢价"》，http://theory. people. com. cn/GB/49154/49155/8994778. html。

② ［法］菲利普·赛比耶－洛佩兹：《石油地缘政治学》，潘革平译，社会科学文献出版社2008年版，第56页。

进行改造和建设新设施所需要的投资问题等"①。针对这些风险，需要加强与能源过境国之间的合作，建立磋商和应急机制，确保能源过境运输安全。

（五）全方位开展新能源国际合作，减少新能源国际贸易障碍

深化新能源合作机制。推动中欧加强可再生能源和氢能、核能等重大能源技术研发等方面的合作，探讨建立清洁、安全、经济、可靠的全球能源供应体系，树立负责任大国形象，为开展中欧新能源合作创造有利条件和良好环境。引进欧盟新能源技术、设备和成果，以增强我国在新能源领域的竞争力。

构建新能源外交协调机制。新能源外交活动的主体来自方方面面，既包括国家高层领导、政府外交和经贸主管部门，也包括能源企业。要形成整体合力，必须建立协调新能源外交战略目标和政策的协调机制。要加强与商务部、发改委、财政部等国家部委的协调与合作，促进新能源外交政策的梳理和融合，协同推进新能源外交战略目标的发展。不断提升新能源外交的作用，拓展外交资源为新能源企业服务的途径，改善对欧新能源合作环境。加强机制创新，深入研究新能源外交协调机制措施，积极探索新能源外交机制的协调长效机制。

---

① 杨小林：《能源过境运输的国际法思考——以〈能源宪章条约〉为主的分析》，华中科技大学硕士论文，2008 年。

第六章　中国新能源产业发展及其政策（上）

加快中国发展新能源产业，必须从中国新能源产业发展实际出发，制定新能源产业发展政策体系，这不仅是保障能源安全、保护生态环境和国际市场竞争的需要，也是加快发展战略性新兴产业，转变经济发展方式，实现经济社会又好又快发展的需要。

第一节　中国新能源开发与利用

中国新能源产业的发展，发端于解决农村和偏远山区的用能问题。随着中国工业化进程加快，东南部和东部高耗能城市的电力需求急遽增加。为平衡电力供求的缺口，中国在 20 世纪 80 年代积极建设核电站。进入 21 世纪以后，为了保障能源安全、保护生态环境和参与国际市场竞争，中国新能源产业开发与利用进入加速和规模化发展阶段。

一、中国新能源开发利用的整体目标

2013 年中国新能源生产量达到约 0.75 亿吨标准煤，占一次能源生产量的 2.3%，比 1993 年提高了 2.2 个百分点。从电力构成来看，新能源比重上升较为明显。从装机容量来看，2013 年底新能源（核电、风电、光电和其他新能源）发电装机容量为 1.1 亿千瓦，占全国全口径总发电装机容量的 8.75%，比 1993 年提高了 8.25 个百分点。其中，核电装机容量 1466

万千瓦，同比增长 16.6%；并网风电装机容量 7652 万千瓦，同比增长 24.6%；并网太阳能发电装机容量 1243 万千瓦，同比增长 365.8%。从电力供应来看，2013 年中国新能源全口径发电量达到 2584 亿千瓦时。其中，核电 1115 亿千瓦时，同比增长 13.41%；风电 1383 亿千瓦时，同比增长 34.17%。[①]

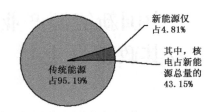

新能源仅占4.81%

其中，核电占新能源总量的43.15%

传统能源占95.19%

图6.1 2013年中国电力发电量构成比例

数据来源：根据《2014 中国电力年鉴》相关资料计算。

按照《能源发展"十三五"规划》总体要求，综合考虑安全、资源、环境、技术、经济等因素，到 2020 年我国非化石能源消费比重提高到 15% 以上，新能源技术趋于成熟，具备更大规模发展条件。

到 2030 年，新能源占一次能源消费总量的比重达到 30% 左右，新能源发展成为国内经济社会发展的主导能源之一，成长为世界新能源产业发展的技术引领者。

到 2050 年，新能源成为能源供应体系中的主力能源，占一次能源消费总量的比重超过 50%，实现中国能源消费结构的根本性改变，新能源产业成长为先导性、支柱性产业之一。

二、中国核电开发利用

中国核电在 20 世纪 70 年代开始进行技术研发，在世界核电遭遇三里岛核事故、切尔诺贝利核事故的低迷时期逐渐发展起来。秦山一期工程核电站，作为中国第一座核电站，也是中国自行设计建造和营运的第一座原

---

① 《中国电力年鉴》编辑委员会:《2014 中国电力年鉴》,中国电力出版社 2014 年版,第 11 页。

型核电厂，自 1985 年开始建造，1991 年 12 月首次并网发电，1994 年 4 月投入商业运营，开启了中国核电运行的先河。1994 年底，中国核电装机容量为 210 万千瓦，仅占国内总装机容量的 1.5%；发电量为 140.43 亿千瓦时，占总发电量的 1.51%。

经过 40 多年的发展，通过自主研发和引进、消化吸收再创新，中国已经形成和掌握了较为完整的核电设计软件和技术标准体系。中国已经研发出具有自主知识产权的 CAP1400 和"华龙一号"三代核电技术，具有第四代特征的石岛湾高温气冷堆示范工程正在开工建设，实验块堆已并网发电。其中，"华龙一号"三代核电技术正式落户西部地区[①]。中国已经具备了 30 万千瓦、60 万千瓦和 100 万千瓦级压水堆核电站的自主设计能力与核岛主设备中压力容器、蒸汽发生器、稳压器、核燃料组件等核电主要设备的制造加工能力，建立了比较完整的核燃料循环工业体系。

2011 年 3 月，福岛核事故的发生，一度给世界核电带来消极影响，但并没有阻断世界核电的前行，美英两国相继重启核电。中国核电在吸取教训、总结经验的基础上，继续稳步前行。2012 年 10 月，中国政府宣布重启核电建设。根据国际原子能机构提供的数据，2015 年中国（含台湾）在运核反应堆有 31 个，净装机容量达 26.71 吉瓦，约占全球在运总数的 6.95%；在建 24 个，净装机容量达 24.13 吉瓦，约占全球在建总数的 36.36%。发电量达 170.36 亿千瓦时，占国内发电总量的 3.03%。

根据 2012 年 10 月国务院通过的《核电安全规划（2011—2020 年）》和《核电中长期发展规划（2011—2020 年）》，到 2015 年在运核电装机容量将达到 4000 万千瓦，在建装机容量将略超过 2000 万千瓦。到 2020 年中国在运核电装机规模将达到 5800 万千瓦，在建规模将达到 3000 万千瓦以上，总装机规模为 8800 万千瓦以上。预计 2030 年核电装机规模将达到 1.6 亿—2 亿千瓦，占一次能源消费总量的比重将提高到 5%—6%。

---

① 华龙一号是由中广核和中核集团联合研发的具有我国自主知识产权的三代百万千瓦级核电技术。2015 年 12 月 16 日召开的国务院常务会议对广西防城港红沙核电二期工程"华龙一号"示范机组等项目予以核准。

三、中国风能资源及风电开发利用

中国风能资源总量丰富。根据有效风能密度和有效风速全年累计小时数计算，中国陆地 10m 高度层的风能资源总储量（理论可开发总量）为 32.26 亿千瓦，陆地实际可开发利用量估算为 2.53 亿千瓦[①]。近海风能资源约为陆地的 3 倍，实际可开发利用量约为 7.5 亿千瓦。据此计算，中国风能实际可开发利用量超过 10 亿千瓦。

在空间分布上，全国风能资源可分成 4 个类型：丰富区、较丰富区、可利用区和贫乏区。其中，前三个类型主要分布在西北、华北北部、东北及东南沿海地区。截至 2012 年底，"三北"地区风电建设占全国风电并网装机容量的 86%。

中国风电自 1958 年开始，进行 5 千瓦以下的小型风力提水发电装置研制；1986 年，在山东荣成建成了第一个并网风电场[②]。"九五"期间，中国大型并网风力发电发展迅速，年均增长率约为 50%；到 2000 年底，累计建成 26 个风电场，实际装机容量达到 34.4 万千瓦。到 2005 年底，全国建成并网风电场 60 多个，总装机容量达到 126 万千瓦，并网电量 16 亿千瓦时，占全国年总用电量的 0.06%。

2012 年末，中国风电并网装机容量达到 6266 万千瓦（计 62.66 吉瓦），超过美国，跃居世界第一；发电量为 1008 亿千瓦时，发电量占比超过 2%，超过核电，成为国内仅次于煤电和水电的第三大电源。海上风电并网装机容量达到 30 万千瓦，位于英国（295 万千瓦）、丹麦（92 万千瓦）之后，居全球第三。

根据国际风能协会的数据，2015 年中国风电新增装机容量达到 3050 万千瓦，占到全球新增装机容量的 48.4%；累计装机容量达到 1.45 亿千

---

① 姚兴佳、刘国喜、朱家玲等：《可再生能源及其发电技术》，科学出版社 2010 年版，第 130 页。

② 蒋莉萍：《2005 年我国风电开发情况综述》，《电力技术经济》2006 年第 3 期。

瓦，占全球累计装机总量的 33.4%，均居世界第一位，遥遥领先其他国家①。根据《能源发展战略行动计划（2014—2020 年）》，到 2020 年，风电装机达到 2 亿千瓦，风电与煤电上网电价相当。

四、中国太阳能资源及发电利用

中国绝大部分国土处于温带和亚热带，具有较为丰富的太阳能资源。据全国 700 多个气象台站长期观察积累的资料表明，中国各地的太阳辐射年总量大致在 3.35×10^3—$8.40 \times 10^3 MJ/m^2$，其平均值约为 $5.86 \times 10^3 MJ/m^2$。根据全年的日照时数，可以将中国分成大于 3200、3000—2800、2800—2200、2200—1400 和小于 1400 五类区域，其中前三类是太阳能资源比较丰富的地区，约占全国总面积的 2/3 以上。太阳能利用主要包括太阳热利用和发电。

中国光伏发电始于 20 世纪 70 年代，1982 年以后发展较为迅速。在生产领域，1984 年以前中国太阳能电池产量仅为 200 千瓦，引进国外 7 条太阳能电池生产线之后，1988 年跃至 4.5 兆瓦。经过 20 多年的发展，2007 年中国光伏电池产量首次超过了日本和德国，成为世界光伏电池第一生产大国，并连续 5 年位居全球首位，基本上占据了全球光伏电池产业 50% 的份额。

在销售应用领域，近几年来中国太阳能电池产品 90% 以上出口。随着国家激励政策的实施，光伏发电应用在国内得到进一步推广。根据国家能源局发布的数据，2005 年全国光伏发电容量仅仅 70 兆瓦，2014 年累计装机容量达到 28 吉瓦左右，世界排名仅次于德国。2015 年中国光伏发电新增装机容量为 15.13 吉瓦，累计装机容量达到 43.18 吉瓦，实现了 2013 年 7 月《国务院关于促进光伏产业健康发展的若干意见》（国发〔2013〕24 号）提出到 2015 年总装机容量达到 3500 万千瓦（计 35 吉瓦）以上的目

---

① 2015 年，全球风电累计装机容量超过 2000 万千瓦的国家共有 5 个，其中位列前三位的是中国、美国、德国，分别为 1.45 亿千瓦、7447 万千瓦和 4495 万千瓦；新增装机容量位列前三位的是中国、美国、德国，分别为 3050 万千瓦、860 万千瓦和 601 万千瓦。

标。根据《能源发展战略行动计划（2014—2020 年）》，到 2020 年光伏装机达到 1 亿千瓦左右，光伏发电与电网销售电价相当。

五、中国生物质能资源及发电利用

中国生物质能资源十分丰富。据统计，中国生物质能理论资源总量接近 15 亿吨标准煤，可作为能源利用的生物质资源总量每年约 4.6 亿吨标准煤。目前，已利用量约 0.2 亿吨标准煤，还有约 4.4 亿吨可作为能源利用，发展潜力巨大。中国生物质能主要来源于农业废弃物（秸秆、稻壳和蔗渣等）、林业废弃物、工业废弃物（加工废料）、生活垃圾、有机废水（人畜粪便、城市污水和工业有机废水等）、能源作物（甘蔗、木薯、油菜和甜高粱等）和能源植物（如速生林、芒草等）[1]。中国生物质资源主要分布在东部和华南地区。生物质能用途广泛，既可以直接产热，也可以发电，还可以生产气态、液态和固态燃料。

中国生物质发电产业发展迅速。2005 年底，全国生物质发电总量总装机容量约 200 万千瓦，其中蔗渣发电约 170 万千瓦，垃圾发电约为 20 万千瓦，其余为稻壳等农林废弃物气化发电和沼气发电等。2010 年底，中国生物质发电装机容量达到 550 万千瓦，约为 2005 年底的 2.25 倍，其中农林生物质发电 190 万千瓦，垃圾发电 170 万千瓦，蔗渣发电 170 万千瓦，沼气等其他生物质发电 20 万千瓦。生物质发电已形成一定规模，年发电量超过 200 亿千瓦时，相应年消耗农林剩余物约 1000 万吨。

根据 2012 年国家能源局发布的《生物质能发展"十二五"规划》，到 2015 年，生物质发电装机容量将达到 1300 万千瓦，年发电量约为 780 亿千瓦时。根据国家发改委 2014 年 9 月发布的《国家应对气候变化规划（2014—2020 年）》，到 2020 年全国生物质能发电装机容量将达到 3000 万千瓦，生物质成型燃料年利用量 5000 万吨，沼气年利用量 440 亿立方米，生物液体燃料年利用量 1300 亿立方米。

---

[1]　马隆龙:《生物质能利用技术的研究及发展》,《化学工业》2007 年第 8 期。

第二节　新能源产业发展的融资政策

资金是新能源产业发展必不可少的重要要素。在新能源产业规模化、标准化发展的过程中，存在巨大的资金缺口，需要有效的融资政策给予支持。

一、融资政策的一般规定及其功能

根据《新帕尔格雷夫经济学大辞典》的解释，融资是指"为支付超过现金的购货款而采取的货币交易手段或为取得资产而集资所采取的货币手段"[①]。在现代市场经济中，融资问题不仅仅涉及个人或者企业，还涉及国家。其中一部分内容，是关于国家为了实现经济社会发展特定的目标，对市场经济活动中的资金供求双方融资方式、融资规模和利率大小等所制定的一系列规章、制度和规范，本课题称之为"融资政策"。

按照政府干预程度的大小，融资政策可以分为两大类。一类是政策性融资。政策性融资是指依据国家或国家之间的政策，以政府信用为担保，政策性银行或其他银行针对特定的项目提供的金融支持。一般来说，政策性融资利率较低，甚至是采取无息贷款的形式。由于有政府信用担保，对于贷款银行来说，风险较小；对于借款者来说，适用面较窄，手续烦琐，审批周期长，交易成本相对较高。从融资方式来看，政策性融资主要有政策性银行贷款（包括国际转贷[②]）、政策性担保、财政贴息[③]、专项扶持基金等形式。另一类是市场性融资，即按照正常的市场规则和交易制度，获得一定的资金，并为资金的获得付出相应的成本，一般是以利息、股息的

---

① ［英］约翰·伊特韦尔等，《新帕尔格雷夫经济学大辞典》（第二卷），经济科学出版社 1996 年版，第 360 页。

② 转贷，是指对符合国民经济和社会发展战略，促进经济社会协调发展和城乡区域协调发展的项目，可以采用转贷方式使用国家主权外债资金。

③ 对于需要政府扶持的经营性项目，可以采用贴息的方式，支持项目使用银行贷款。

方式偿还给对方。市场性融资能够有效发挥作用，需要政府确立并维护市场交易主体的平等性、制度的公平性和公正性。

从融资方式来看，无论是政府性融资，还是市场性融资，又可以分为直接融资和间接融资两种。直接融资是指资金不经过任何金融中介机构，而由资金充足方流向资金短缺方的一种资金融通行为，如发行企业债券、股票、进行内部融资等。间接融资是指资金需要经过金融中介机构为媒介的一种资金融通行为，如银行信贷、非银行金融机构信贷、委托贷款、融资租赁、项目融资贷款等。直接融资方式的优点是资金流动比较快，交易成本较低；缺点是对融资双方筹资与投资技能要求高，资金短缺方具有一定的经济实力和市场信誉，投资者具有良好的判断市场风险的能力。相对于直接融资方式来说，间接融资方式的优点是市场风险较小，缺点是手续较多，包括时间在内的交易成本较高。

作为国家宏观调控的工具之一，与财税政策相比，融资政策同样具有资源配置和收入分配两种职能。与税收政策的强制性、固定性相比，融资政策相对来说，倾向于通过调节市场利率而影响货币流动和资金融通，因而更加灵活、更加便捷。从对新能源产业发展的作用来看，融资政策工具的作用更倾向于推动产业向规模化和标准化方向发展。无论是直接融资，还是间接融资，都会要求新能源产业企业具有一定的可以量化的相应标准或资质条件，比如较好的社会信誉、经营规模和财务状况，以及抵御市场风险的能力。也就是说，外部融资建立在企业一定的规模和标准化之上。规模越大，标准化管理和利润越高的企业，越容易实现外部融资。这就推动着企业朝着规模经济和标准化方向做大做强。

随着新能源产业的发展壮大，各融资政策工具的实施效力和作用效果是不同的。具体来看，如图6.2所示，在成熟的市场经济体中，投入期，资金不足需要通过财政贴息、银行优惠贷款、融资租赁降低融资成本；成长期和成熟期，企业生产规模迅速扩大，可能上市融资发行股票和公司债的效果更好一些。CDM则适用于存在碳交易市场的任何阶段。

从技术生命周期来看，也是如此。各种融资政策工具适用于技术发展不同阶段的效果是不同的，其政策可行性也是不同的，存在最优和次优选择组合，如表6.1所示。

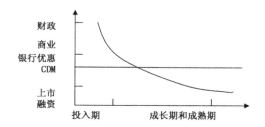

图 6.2　融资工具与产业发展生命周期阶段的关系

表 6.1　融资政策工具适用不同技术发展阶段的有效性与可行性

融资政策工具	新能源产业技术发展阶段			
	侧重于政府的作用		侧重于市场的作用	
	研发阶段	示范阶段	降低成本阶段	规模化商业推广阶段
财政贴息	★★★	★★★	★★	★
银行优惠贷款	★★★	★★★	★★	★
上市融资发行债券	★	★	★★★	★★★
	★	★	★★	★★★
CDM	★★	★★	★★★	★★★

注："★"代表有效性程度，有效性越强，可行性越高。

二、中国新能源融资政策的主要形式

我国新能源产业融资政策工具和主要模式主要有财政贴息、银行贷款、CDM 下的碳交易、上市融资与发行债券、融资租赁和国外援助等。

（一）财政贴息

财政贴息是政府为了鼓励支持某一类产业或项目的应用推广，利用财政专项资金对承贷企业或个人的银行贷款利息给予适当补贴的一种行为。财政贴息是国内频繁使用的一种财政工具。

1. 基本建设贷款贴息

我国从 1987 年起，就设立了农村能源专项贴息贷款，主要用于大中型沼气工程、小风电机、光伏发电、并网风力发电、太阳能热水器和蔗渣发电等可再生能源的产业化和商业化活动，前后总共 500 多个发展项目。贷款额度由 1987 年的 6000 万元上升到 1996 年的 1.2 亿—1.3 亿元。中央财政按商业银行利率的 50% 补贴企业。1999 年 1 月，《国家计委、科技部关于进一步支持可再生能源发展有关问题的通知》（计基础〔1999〕44 号）文件规定：可再生能源发电项目可由银行优先安排基本建设贷款。贷款银行以国家开发银行①为主，也鼓励商业银行积极参与。由国家审批建设规模达 3000 千瓦以上的大中型可再生能源发电项目给予 2% 财政贴息，贴息一律实行"先付后贴"的办法，即先向银行付息，然后申请财政贴息。对利用国产化可再生能源发电设备的建设项目，国家计委、有关银行将优先安排贴息贷款。进入 21 世纪之后，依据《中央财政资金贴息管理暂行办法》（财预〔2001〕388 号），制定《基本建设贷款中央财政贴息资金管理办法》（财建〔2007〕416 号），2011—2012 年相继作了修订。核电项目（优先考虑国内设计和制造的堆型）在这些文件中，列入贴息对象。

2. 进口技术和产品贴息

在进口贴息上，依据《发改工业〔2007〕2515 号》《发改产业〔2009〕1926 号》和《发改产业〔2011〕937 号》，进口"鼓励引进的先进技术、鼓励进口的重要装备、鼓励发展的重点行业（符合国家产业政策和专项规划的投资类项目项下进口生产性设备、零部件〈不予减免税清单中产品除外〉）和资源性产品、原材料"，给予贴息支持。同时，根据新能源产业发展技术变化情况，具体贴息项目予以动态调整。例如，对于鼓励引进的新能源方面的先进技术，鼓励进口技术和产品目录（2009 年版）仅保留了 2007 版的"风电用变流器设计制造技术、核电设备设计制造技术、太阳能热发电设备的设计制造技术和可再生能源、氢能等新能源领域关键设备的设计制造技术"，剔除了"2 兆瓦以上风力发电设备设计制造技术"，增加了"风力发电用及环保型环氧树脂生产技术"。

3. 技术改造贷款贴息

国家还曾进行过技术改造贷款贴息。例如 2009 年 5 月 6 日，国务院常

---

① 作为政策性银行之一，国家开发银行于 1994 年成立，其定位是为关系国家经济社会发展命脉的基础设施、基础产业、支柱产业、高新技术产业的发展和重大项目的建设发挥融资领域的主力银行作用。

务会议决定以贷款贴息为主的方式，安排 200 亿元技术改造专项资金，用于核电关键设备、关键组件与风电机组机关键零部件。

（二）银行贷款

银行贷款是我国新能源产业最主要的融资渠道，占据了融资总额的绝大部分。在核电站基建领域，长期以来，银行或银团贷款是融资的主要模式。我国第二座核电站，也是首座大型商用核电站——大亚湾核电站的建设就是通过银行贷款完成的。区别于秦山核电站的政府直接投资模式，大亚湾核电站采取了"借贷建设、售电还钱"的融资模式，向英法两国银行贷款 40 亿美元，接近投资总额的 90%。2008 年签署的面向广东阳江核电站和广东台山核电站的银团贷款包销协议中，两个核电站总贷款金额超过 1000 亿元，由国家开发银行、外国银行作为联合牵头银行为两个项目提供贷款包销。

在风电场和光伏发电基建领域，提供贷款的主要银行是国家开发银行。截至 2013 年 8 月底，国家开发银行风力发电贷款余额为 1545.6 亿元，光伏贷款余额为 410.5 亿元，其他新能源发电贷款余额为 226.5 亿元。据媒体报道，不管是分布式，还是电站，国内有 60% 的项目贷款来自国家开发银行。除了国家开发银行之外，国内其他商业银行也参与提供贷款，但份额比重不高。除此之外，还积极尝试开拓使用世界银行、欧洲投资银行和亚洲开发银行等国际金融组织贷款。

（三）CDM 融资

UNFCCC 公布的数据显示，截至 2015 年 7 月 14 日，在 CDM 执行理事会成功注册的我国 CDM 项目数达 3807 个[①]，比 2013 年底增加 32 个，占全球总数的一半左右。截至 2015 年 8 月 16 日，已获得 CERs 签发的中国 CDM 项目共 1456 个。其中新能源和可再生能源项目达 1182 个，占项目总数的 81.18%；签发年减排量达到 166324732 吨，占总量的 48.46%。

2008 年金融危机爆发，导致欧洲经济低迷和二级市场 CDM 项目所产

---

① 数据来源：中国清洁发展机制网，在 CDM 执行理事会成功注册的中国 CDM 项目（3805 个），截至 2015 年 7 月 14 日，详见：http://cdm.ccchina.gov.cn/newitemall1.aspx? page = 7。

生的 CER 交易价格从一度 20 欧元，跌至 2013 年 4 月的 2.46 欧元。面对 2011 年下半年我国超过一半的 CDM 项目面临外方毁约的情形，国家发改委为了保证国内 CDM 项目产生的 CER 不被贱卖，对不同项目设置了每吨 10 欧元到 8 欧元的最低限价，作为项目核准时的指导价格。如果按照每吨 8 欧元计算，我国新能源和可再生能源融资额约为 21.9 亿欧元。2011 年以来，国家发改委加强了国内碳市场建设力度。2013 年，北京市、天津市、上海市、重庆市、湖北省、广东省及深圳市正式开展碳排放权交易试点。截至 2014 年 1 月 19 日，北京市碳排放权交易成交均价约为每吨 50.2 元。根据《中美元首气候变化联合声明》，2017 年中国将启动全国碳排放权交易体系，将覆盖钢铁、电力、化工、建材、造纸和有色金属等重点工业行业，这对新能源产业发展是一大利好。

（四）上市融资和发行公司债券

我国核电、风电、光伏和生物质能发电产业均有一些企业通过上市融资和发行企业债券进行融资。例如，我国广东核电集团有限公司曾分别于 2002、2010 年发行过 15 年期的 40 亿元人民币债券、5 年期的 57 亿元中票及 365 天期的 57 亿元短融券；2015 年 6 月 2 日，中国核能电力股份有限公司在上海证券交易所上市，募集资金净额近 130 亿元。为了更好地发挥企业债券融资在我国经济"稳增长、调结构、转方式"中的导向作用，《国家发展改革委办公厅关于进一步改进企业债券发行审核工作的通知》（发改办财金〔2013〕957 号），将关系全局的重点结构调整或促进区域协调发展的太阳能光伏和风电应用项目，列入"加快和简化审核类"情况进行管理。

（五）国外援助

国外援助也是行之有效的融资渠道之一。例如，2002—2009 年的中德财政合作太阳能光伏电站项目，由德国政府提供赠款 2600 万欧元，中方配套资金 1.04 亿元，用于解决偏远地区农牧民的用电问题。该项目在云南、新疆、青海、甘肃 4 省区实施，共建成太阳能光伏电站 180 个，解决了约 4 万人的用电问题。再如，2006—2009 年的青海省中日合作 300 千瓦时光伏并网电站项目。该项目投资全部由日本新能源产业技术综合开发机构

（NEDO）无偿援助。电站安装太阳能电池组件 300 千瓦时，年发电量约 45 万千瓦时，并直接并入城市高压电网，这在全国尚属首次。随着我国新能源产业发展壮大，新能源领域得到的外国援助越来越少。

（六）融资租赁

作为创新的现代融资工具之一，融资租赁在我国新能源领域主要表现为售后回租业务。如中国风电于 2012 年 2 月公布，旗下与上海申华合资的内蒙古风电场出售该电场若干机器和设备予上海融联租赁，取得 2.5 亿元人民币，并租回上述风电场，总租赁价约 3.14 亿元人民币，为期三年。售后回租实际上涉嫌抵押贷款。2012 年 2 月，我国央行和银监会已把售后回租纳入调控和监管范围。

三、我国新能源产业发展融资的现实困境

当前，资金缺口、融资压力大已经成为制约新能源产业发展壮大的重要因素。以光伏产业为例，根据最新发展规划，"十二五"末全国要完成总计 35 吉瓦的装机容量，大概需要约为 3500 亿元的初始资金。即便扣除项目法定的启动资金部分，每年融资缺口仍将高达 600 亿元。在经营方面，受国际"双反"调查、国内信贷紧张和竞争加剧影响，光伏企业普遍面临资金不足的问题。其中，一些企业在资金链断裂的情形下，被迫走向破产之路。

2013 年 3 月，我国最大的光伏生产企业无锡尚德太阳能电力有限公司由于无力偿还工行、农行等 9 家银行 71 亿元人民币的贷款债务（还有其他借款），被法院宣布实施破产重整。仅仅依靠过去的融资方式，新能源产业规模化、持续化发展难以为继。这需要对原有的融资政策进行反思，原有的融资方式在政策安排上，存在以下几个方面的问题。

（一）差异化利率优惠较少，银行惜贷时有发生

出于追逐利润和控制风险的企业本性，商业银行较少针对某个产业设计利率差异化优惠的融资产品。在企业利率差异化设计上，往往把国有企业与民营企业、大企业与中小企业区别分割开来。国有企业和大企业可以享有较长时期、较低利率的优惠贷款，而民营企业尤其是中小民营企业不

仅贷款门槛高，而且条件较为苛刻。在融资上，商业银行往往乐意"锦上添花"，而不是"雪中送炭"，有时会"釜底抽薪"。

以代表性的光伏产业为例，2008 年美国金融危机发生后，欧洲各国被迫削减光伏补贴，而我国的光伏产业正享受政府的补贴和银行的大量贷款。据国外清洁能源咨询公司马克姆资本集团（Mercom Capital Group）的研究显示，2010 年 1 月—2011 年 9 月，我国国有银行与我国太阳能龙头企业达成了 410 亿美元的贷款协议①。2013 年以来，由于国内需求不足和国外出口受阻，光伏产业出现整体低迷，企业经营资金出现问题。曾经的"吸金"大户，如今却被银行列为"高危企业"，较少有企业可以从商业银行获得资金支持。不确定的未来收益，是商业银行惜贷的主要原因，也是光伏产业发展面临的困境。

（二）资本市场尚未成熟，直接融资渠道不畅

我国已经基本上建立起主板（1990）、中小板（2004）、创业板（2009）、三板（含新三板，2006）市场、产权交易市场、股权交易市场等多种交易平台的多层次资本市场，但还不够健全和完善。这主要表现为：（1）准入门槛依然较高。主板市场对发行人的营业期限、股本大小、盈利水平、最低市值等方面的要求标准较高，上市企业多为大型成熟企业，并且多为国有企业。中小板市场是相对于主板市场而言的，但对发行人的股本大小、盈利水平等要求接近于主板市场。处于成长期的企业由于资本金率偏低，被拒之门外。（2）由于是新兴的证券市场，相关法律法规不健全，融资者缺乏合理的融资理念，重融资轻回报；投资者缺乏科学的投资行为，投机现象严重。股票市场沦为"圈钱"和"投机"之地，加剧了投资者的不信任感，行业发展亟待规范。（3）社会信用体系不健全，再加上信息沟通渠道不畅，增加了融资双方和中介机构的道德风险和逆向选择，诱发诚信危机，甚至发生欺诈和不正当竞争行为，损害投资者的利益。

（三）整体融资成本较高，各类债务风险较大

由于融资渠道过度依赖银行信贷，而银行贷款利率一般要高于债券利

---

① 罗靖：《发债难解中国光伏融资困境》，《中国石化》2013 年第 10 期。

率，新能源企业融资成本较高。由于银行融资困难，一些新能源企业转向民间借贷。虽然手续简化，但民间利率大大高于银行贷款利率，财务风险显著增大，这对于新能源产业的发展是非常不利的。在光伏债券市场领域，即使与其他行业的企业处于同等评级，由于面临较大的经营风险，光伏企业往往发行成本较高。2013 年 2 月，光伏制造企业晶科能源全资子公司江西晶科成功发行 8 亿元 6 年期企业券，而票面年利率为 8.99%。即便如此，每个光伏企业进行发债融资，未必就能成功。例如，赛维 LDK 公司曾计划以 10% 的高额债息在香港发债融资，未能成行。

2012 年，58 家 A 股光伏上市公司，负债从 2010 年的 2550 亿元增加到 3251 亿元。根据工信部统计数据显示，2013 年上半年，我国前十大光伏企业负债总额仍超过 1000 亿元，全行业负债则超过 3000 亿元。这些问题的出现，不仅是新能源产业面临的问题，也从一个侧面反映了我国融资渠道的单一、资本市场的残缺。这也充分说明，融资市场体系还没有完全建立，在政策安排上还存在较大的完善空间。从根本上来讲，还是要减少政府直接干预经济活动的做法，真正"简政放权"，让市场充分发挥资源配置的决定性作用。

四、我国新能源产业融资政策的未来选择

新能源产业融资政策工具的合理设计，不仅关系到新能源产业的有效融资和新能源产业的健康可持续发展，也关系到整个国民经济融资体系的运行。因此，必须将其纳入我国融资体系的整体框架。

（一）鼓励银行业充分竞争，支持实施差别性信贷

改革开放 40 多年来，传统的存贷业务利差依然是我国商业银行主要的利润来源。在"行长躺着睡觉也能挣钱"的现实逻辑下，商业银行的竞争机制难以充分实现。在地盘划定、区域垄断的情况下，金融创新动力不足，差异化产品和服务较少。建议引进民间资本，推进由具备条件的民间资本依法发起设立中小型银行、消费金融公司、金融租赁公司等金融机构，加大同业竞争力度，降低存贷利差，增加差异化产品供给。商业银行应着眼长远，认真研究新能源产业的发展规律和企业的成长过程，针对新

能源企业的特点进行金融产品和服务方式创新，制定差别性的信贷计划，缓解新能源产业的融资压力；对于产业链中辐射拉动作用强，又需要巨额资金支持的符合条件的重点新能源企业，商业银行可采取银团贷款模式给予信贷支持。

（二）建立新型政策性金融组织，加大新兴产业融资力度

作为战略性新兴产业之一，新能源产业一般具有建设投入大、还本周期长的融资特点，需要政策融资支持。一般商业银行主要办理 5 年期以下的信贷业务，这与新能源企业获得利润的经营运行周期是不相匹配的。当前，为战略性新兴产业提供融资服务的政策性银行较少，主要是国家开发银行和中国进出口银行。党的十八届三中全会通过的《中共中央关于全面深化改革若干重大问题的决定》提出，推进政策性金融机构改革。建议建立专为七大战略性新兴产业发展提供资金的政策性金融组织，开展中长期信贷。这将有助于节约新能源企业融资的交易成本，坚定市场预期，树立发展信心，增强发展后劲。2015 年 1 月，李克强总理召开国务院常务会议，决定设立 400 亿元的国家新兴产业创业投资引导基金。据估算，这一基金可直接带动社会民间投入 1800 亿元，间接带动 1 万亿元规模的银行贷款、机构投资等各项资金[①]，对新能源产业融资是一大政策利好。

（三）完善资本市场体系，加大直接融资力度

建立完善的多层次多元化的资本市场体系，有助于改善资本市场结构，丰富资本市场产品，加大直接融资额度。（1）坚持市场化导向改革，转变主板市场上传统的政策性导向为主的发展模式，引入平等的竞争机制，增加民营企业的进入比例。推进二三板市场建设，使二三板市场真正成为中小型企业、创业型企业和科技型企业融资的平台。积极稳妥发展债券市场，大力发行包括可转换债券在内的各类企业债券，积极探索资产证券化，开辟新的融资渠道。（2）健全法律法规，形成科学合理的股票和债券发行理念，要把股票发行看作是一种具有合理回报的市场交易行为，使投资股票具有投资价值，矫正整个市场的投机心理。（3）建立健全社会信

---

① 顾阳：《创投基金培育更多"阿里巴巴"》，《经济日报》2015 年 1 月 26 日。

用体系。信用不仅是一种融资体现，更是一种行为体现。要降低融资中的各种信息不对称性，就必须把信用体系建设全面纳入到企业、消费者、政府和中介组织中去，做到无缝衔接、全覆盖。建立有效的信用奖惩机制，让守信者处处受益，让失信者寸步难行。

（四）建立新能源产业发展基金，推动产业持续发展

适应新能源产业发展的需要，建立全国性的新能源产业发展基金是解决新能源产业发展资金缺口行之有效的方法之一。新能源产业发展基金应通过科学论证，确定我国新能源产业发展规模和所需补贴资金的筹集方案，以及管理模式和运行机制。新能源产业发展基金资金筹集渠道应包括国家财政每年发展新能源和可再生能源的专项资金、对化石能源生产和消费企业的税收（如能源税、环境税、资源税、碳税等）、国际国内的赠款、绿色自愿计划等，甚至还可以引进战略投资者和风险投资基金。建立全国性的新能源产业发展基金能够有效弥补新能源产业发展的资金缺口，为新能源产业发展提供资金支持，促进新能源产业更快发展。

第三节　新能源产业发展的财税政策

财税政策在新能源产业发展过程中，发挥着扶植激励的效力。这一效力的发挥，不仅要满足国际新能源同行业竞争的需要，还要满足国内与传统能源竞争的需要。本节的一个观点是新能源在成为主导能源之前，财税政策不宜完全退出。

一、财税政策的一般界定及其作用

财税政策是财政政策的主要组成部分。一般来讲，财税政策主要包括两个方面的内容[①]：一是税收政策。主要通过税种、税率来确定和保证国家财政收入，调节社会经济的分配关系，以满足国家履行政治经济职能的

---

① 陈共：《财政学》（第七版），中国人民大学出版社2012年版。

财力需要，促进经济稳定协调发展和社会的公平分配。从税种来看，中国税收主要分为流转税、所得税、资源税、财产税、行为税五大类，共二十多种。为了某些特殊需要，一国政府在征收正税的基础上，还可以实施鼓励性措施或惩罚性措施，称为税收优惠与税收惩罚。税收的优惠性措施主要包括减税、免税、宽限、加速折旧以及建立保税区等。与税收优惠措施相反的是税收的惩罚性措施，如报复性关税、双重征税、税收加成、征收滞纳金等。二是支出政策。支出政策主要包括消费性支出和生产性支出。消费性支出又称公共支出或经常项目支出，主要指政府满足纯公共需要的一般性支出，包括政府购买和转移性支付两大部分。生产性支出主要指政府投资。其中，政府购买是一种政府的直接消费支出，用于提供国家和社会的公共服务。转移性支出主要由社会保障支出和财政补贴组成。财政补贴具有两面性，合理适宜的补贴能够刺激技术更新和技术进步，提高经济效率，催化新工艺或新产品的产生，有利于形成规模经济，培育新生的经济增长点；而过多的补贴，虽然也可以带来规模经济的数量优势，但会诱发激励惰性，延缓技术进步，也意味着过重的负担。因此，如何确定一个合适的补贴数额是政府进行决策的难题。政府投资是财政用于资本项目的建设支出，政府投资的项目主要是指那些具有自然垄断特征、外部效应大、产业关联度高、具有示范和诱导作用的公共设施、基础性产业以及新兴的高科技主导产业。政府的投资方向和能力在经济结构的调整方面发挥着关键的引导作用，甚至在某些产业领域发挥着主导作用。

财税政策扶植新能源产业发展的作用，主要表现为以下四个方面。一是提供新能源产业发展的外部动力。利润是企业发展生产、扩大规模的动力所在。在新能源与传统能源不能相抗衡的阶段，单靠市场机制，难以确保新能源企业合理稳定的利润。这就需要引入外部力量，进行政府干预。二是培育催生完整的产业链和应用市场。在新能源产业发展的初创阶段，市场供给侧和需求端的相关链条不完整，市场体系发育不完整。这就需要通过引入财税政策的激励机制，健全产业链，促进市场内生循环可持续发展。三是推动规模化发展。实施有效的财政补贴，会刺激新能源生产扩大，市场份额增长。四是推动新能源产业技术进步。

二、中国新能源财税政策的主要形式

中国新能源财税政策的主要形式有直接投资、税收优惠、财政补贴等形式。

（一）直接投资

新能源产业作为新兴产业，由于技术水平、利润动力和市场发育的先天缺陷，仅靠市场难以扩大生产，必须引入政府的力量，参与直接投资。根据 2010 年国务院法制办发布的《政府投资条例（征求意见稿）》，"需要政府投资占主导地位的，可以采用直接投资的方式"。我国核电建设一般由国家出资投入，属于政府直接投资项目。国内风电场的投资主体以国有大型电力集团为主，主要是中央企业和部分风能资源丰富的地方国有发电投资企业。生物质能发电装机容量 50% 以上的份额由国有企业控制。在光伏发电中，2015 年 6 月底，占据 80% 以上装机容量的光伏电站以国企央企为主，分布式光伏以民营资本和个人投资为主①。

（二）税收优惠

我国新能源产业税收优惠主要包括免征关税和进口环节增值税、电力销售增值税和所得税优惠等。

1. 免征关税和进口环节增值税

为推进国内新能源产业技术进步，提高装备制造国产化率，我国政府动态设置、调整关税和进口环节增值税免征对象、数量和方式。《国务院关于调整进口设备税收政策的通知》（国发〔1997〕37 号）规定，自 1998 年 1 月 1 日起，核能（中方控股或占主导地位）、太阳能、风能、磁能、地热能、潮汐能、生物质能等电站的建设和经营属于《外商投资产业指导目录》（鼓励类），相关产业、技术属于《当前国家重点鼓励发展的产业、产品和技术目录》之内，"在投资总额内进口的自用设备，免征关税和进口环节增值税"。两年之后，2000 年修订的《国内投资项目不予免税的进

---

① 陈其珏：《华君电力首个光伏基地正式投产》，http://news.cnstock.com/industry/sid_cyqb/201512/3661525.htm。

口商品目录》，排除了所有规格的风力发电机整机进口税收优惠。2008 年《财关税〔2008〕36 号》文件规定，自 2008 年 1 月 1 日起，"对国内企业为开发、制造 1.2 兆瓦以上的大功率风力发电机组而进口部分关键零部件、原材料所缴纳的进口关税和进口环节增值税实行先征后退政策"。2013 年颁发的《财关税〔2013〕14 号》文件规定，自 2013 年 4 月 1 日起，仅仅对生产太阳能电池设备而确有必要进口的部分关键零部件、原材料，免征关税和进口环节增值税。

2. 电力销售增值税优惠

在核电方面，早在 1998 年 12 月财政部、国家税务总局发布《财税字〔1998〕173 号》文件，对大亚湾核电站销售的电力免征增值税[1]，这为当时核电站减少成本、降低负债率提供了有力的政策支持。2008 年 4 月，为支持核电产业的发展，财政部、国家税务总局发布《财税〔2008〕38 号》文件，统一核电行业税收政策，实行增值税先征后退政策。满 15 个年度以后，这一政策就不再实行。

在风电方面，早在 2001 年《财税〔2001〕198 号》文件中规定，对利用风力生产的电力实行按增值税应纳税额减半征收的政策。2008 年以后，仍然延续了这一政策。《财税〔2008〕156 号》文件规定，自 2008 年 7 月 1 日起，利用风力生产电力的销售增值税实行即征即退 50% 的政策。2015 年下半年，对纳税人销售自产的利用风力生产的电力产品，实行增值税即征即退 50% 的政策。

在光伏发电方面，针对 2012 年以来光伏产业发展出现的困境，促进光伏产业健康发展，2013 年 10 月至 2015 年底，对"纳税人销售自产的利用太阳能生产的电力产品，实行增值税即征即退 50% 的政策"。

在生物质能利用方面，对利用城市生活垃圾发电实行增值税即征即退的政策，其中《财税〔2001〕198 号》对城市生活垃圾用量（重量）占发电燃料的比重未作要求，《财税〔2004〕25 号》《财税〔2008〕156 号》文件对这一比重要求不低于 80%。对销售自产的综合利用生物柴油实行增

---

[1] 《财政部、国家税务总局关于广东大亚湾核电站有关税收政策问题的通知》（财税字〔1998〕173 号），1998 年 12 月 15 日，已失效。

值税先征后退政策，其原料比重不低于 70%。对变性燃料乙醇定点生产企业的增值税、消费税由 2005 年的先征后退调整到 2011—2015 年的比例退税、减税，直至 2015 年取消优惠政策。

3. 所得税优惠

在核电、风电、太阳能发电、地热发电和海洋能发电方面，《财税〔2008〕116 号》规定，实行"三免三减半"的优惠政策，即"自项目取得第一笔生产经营收入所属纳税年度起，第一年至第三年免征企业所得税，第四年至第六年减半征收企业所得税"。在生物质能方面，《财税〔2008〕47 号》文件对生产新能源的原料比重提出了明确的要求，对于符合标准的企业在计算应纳税所得额时，减按 90% 计入当年收入总额。

（三）投资补贴

在光伏发电领域，2009 年 3 月推出的"太阳屋顶计划"，这是国内首次大范围对太阳能行业进行补助，对具备装机容量不小于 50 千瓦等条件的光电建筑项目实行 20 元/瓦的补助。2009 年 7 月开始实施的金太阳示范工程，对单个项目装机容量、光伏发电示范项目提高了补贴的门槛。《金太阳示范工程财政补助资金管理暂行办法》规定了补贴的具体办法，"并网光伏发电项目原则上按光伏发电系统及其配套输配电工程总投资的 50% 给予补助，偏远无电地区的独立光伏发电系统按总投资的 70% 给予补助；光伏发电关键技术产业化和产业基础能力建设项目，给予适当贴息或补助"。国家还设立科技成果转化项目补助资金，对新能源技术发展项目进行补贴。

三、中国新能源产业财税政策的总体评价

在财税政策动态调整的激励之下，我国新能源产业特别是风电、光伏发电收益和增长动力有了利润保障，生产能力和市场应用规模大大提高，建立了完整的产业链条，逐步改变了"技术、销售——两头在外"的市场格局。截至 2015 年底，我国核电在建规模、太阳能电池产量（2007—2015）、风电累计装机容量（2010—2015）连续多年稳居世界第一，光伏累计装机容量首次超过德国，位居世界第一。在新能源呈现规模化发展趋

势的同时，行业整体技术水平得到大大提升，装备国产化率指标大幅度改善，企业自主创新能力明显增强。

另一方面，我国财税政策在决策制定、执行实施等方面还存在一些需要完善和改进的方面。一是国内税收政策的阶段性与新能源发展地位提升存在不同步性。尽管新能源发展速度和规模（包括潜在规模）位居全球前列，但在国内一次能源消费比重依然较低，加上水电，2015 年非化石能源消费比重还未达到 15%。欧洲新能源发展的经验表明，随着税收优惠、投资补贴逐步取消，将影响新能源发展规模的扩大。当前，新能源在国内市场份额的地位还无法与传统能源相抗衡，还需要一定的财税支持提供持续扩大的动力。这与当前的税收优惠和补贴减少，形成了一种矛盾。

二是国际市场出口受阻，倒逼国家减少财政支持力度。从国外来看，由于欧美"反补贴、反倾销"力度的加大，中国新能源产品国际出口市场受阻，倒逼国家调整，进一步说是降低财政补贴的数额。如何在财税工具上进行创新，成为继续扶持新能源产业发展的一道难题。

三是财税政策在实施上缺乏完整有效的配套措施，存在一定的管理漏洞。在执行方面，与决策存在一定的时滞。根据《电政法〔1994〕461号》文件，我国早在 1994 年就对风电并网、（全部）电量收购、电价计算、增值税（价外）计征和费用分摊，作了明确的说明。20 多年过去了，我国可再生能源并网问题还没有得到有效解决。在管理方面，存在部分企业虚报补贴数额和一些企业应该享受补贴却未能获得补贴的现象，政策的有效性、公益性未能充分体现出来。在信息透明方面，存在进一步公开的空间。例如，在新能源财政补贴信息发布上，仅有 2006 年度发布了可再生能源电价补贴数额，2007 年以后就不再公布各类可再生能源电价补贴数额。关于核电补贴的数额，公众在认识上存在盲区。

四、我国新能源产业财税政策的完善建议

为了进一步提升新能源产业国际竞争力，推动国内新能源消费份额扩大，促进新能源规模化应用，需要一定的持续的财税支持作为发展动力保障。

（一）实施稳健持续可靠的财税政策

大力发展新能源产业、规模化推广应用新能源的根本目的和最终目的，在于率先完成新一轮能源革命。在新能源未成长为主导能源之前，应实施稳健持续可靠的财税政策。注重政策连接的持续性、稳定性和连贯性，引导人们对新能源发展树立科学的市场预期，咬定青山不放松，充分发挥财政政策的调控职能，推进国内新能源发展壮大。

在决策上，广泛调研，充分咨询专家建议，征求行业意见，了解民众声音。在执行上，完善多部门联动协作机制，增进各部门之间的连接，注意各部门相关政策的协调，做好相应的配套措施，减少政策决策与执行之间的时滞，让好钢用在刀刃上，避免资金打水漂。在管理上，建立有效的奖惩和责任追究制度，避免补贴虚报，减少补贴漏报。在信息公开上，根据相应政策，适时加快推进信息公开速度，形成市场良好预期。

（二）引导民间资本进入新能源领域

当前我国新能源产业投资主要以国有企业为主。研究表明，一个多主体的市场格局，市场竞争更具效率，产业发展更具活力。《中共中央关于制定国民经济和社会发展第十三个五年规划的建议》指出，鼓励民营企业依法进入更多领域，引入非国有资本参与国有企业改革，更好激发非公有制经济活力和创造力。

这就需要加大引入民间资本力度，积极引入国际资本，推动风险投资进入。建立新能源产业的负面清单。在负面清单之外，创造条件允许支持民营企业、外资企业进入，形成民营、国有和外资三方平等竞争、相互促进、三足鼎立的市场格局。针对由于技术落后带来的产能过剩，应建立有效的市场退出机制。鼓励通过兼并重组方式，化解行业产能过剩。无法通过兼并重组方式、亏损非常严重的，按照《中华人民共和国企业破产法》执行。充分发挥市场优胜劣汰的竞争机制，减少财税包袱，使新能源企业自主经营、自负盈亏成为中国特色社会主义市场经济活动的常态。

（三）适时调整财税政策工具选择

我国调整新能源财税政策工具选择，有两个现实依据。一是加入 WTO 的过渡政策安排空间越来越小，国外针对中国新能源产品出口的"双反"

加剧，势必会影响到我国正向财税政策工具的实施。二是我国新能源产业发展已经跨过生命周期、技术周期的初创阶段，规模优势凸显。按照原来的支持机制，成本较大，难以实施，由此要建立一个渐进式的正向激励退出机制。基于新能源相对于传统能源发展的基础薄弱性，这一退出机制必须考虑时间效应。

正向激励难以像过去一样发挥效力，就必须另辟蹊径，实施反向激励的税收优惠措施，例如征收环境税，助力新能源产业发展。征收环境税是发达国家进行环境保护、推动清洁能源发展的普遍做法。在历史上，我国曾开征过资源税、燃油消费税等，还没有独立开征环境税。2011 年 10 月 21 日，国务院发布关于加强环境保护重点工作的意见，将环境税费改革，开征环境保护税正式提上议程。党的十八届三中全会通过的《中共中央关于全面深化改革若干重大问题的决定》中，对于环境税改革的定位是"推动环境保护费改税"。通过对传统能源征收合理的二氧化碳税、二氧化硫税等，将改变传统能源与新能源的相对市场价格，使新能源变得更有市场竞争力。

（四）推动生产者补贴向消费者补贴转变

我国已经成为新能源生产大国，尤其是太阳能电池的生产占据了全球半壁江山之多；通过自主创新，离制造强国的目标愈来愈近。而在应用上，与之相对的是国内市场份额较小。这与我国长期单一的"重投资、轻消费"的传统发展模式密切相关。为转变经济发展方式，调整改善能源结构，必须调整财政补贴的对象，由生产市场转向消费市场，发掘国内市场，形成完整的产业链，替代传统能源，保护国内环境，实现发展新能源的真正目的。

第四节　新能源产业发展的价格政策①

我国新能源产业发展的价格政策，主要指可再生能源电力价格政策，

---

① 参阅曹新、陈剑、刘永生：《可再生能源补贴问题研究》，中国社会科学出版社 2016 年版，第 55—87 页。

即可再生能源电力价格补贴政策。这一政策制定从探索到规范，形成了较为系统的体系框架，促进了我国可再生能源电力产业的发展。我国可再生能源电力价格补贴政策还存在一些不足和缺陷，还需要改革和完善。

一、我国可再生能源电价政策演进

我国可再生能源电力价格政策的演变经历了电价管制、多种上网电价并行、可再生能源上网电价探索和可再生能源电价规范发展四个阶段。2006 年以来，在《可再生能源法》基础上，建立了一系列可再生能源电力价格的相关政策。

（一）电价管制阶段（1985 年以前）

1985 年以前，我国的电力市场属于比较典型的计划经济体制下的政府垄断经营模式，即整个电力行业由政府统一管理，从发、输、配、售的各个环节由政府自上而下垂直垄断经营，实行计划建设、计划发电、计划供电的体制。虽然在这一阶段，电力的买卖关系已经存在，但在电力买卖双方之间并没有选择权，政府以满足社会公益事业的需要为原则，对电价进行严格统一的管理，电力价格由政府制定，并实行高度垄断的管制制度。

在这种情况下，政府有钱，电价就可以定低一些；政府财政紧张，电价可以定得高一些。但改革开放以后，随着经济的发展、人口以及用电需求的增加，国家投资建设资金不足，电力行业缺乏提高效率的动力，电力供应不足的矛盾十分突出。从 1983 年起，国家开始探索发展可再生能源，主要集中在风力发电。单机容量在 300 千瓦以下，项目规模小，以科研探索和示范效应为主的非营利性质，政府核准电价不足 0.3 元/千瓦时。此阶段全国风电装机总容量约 4.2 兆瓦，风电价格与火电基本持平。

（二）多种上网电价并行阶段（1985—1993 年）

1985 年，我国出现了全国性严重缺电，全国发电容量缺口约 1200 万千瓦，用电量缺口达 700 亿千瓦时。为了缓解电力紧缺、供应紧张的局面，允许除国家以外的其他投资者投资发电项目，从此打破了我国电力市场独家办电的长期格局，投资主体开始多元化。同时，在考虑到企业获利能力的基础上，针对电价的长期不合理状况，1985 年国务院批转了国家经委、国家计委、水利电力部、国家物价局等部门《关于鼓励集资办电和实行多种电价的暂行规定》。这一文件将原来全国统一电价的办法，转变为实行多种电价政策。此后，又陆陆续续地出台一些政策，对电价做出相应的规定。

这段时间的电价政策主要包括："燃运加价"政策、"还本付息"电价政策、"二分钱"电力建设基金政策。除此以外，电价政策还包括代售电价、代料加工电价、超计划发电自销电价、出售用电权、超计划用电加价等。电价的制定在很大程度上受个别投资成本的影响，上网电价实行"一厂一价"，甚至"一机一价"。这种做法激发了各方集资办电的热情，在较短时期内解决了国内电荒的局面，支持了国民经济的持续快速增长。然而，由于发电投资成本没有有效的约束机制，导致上网电价持续上涨。

（三）可再生能源上网电价探索阶段（1994—2005 年）

1994 年，我国可再生能源特别是风电开发进入了崭新的发展阶段。1994 年实施了"乘风计划""双加工程"等专项政策，支持风电设备国产化建设，推动风电场建设商业化。1995 年颁布的《电力法》指出，国家鼓励和支持开发利用新能源与可再生能源和清洁能源发电。1996 年电力部制定的"并网风力发电的管理规定"要求电网允许风电场就近上网，并收购其全部电量。1998 年颁布的"中国节能法"再次肯定并强调了可再生能源作为节能减排、改善环境的重要战略地位。这个时期风电上网价格主要有四种形式：

（1）审批制。"乘风计划""双加工程"等专项政策规定，风电并网价格先由各省价格主管部门批准，然后报国家物价部门备案，最后风力发电厂以审批价格与电网公司签订购电协议。风电项目并网价格各不相同，在 0.38 元/千瓦时—1.2 元/千瓦时之间。

（2）"还本付息"电价政策。"并网风力发电的管理规定"指出，风电场上网的电价，按还本付息成本加合理利润的原则确定；并规定高于电网平均电价部分，采取分摊方式由全网共同承担。

（3）分类电价政策。对于可再生能源发电，需要建立分类电价制度，即根据不同的可再生能源技术的社会平均成本，分门别类地制定相应的固定电价或招标电价，并向社会公布。实施分类电价制度的目的是，减少项目审批程序、明确投资回报、降低项目开发成本和限制不正当竞争。

（4）特殊权电价政策。2003 年，国家发展改革委组织了首期全国风电特许权项目招标，将竞争机制引入风电场开发，以市场化方式确定风电上网电价，实践表明，一开始中标电价出现非理性的超低水平，随后逐渐回归理性竞争，中标电价呈逐年上升的趋势。到 2005 年底我国已经开展了 3 轮特许权招标项目，掌握了通过招标形式确定风电价格方面的一些经验，使风电成本得到了很大的降低，应用规模不断扩大，招标政策的效果比较明显。

（四）可再生能源上网电价规范发展阶段（2006 年至今）

在政策支持和多年发展积累的基础上，我国可再生能源开发利用呈现良好的势头。风能开发逐渐取得一些发展经验，风力发电规模快速提高。生物质发电呈现良好的发展势头，到 2005 年底生物质发电装机容量为 210.104 兆瓦。太阳能开始起步发展，2005 年建立了 40 多座容量在几十千瓦到 1 兆瓦不等的光伏电站。在可再生能源快速发展的背景下，统一的可再生能源法律呼之欲出。2005 年 2 月 28 日第十届全国人民代表大会常务委员会第十四次会议通过《中华人民共和国可再生能源法》，2006 年 1 月 1 日起正式实施。

这是我国第一次以法律的形式确认可再生能源上网电价管理。该法规定，可再生能源发电项目的上网电价，由国务院价格主管部门根据不同类型可再生能源发电的特点和不同地区的情况，按照有利于促进可再生能源开发利用和经济合理的原则确定，并根据可再生能源开发利用技术的发展适时调整；实行招标的可再生能源发电项目的上网电价，按照中标确定的价格执行，但是，不得高于同类可再生能源发电项目的上网电价水平；国家投资或者补贴建设的公共可再生能源独立电力系统的销售电价，执行同一地区分类销售电价，其合理的运行和管理费用超出销售电价的部分，附加在销售电价中分摊。

自《可再生能源法》颁布以来，一些相关法律法规陆续出台，针对新能源产品价格、补贴资金的发放标准、补贴分摊成本机制等多种问题做出相关规定。相关法律政策及其主要内容如下表 6.2 所示。

表 6.2　涉及可再生能源电力价格的相关法律政策

时间	法律、政策	主要内容
2006/01	《可再生能源法》	上网电价、电价补贴等。
2006/01	《可再生能源发电价格和费用分摊管理试行办法》	发电价格、费用分摊等。
2007/01	《可再生能源电价附加收入调配暂行办法》	电网接网费标准、电价附加收入等。
2007/08	《可再生能源中长期发展规划》	分类上网电价、招标电价、费用分摊机制等。
2007/09	《电网企业全额收购可再生能源电量监管办法》	上网电价等。
2009/08	《关于完善风力发电上网电价政策的通知》	风电标杆上网电价、费用分摊等。
2009/12	《可再生能源法修正案》	分类上网电价、电价附加分摊机制等。
2010/07	《关于完善农林生物质发电价格政策的通知》	生物质发电价格、费用分摊等。
2011/07	《关于完善太阳能光伏发电上网电价政策的通知》	太阳能光伏上网电价等。
2011/11	《可再生能源发展基金征收使用管理暂行办法》	上网电价补贴的来源、电价附加征收的标准及办法等。
2012/03	《可再生能源电价附加补助资金管理办法》	电价附加补助标准及支付等。
2013/07	《关于促进光伏产业健康发展的若干意见》	上网电价定价机制、价格补贴期限等。
2013/08	《关于发挥价格杠杆作用促进光伏产业健康发展的通知》	光伏标杆上网电价政策
2014/06	《关于海上风电上网电价政策的通知》	海上风电上网电价确定
2014/06	《能源发展战略行动计划(2014—2020 年)》	风电、光伏电价发展目标
2014/12	《关于适当调整陆上风电标杆上网电价的通知》	陆上风电标杆上网电价调整
2015/12	《关于完善陆上风电、光伏发电上网标杆电价政策的通知》	陆上风电、光伏发电上网标杆电价调整

二、我国可再生能源电力价格政策框架和模式

可再生能源电力价格政策应该既符合中国国情，又反映市场竞争。从政策框架上来看，主要包括定价机制、电价补贴和费用分摊机制。从模式来看，可再生能源上网电价可分为固定电价、招标电价和绿色电价三类。风电、太阳能发电、生物质发电上网电价，应根据自身发展的特点和阶段，制定不同类型的上网电价模式。

（一）可再生能源电力价格政策框架

1. 可再生能源电价定价机制

我国上网电价先后经历过政府定价和竞争电价等形式。（1）还本付息电价是典型的政府定价方式。还本付息电价始于我国 20 世纪 80 年代中期，也被称为非指令电价、新电新价，该方法旨在加快电力工业的发展、改善电能供不应求的状况。（2）竞争电价始于"厂网分家"的电力体制改革。随着电力行业的继续发展，还本付息电价政策的弊端也逐渐显现出来。这种政策容易导致电力企业发电成本高、产生市场垄断等缺陷，最终产生电力工业布局不合理、电价上涨等后果。"厂网分家"形成两大电网集团和五大发电集团，逐步形成竞争格局。"竞价上网"，在动态中通过引入价格竞争机制，真正意义上实现了同网同质同价。竞争电价的最大优点在于能够快速反映电力商品的供求关系。

在传统上网电价发展实践的基础上，《可再生能源法》和《可再生能源发电价格和费用分摊管理试行办法》明确规定可再生能源电价的定价方式，即可再生能源发电试行政府定价和政府指导价两种形式。政府主导是可再生能源定价机制的最基本特点。定价的主体是国务院价格主管部门。定价的对象是各类可再生能源。定价的依据是可再生能源的区域资源分布特征、发电特点和开发利用技术进步状况等。定价原则是既能调动投资积极性，有利于可再生能源开发利用，又不能过度浪费社会资源，要坚持经济合理。低限度竞争也是可再生能源定价机制的特征之一。其主要内容是：对于应当取得行政许可的可再生能源并网发电项目，政府给予指导价，通过招标的形式确定最终上网电价。低限度竞争的目的在于既能保证

投资者利润，又能降低国家财政负担，同时节约消费成本。

2. 可再生能源电价补贴

电价补贴包括接网费用和可再生能源电价附加及收入调配。关于接网费用。可再生能源发电项目接网费用是指专为可再生能源发电上网而发生的输变电投资和运行维护费用（包括输电线路和变电站）。我国现行接网费用标准为：接网费用标准按线路长度制定：50 公里以内为每千瓦时 1 分钱，50—100 公里为每千瓦时 2 分钱，100 公里及以上为每千瓦时 3 分钱。据统计测算，我国风电场接入的投资费用一般要占到风电场投资的 12% 左右，比丹麦要高出 4% 左右。

关于可再生能源电价附加及收入调配。可再生能源电价附加指为扶持可再生能源发展而在全国销售电量上均摊的加价标准。《可再生能源法》提出，电网企业按照上网电价收购可再生能源电量所发生的费用，高于按照常规能源发电平均上网电价计算所发生费用之间的差额，由在全国范围对销售电量征收可再生能源电价附加补偿。

可再生能源电价附加标准和收取范围由国务院价格主管部门统一核定，并根据可再生能源发展的实际情况适时进行调整。在执行中，按照电力用户实际使用的电量计收，全国实行统一标准。我国可再生能源电价附加征收标准从 2006 年开始征收，由每千瓦时 0.1 分逐渐提高到 2016 年 1 月的 1.9 分。在实行电价补贴初期，大量的补贴给予可再生能源发展大量的支持。据不完全统计，2006—2009 年和 2010 年 1—10 月的近五年时间里，电价附加补贴的总金额约为 193.28 亿元。其中，补贴可再生能源发电项目共 543 个，补贴金额 186 亿元，占 96%；补贴公共可再生能源独立电力系统 65 个，补贴金额 1.14 亿元；补贴可再生能源发电接网工程 419 个，补贴金额 6.14 亿元，占 3%。

3. 可再生能源电价补贴费用分摊机制

可再生能源电价补贴费用采取国家和全民共同承担的方式。《可再生能源法修正案》规定，国家财政设立可再生能源发展基金，资金来源包括国家财政年度安排的专项资金和依法征收的可再生能源电价附加收入等。电价附加收取对象是省级及以上电网企业服务范围内的电力用户（包括省网公司的趸售对象、自备电厂用户、向发电厂直接购电的大用户）。地县自供电网、西藏地区以及从事农业生产的电力用户暂时免收。2008 年的新标准对居民用电和化肥用电暂不收取。

在收入调配和交易方面，可再生能源电价附加调配、平衡由国务院价格主管部门会同国务院电力监管机构组织实施。可再生能源电价附加由省级电网企业收取与归集，单独记账，专款专用。电价附加计入电网企业收入，首先用于支付本省可再生能源电价补贴，差额部分进行配额交易，全国平衡。实质上是通过省级电网之间的转移支付方式实现电价附加收入的调配和平衡。迄今为止，国家发展改革委和国家电监会已下发近 10 个调配和交易的通知文件。

费用分摊制度的核心是落实公民义务和国家责任相结合的原则，要求各个地区，相对均衡地承担发展可再生能源的额外费用，体现政策和法律的公平原则。实施费用分摊制度后，地区之间、企业之间负担公平的问题可以得到有效的解决，从而可以促进可再生能源开发利用的大规模发展。

（二）可再生能源上网电价模式

我国可再生能源上网电价包括三种模式：固定电价、招标电价和绿色电价。其中，固定电价和招标电价是主要的上网电价，绿色电价只在上海等局部地区试行。

1. 固定电价（Feed-In-Tariff，简称 FIT）

固定电价指支持可再生能源发电企业以固定价格向电网销售电力的政策。有的规定电网必须以固定价格全额购买可再生能源发电企业生产的电量，有的由政府向可再生能源发电企业提供可再生能源发电价格与化石燃料发电价格之间的固定差价补贴。

固定电价制度有以下优点：首先，固定的价格为新能源发电企业提供了保障，能够激励投资商增加对风电的投资，有利于新能源发电产业在初期发展阶段的发展。其次，电价简单明确，方便管理与操作，不会因为纷繁复杂的电价制定而增加额外的成本，有利于降低交易成本。最后，针对不同地区的资源制定不同的电价，有利于新能源朝多样化的方向发展。其缺点主要有：第一，对新能源发电量没有作出明确的要求，使新能源发电产业的目标模糊；第二，发展依赖于政策支持的持续性，政策会因为各种原因出现不稳定性，这会导致新能源发电产业由于缺乏支持而受到阻碍；第三，没有将其置于市场化竞争环境，缺乏行业内和行业外的竞争，不利于优化新能源发电产业结构。

2. 招标电价（Bidding price）

招标电价制度，指政府对特定的一个或一组可再生能源发电项目进行公开招标，选择出价较低的企业。该项制度的目的是希望把竞争引入电力市场，通过多家发电企业参与投标，大幅降低电力价格、补贴成本。

招投标制度的优点在于：首先，在能源市场吸引投资商之间展开竞争，通过招投标选择恰当的企业，用较低成本大规模开发可再生新能源。其次，政府为购电协议提供保障措施，甚至通过使用行政措施和手段，进行招商引资。最后，促使投资企业降低设施和运营成本，积极开发采用新技术，促进整个新能源发电产业的发展，同时带动其他相关产业的经济增长。招投标制度的缺点在于：首先，由中央统一管理规模大的发电项目的开发所有权和收益权，导致地方政府没有发展新能源发电产业的动力；其次，电力项目审批程序复杂，使中小投资者无利可图，从而形成垄断的局面，竞争只是大型发电企业，不利于中小型发电企业的发展；最后，由于资源分布的不同以及开发水平的不同，在投资建设中，资源好的地点往往被争相开发和间断性开发。

3. 绿色电价（Green price）

绿色电价制度，指消费者资源以高于化石燃料电力价格的价格来购买可再生能源电力。绿色电价制度在荷兰运行较为成功。主要原因在于：一是消费者具有可持续发展的思想观念，了解使用新能源发电的意义，购买行为踊跃；二是一些企业通过购买可再生能源电力来提升企业形象，是一种良好的营销策略。绿色电价制度的缺点有：新能源发电电量的购买是自愿的，而不是强制的，这与消费者自身的思想觉悟有很大的关系，不能够保证很快地推行下去；除此之外，这可能导致新能源发电企业在降低发电成本和提高核心技术方面没有足够的动力。

三、我国可再生能源电力价格政策的现实困境

随着《可再生能源法》和相关政策颁布实施及修订，我国可再生能源上网电价政策体系不断完善。逐步规范完善的上网电价政策给予了市场明确的投资回报预期，有效地降低了投资风险，提高了投资积极性，促使我国可再生能源发展迅速。到 2010 年底，风电装机达到 31 吉瓦，发电量 50 亿千瓦时，折合约 1.6×10^7 吨标准煤；太阳能光伏发电装机达到 830 兆瓦；生物质能发电装机约 6.7 吉瓦。各类技术的可再生能源利用量总计为 2.86×10^8 吨标准煤，在能源消费总量中约占 8.8%。2013 年，我国可再生能源开发利用装机总量同比增长 17%。特别是，太阳能并网发电装机容量同比增长 2.5 倍。另一方面，在定价机制、电价成本、电价补贴、电力市场消纳等方面仍然存在一些问题，可再生能源电力价格政策还需要进一步完善。

（一）定价机制的市场竞争不充分

在现有定价机制中，政府占主导地位。政府定价和政府指导价的主体都是政府，价格并没有充分反映到市场供需状况。与国外浮动电价、市场电价机制不同的是，我国现有的可再生能源电力价格政策基本没有考虑可再生能源电力市场的竞争，即使是风电特许权招标制度，也只是风电开发商或投资商之间就开发权的竞争，也就是风电内部的竞争。由于可再生能源产业整体上不是很成熟，太阳能、潮汐能等可再生能源电力市场仍然没有形成相应的规模，因此，各种不同类型的可再生能源发电产业之间仍然无法展开良性的竞争。政府只是通过行政手段直接对可再生能源发电产业实施干预，而不是通过建立完善的法律监督、经济调节等市场手段间接地发挥作用。这也在某种程度上导致可再生能源发电产业内部竞争不足。

这带来的问题是，定价机制不能反映市场供求信息，必然产生价格滞后和扭曲的现象。上网的峰谷电价差距偏低，不利于调峰、蓄能等电厂的发展和电源结构的优化。对于可再生能源发电企业来讲，由于缺乏市场竞争，导致企业的生产成本居高不下，内部管理效率较低，缺乏核心技术与成本控制管理，对消费者需求的反应不够敏捷。政府在确定上网电价时，

主要是根据发电企业上报的成本费用的结果来制定的，而发电企业在上报的过程中却隐瞒了真实的成本。这些因素导致了可再生能源上网电价的不合理，阻碍了新能源发电产业的发展。

（二）统一的上网电价不能完全反映实际发电成本

可再生能源发电项目在资源状况、装机容量、新技术应用等方面的不同，直接导致发电成本的差异，客观上要求上网电价体现这些方面的差异性。我国在制定风电标杆上网电价政策时已经考虑到了不同地区的风资源差异，将全国划分为四大风资源区。2016 年"按照风资源从好到差"分别确定了 0.47、0.50、0.56、0.60 元/千瓦时的标杆上网电价，2018 年将调整为 0.44、0.47、0.53、0.58 元/千瓦时。但四大风资源区上网电价差距不明显。第 4 类风资源区覆盖范围广，不同地区风资源差异仍然较大，例如沿海和内陆、东南部与西南部就存在较大差异，而目前这些地区上网电价是统一的。

光伏上网电价也没有完全体现地区间的太阳能资源差异性。事实上，中国的太阳能资源分布共划分为 4 个区域，丰富区包括甘肃、青海、西藏、宁夏，年日照时间超过 3000 小时；较丰富区涵盖内蒙古、东北、河北、山西、陕西等，年日照时间介于 2000—3000 小时；沿海地区则是一般区，年日照时间为 1000—2000 小时；不丰富区的年日照时间则少于 1000 小时，如重庆、贵阳等。国家发改委对光伏电站实行分区域标杆上网电价政策，将全国分为三类资源区，分别执行的电价标准差距较小，如 2016 年现行的 0.8、0.88、0.98 元/千瓦时。对分布式光伏发电项目，实行按照发电量进行电价补贴的政策，电价补贴标准为 0.42 元/千瓦时。这种定价机制不能完全反映实际发电成本，容易导致可再生能源发电项目主要集中在经济效益较好的地区，或者只有成本较低的发电技术得到激励，不利于实现可再生能源的合理布局。

（三）固定电价机制不能有效实现电力发展宏观调控

目前我国已对风电、太阳能发电和生物质能发电实施分类固定上网电价政策。固定电价机制能提供明确的投资预期，降低投资风险，保证可再生能源投资规模。但是，固定电价机制并不能反映可再生能源开发利用技术进步状况，不能形成督促投资者提高技术和改善经营管理的压力，也不能对投资规模进行有效的调控。因此，需要建立上网电价水平的动态调整机制。

随着技术的进步和开发规模的扩大，可再生能源发电成本呈快速下降趋势，从降低社会总成本、鼓励发电企业降本增效、避免行业大起大落的角度出发，政府应逐渐减少电价补贴力度，直至补贴政策最后完全退出。2009—2014 年间我国风电标杆上网电价水平未作任何调整，而此期间风电项目造价大幅下降，在不考虑弃风限电因素情况下，风电成本已显著降低，由此引起了近几年风电的爆炸式增长，并产生了消纳难等一系列问题。同样，光伏电池及组件成本快速下降，但光伏发电标杆上网电价政策调整较慢。2015—2016 年，国家发改委加快了风电、光伏上网电价调整进度。相比之下，光伏调整幅度较小。缺乏稳定的动态调整机制使得上网电价政策不能有效地发挥对可再生能源发展节奏的宏观调控作用。

（四）电价附加补贴机制难以支撑可再生能源开发规模

目前电价附加补贴金额度不足，难以适应未来可再生能源发展需要。按照《可再生能源法》，电网企业按照特许权中标价格（政府指导价）或可再生能源标杆电价（政府定价）收购风电、光伏等可再生能源，超出常规火电脱硫标杆上网电价的部分，附加在全网销售电价中分摊。电价附加由于其稳定可靠的来源，对可再生能源发电产业推力巨大。但是，这笔补贴的增长主要依赖全国用电量的增长，但其增长速度却远跟不上可再生能源产业的发展步伐。例如，2010 年全国征收的可再生能源附加费约为 130 亿左右，但大部分资金用于补贴风力发电和生物质发电，用于光伏发电的比例非常低，不到 5%。假定可再生能源补贴的 5% 用于光伏，补贴按 0.8 元/千瓦时算，则最多可补贴 800 兆瓦，而仅青海一省的规模就已接近 990 兆瓦①。2012—2016 年光伏发电投资呈现爆发式增长，这个补贴缺口将进一步增大。

造成再生能源补贴资金不足，存在多方面原因。一是征收标准低。二

---

① 王世江：《浅谈上网电价对我国光伏产业发展的影响》，《太阳能》2011 年第 16 期。

是配套税收政策不完善，导致征收的补贴资金缩水。由于可再生能源法规定不明确，而部门间政策又不配套，一些地方税务部门将可再生能源电价附加收入定为企业收入，征收所得税，不同意配额交易卖出方支付电厂补贴的增值税进项税进行抵扣，也不同意支付公共可再生能源独立电力系统运行维护费用高于当地省级电网平均销售电价的部分进行增值税进项税抵扣，致使电价附加资金大量缩水。三是征收率低。由于国家政策支持的高能耗企业和个别省份不征收可再生能源电力附加等原因，当前我国实际征收可再生能源附加额要比预期少20%左右。但是，要增加可再生能源电价补贴金额，资金来源存在问题。第一，上调电价附加费将加大企业经营压力。尤其在经济发展进入新常态的时代背景下，如果上调电价附加费，将进一步加大企业经营压力，影响企业利润。第二，增加财政支出规模存在加大财政压力和政策时滞问题。

（五）接网电价补贴标准太低

目前我国可再生能源发电送出线路执行"50公里以内为每千瓦时1分钱，50—100公里为每千瓦时2分钱，100公里及以上每千瓦时3分钱"的补贴标准。这个标准与现在的线路工程造价有些脱节，尤其在林区、山区等地势复杂地区。这导致线路投资的回收周期过长，电网公司的投资积极性受到影响，不利于风电等可再生能源的外送消纳。

现行政策仅考虑了可再生能源发电量就地消纳的接网工程建设运行费用，没有考虑到大型可再生能源发电基地电能远距离输送、送受端电网扩建等因素。大型可再生能源发电基地主要分布在"三北"等偏远、经济欠发达地区，电网配套工程建设运行成本高于常规能源接网工程部分，如通过提高本地销售电价回收，将显著加重当地用户负担，制约当地经济发展，如通过提高可再生能源落地价格来回收，将大大降低可再生能源消纳竞争力。这两种方式都将影响可再生能源的开发和消纳积极性，不利于可再生能源的健康快速发展。

（六）可再生能源的市场消纳机制不健全

有效的市场需求是推动可再生能源发展的决定性力量。即便可再生能源电力能大规模地生产出来，如果不能被市场有效消纳，那么规模效应无法体现出来，技术进步和生产成本降低将受到抑制。我国目前可再生能源并网的市场消纳问题逐步凸显。一是电网瓶颈问题。当前我国风电发展与电网规划和建设不协调。我国电网结构薄弱，部分电网无法承担风电上网带来的冲击。昂贵的电网接入系统，在风电场的建设投资中占有一定比重。电网规划和建设的速度远不及风电装机发展的速度，从而影响风力发电的发展。2010—2015 年因弃风造成的电量损失达 998 亿千瓦时，接近于三峡和葛洲坝两座水电站 2015 年发电量之和，超过北京地区 2015 年的全社会用电量，造成电费直接损失 539 亿元①。

二是可再生能源配额制尚未全面推行。目前我国已对风电、太阳能发电和生物质能发电实施分类固定上网电价政策，但固定电价政策只解决了可再生能源电力高出传统能源发电成本的补偿问题，而没有解决市场的需求问题，客观上需要引入配额制政策来增加市场需求。在电力市场尚未完全建立，价格由政府制定并在政府的严格管制的条件下，能够解决市场需求问题的配额制和能够解决成本补偿问题的固定电价政策有同时引入的可能。

四、我国可再生能源电力价格政策的完善建议

完善可再生能源电力价格政策，必须逐步引入市场竞争机制，完善电价管理制度，完善不同类型电力标杆上网电价，完善电价补贴费用分摊机制，建立可再生能源电力市场消纳机制。

（一）坚持政府扶持机制，逐步引入市场竞争

政策支持是可再生能源发展保障。受技术、成本、市场等因素制约，目前除水电可以与煤炭等常规能源发电竞争外，其他可再生能源的开发利用成本都相对较高，还难以与煤炭等常规能源发电竞争。因此，在相当长的时间里，必须有法律法规的保障和政府强有力的政策支持，可再生能源才能持续、稳定发展。这也是世界各国通行的做法。

上网电价形成机制要逐步引入市场竞争方法。上网电价政策既要有利

---

① 《"可再生能源开发利用目标引导制度"解读——专访中国风能协会秘书长秦海岩》，http://news. xinhuanet. com/energy/2016 - 03/08/c_1118266022. htm。

于促进可再生能源开发利用，同时也要避免过度保护，导致产业成长缓慢。上网电价和适用期限应当体现电力成本和合理利润，确保可再生能源开发商在一定的经营期内可以得到合理的投资回报，避免价格过低或者规定的价格期限过短带来难以承受的投资风险，从而吸引投资者积极开发利用可再生能源。同时，上网电价和使用期限，应当体现经济合理和经济效率，政府扶持的可再生能源发电企业所获得的平均利润应大致相当于或者略高于发电企业的平均水平，不对可再生能源开发利用形成过度保护。加强对电价信息披露的监管，包括电量上网、价格制定、费用分摊、收入调配、电费结算等方面的信息都要及时公开披露，使信息更加公开、透明、对称，增加投资者对电价信息的知情权，逐步解决各个层面信息不对称问题，维护市场公平交易和市场主体的合法权益。

按照电力体制改革的整体方向，上网电价逐步取消政府定价，形成以市场为基础的价格形成机制。当前政府制定的建立在火电标杆电价基础上的可再生能源电力上网电价机制，会随着火电标杆电价的取消而取消。由此，相应的补贴方式需要做出相应调整。2016 年 2 月，国家能源局提出要建立基于配额制的可再生能源绿色电力证书（绿证）交易机制。作为一种市场化的可再生能源电力补贴方式，绿色电力证书交易制度可有效解决可再生能源补贴不足的缺陷，确保可再生能源的持续发展。

（二）完善电价管理制度，推进电价动态管理

根据可再生能源电力技术发展水平、市场规模，采取不同的可再生能源电力价格形成模式，形成固定电价和动态电价并存的格局。根据总量目标的要求和技术发展的水平，规定某一时期内某类技术的电力价格水平，分类制定不同技术种类可再生能源电价水平，确定价格适用期限、调整办法和规则等。建立可再生能源上网电价灵活的调整机制。借鉴欧盟国家经验，根据风电、光伏发电的成本变化趋势、国家可再生能源规划目标实现情况制定出台灵活的上网电价调整机制。将上网电价调整与实际发电成本变化挂钩，确定每年新建项目上网电价的同比下调幅度，这样既保证发电项目投资者能够获得投资收益，又将利润率维持在一个合理水平，防止投资者积极性出现大幅波动。将上网电价调整与国家规划目标实现情况挂

钩，当可再生能源实际发展规模距离规划目标较远时，适当降低新建项目上网电价下调幅度，以加快可再生能源的发展。反之，当可再生能源实际发展规模超过规划目标时，适当提高新建项目上网电价下调幅度，防止出现投资过热，促进国家规划目标的有序实现。

加快研究建立风电上网电价逐年降低机制。风电成本逐年下降的趋势，为风电价格逐年下降创造了可能。应参照国外一些成功的做法，尽快研究建立风电上网电价逐年降低机制。太阳能发电价格也应该未雨绸缪，参照风电的做法，在条件成熟时也实行这种机制。逐年递减光伏上网分区标杆定价。在借鉴德国等光伏先进国家的成功经验的基础上，综合考虑我国经济形势，光伏技术发展速度等因素，建议分年度逐步降低光伏上网分区标杆定价，即在首年光伏上网分区标杆定价的基础上每年降低5%，直至与电网价格持平。这样不仅能够保证光伏企业在每个时间段都保持合理的盈利水平，而且也能促使企业进行技术革新，推动我国光伏产业的持续健康发展。

（三）细化资源和项目分类，调整完善标杆上网电价

可再生能源上网电价水平要充分体现区域资源条件、项目成本、进入市场时间等因素。这样才能对可再生能源发电收益提供保障。按照风能、太阳能、生物质能等可再生能源发电技术、成本、市场特点和各地资源状况，分别制定全国统一或分地区的标杆上网电价和相应的定价办法，使得同一地区同类可再生能源发电项目基本可以获得同等水平的上网电价，促进可再生能源持续、健康、协调发展。细化太阳能资源分区和装机容量分类，完善光伏上网电价机制。首先，参考四大风资源区划分的做法，利用全国太阳能资源调查的最新成果，将全国划分为四大太阳能资源区域。分四大区设立标杆光伏指导电价。其次，充分考虑地面光伏电站、分布式房屋光伏系统、光电建筑一体化项目等不同类型光伏发电的成本差异，对同一资源区内的不同类型项目制定差异化上网电价。进一步完善风电标杆电价。

（四）完善电价附加征收方式，构建灵活增长机制

适当、适时地提高电价附加水平和补贴额度。尽快出台可再生能源发

展基金的管理办法；在确定可再生能源电价附加（发展基金）水平时，考虑地区的差异性，不同地区执行不同的标准。建议提高对风电补贴额度，缩短补贴发放周期，以保证企业的现金流及正常的财务核算。根据可再生能源预期发展水平，2020 年左右再将标准提高到每千瓦时 3 分钱左右，以促进可再生能源持续发展。

修改完善可再生能源电价附加征收管理方式。针对可再生能源电价附加资金和财政专项资金管理使用中存在的问题，建议将现行可再生能源法规定征收的电价附加资金和国家财政专项资金合并为政府性基金性质的国家可再生能源发展基金，纳入国家财政基金管理，为可再生能源开发利用提供稳定、持续的资金支持渠道。避免税务机构将电价附加视作营业收入进行征税导致扣减的问题。

（五）完善接网费用分担机制，消减可再生能源市场消纳障碍

完善接网费用分担机制。一是构建大型电网接入工程全国分摊机制。电网接入工程尤其是大规模、长距离的电网接入工程费用计入全国范围分摊同样体现上述原则，可减少接网所在省电网公司和省份的经济负担，消除电网公司在投资建设接网工程时的经济利益障碍。特别是，针对"三北"地区规模较大的风电基地，考虑可再生能源发电基地电能远距离输送、送受端电网扩建等因素，单独核定大型可再生能源发电基地电网配套工程电价补贴标准，并明确可再生能源发电基地配套电网工程高于常规能源的建设运行费用，通过可再生能源电价附加在全国分摊。二是提高小型电网接网费用。提高可再生能源发电接网费用标准，改进定价办法。对于规模比较小的风电基地，接网工程标准采用标杆方式，根据风电上网电量收取。

加快出台可再生能源配额机制并予以实施。《可再生能源法修正案》明确地将可再生能源配额保障性收购确立为一项基本法律要求，并要求相关部门，按照全国可再生能源开发利用规划，确定在规划期内应当达到的可再生能源发电量占全部发电量的比重，制定电网企业优先调度和全额收购可再生能源发电的具体办法。直到 2016 年 2 月，国家能源局才出台《关于建立可再生能源开发利用目标引导制度的指导意见》，提出到 2020 年各

发电企业非水电可再生能源发电量应达到全部发电量的 9% 以上，各地全
社会用电量中的非水电可再生能源电量比重平均达到 9%。这一配额低于
2012 年 5 月国家能源局发布的意见征求稿中提出的 15% 指标。在该意见
中，缺乏对未完成目标者如何处罚的规定。

第七章　中国新能源产业发展
及其政策（下）

新能源产业发展政策是一个完整的政策体系，其主要政策工具除第六章分析研究的财税政策、融资政策、价格政策外，还包括技术政策、环保政策、国际竞争合作策略和立法保障。这是本章所要分析研究的主要内容。

第一节　新能源产业发展的技术政策

一国产业的国际竞争力主要取决于该国的技术创新水平。从根本上来讲，取决于该国产业技术的原始创新能力。因此，在获得一定的产业技术发展优势的基础上，要坚持正确的产业技术创新方向和创新道路，充分发挥技术政策对我国新能源产业发展的引领作用。必须构建技术创新动力机制，发挥技术政策对我国新能源产业发展的引领作用，确立技术发展导向目标，推动传统技术改造升级，加快新技术推广应用和实施知识产权保护等。

一、产业技术政策的一般规定及功能

苏东水在其主编的《产业经济学》一书中提出，产业技术政策是指国家对产业技术发展实施指导、选择、促进与控制的政策的总和①。在此基

---

① 苏东水:《产业经济学》,高等教育出版社 2000 年版,第 362 页。

础上，王可强在其博士论文《基于低碳经济的产业结构优化研究》中将产业技术政策定义为，"国家制定的用以引导、促进和干预产业技术进步的政策的总和"[1]。

　　一般来说，产业技术政策以产业技术为直接的政策对象，是保障产业技术进步、推动技术创新和提升产业竞争力的重要手段。它与科技政策既有联系，又有区别，区别在于产业技术政策更侧重于商业化应用。一般而言，产业技术政策包括两个方面的内容：一是确定产业技术的发展目标，制定具体的发展规划，确立未来发展的技术标准和知识产权保护战略，并根据实际发展的具体形势，予以有效调整。二是具体的技术进步促进工具，包括技术引进、技术扩散和技术扶植开发原始创新等。技术引进是通过直接引进别国的先进[2]技术，来直接提高产业竞争力。但这不足以摆脱落后状态，唯有消化吸收再创新，以发挥后发优势，才能迎头赶上。技术扩散亦是如此。原始创新能力是决定产业核心竞争力的关键因素，主导着一国产业技术的国际地位和发展态势。在21世纪成熟的市场经济体中，产业技术政策主要是通过产业、产品和技术指导目录等的公布，实施税收优惠、融资便利等，进行间接干预。

　　由于技术成果具有公共物品的特质和正外部效应，外溢效益十分明显，以至于技术开发的成本与收益之间存在不对称关系[3]，开发的社会成本几乎由个人来承担，而个人收益率总是低于社会收益率。因此，在没有实施知识产权保护的情况下，私人面对技术研发的风险，缺乏投资动力。正如《新帕尔格雷夫经济学大辞典》所提到的，技术进步一般是在一条明显前进的道路上来回变动，存在迂回性和曲折性。单纯依靠市场力量，尤其是在不成熟的市场经济体中，投资技术开发，存在较大困难，需要政府介入干预。

　　政府干预技术研发，具有连续、高效、大规模和系统性的组织优势。

　　[1]　王可强：《基于低碳经济的产业结构优化研究》，吉林大学，2012年，第80—81页。

　　[2]　我们认为，"先进"是相对于本国来讲的，在国外未必就是最先进的。因此，引进的技术，相对于国内来说比较先进，但在国外可能是已经落后的技术。

　　[3]　苏东水：《产业经济学》，高等教育出版社2000年版，第363页。

政府可以制定并依据一定的发展目标和规划，分阶段有步骤地通过公共财力进行可持续的投入，形成规模优势和系统优势，避免重复式研发，从而节约研发成本，实现技术资源的有效开发和最优配置①。在竞争日趋激烈的现代市场经济中，连续、高效、大规模和有组织的技术创新发挥着越来越重要的作用。

产业技术政策对产业发展具有引领作用。这可以表现在以下两个方面：一是确立技术发展导向目标。有了导向和目标，产业技术发展才有蓝图和归宿。通过建立长期的技术发展规划、短期的产业技术发展指导目录，配套实施一定的奖惩激励措施，引导企业和科研院所研发、引入较为先进的技术，鼓励自主创新能力培养；限制并逐步淘汰落后、过时的产业技术，推动研发主体不断进行技术创新。产业技术政策的最终导向是提升一国产业的自主创新能力，打造产业的核心竞争力。二是推动传统技术改造升级和加快新技术推广应用。通过实施具有示范效应的项目工程，结合资金投入，支持鼓励传统技术改造升级，带动新技术普及应用。通过确立行业标准、国家标准、国际标准等多层次的产业技术标准体系，规范市场竞争秩序，提高管理效率，提升技术发展层次。

作为新能源产业的技术政策，其目标有二：一是通过政策干预，克服新能源技术的脆弱性和不稳定性，使之能够与传统能源技术相竞争，从而为新能源能够成为未来的替代能源、主流能源和主导能源做好技术准备；二是通过自主创新能力的提高，提高本国新能源产业技术水平，使之能够代表未来全球新能源发展的技术趋向，率先实现能源革命，不断提升国际竞争力和话语权。

二、我国新能源产业技术政策的历史演变

从我国新能源产业技术政策历史演变的轨道上看，"技术引进 + 国产化"是一条主线。这一思路基本达到了"在技术较为落后的情况下，实施赶超策略，接近或达到国际领先水平"的目标。展望未来，要引领世界新能源产业技术先进潮流，成为产业发展的领导者，必须注重原始自主创新

---

① 现实中，往往达不到最优配置，更多的是一种次优选择。

能力的培养和提升。

（一）新能源产业政策整体演变

从整体上来讲，我国实施了鼓励新能源产业技术发展的政策，积极引用外资和国外技术，推进技术设备国产化和自主创新能力建设。早在1995年6月，原国家计划委员会、国家经济贸易委员会、对外贸易经济合作部发布的《外商投资产业指导目录》，将包括核电站的建设、经营（由国有资产占控股或主导地位）以及太阳能、风能、磁能、地热能、潮汐能等新能源电站的建设、经营列入鼓励类外商投资产业目录；对60万千瓦及以上核电机组制造（不允许外商独资经营）列入限制类外商投资产业目录。此后历经1997、2002、2004、2007、2011、2013、2015年多次修订，始终把新能源电站建设、经营列入鼓励类目录。其中，2011年的修订，鼓励外商投资产业目录提高了风电装备标准，要求风力发电机组轴承达到2兆瓦、风力发电设备要求2.5兆瓦及以上。

1997年第一次制定了《当前国家重点鼓励发展的产业、产品和技术目录》，囊括了太阳能、地热能、海洋能、垃圾、生物质能发电及大型风力发电以及百万千瓦级压水堆核电站、低温核供热堆、快中子增殖堆、聚变堆、先进的铀矿采冶、高性能核燃料元件、乏燃料后处理等7项关于核能的利用项目。对于这些项目且不属于《国内投资项目不予免税的进口商品目录》之列的，免征进口关税和进口环节增值税。

前一目录在经过2000年修订之后，2005年并入到《产业结构调整指导目录（2005年本）》，对新能源项目做了进一步修订。为了更好地引导可再生能源相关研究机构和企业的技术研发、项目示范和投资建设方向，国家发改委于2005年10月专门印发了《可再生能源产业发展指导目录》，涵盖了88项可再生能源开发利用和系统设备/装备制造项目。

与2005年本相比较，《产业结构调整指导目录（2011年本）》更加注重战略性新兴产业发展和自主创新，将新能源从鼓励电力类项目独立出来专列一类，分成十小项；在鼓励核能类，删除"核分析、核探测仪器仪表制造"项目，增加"核设施退役及放射性废物治理"与"核电站延寿及退役技术和设备"两小项。

《产业结构调整指导目录（2011 年本）（2013 年修正）》在鼓励类"五、新能源"增加"海上风电机组技术开发与设备制造"与"海上风电场建设与设备制造"，在鼓励类"六、核能"增加"核电站应急抢险技术和设备"。这反映了我国新能源技术进步较快，发展日新月异，取得了可喜可贺的成绩。

（二）核电产业技术政策演变

在核电技术决策上，早在 20 世纪 70 年代初，国家领导人作出了"要和平利用核能，搞核电站"的指示。1983 年，原国家计委、国家科委联合召开我国核能发展技术政策论证会（回龙观会议），制订了经国务院批准颁布实施的《核能发展技术政策要点》，确立了核电主要采用压水堆、主要发展单机百万千瓦级机组和技贸结合的方针。在技术路线上，主要走的是"引进技术设备 + 国产化"的路子。

我国核电经历了"三轮引进"之路。20 世纪 80 年代，第一轮发展中主要是引进了法国 M310 机组设备建造两台 90 万千瓦发电机组的广东大亚湾核电站，自主研发、设计、制造、建造和运营秦山一期 30 万千瓦机组。

20 世纪 90 年代的第二轮引进，以纯粹购买发电容量为目的，相继购买了加拿大的重水堆（秦山三期）、俄罗斯的压水堆（田湾）、法国的压水堆（岭澳—大亚湾后续项目），开工建设了自主设计的秦山二期核电站。2002 年末至 2003 年初所确定的新一轮技术路线，则是直接引进国外最先进的第三代核电站技术，最终美国西屋公司的 AP1000 技术中标。

但在实践中，AP1000 技术属于设计先进但尚未投产、未经检验、尚不成熟的技术。2006 年以来，将"一步跨越"调整为"两步走"，批准了我国自主设计建造的二代改进型核电项目建设，如岭澳核电站扩建工程、秦山二期扩建工程、辽宁红沿河核电工程以及福建宁德核电站等。在第三代核电技术国产化上，形成了中广核集团的 ACPR1000 +（2012 年 12 月通过鉴定）、中核集团的 ACP1000（2013 年 4 月通过鉴定）、国家核电技术公司的 CAP1400（2014 年 1 月通过鉴定）以及中核集团与中广核集团合作研发的"华龙一号"（2014 年 8 月通过设计方案，设备国产化达到 85% 以上）。

我国积极自主研发的也是世界上第一座具有第四代核能系统安全特征

的 20 万千瓦级的石岛湾高温气冷堆核电站示范工程已于 2012 年 12 月 21 日在荣成开工建设。从技术系列上看，我国二、三代核电技术都属于热堆技术，无论如何改进，只能做到"概率安全"的提升，不能实现"固有安全"。而高温气冷堆采用全新的第四代核安全技术，使用氦气作为冷却介质，具有固有安全性、发电效率高的特点。在安全上，不会发生堆芯熔化的事故，能够达到"固有安全"。在发电效率上，可达 40% 以上，显著高于三代技术 30% 的平均水平。

技术国产化带来的直接受益是核电站建造成本下降。例如，我国第一个全面实现"自主设计、自主制造、自主建设、自主运营"的百万千瓦级核电工程——岭澳二期，两台机组设备国产化率分别达到 55%、73%，单位造价 1.23 万元/千瓦，在全球同级别造价中处于最低位①。

（三）风电产业技术政策演变

从发展历程来看，非核电新能源早期发展比较薄弱，基本上走的也是"引进技术设备＋国产化"的路子。在 1995 年以前，大部分风电场使用的设备来自国外进口，国内主要研发关键零部件，相继研制了 18 千瓦、55 千瓦、200 千瓦等系列的风电机组②。随着"国家科技攻关计划"③"国家重点基础研究发展计划"（"973 计划"）、"乘风计划"（1996 年提出）、"双加工程"（1996 年启动）④、"我国光明工程"（1996 年提出）⑤、"863

----

① 刘传书：《中广核岭澳核电站二期工程获中国核能行业 2013 年度科学技术最高奖》，《科技日报》2013 年 12 月 16 日.

② 谢祥、汝鹏、苏竣、李建强、智强，《中国风电装备制造技术创新模式演进及政策动因》，《煤炭经济研究》2011 年第 4 期.

③ 国家科技攻关计划是第一个国家科技计划，也是 20 世纪中国最大的科技计划，1982 年开始实施。其中，"九五"期间，新能源以研制开发大功率风力发电机以及太阳能、生物质能的应用为重点。

④ "双加工程"是国家经贸委在技术改造方面实行的"加大投资力度，加快技术改造步伐"的简称，于 1995 年提出实施意见。

⑤ "中国光明工程"于 1996 年国家计委提出并实施，是指利用当地丰富的风能、太阳能以及包括微型水电在内的其它的新能源资源，建设一套经济可靠的供电系统，解决偏远地区的供电问题。根据《中国光明工程第一期行动计划》，其总投资规模在 100 亿元左右，资金来源由中央政府、地方政府拨款、国际赠款和有条件的用户自筹资金等四部分构成。

科技攻关项目'兆瓦级风力发电机组及其关键部件研制'"（2001 年提出）等多项政策实施，我国风电向国产化和规模化方向发展。

围绕国产化，除了在研发上下功夫之外，支持鼓励风电场使用国产设备。《关于进一步促进风力发电发展的若干意见》（国家经贸委，1999）允许使用国产设备的风电场"优先立项和上网"。《关于加快风力发电技术装备国产化的指导意见》（国家经贸委，2000）对使用国产设备的风电场予以"政策和资金支持"。"国债风电项目"（2000 年提出）建立了 8 万千瓦国产风电机组示范风电场。"送电到乡"项目（2002 年实施）加速西部风电应用。"风电特许权项目"（2002 年批复）对机组本地化率有着明确要求①。

《加快风电设备本地化有关意见》（国家发改委，2005）重点扶持金风科技和大连重工起重机械厂两个企业的发展、以风电的规模化建设带动风电设备的本地化。《国家发改委关于风电建设管理有关要求的通知》（2005）要求建设的风电场风电设备国产化率要达到 70% 以上。从 2006 年开始，风电场特许权招标开始采用项目投资企业和风电设备制造企业捆绑招标的方式，要求风电设备制造企业提供的风电机组国产化率达到 70%。2009 年底，这一政策正式被取消。

2008 年《关于调整大功率风力发电机组关键零部件、原材料进口税收政策的通知》鼓励进口大功率风电机组的零部件而非整机，自 2008 年 5 月 1 日起，对新批准的内、外资投资项目，进口单机额定功率不大于 2.5 兆瓦的风力发电机组一律停止执行进口免税政策。

在规模化应用上，1995、2000、2007、2008、2011、2014 年，我国政府部门对风电技术发展做了多次调整。2005 年《国家发展改革委办公厅关于组织实施可再生能源和新能源高技术产业化专项的通知》规定，2005—2007 年期间开展 1.5 兆瓦变速恒频风力发电机组和 1.2 兆瓦直接驱动永磁式风电机组的产业化。2008 年国家能源局启动内蒙古、新疆、甘肃、河

---

① 原国家计委对江苏省如东市和广东省惠来县两个风电场特许权项目建议书批复，每个风电场建设规模为 10 万千瓦，单机容量不小于 600 千瓦，机组采购的本地化率不低于 50%。2004 年，特许权项目将机组采购的本地化率增加为不低于 70%。

北、江苏和吉林 6 个千万千瓦级风电基地规划和建设。

2012 年 3 月，科技部印发《风力发电科技发展"十二五"专项规划》，从基础研究、研究开发、集成示范、成果转化等七大方面提出了风电科技发展规划。同日，《智能电网重大科技产业化工程"十二五"专项规划》对突破可再生能源发电大规模接入的关键技术和积极发展储能技术提出了新要求。

2012 年 7 月，国家发改委相继发布《可再生能源发展"十二五"规划》和《风电发展"十二五"规划》，确立了"十二五"期间风电开发目标，提出了继续推进风电规模化发展、增强风电装备制造产业的创新能力和国际竞争力、完善风电标准及产业服务体系等思路。在研发上，将"7兆瓦级风电机组及关键部件设计和产业化技术、分布式中小型风电机组设计制造技术"纳入到 2012 年度国家科技支撑计划能源技术领域支持重点。在"863"计划中，设立了"超大型海上风电机组设计技术""前端调速式风电机组设计制造关键技术""海上风电场建设关键技术"等任务专项。

三、我国新能源产业技术发展困境

我国新能源产业发展从无到有、从小到大，得益于技术政策引导下的技术进步。在核电上，我国已经能够自主完成百万千瓦核电机组从总体设计、初步设计到详细设计的全部过程，全面掌握了核电关键设备的设计制造技术，能够自主制造百万千瓦核电反应堆压力容器、主管道、堆内构件、控制棒驱动机构、半速汽轮发电机组等关键设备，具备了百万千瓦压水堆核电机组成套设备生产能力。

在风电上，我国已经能够研制 5 兆瓦以上的大功率风电机组，华锐风电的 5 兆瓦机组和 6 兆瓦机组、联合动力的 6 兆瓦机组、东汽的 5.5 兆瓦机组已经投入试运行；形成了风电整机及叶片、齿轮箱、发电机、控制器、变流器等关键零部件比较完整的风电装备制造体系；攻克千万千瓦风电汇集系统无功电压管控关键技术难题，逐步提高低电压穿越技术能力，初步建立了大型风电机组标准、检测和认证体系。

在光伏发电上，我国已经形成包括超纯硅材料生产（主要是单晶硅、多晶硅）、硅片、电池片、电池组件、应用系统在内的较为完整的产业链，在光伏电池制造技术方面，已达到世界先进水平。在生物质能利用领域，大中型沼气技术已经得到规模化利用，生物质发电技术基本成熟，万吨级秸秆纤维素乙醇产业化示范工程进入试生产阶段。我国新能源产业技术开发在取得成绩的同时，也存在一些发展的问题，面临着现实困境。

（一）核电产业技术发展困境

1. 第四代核电安全技术迫切需要开发

这不仅是我国技术开发的现实和未来困境，也是世界级难题。尽管第三代核电技术宣称是最安全的，但还没有经过实践检验，依然存在堆芯可能发生熔化的概率，从而诱发核事故。安全是核电运行和发展的生命线。发生一次核事故，所带来的经济损失是巨大的，其对环境的破坏和社会影响在短时间内难以消除，这对核电的发展是大大不利的。主攻安全方向，确保万无一失应是未来核电技术发展的首要选择。

2. 铀矿勘探技术尚需进一步提升

随着我国在建核电机组陆续建成投产，未来天然铀需求会越来越大。按照每百万千瓦压水堆核电站年均消耗 150—180 吨核原料计算，2015 年（在运 4000 万千瓦，在建略超 2000 万千瓦）、2020 年（在运 5800 万千瓦，在建 3000 万千瓦）消耗量将分别达到 6000—7200 吨、8700—10440 吨，显然单纯依靠国内 17.14 万吨①的铀矿储量不能支撑目前设计长达 60 年寿命的核电站运营。利用国际市场，进口铀矿石就成为重要手段。而定价权已经掌握在阿海珐等少数国外大公司手里，投资开采国外铀矿就成为不二选择。铀矿储量的高低取决于勘探技术。从长远来看，提高国内储采比，才能实现核电未来的规模化和可持续发展，避免受制于人。

3. 高性能核燃料元件制造与核电站运行后续处理技术亟待提升

核电站运行后续处理技术包括乏燃料后处理技术、低放固体废物处理技术以及核电站延寿及退役技术等。截至目前，我国还没有掌握有效的乏燃料后处理技术，仅仅采用"一次通过"方法，不能实现铀、钚分离并回

---

① 这一数字来自于经合组织核能机构与国际原子能机构 2010 年发布的《2009 铀：资源、产量和需求》。

收利用，造成宝贵的铀资源闲置。据估算，每百万千瓦核电站，每年可产生约 550 立方米的低放固体废物。2015 年我国核电装机将达到 4000 万千瓦，每年将产生约 22000 立方米的低放射性固体废物，直接挑战着我国核废料处理能力。我国第一座核电站已经运行二十多年，需要提前做好规划和部署核电站退役工作。

4. 核电技术"走出去"任重而道远

尽管我国核电制造能力取得了很大进步，但核电出口——"走出去"的步伐依然较小，国际竞争力优势没有展现出来。在与美俄日法韩的同台竞争中，处于弱势地位。其原因在于，我国核电企业在进军世界核电市场中，不是抱团取暖，而是各自为战。近年来，虽然形成了用于出口的"华龙一号"核电品牌和统一标准，然而起步较晚。2015 年 12 月 30 日，中广核和中核签署协议，共同投资设立华龙国际核电技术有限公司（简称"华龙公司"）。这为中国核电走出去奠立了组织实体基础，但组织内部仍然面临技术融合和发展难题。

（二）非核电新能源产业技术发展困境

1. 整体制造技术水平与国际比较还存在一定的差距

在风电方面，单个风机平均装机容量低于国际市场平均水平。根据丹麦 BTM 统计，2012 年我国市场新增风机单个风机平均容量为 1.646 兆瓦，而全球平均水平为 1.847 兆瓦，北美市场在 1.9 兆瓦以上，德国和英国也在 2.3 兆瓦以上，丹麦达到 3 兆瓦。

在光伏发电方面，尽管"三头在外"的局面有所变化，但关键设备仍然依赖进口。《重大技术装备和产品进口关键零部件、原材料商品清单（2013 年调整）》列入了晶硅太阳能电池生产用全自动印刷、烘干、烧结、测试分选系统，CIGS 薄膜太阳能电池硒化/热处理设备，单晶硅棒多线切割机、薄膜沉积设备等关键设备。

在生物质能方面，纤维素乙醇生产未成规模，第三代生物技术尚在研发，垃圾焚烧发电成套设备还未实现完全国产化，生活垃圾精分选成套系统装备尚需进口。部分行业出现的产能过剩，暴露的是低水平重复建设和产业链条技术含量低问题。相反，在技术含量高的产业链条端，不仅没有过剩，反而稀缺。由于技术水平的差距，我国风电、光伏和生物质能发电，在制造和运营环节存在高耗能、高排放、有毒污染和噪声污染等环保问题，出现了清洁能源不"清洁"的现实困境。

2. 并网难和储能技术的欠缺，制约了风电和光伏发电的大规模应用，分布式发电商业模式尚未成熟，微电网技术较为薄弱

虽然大规模并网接入技术取得了突破，但这并不意味着并网难题就能迎刃而解，技术的可行性与经济的实用性存在衔接。2015 年，我国风电弃风限电形势加剧，全年弃风电量高达 339 亿千瓦时，同比增加 213 亿千瓦时，平均弃风率高达 15%，同比增加 7 个百分点；全国风电平均利用小时数为 1728 小时，同比下降 172 小时。另一方面，储能技术研发尚未进入革命性阶段。风光互补、风电——抽水蓄能、光伏——抽水蓄能以及三者联合等成为当前新能源电力建设的次优选择。

其局限性在于，容易受地理位置的限制，发挥的作用也较为有限。分布式发电相对于集中发电来讲，商业风险较高，经济收益较低。分布式发电并网后，会给电网电压、电能质量和继能保护等带来额外影响，从而增加电网技术改造和升级的成本。当前，我国微电网技术已经有了一定的发展，建立了技术应用示范工程，但技术基础较为薄弱，在接入、规划设计、建设运行和设备制造等环节还没有建立相应的国家技术标准，产业化市场运营尚待时日①。

四、我国新能源产业技术政策的未来选择

我国新能源产业在现有政策和技术的基础上，应坚持正确的技术发展导向，树立长远发展眼光，同时兼顾现实利益，加大科研投入，加速技术产业化进程，走出一条具有中国特色的自主创新道路，以提高产业的国际竞争力。

（一）坚持正确的技术发展导向

从技术发展的战略角度来讲，我国新能源产业发展无非要实现两大层

---

① 武星、殷晓刚、宋昕、王景：《中国微电网技术研究及其应用现状》，《高压电器》2013 年第 9 期。

次的目标：一是在技术较为落后的情况下，实施赶超策略，接近或达到国际领先水平；二是在达到或实现第一个层次目标的基础上，引领世界新能源产业技术先进潮流，使之成为产业发展的领导者。要实现第一个发展层次的目标，可以通过引进消化吸收再创新、集成创新等，不断提高国产化率。

而第二个层次目标的实现，则是主要依赖原始自主创新能力。立足于具有较高技术实力的现实基点，未来新能源产业的国际竞争力，取决于一国的原始自主创新能力。因此，对于原始自主创新能力的培养和提升，就成为我国当前和未来新能源产业技术政策实施的主要目标和方向之一。

具体来看，我国新能源产业技术创新的两大任务是安全性和经济性。安全性表现为技术的可靠性、运行的可持续性和环保的良好性。经济性表现为效率的提高和成本的降低，使之能够与传统能源相竞争，并最终代替传统能源，成为经济发展的主导能源。

（二）打造良好的创新动力机制

创新不是单枪匹马的个体行为，而是具有鲜明的群体特质和社会表征。营造良好的社会风气，打造创新动力机制，形成良好的创新氛围，比单纯的增加创新投入更为重要。一是打造创新动力的经济价值取向，使创新体现相应的经济价值。党的十八届三中全会通过的《中共中央关于全面深化改革若干重大问题的决定》提出，要健全技术创新市场导向机制，发挥市场对技术创新的要素配置导向作用，发展技术市场，建立主要由市场决定技术创新项目和经费分配、评价成果的机制；建立产学研协同创新机制，建设国家创新体系；健全技术创新激励机制，加强知识产权运用和保护。党的十八届五中全会通过的《中共中央关于制定国民经济和社会发展第十三个五年规划的建议》提出，要鼓励企业开展基础性前沿性创新研究，重视颠覆性技术创新。在权力分配上，扩大高校和科研院所自主权，赋予创新领军人才更大人财物支配权、技术路线决策权。在收益分配上，以增加知识价值为导向，提高科研人员成果转化收益分享比例。这必将大大调动企业、高校、科研院所和科研人员创新的积极性、主动性和创造性，在全社会掀起创新的高潮。二是打造创新动力的社会价值取向，使创新体现相应的社会价值。要逐步淡化、消解官本位意识，转变以官本位为导向的社会价值观，打造服务性政府，尊崇能力本位。只有全社会树立以能力本位为导向的社会价值观，才能解除创新桎梏，发挥人才创新活力，才能形成人人尊重科学、人人尊重技术、人人尊重创新的社会氛围。

（三）持续加大研发投入力度

原始创新能力的培养与提升，取决于人财物要素资源的行之有效的持续投入。从宏观层面来讲，我国研发经费投入占 GDP 的比重，与国际比较，还存在一定的差距。2010 年，我国的这一指标数字是 1.8%，没有达到"十一五"规划的 2% 的预期目标。而 2007 年世界平均水平为 2.2%，美国是 2.67%，日本是 3.44%。2013—2015 年，尽管我国全社会用于研究开发活动的支出大大增加，但占 GDP 的比重依然不高，2015 年为 2.1%，没有达到"十二五"规划 2.2% 的目标。

从产业层面来讲，作为战略性新兴产业之一，我国新能源产业要成为先导性、支柱性产业，技术先行是关键，研发投入比重应高于全国的平均水平。从政策设计的角度来讲，应把研发投入额度和其占销售收入的比重作为一项列入新能源制造业的准入条件。2013 年 9 月工业和信息化部制定的《光伏制造行业规范条件》规定，光伏制造企业每年用于研发及工艺改进的费用不低于总销售额的 3% 且少于 1000 万元人民币。2015 年颁发的《光伏制造行业规范条件（2015 年本）》（简称《2015 年本》）延续了这一规定，并提高了现有光伏制造企业、新建和改扩建企业以及项目产品的部分规模和工艺技术指标。例如，2015 年本规定的现有光伏制造企业及项目产品，多晶硅电池和单晶硅电池的光电转换效率分别不低于 17% 和 18.5%，比 2013 年分别提高了 1 和 1.5 个百分点。这就对新能源企业增加技术研发投入提出了更高的要求。

（四）加速推动技术产业化进程

我国发展新能源产业的最终目的，不仅要解决能源供应的短缺，而且要通过新能源的清洁应用，减少传统能源对环境的污染和破坏。2013 年入冬以来，尤其是 2014 年 1 月份以来，我国中东部地区大约七分之一的国土出现大面积的严重雾霾。造成雾霾的污染源，与传统能源相关的是汽车尾气、供暖燃煤。因此，推动新能源的普及推广应用刻不容缓。转变那种重生产、轻应用的发展观念，培育国内市场，变新能源"世界制造工厂"为"模范应用基地"，加速推动新能源技术产业化进程，加快新能源国内普及推广应用。在产业化进程中，不断发现技术创新中的问题，调整技术路线，形成技术标准，打造国内和国际品牌。随着分布式发电技术成熟，应创造多种条件，使分布式光伏发电成为光伏发电的主流。

第二节　新能源产业发展的环保政策

从产业存续的整个链条来看，新能源是相对清洁的能源，而不是绝对清洁的能源。在新能源前期产品制造和后期废物处理的环节中，如果处理不当，有可能带来环境污染这一负外部性问题。解决这一问题，单靠企业自律远远不够，需要政府进行外部干预，实施强力的环保政策，确保新能源产业可持续发展。

一、新能源产业链条中的环境污染问题

由于环境技术、经济成本等原因，新能源在生产使用的整个产业链条中难以做到完全清洁、绝对清洁。随着新能源的规模化生产和应用，产生的环境污染问题不容忽视[①]。对此，必须引起高度的重视。

（一）核电产业链条中的环境污染问题

与煤电相比，核电产业链中所产生的环境问题主要是放射性污染。它主要有四个来源：铀矿石开采、核电站运营、乏燃料处理与核电站退役，主要表现为放射性的废气、废水、废渣等"三废"的排放。

1. 铀矿石开采

核电生产需要的核燃料为放射性重金属元素——铀，而铀来自于铀矿

---

① 根据《辞海》1999 年版彩图本(上海辞书出版社,第 2482 页)的解释,"污染"的定义之一被界定为自然环境(如大气、土壤、水体等)中混入危害人体、降低环境质量或破坏生态平衡的物质的现象。

石的开采和提纯。铀矿在开采的过程中，会放出放射性气体——氡气。其中氡气的同位素 222Rn 及其子体是铀矿对人体危害最大的有毒有害气体[①]。废水污染源主要有矿坑排水、尾矿水、受雨水淋滤、渗透溶解矿物中可溶成分的废水以及其他生活、医疗废水，它们会对地表水、土壤和地下水带来污染。固体污染物主要表现为废石污染和尾矿污染。在废石和尾矿中均含有 238U、234U、230Th、226Ra，其中 238U 的半衰期为 $4.49 \times 10^9 a$，230Th 的半衰期为 83000a[②]，会不断地向大气释放氡气。一项研究表明，来自废弃矿山的铀污染程度在过去可能被严重低估，对地下水、地表水中的铀污染治理策略必须修正[③]。

2. 核电站运行

核电站在正常运营期间，核电机组排放的放射性核素微乎其微，一般也不超过本底辐射剂量的 1%[④]，不会造成环境污染。只有出现反应堆堆芯熔化，发生核泄漏时，才会对环境造成严重污染。核电运行史上，必须提到的核事故有 1979 年的三里岛核事故、1986 年的切尔诺贝利核事故和2011 年的福岛核事故。其中 1979 年的三里岛核事故虽然出现了堆芯熔化，但由于安全壳的保护作用，核燃料并未外泄，对环境的影响极小。切尔诺贝利核事故和福岛核事故是迄今核电事故级别最高的，为最高级 7 级，对生态环境带来了不可估量的灾难。直到今天，它们对环境的影响仍未彻底消除，去污成本高昂。三起事故究其共性原因，在于操作人员工作失当和运营管理不够严谨规范。如果管理到位，核事故是可以避免的。

3. 乏燃料处理

核燃料在反应堆内通过链式反应释放能量的过程中，会产生一种地球自然环境中不存在的人造物质——钚，它的半衰期长达 24000 年，可以用

---

① 张展适、李满根等:《赣、粤、湘地区部分硬岩型铀矿山辐射环境污染及治理现状》,《铀矿冶》2007 年第 4 期。
② 吴桂惠、周星火:《铀矿冶尾矿、废石堆放场地的辐射防护》,《辐射防护通讯》2001 年第 6 期。
③ 胡冬:《废弃矿山的铀污染问题或被严重低估》,《科技日报》2014 年 2 月 27 日。
④ 所谓本底辐射剂量,是指天然存在的放射性辐射量。

来制造核武器。当反应堆中核燃料所含 235U 不到 1% 时，需要将这些核燃料移出反应堆，重新装入新的燃料。移出的核燃料称为核废燃料，即乏燃料。乏燃料在冷却储存、后处理、固化处理和深埋处理等环节方面，对技术处理和管理标准要求较高，存在一定的热污染和放射性泄露隐患。因此，有评论称核废燃料是人类为自己制造的麻烦①。

4. 核电站退役

核电站退役是一项难度大、费用多、耗时长的复杂性工作，退役周期可能长达 30 年以上。一座 110 万千瓦的核电厂，在运营几十年之后，将会产生几十万吨的放射性废物②。堆放搁置这些废物会占用很大的面积空间，同时对地质结构有着非常特殊的要求。退役反应堆本身具有很强的放射性，所有建筑厂房结构也会呈现一定的放射性，去污工作难度很大。在反应堆压力容器、废物处置和废物运输方面存在放射性泄露的风险。

（二）风电产业链条中的环境污染问题

作为一种储量丰富的清洁可再生能源，风力发电被看成环境友好、环保效益明显的一种能源。但在具体的开发和利用过程中，会给整个生态环境带来一定的消极影响，甚至是污染和破坏。这主要源于风电场建设的施工和运营，主要表现为植被破坏、水土流失，噪声污染、视觉污染、电磁污染③，对鸟类栖息、繁衍和迁徙会带来一定的消极影响④。

1. 植被破坏、水土流失

风电场建设用地包括永久性占地和临时占地。其中，风机、变电所和道路占地属于永久性占地，会直接破坏自然地表，使之丧失生态功能。施

---

①　龚益：《后"3.11"时代的核电选择 核废燃料是人类为自己制造的麻烦》，《世界经济年鉴》，2012 年，第 359 页。

②　赵世信、林森：《核设施退役》，原子能出版社 1994 年版。转引自：李民权，关玉蓉：《核电厂退役——对我国核电厂退役的几点建议》，《南华大学学报（社会科学版）》2011 年第 5 期。

③　周艳芬、耿玉杰、吕红转：《风电场对环境的影响及控制》，《湖北农业科学》2011 年第 3 期。

④　王明哲、刘钊：《风力发电场对鸟类的影响》，《西北师范大学学报（自然科学版）》2011 年第 3 期。

工期间比如挖土与回填土工程，也会破坏地表形态，损害植被，带来扬尘。有研究表明，在低山丘陵区风电场运营期间，风机运行会扰动植被恢复，从而出现一系列次生生态环境污染问题，如表土被冲刷流失，碎石裸露，植被不易恢复①。在荒漠、戈壁地带建设的风电场，对地表形态的破坏程度更大，基本上难以恢复到初始状态。

2. 噪声污染、视觉污染、电磁污染

风电场运营会带来一定的噪声污染、视觉污染和电磁污染。风力发电机组在运行时产生的噪声主要源于发电机、齿轮箱和风轮机叶片。噪声水平与风轮机距离远近负相关，距离风轮机越近，噪音越大；距离风轮机越远，噪音越小。在有风和阳光的情况下，风轮机叶片旋转会产生晃动的阴影。这对附近看到的人来说，是一种视觉污染，会带来眩晕、心烦意乱的生理感觉。视觉污染的另一种情况是，如果风机的设计、布局和选址考虑不够严谨、周全，与周围的自然景观不相匹配，也会带来视觉污染。有媒体报道，由于距离风轮机太近（仅100米），发电机组发出的持续、高分贝的噪声，风轮机叶片不时滚动的阴影，改变了原有的生活环境，严重地影响了居民的正常生活②。除了噪声污染、视觉污染之外，风电机组运行还会或多或少带来一定的电磁辐射污染。这主要源于发电机、变电所和输电线路等3个部分。研究表明，风轮机叶片反射的电磁波对调幅（AM）无线电系统和调频（FM）无线电系统会造成一定影响，干扰无线电的传输③。

3. 影响鸟类的栖息、繁衍和迁徙

大多数鸟类对风力发电机组运行产生的噪声污染比较敏感，一般会选择避让行为，从而会在一定程度上减少了鸟类栖息、觅食、繁衍等的活动

---

① 尚佰晓、王莉：《低山丘陵区风电项目生态恢复环境监理探析》，《环境保护与循环经济》2011年第11期。

② 董璐：《绿色项目缘何成为污染源》，《中国经济导报》2004年9月11日。

③ 周艳芬、耿玉杰、吕红转：《风电场对环境的影响及控制》，《湖北农业科学》2011年第3期。

范围①；也有鸟类如黑海番鸭（Common Scoter）对风电场建成后的生态环境表现出正向的适应性，风电场的运营对它们的觅食没有造成影响②。基于风能资源丰富的季节分布与鸟类迁徙季节的重合性，一般集中在上半年的3—6月和下半年的9—11月，如果在鸟类的迁徙通道建设运营风电场，会占用鸟类迁徙途中的停歇地、栖息场和繁殖地。风电场的电线、光源，会增加鸟类在夜间和不良气象条件飞行中与风电机相撞的概率③。一份风能资源开发对云南省鸟类迁徙影响的调查分析显示，存在迁徙鸟类与风电机组发生直接碰撞、阻碍威胁候鸟迁飞和破坏湿地水鸟栖息地的现实可能性④。

另外，在风电场建设过程中还会排放一定的废弃物，主要包括施工人员的生活垃圾、废弃的土石方和生产生活废水、费油。如果处理不当，会给当地的生态环境带来污染。

---

① 参见：

[1]Braun C E, Oedekoven O O, Aldridge C L. Oil and gas development in western North America: effects on sagebrush steppe avifauna with particular emphasis on sage grouse[C]// Transactions of the North American Wildlife and Natural Resources Conference. 2002, 67: 337 –349.

[2] Kahlert, J. , Petersen, I. K. , Fox, A. D. , Desholm, M. & Clausager, I. 2004. Investigations of Birds During Construction and Operation of Nysted Offshore Wind Farm at Rødsand-Annual status report 2003. Report commissioned by Energi E2 A/S. Roskilde, Denmark: National Environmental Research Institute, 2004.

[3] Kahlert J, Desholm M, Clausager I. Investigations of migratory birds during operation of Nysted offshore wind farm at Rødsand: Preliminary analysis of data from spring 2004 [J]. Note from NERI commissioned by Energi E, 2004, 2: 36.

② Petersen I K, Fox A D. Changes in bird habitat utilisation around the Horns Rev 1 offshore wind farm, with particular emphasis on Common Scoter[J]. National Environmental Research Institute (NERI), Aarhus (report request commissioned by Vattenfall A/S), 2007, p. 40.

③ 崔怀峰、杨茜、张淑霞：《鸟类与风电机相撞的影响因素分析及其保护措施》，《环境科学导刊》2008年第5期。

④ 廖峻涛、李国洪、王亚奇：《风能资源开发对云南迁徙鸟类的影响及对策》，《安徽农业科学》2012年第10期。

（三）光伏产业链条中的环境污染问题

光伏产业链条中的环境污染主要源于三个环节，表现为三个方面。一是光伏电池生产制造过程中排放的有毒"三废"；二是蓄电池生产制造和使用过程的铅污染和发电使用带来光污染；三是使用后回收环节的废弃物污染。

1. 光伏电池生产制造中的"三废"

当前在光伏电池市场上占主流地位的是晶体硅电池。晶体硅在原料开采、高纯硅提纯、硅锭铸造等方面对人体健康和公共环境存在较大的安全危害。在开采、分离普通石英砂的过程中，会产生大量的粉尘，被人体吸入后充斥肺部，导致矽肺病。加工提纯精制石英砂会排放废液和废渣，危害环境。一般情况下，冶炼 1 吨工业硅约产生 2000—2600 立方米带大量粉尘的烟气[1]。粉尘的主要成分是纳米至微米级的 SiO_2，被人体吸入后，也会导致矽肺病。对采用"西门子法"生产高度硅会产生危险物质 $SiCL_4$ 和 DCS、TCS。作为一种无色或淡黄色发烟液体，$SiCL_4$ 易潮解，可放出有毒的酸性腐蚀性烟气，对眼睛和上呼吸道会产生强烈刺激，皮肤直接接触后可致组织坏死。$SiCL_4$ 对土地的危害比较大，用于倾倒或掩埋 $SiCL_4$ 的土地将变成不毛之地，植物将不再生长[2]。DCS 毒性稍弱于 $SiCL_4$，遇热源和明火，易燃烧和爆炸[3]。在硅锭铸造环节，由于坩埚不能重复循环利用，会带来固体废弃物污染。

2. 蓄电池生产制造中的铅污染和光伏发电中的光污染

光伏发电系统使用的蓄电池大部分都是铅酸蓄电池。在生产过程中防护措施不规范、超标排放，就有可能带来铅中毒，导致神经损伤、肾功能衰竭和心脏问题等疾病。在分布式发电系统中，如果太阳能光板置放的角度不合理，会带来继水污染、大气污染、噪声污染、固体废物污染之后的第五大污染——光污染。例如，北极星节能环保网曾报道，山东济南银座

---

① 卢兰兰、毕冬勤等：《光伏太阳能电池生产过程中的污染问题》，《中国科学》2013年第 6 期。

② 童克难：《光伏产业的"亮"与"黑"》，《中国环境报》2011 年 1 月 31 日。

③ 韩永奇：《光伏：徘徊在绿色与污染的边缘》，《广西节能》2014 年第 3 期。

佳驿楼顶上的太阳能电池光板涉嫌"光污染"[1]。其原因在镜面反射光中包含反射光和折射光，光照强度超过太阳光直射，致使室温升高、视野受阻，甚至会导致视力急剧下降，白内障发病率高企，带来头昏心烦、失眠、食欲下降、情绪低落、身体乏力等症状，干扰正常生活，严重威胁身体健康。

3. 废弃物处理回收

光伏发电系统的废弃物主要包括废弃电池背板、蓄电池和荧光灯。早期的一项调查研究显示，分布式发电系统的废弃物处理不当，基本上是随处乱扔或混合在生活垃圾中填埋、堆放、焚烧，甚至扔到河里[2]，带来环境污染。目前，世界上太阳能电池背板仍是以含氟背板为主，国内市场上的含氟背板装机总量已经超过10吉瓦。废弃含氟背板在回收处理上存在技术困难。一是采用掩埋处理的方法，在1000年内都无法自然降解；二是由于氟在燃烧后会释放出有毒有害的气体，也不能用焚烧的方法处理。我国已经出现地方性的氟中毒，氟污染通过空气、水源和土壤等渠道对人群、牲畜、农作物、植物等危害极大。废弃的铅酸蓄电池内含有大量的铅、锑、镉、硫酸等有毒物质，若处理不到位，会给土壤、河流、地下水等带来重金属污染。荧光灯管多采用稀土三基色荧光粉和液体汞，破碎后严重污染环境。

二、新能源环境污染的原因分析

新能源环境污染与污染物泄露与超标排放密切相关。要预防和治理新能源环境污染，采取有效的规制政策，必须从源头上厘清造成污染的原因，减少污染物排放，禁止超标排放。新能源环境污染的产生，既有经济行为人的主观原因，也有技术方面、经济社会方面等的客观原因，必须全面考虑，综合治理。

---

[1]　《山东济南银座佳驿楼顶上的太阳能光板涉嫌"光污染"》，http://news.bjx.com.cn/html/20110623/290329.shtml。

[2]　王恒生、尼玛江才：《对青海光伏废弃物污染状况的调查》，《青海社会科学》2007年第5期。

（一）环境保护意识不强，新能源认识不到位

尽管党的十八大确立了包括生态文明在内的五位一体建设布局，生态文明的理念日益深入人心，但是还存在一部分人没有树立尊重自然规律的科学发展、可持续发展观念，不能正确处理好经济发展与环境保护的关系，扭曲了当前利益与长远利益、局部利益和全局利益、个人利益与社会利益的关系，目光短浅，贪图一时之利、一己之利，通过牺牲环境来换取自己的经济利益，把环境污染和破坏的后果留给他人和社会承担。一部分人主要是居民，虽然具备了环境保护意识，但由于缺乏新能源环保方面的科学知识和技能，表现为"心有余而力不足"，在行为上和结果上难以达到环境保护的效果。

（二）产业布局不太合理，资源利用效率不高

从大的方面来讲，我国新能源建设存在遍地开花、重复建设等产业布局不合理的情形。早在战略性新兴产业正式提出之前，很多地方不顾实际情况，盲目上马新能源装备制造项目，结果造成了部分新能源行业的产能过剩。《国务院批转发展改革委等部门关于抑制部分行业产能过剩和重复建设引导产业健康发展若干意见的通知》（国发〔2009〕38号）指出，"风电设备、多晶硅等新兴产业出现了重复建设倾向。多晶硅是信息产业和光伏产业的基础材料，属于高耗能和高污染产品。2008年我国多晶硅产能2万吨，产量4000吨左右，在建产能约8万吨，产能已明显过剩"。产能过剩意味着生产设备的闲置，企业盈利能力的弱化，降低了资源的利用效率，给生态环境带来不利影响。在太阳能电池利用中，重生产、出口，轻国内应用，相当于把清洁卖给国外，把污染留在国内。从小的方面来看，如果新能源企业的厂址布局和居民区布局存在冲突，就会给居民健康和生存带来危险。

（三）再循环技术不发达，排放不同程度超标

排放物不同程度超标很重要的一个原因在于再循环技术落后，不能有效地实现资源循环回收再利用。例如，在太阳能多晶硅废料 $SiCL_4$ 处理上，

国内仅有少数企业如重庆大全新能源公司①突破了多晶硅 $SiCL_4$ 氢化关键技术，实现了 $SiCL_4$ 的回收利用。但是，国内绝大部分民族企业没有掌握这一技术。核电站乏燃料处理是我国核燃料循环体系中最薄弱的环节。尽管 2011 年中核集团 404 厂第一次乏燃料热试成功，成功提取了铀和钚；2014 年 12 月，我国实验快堆首次实现满功率稳定运行 72 小时②，但距离规模化商业化还需要较长的时间和大量的投入。我国核燃料后处理/再循环技术在整体上仍处于相当落后的状态，尤其是在关键工艺设备及其材料、远距离维修和自动控制等方面③。如果核燃料循环技术在核燃料环节上实现突破，将大大提高核燃料的利用效率，不仅有利于资源节省，还会减少废物排放，如图 7.1 所示。

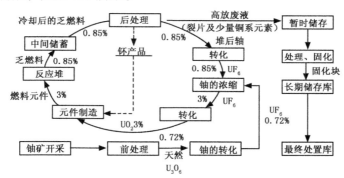

图 7.1　压水堆核电站核燃料循环（% 表示铀中铀 –235 含量百分比）

（四）治理污染成本较高，企业治污动力不足

每生产 1 个单位的多晶硅产品，大体会产生 10 多个单位的 $SiCL_4$ 废液。在 2011 年，安全处理每吨 $SiCL_4$ 废液的成本在好几千元。为了降低运营成本，一些多晶硅企业未经严格审查就将 $SiCL_4$ 废液交给无资

---

①　严格意义来讲，从所有制性质来看，作为鸿立国际有限公司投资设立的外商独资企业，大全新能源与我国新能源民族企业是不沾边的。

②　董碧娟：《擦除心头的"核"阴影——访中国原子能科学研究院院长万钢》，《经济日报》2015 年 3 月 19 日。

③　《核燃料后处理放射化学—香山科学会议第 389 次学术讨论会综述》，http://www.xssc.ac.cn/ReadBrief.aspx? ItemID = 112。

质企业和个人处理；一些运输公司以省外 SiCL₄ 处理企业名义，与多晶硅企业签订业务合同，而在运输途中将四氯化硅交给个人违法排放，甚至故意倾倒①。即使在去污技术条件、设施具备的情况下，也存在部分企业出于经济成本的考虑，做出偷排、跨境排放的行为。一般来说，达到规模经济的企业，更有动力去处理污染物。美国企业曾经对多晶硅生产规模和成本收益作过计算，当年产量达到 1000 吨时，SiCL₄ 需要就地转化为三氯氢硅回用到系统中；年产量达到 3000 吨时，需要对废弃的氯硅烷采用回收工艺；年产量达到 10000 吨时，金属硅需要就地生产②。

（五）政府惩治力度不够，环境污染持续存在

一些地方政府环境监管执法不严，惩治力度不够，被认为是多年来导致我国环境污染加剧的重要原因。根据庇古税原理，征收最优排污费率，应该与污染者排污造成的边际外部成本相等，或与污染者治理污染产生的边际污染控制成本相等。在实践应用中，政府对企业采取的惩罚力度远远不及污染者排污造成的边际外部成本或者是污染者治理污染产生的边际污染控制成本，致使污染者不重视、不执行相关的环境治理政策，甚至纵容了污染者的排污行为。仅仅当污染事件上升到触犯刑法时，才会追究其刑事责任。这也是我国新能源企业在产品价格上由于不包含环境成本或者环境成本太小导致在国内市场上恶性竞争，在国际市场上被"反倾销"的一个原因。

三、我国新能源产业环保政策的历史演变

新能源在生产的各个环节存在污染的情形或可能，但总体来说，由于规模化发展不足所带来的环境污染影响并不明显，除核电外，我国还没有出台专门针对新能源产业的环保政策。未雨绸缪，应该在现有环保政策的基础上建立专门的新能源产业发展的环保政策。

---

① 吴植、杨兴国：《以邻为壑排毒液——部分企业跨地区排放多晶硅废料问题追踪》，《中国青年报》2011 年 9 月 6 日。

② 陈玮英：《多晶硅行业瓶颈待破》，《中国企业报》2011 年 9 月 16 日。

（一）我国环境保护政策整体演变

1. 改革开放之前的初始阶段

1972 年 6 月，国务院首次提出"三同时"制度，开启了我国环境保护政策的先河。此后颁布了我国第一个环境标准《工业"三废"排放试行标准》，逐步成立了以国务院环境保护领导小组为首的多层级环保机构，将环境保护纳入国民经济发展的长远规划，将"国家保护环境和自然资源，防治污染和其他公害"写入《中华人民共和国宪法》（1978 年）第十一条。这一阶段初步形成了环境保护的机制框架，但还没有形成制度体系，环境污染治理投入和能力明显不足。

2. 1979—2002 年的发展阶段

改革开放以来，随着全党全国工作重心转移到经济建设中来，环境保护进入发展阶段。这一阶段，环保发展显著的特点是政策措施不断健全完善，针对性和操作性越来越强，制度体系走向法治轨道。1983 年 12 月 31 日至 1984 年 1 月 7 日在北京召开的第二次全国环境保护会议上，环境保护被确定为国家的一项基本国策；1999 年，经济发展、人口、资源与环境的关系处理上升到国家战略高度。1989 年 4—5 月召开的第三次全国环境保护会议，确立了影响深远的三大政策[①]、八大制度[②]和"三同时三统一"目标[③]。环境管理的五大手段[④]，逐步健全。相关的立法主要包括：《刑法》（1979 年通过）、《草原法》（1985 年通过，2002 年修正）、《矿产资源法》（1986 年通过，1996 年修正）、《水污染防治法》（1984 年通过）、《大气污染防治法》（1987 年通过，2000 年修正）、《环境保护法》（1989 年通过）、《水土保持法》（1991 年通过）、《固体废物污染环境防治法》（1995 年通过）、《环境噪声污染防治法》（1996 年通过）、《节约能源法》（1997

---

　　①　预防为主、防治结合；谁污染，谁治理；强化环境管理。
　　②　环境影响评价、"三同时"、征收排污费、限期治理、排污许可证、污染物集中控制、环境保护目标责任制、城市环境综合整治定量考核制度。
　　③　经济建设、城乡建设和环境建设同步规划、同步实施、同步发展，实现经济效益、社会效益与环境效益的统一。
　　④　法律手段、行政手段、经济手段、宣传教育手段和科学技术手段。

年通过)、《清洁生产促进法》(2002 年通过)、《水法》(2002 年通过)和《环境影响评价法》(2002 年通过)等。这些法律的颁布对环境保护的实施既是法理依据,又是法治要求。

3. 2003—2012 年的深化发展阶段

2003 年以来,环境保护的执法力度逐步加大,新能源产业进入加速发展阶段。尤其是《可再生能源法》和《循环经济促进法》的颁布和实施,新能源迎来了发展史上的政策利好。党的十七大报告,明确提出"建设生态文明,基本形成节约能源资源和保护生态环境的产业结构、增长方式、消费模式",要求"循环经济形成较大规模,可再生能源比重显著上升"。2008 年在政府机构改革中,国家环保总局升格为环境保护部,成为国务院组成部门。在制度建设上,法律法规逐步完善,部门规章不断涌现,环境经济政策覆盖全面,内容细化。环境经济政策涉及环境信用制度、环保综合名录及应用、环境财政政策、绿色税费政策、绿色信贷政策、环境污染责任保险政策、绿色证券政策、绿色价格政策、环境贸易政策、绿色采购政策、生态补偿政策、排污权交易政策等。环境保护社会宣传教育得到加强,生态文明理念深入人心。

4. 2012 年党的十八大以来的全面发展阶段

2012 年党的十八大召开以来,我国环境保护进入全面发展阶段。党的十八大报告明确提出,"必须更加自觉地把全面协调可持续作为深入贯彻落实科学发展观的基本要求,全面落实经济建设、政治建设、文化建设、社会建设、生态文明建设五位一体总体布局"[1],将环境保护纳入到理念更高的生态文明建设范畴中去。经济发展出现的不平衡、不协调和不可持续问题,对环境保护提出了更为紧迫的要求,出现了"环境污染第三方治理"的新模式、新动向。国家更加注重用经济手段推动环境保护,用法律手段规范环境治理。

这一阶段也是我国新能源发展进入规模化和标准化的初始阶段,规模

---

① 胡锦涛:《坚定不移沿着中国特色社会主义道路前进　为全面建成小康社会而奋斗——在中国共产党第十八次全国代表大会上的报告》,人民出版社 2012 年版,第 9 页。

发展带来的环境问题初见端倪。随着分布式光伏发电深入千家万户、风电布局逐步向中东部和南方地区转移，光电、风电开发建设的环境保护问题日益重要，出台关于加强光电、风电开发建设环境保护相关要求的政策势在必行。

（二）我国核电环保政策演变

安全是我国核电环保的目标，也是核电运行的要求。我国从核电发展之初，就非常重视核电的安全，避免出现核辐射性污染。确保核安全是我国核电环保政策最鲜明、最显著的特点。我国已经建立了确保核安全运行的专门机制。

在监管体系上，形成了多层次全方位广覆盖的监管格局。在立法规范上，2003年6月通过《放射性污染防治法》。该法对核设施、核技术利用、铀（钍）矿和伴生放射性矿开发利用的放射性污染防治，以及放射性废物的管理等做了明确的规定。在组织机构上，建立了中央、地方和技术支持单位多层次的核安全监管监督体系。在中央，早在1984年10月设立国家核安全局，对民用核设施核安全进行独立客观的监督；1998年机构改革，国家核安全局并入国家环保总局，设立核安全与辐射环境管理司（国家核安全局）；2008年3月国家环保总局升格为环境保护部，对外保留国家核安全局牌子。在地方设立核与辐射安全监督站，作为国家核安全局的派出机构。技术支持单位如环境保护部核与辐射安全中心，作为国家核安全局和地区监督站的技术后援，负责核安全技术评价，给予技术支持，提出技术建议。

在监管理念上，形成了"独立、公开、法治、理性、有效"的监管理念。在监管内容上，覆盖了核电运行的整个产业链条。在上游环节，针对铀矿和伴生矿开发利用进行辐射环境监管，实施民用核安全设备设计和制造监管，进行核材料许可证核准；在运行环节，实施核设施实物保护审评和监督，对核电厂和研究堆有效安全监管；在下游环节，实施放射性废物安全监管。同时实施，核燃料生产、加工、贮存和后处理在役设施安全监管，放射性物品运输安全监管，实时连续进行辐射环境监测，加强核辐射事故应急管理、人员资质管理。

在文化建设上，鼓励行业培育和发展核安全文化。2014 年 12 月，为落实"理性、协调、并进"的我国核安全观，国家核安全局、国家能源局、国家国防科技工业局联合发布《核安全文化政策声明》，阐明对核安全文化的基本态度，培育和实践核安全文化的原则要求，强调通过信息公开、公众参与、科普宣传等公众沟通形式，确保公众的知情权、参与权和监督权。我国核安全观的内涵，即"四个并重"：发展和安全并重、权利和义务并重、自主和协作并重、治标和治本并重。这是现阶段我国倡导的核安全文化的核心价值观。

在国际合作上，积极参与并发挥重要作用。1996 年我国正式加入《核安全公约》，2006 年加入《乏燃料管理安全和放射性废物管理安全联合公约》，主动参与多边核安全国际合作。保持与 IAEA 的密切合作，推动参与 IAEA 安全标准的制定；推进参加 IAEA 辐射环境监测网络工作。积极展开中美、中俄、中巴、中俄等双边核安全合作。

经过有效监管，我国核电建设 30 年以来，未发生过国际核事故分级在 2 级及 2 级以上的运行事件，核电站周围的电离辐射环境质量保持平稳，全国辐射环境自动监测站空气吸收剂量率保持在天然本底的涨落范围之内。

四、我国新能源产业环保政策的未来选择

保护环境是我国的基本国策，这一立国之策、治国之策和兴国之策已经形成法律条文。任何经济活动、经济行为都必须纳入到环境保护的生态轨道中来。随着新能源的规模化发展，新能源建设和生产中存在的一些环境污染问题逐渐显露出来。针对已有污染或者潜在风险，有必要出台风电、光伏发电环保政策，进一步完善核电环保政策。

（一）指导原则

新能源产业环境保护应坚持保护优先、预防为主、综合治理、公众参与、损害担责的原则，采取有利于节约和循环利用资源、保护和改善环境、促进人与自然和谐的经济、技术政策和措施，使新能源产业发展与环境保护相协调。在政策制定和实施上，更加注重运用经济政策、市场手

段，通过市场机制发挥引导和监管作用。

（二）主要思路

1. 制定完善新能源建设、生产和废弃物回收环境标准

环境标准是环境保护、污染治理的红线，是市场进入和退出的准则。在选址上，风电场建设要避开候鸟大规模迁徙的必经之地，海上风电厂施工要避开鱼类繁殖的产卵高峰期；在设备选择上，要注重节能、绿色、环保，与自然界浑然一体；在运营上，要充分考虑到所在地和周边生态环境系统的平衡，制定风电场运营视觉和噪音标准。光伏发电建设和安装不能影响周边居民的正常生活；在沙漠建设的光伏电站应考虑对土壤温度、水分变化和空气流动带来的复合性影响，若由此带来环境改善，应给予有效评估并进一步推广。依托市场组织，有效实施光伏废弃物分类，建立规范的统一的光伏废弃物回收制度。

2. 实施推广新能源环境信用评价制度

加快建立环境保护"守信激励、失信惩戒"的机制，将新能源企业包括上游矿冶、中游制造和下游安装运营的生产性、服务型企业，纳入企业环境信用评价工作。根据评级指标，得出评价结果，确定信用等级，并导入银行业金融机构征信系统。对环保诚信企业，环保部门可以在评优评先、企业上市环保核查、治理项目和资金安排等方面给予支持，以鼓励企业的环境友好行为；对环保不良企业，则采取一定的限制措施，予以惩罚[1]。实施新能源企业环境自行监测及信息公开办法。

3. 积极开展环境污染责任保险

逐步完善新能源企业环境风险评估的规范、方法、指标，推动环保部门、保监机构、保险公司、保险中介公司携手推进环境保险制度。鼓励大多数新能源企业自愿购买环境污染责任保险。针对光伏发电上游行业涉及铅、汞、镉、铬、锑等重金属的铅蓄电池制造、碲化镉薄膜光伏电池制造等，应实施强制环境污染责任保险。通过保险机制，合理分散环境风险，

---

① 《湖南2000家企业增设环境信用记录》，http://zfs.mep.gov.cn/hjjj/hjjjzcywxz/201412/t20141201_292253.htm。

使受害人得到及时的补偿，使受损环境得到治理改善。

4. 鼓励支持新能源再循环技术研发

重点支持光伏发电多晶硅生产中的 $SiCL_4$ 再处理技术和核燃料再循环技术研发，实现资源利用最大化和废物排放最小化，最大限度地降低生产制造成本，减少环境排放量。政府部门要采用直接投资或资金补助、贷款贴息等方式加大对新能源再循环技术的重大攻关项目和技术示范产业化项目的支持力度，鼓励企业提高新能源再循环技术研发投入经费比重，不断提高自主创新能力，赶超引领世界新能源技术潮流。

5. 统筹规划严格周密确保核安全

一是统筹规划全国核电空间布局。加快沿海核电开发步伐，审慎对待内陆核电开发。在内陆核电启动之前，必须充分做好内陆核电站爆发核事故的辐射污染扩散和污染治理设想，把情况考虑到最坏，早做谋划，未雨绸缪。在内陆核电启动时，要比沿海核电更严格地监管内陆核电建设和运营，把风险发生概率降低到最低点。二是统筹规划核电站机组布局。适应电力发展需要，统筹前期建设和后期扩容，发挥核电站整体效力。三是统筹规划核电产业链纵向布局，建立完整的产业链体系。统筹规划核电站退役，对于涉及的燃料元件卸出、运输和退役厂房、场地去污提前做好准备。

6. 积极推进环境污染第三方治理

与"谁污染、谁治理"传统治理模式相比，第三方治理往往比较容易形成专业治理、高效治理，实现规模经济，更容易发挥市场机制的作用；同时，通过交易机制，也给排污方（即付费方）带来减少排污的动力，客观上发挥了一种外部监督激励作用。当前，我国第三方治理主要用于环境公用设施、工业园区等重点领域。对于非核电新能源污染治理，亦可采用这一办法。在第三方治理上，已经出现了不少区域性探索，积累了不少经验，今后要进一步完善第三方治理市场，规范市场秩序，完善监管体系，扩大市场规模，壮大一批环境服务公司。

7. 做好新能源环保宣传

要加大舆论宣传力度，增强人们对新能源环境保护的科学认识。充分利用电视、广播、网络、报刊、手机等多种渠道，宣传普及新能源和可再生能源环保科学知识，培养提升全社会特别是青少年的新能源和可再生能源环保意识，既要认识到新能源是一种清洁能源，又要正视其在生产中可能带来的环境问题，使科学理念和治理意识深深植根于广大社会公众心中。

第三节　新能源产业发展的国际竞合策略

政府在国际竞合中扮演着不可替代的角色，发挥着极其重要的作用。在未来选择上，应因时因地因物制宜，调整新能源产业国际竞争与合作策略。有效运用国际法则，积极应对新能源产业贸易摩擦。

一、政府在国际竞合中扮演的角色和作用

政府是国家利益的代表者和捍卫者。在新能源产业国际竞合中，政府充当国家利益和民族利益的保护者和代言人。政府既是跨国企业竞合关系的引导者、协调者和规范者，也是政府间竞合关系的直接参与者。

（一）推进国与国之间交流与战略互信，引导推动产业要素合作

传统能源安全危机是世界各国共同面临的难题。共同的任务、严峻的考验使世界各国朝一个方向共同努力成为可能，战略互信使这种可能变为现实。战略互信是国家交往进而合作的前提和基础，也是国际市场经济贸易的基石。而能够有效实现战略互信的代表性主体，是国家政府。国家政府通过国际贸易活动，带动国与国之间的交流，加深国与国之间的联系，为产业要素流动创造条件。

21 世纪的中美新能源双边合作，是从作为政府间交流对话的一个重要机制——中美能源政策对话开始的。2004 年 5 月中美签署了《中华人民共和国国家发展和改革委员会与美利坚合众国能源部关于双边能源政策对话的谅解备忘录》，建立了能源主管部门之间交流能源形势和政策、探讨未来合作领域以及解决能源热点问题的重要平台。首次中美能源政

策对话从 2005 年开始，第四次对话签署了《我国石油天然气集团公司与美国康菲公司合作开发我国页岩气意向书》《神华集团和美国西弗吉尼亚大学关于开展煤炭直接液化二氧化碳捕获和封存技术合作的协议》等三项合作协议。

2006 年 9 月，设立每年两次的中美战略经济对话。首次对话把新能源合作列为重要议题。2009 年 4 月，中美国家领导人在伦敦 G20 金融峰会上提出建立中美战略与经济对话机制，新能源合作逐步明确定位到战略层次。2013 年 7 月展开的第五轮中美战略与经济对话，强调在中美清洁能源联合研究中心框架下，鼓励两国企业建立合理商业活动，以推动研究成果的产业化示范和应用，成立清洁能源联合研究中心融资工作组；加强中美核安全、核管制与民用核能研发合作。国际合作，正是政府先行，发挥着引导、推介和纽带作用，推动技术、资金等生产要素在国际之间通过企业项目对接合作流动。

（二）学习借鉴国外管理经验，满足产业公共服务需求

全球化进程加快，扩大了市场竞争的领域和范围。现代竞争的密度、宽度和厚度，让过去的任何时代都相形见绌，黯然失色。竞争不仅仅在企业间普遍发生，也在政府间广泛存在。正是这种存在，驱使一国政府致力于提高部门管理调控能力和公共服务水平，通过履行现代政府职能，打造高效政府、服务政府和廉洁政府。其路径有二：一是依据国内已有的实践操作，自我改进，自我学习，自我提升，打好内功，做好硬功；二是汲取人类社会一切优秀成果，学习借鉴国外有益的探索方法或经验启示，寻求共性和一般规律，取人之长，补己之短，善于转化，从而进一步提高本国的管理调控能力和公共服务水平，不断满足本国产业发展对政策规范的动态需要。

在我国新能源产业的某些政策制定上，例如固定上网电价政策，主要参照了德国的做法；可再生能源电价附加配额交易方案，则初步借鉴了西欧 RPS 国家和美国一些州的做法。在部分新能源产业的国家标准制定上，参考了西欧和美国的一些指标。在机构设置上，随着我国能源和电力在国民经济社会发展中发挥的作用越来越关键，我国能源管理呈现

集中的趋势。2008 年，发改委能源局升格为国家能源局（副部级）；2010 年，国家能源委再次设立。而在历史上，新中国成立以来，我国能源主管部门曾经三立三撤。美国的做法是，1977 年通过《能源部组织法》（The Department of Energy Organization Act）结束了能源管辖权分散的局面，成立了具有广泛职权的能源部，至今这一部门的职能没有变化。

（三）运用国际市场交易规则，确立规范国际市场新秩序

在全球化、信息化高度发达的今天，罕有国家置身于国际经济社会事务之外。全球主要经济力量的变动，决定着国际市场秩序的变化。在这个过程中，熟悉并运用已有的国际市场交易准则，服务于本国产业交易，是一国政府的职责所在，也是政府积极追求的目标之一。

当前，国际市场交易体系主要是二战后以美国为核心的西方发达国家确立的，对广大发展中国家不利。在全球新能源产业价值链条中，我国大多数企业处于"微笑曲线"的中端，也就是加工制造环节，附加值较低。而发达国家大多掌握技术研发优势，牢牢地控制着"微笑曲线"的前端，主导着价值链的后端，牵引着新能源产业发展的命脉。对于技术转让，尤其是核心技术转让，美国一贯坚持严格禁止的原则，即使能够转让，也往往设置极其苛刻的商业条件甚至是政治条件。不仅如此，2008 年国际金融危机爆发之后，主动挑起贸易事端，对于进口我国的部分新能源产品，发起反补贴和反倾销"双反"调查。通过设置重重障碍和壁垒，迫使我国相关企业放弃美国出口市场。其战略意图在于，通过控制和改变市场份额，阻碍我国新能源产业的发展。

马克思曾经指出，"无论哪一个社会形态，在它所能容纳的全部生产力发挥出来以前，是决不会灭亡的；而新的更高的生产关系，在它的物质存在条件在旧社会的胎胞里成熟以前，是决不会出现的"[①]。国际旧秩序的消亡，不会自动进行，必须经过有理有节的斗争，利用现有国际规则，运用合理的竞争与合作策略，参与制定并确立新的国际市场秩序。

---

① 《马克思恩格斯全集》第 31 卷，人民出版社 1998 年版，第 413 页。

二、我国新能源产业国际竞合策略的未来选择

(一) 因时因地因物制宜　调整新能源产业国际竞争与合作策略

长期以来，由于我国工业基础薄弱，技术原始研发大多先天不足，绝大部分新能源产业技术是在合作和学习过程中发展起来的。直到今天，尽管新能源技术取得了突飞猛进的发展，但与发达国家相比还存在不小的差距。要实现《中国制造2025》提出的战略目标，还需要下大力气，下苦功夫。过去的国际合作，是一种由于市场主体力量不对等而带来的收益不对等的合作。结果，以市场来换取技术的路子没有走通。当然，在技术外溢、学习效应和竞争机制的共同作用下，技术进步和产业工人素质得到了极大提高。但是，在这个过程中，发达国家的跨国公司最大限度地控制技术外溢[①]，减少外溢效应。如果用资金直接购买技术设备，要么价格昂贵，要么被禁止购买。

我国已经成为世界第二大经济体，是新能源产业制造的世界工厂。我们决不可忽视，这是以较高的劳动力投入和大量的资源消耗、环境破坏作为代价的。在新一轮的国际合作中，我们应树立世界眼光，放眼全球，谋划人类能源革命新蓝图。应以积极自信的姿态，和衷共济，在国际事务中发挥具有战略影响力的作用。

截至2014年末，我国经济总量达到63.64万亿元，国家外汇储备余额高达3.84万亿美元。这为我国摒弃粗放式贴牌生产、打造技术硬功、塑造民族品牌和建立国际合作新秩序打下了良好的经济基础。今后，应加大与新能源技术强国的交流合作，瞄准前沿技术，不断缩小发展差距，创造全球一流技术，培养壮大民族品牌。加强与广大发展中国家的技术合作，利用我国新能源产业的比较优势，加快新能源产业跨国梯度转移，帮助发展中国家建立新能源制造工业和消费市场，提高发展中国家清洁能源使用比例，为全球节能减排做出更大的贡献。

加快新能源产业"走出去"步伐，与更多的国家建立合作关系。加强

---

① 张宪昌:《跨国公司在华并购的市场结构效应研究——以汽车制造业为例》,聊城大学商学院,2007年4月,第45页。

与合作方国家相关政策与技术对接，拓宽新能源产业合作领域。一是不仅要在较为成熟的核电、光伏发电、风力发电、生物质燃料与生物质发电展开产业化合作，而且要在氢能、燃料电池、页岩气、可燃冰等方面增进研发合作；二是不仅要展开技术、资金、资源的合作，还要加强人才培养、体制建设和标准制定等多方面的合作①。

（二）有效运用国际法则　积极应对新能源产业贸易摩擦

在市场竞争机制下，由于国家利益、民族利益的不同，产生贸易摩擦和争端是必然的。面对产业摩擦和争端，不能逃避退让，而要积极运用国际法则，敢于应诉；不能抱着短期利益不放，而要着眼于长远利益发展和国际声誉的树立；不能各自迎战，"自扫门前雪"，而要集中行业力量，形成合力。从政府的角度来讲，在面临争端时，必须采取有效措施，予以反击，以保护本国利益不受侵犯。同时，作为一种警告，警戒对方莫要采取损人不利己的行为。在反击中，必须掌握时机、力度。若是双方都受损害，我方要注意"两害相权取其轻"。

美国对我国发起的风电和光伏产品贸易战，主要历经如下事件。

（1）2010 年 9 月美国钢铁工人协会向美国贸易代表办公室（USTR）提出申请，要求对我国太阳能、风能、高效电池等在内的清洁能源产业发起"301"调查；10 月 15 日，美国启动该调查；12 月 22 日，USTR 结束调查，启动 WTO 诉讼程序，起诉我国政府对本国风力涡轮机和相关设备与部件制造提供了高达数亿美元的补贴，造成贸易扭曲。作为反击措施，2010 年 12 月 23 日，我国商务部应乐凯胶片股份有限公司申请，决定对原产于欧盟、美国和日本的进口相纸产品进行反倾销立案调查。2012 年 3 月，商务部决定自 23 日起，对原产于欧盟、美国和日本的进口相纸产品征收 16.2%—28.8% 的反倾销税。

（2）2011 年 11 月 9 日，应总部在德国的 Solar World 美国公司以及其他 6 家太阳能电池制造商联合申请，美国商务部宣布对我国输美太阳能电池板发起反倾销反补贴立案调查。2012 年 10 月美国商务部终裁认定，我

① 曾少军、杨来、曾凯超：《我国新能源国际合作进展与对策》，《中国能源》2012 年第 7 期。

国向美国出口的晶体硅光伏电池及组件存在倾销和补贴行为，针对我国相关生产和出口企业（75 家）征收介于 18.32%—249.96% 的反倾销关税，以及介于 14.78%—15.97% 的反补贴关税。

（3）2012 年 1 月 19 日，应美国风塔贸易联盟（Wind Tower Trade Coalition）申请，美国商务部决定对我国输美应用级风塔展开反补贴和反倾销"双反"调查；同年 12 月，商务部终裁决定向我国输美风电塔筒征收 44.99%—70.63% 的反倾销税，以及 21.86%—34.81% 的反补贴税。2012 年 7 月，应江苏中能硅业科技发展有限公司、江西赛维 LDK 光伏硅科技有限公司等代表企业申请，我国商务部决定自 20 日起对原产于美国和韩国的进口太阳能级多晶硅产品进行反倾销调查，对原产于美国的太阳能级多晶硅进行反补贴调查。2014 年 1 月 20 日，我国商务部决定对原产于美国和韩国的进口太阳能级多晶硅征收反倾销税，美国额度为 53.6%—57%，韩国额度为 2.4%—48.7%。

（4）2014 年 1 月 23 日，美国商务部决定对进口自我国大陆的光伏产品发起反倾销和反补贴合并调查，同时对原产于我国台湾地区的光伏产品启动反倾销调查。2 月 14 日，美国国际贸易委员会作出初裁，初步认定美国国内产业因进口我国晶体硅光伏产品而遭受实质损害。12 月 17 日，美国商务部公布了对华光伏"双反"的终裁结果，认定中国大陆的输美晶体硅光伏产品倾销幅度为 26.71% 至 165.04%，补贴幅度为 27.64% 至 49.79%；中国台湾地区的输美晶体硅光伏产品倾销幅度为 11.45% 至 27.55%，这将祸及中国光伏逾 30 亿美元的出口额。2015 年 1 月，美国国际贸易委员会公布了与初裁结论相同的终裁。美国的这些做法，其实是损人不利己的一种行为。对我国光伏产品的制裁，也会损害美国下游的光伏产业。

欧盟对我国发起的光伏产品贸易战，是指 2012—2013 年的光伏产品"双反"事件。2012 年 9 月、11 月，应以德国 Solar World 为首的欧洲光伏制造商联盟（EUProSun）申请，欧盟先后决定对从我国进口的光伏板、光伏电池以及其他光伏组件发起反倾销、反补贴调查。2013 年 6 月 4 日，欧盟初裁决定从 6 月 6 日至 8 月 6 日对涉案我国光伏产品征收 11.8% 的临时反倾销税。作为应对，次日，应国内葡萄酒产业申请，我国商务部宣布启动对欧盟葡萄酒的双反调查程序。同年 7 月 27 日，我国与欧盟就光伏贸易争端达成友好解决方案。2014 年 5 月，中国商务部裁定原产于欧盟的进口太阳能级多晶硅产品存在倾销和补贴，征收期限两年的"双反"税。2014 年 12 月欧盟启动了对中国进口的太阳能光伏玻璃发起双反调查。2015 年 8 月，欧盟提高了来自中国的光伏玻璃关税，从之前最高 36.1% 的关税上调至最高达 75.4%。

随着一再率先发起针对我国特定产业的"双反"调查，美国"损人不利己"的做法之下所蕴含的真正的意图，或者说是一种战略意图逐渐浮现出来，那就是遏制我国光伏产业发展，并以点带面遏制我国其他战略性新兴产业的发展，阻碍我国产业国际竞争力提升和国际地位提高。美国率先抛出"双反"调查，会带来模仿和示范效应，诱导欧盟、加拿大、印度等国家加入到对我国产品实施"双反"的行列中来。

美国试图通过"双反"调查逐步升级的做法，来观察我国的应对之策，具有明显的博弈特征。对此，我国必须坚决予以有力反击，"师夷长技以制夷"，不仅可以在光伏领域采取措施，亦可在其他产业伸张正义，以斗争来换取美国的妥协。我们要看到，美国的发展也离不开我国市场。

对于光伏产业产能，一是要加大国内市场消纳力度，加强分布式光伏发电建设，使国内市场成为光伏应用的主阵地。二是继续稳定和开拓国际市场。稳定欧洲市场，保持必要的国际市场份额。不放弃美国市场，继续顽强争夺，不轻易丢失国际阵地。加强与俄罗斯、非洲和南美洲国家的合作，不断开辟拓展新的光伏市场。三是加快"走出去"战略实施，去欧美等需要太阳能电池产品的国家和地区直接建厂投资，彻底规避"双反"风险。据不完全统计，2015 年上半年我国已建成海外投产电池产能 800 兆瓦，在建及扩建产能将达到 3.2 吉瓦；已建成海外电池组件 1.5 吉瓦，在建及扩建产能将达到 3 吉瓦[①]。这对光伏"走出去"，已经形成了一个好兆头。四是采取灵活多样的、可以规避因"双反"风险的贸易协议，例如代加工协议。

---

① 　王晔君：《光伏企业不惧欧美"双反"》，《中国企业报》2015 年 8 月 25 日。

第四节 我国新能源产业发展的立法保障

现代产业经济，既是市场经济，又是法治经济。市场经济地位的确立，需要立法予以明确；市场经济秩序的运行，需要法律予以规范。立足于产业经济运行之上的产业发展政策也必须在法治的框架下，逐步修改，不断调整。法制是一个以多数人和多元利益并存为基础的社会调整机制，是和谐社会的本质内涵。① 党的十五大报告，提出依法治国基本方略。1999 年 3 月，依法治国被写入宪法，明确要建设社会主义法治国家。党的十八大后，习近平总书记提出了全面依法治国的战略举措。由此，我国社会主义市场经济运行和产业发展也纳入到法治轨道。

一、我国新能源立法历程

（一）广义的新能源产业立法体系

我国广义的新能源产业立法体系主要包括法律、行政法规、部门规章、指导性文件和参考文件等。具有通用性质的法律主要有《中华人民共和国大气污染防治法》（1987 年通过，历经 1995 年和 2000 年两次修订，鼓励和支持开发、利用太阳能、风能、水能等清洁能源，鼓励生产和消费使用清洁能源的机动车船等）、《中华人民共和国环境保护法》（1989 年通过，明确规定环境保护的责任、权利、义务与监管）、《中华人民共和国电力法》（1995 年通过，2009 年修正，明确规定电力建设、生产、供应和使用应当依法保护环境，采取新技术，减少有害物质排放，防治污染和其他公害；国家鼓励和支持利用可再生能源和清洁能源发电，尤其是农村利用太阳能、风能、地热能、生物质能和其他能源进行农村电源建设）、《中华人民共和国节约能源法》（1997 年通过，2007 年 10 月修订）、《中华人民共和国环境影响评价法》（2002 年通过，建立了环境影响评价制度，其中

---

① 田国强、陈旭东:《中国改革:历史、逻辑和未来》,中信出版社 2014 年版,第 147 页。

国务院环境保护行政主管部门负责核设施建设项目环境影响评价文件的审批）。

（二）核电领域的法律规章

在核电领域以部门规章为主，法律和行政法规较少。涉及核电的专门法律主要是《中华人民共和国放射性污染防治法》，对放射性污染防治、监管与责任作了明确规定。行政法规，主要指国务院发布的管理管制条例，包括《中华人民共和国民用核设施安全监督管理条例》（1986 年）、《中华人民共和国核材料管制条例》（1987 年）、《核电厂核事故应急管理条例》（1993 年发布，2011 年修正）、《放射性同位素与射线装置安全和防护条例》（2005 年）、《民用核安全设备监督管理条例》（2007 年）、《放射性物品运输安全管理条例》（2009）等。

部门规章，主要指国家核安全局等中央机关行政部门发布的实施细则、相关规定和管理办法等。例如，为了贯彻执行《中华人民共和国民用核设施安全监督管理条例》，国家核安全局针对核电厂安全审评、研究堆核安全审评和核安全监督，分别制定了《核电厂安全许可证件的申请和颁发》《研究堆安全许可证件的申请和颁发》《核设施的安全监督》三项实施细则。目前我国还缺少一部提纲挈领的原子能法，规定原子能事业发展的方针政策与核安全监督管理要求。

（三）可再生能源法律法规

为了促进可再生能源的开发利用，增加能源供应，改善能源结构，保障能源安全，保护环境，实现经济社会的可持续发展，专门制定了《中华人民共和国可再生能源法》（中华人民共和国第十届全国人民代表大会常务委员会第十四次会议通过，2009 年修订）。《可再生能源法》的出台，顺应了我国新能源发展趋势，使得相关的发展政策升级为国家法律，对可再生能源的规范调整更具权威和效力。《可再生能源法》确立了可再生能源发展的总量目标制度（实际上就是配额制度）、分类电价制度、费用分摊制度、专项资金（2009 年修订为发展基金）制度和强制上网制度。《可再生能源法》的实施，极大地促进了可再生能源的开发利用与新能源产业的形成壮大。

二、可再生能源立法问题分析

我国《可再生能源法》尽管经过一次修订，但还存在一些立法上的不足①。一是在立法导向上，更多地强调政策倾向，而非是法的规范，没有体现出专业性、技术性和长远性的法理精神，缺乏具体的操作标准和对政策的约束规范。这也被业界称之为"政策法律化、法律政策化"。法律条文中大量充斥着"国家鼓励""提倡""加强""保护"等用语，同时也存在"国务院（各级政府）会同有关部门……"或者"具体办法由国务院（各级政府）……"的描述来表达倡导和授权。

二是在立法内容上，较为空泛，未能通过立法解决体制上政出多门、职能交叉、多头管理、责任混乱、重复建设、效率低下等问题。在政府与市场的关系上，更多的偏向于政府引导，而忽略市场机制作用的发挥和契约精神的培养。在责任主体方面，忽略了社会民众的参与。

三是立法之间的不协调、不配套，甚至部分行文发生冲突。诸多立法出自国务院相关部门，更多基于本部门考虑而出台，针对其他与该法相关部门要求考虑不足，这就带来了日后在法律实施过程中出现的"打架"现象。这表现为《可再生能源法》与《电力法》部分内容的不衔接，如可再生能源并网发电没有在《电力法》体现出来；《可再生能源法》与《节约能源法》之间部分表述的不一致，如《节约能源法》第七条与《可再生能源法》保持一致，但第二条表述就存在歧义等等。

总体上来讲，我国新能源产业立法暴露的问题是制定较为粗糙，还缺乏统筹长远考虑的法治法理精神，这也是我国经济立法普遍存在的不足。这不是一朝一夕能够改变的，需要长时期的努力，才能建成社会主义法治国家。对于新能源产业立法来讲，应统筹当前利益和长远发展，更多表现科学前瞻，规范政府、发电企业、电网企业、用户等主体责任、权利和义务。考虑长远发展，兼顾不可预测风险，制定《原子能法》，规范核电产业发展。协调统筹能源立法体系，科学配置制度，体现严谨法治精神；更

① 参见杨解君：《论中国能源立法的走向——基于〈可再生能源法〉制定和修改的分析》，《南京大学学报（哲学·人文科学·社会科学）》2012 年第 6 期。

多尊重民意，真正建立法治产业、法治经济、法治国家。

三、加强和完善能源立法的举措

（一）加快《能源法》立法进程，以其统领其他能源行业法

能源产业作为国民经济发展的基础性、战略性产业，其发展稳定与否会给当前或未来经济社会发展带来重要影响。因此，各国政府均对能源产业施以法律制度保证发展和约束相关参与方的行为。从各国能源立法目标的演变历程来看，大体上经历了早期重视能源的稳定供应，到多元化替代保证减少能源对外依存度，到能源供应的可持续性与环境友好型的双目标转化。

与能源提供相关的产业、职能部门众多，统筹协调能源发展也需要一部统领能源法律法规的根本法律，这就是当前仍在起草讨论阶段的《能源法》。对于这部《能源法》，学术界给予了极大的期待和充分的论证，总体上认为《能源法》应该是一部能源领域的上位法，其应该成为其他能源行业立法的基础。其益处在于以法律形式明确我国能源发展战略、远景规划的同时，确立和协调各能源单行法的有关原则，有效减少目前各能源法律规章制度间的冲突。对于《能源法》的立法模式究竟是采用"通则式""政策式"和"法典式"当前世界有代表性的三种模式的哪一种，理论界存在较大争论，还需要法学界尽快结合我国实际进一步形成适合的立法模式。

（二）改变能源立法政策性倾向，强化能源法律的操作性

目前，我国能源立法的政策性倾向非常明显，"法律政策化和政策法律化"现象突出。当然这一做法在某种程度上也有其好处。这可以表明，政府对于可再生能源产业的重视程度较高，意图引导市场资源向该领域加大投入。但其操作性不强就会给投资者和地方政府实际实施过程中带来诸多不便和困扰。面对同样的法律条文，投资者、监管者和政府的解读会出现很大差异，尤其是对投资者的影响更大。规定不具体，操作性不强，就会造成投资行为以及由其产生的投资结果的责权利的界定和保护产生很大不确定性；同时也会产生大量"灰色地带"造成监管者的寻租行为。

因此，在能源立法和修订过程中，应做到立法具体性强，具有较强的可操作性。这就要求改变部门立法的传统，提高立法的普适性，增强法律本身的共识和权威。这样，参与立法的范围主体扩大，与此有关的利益群体如管理者、企业、行业部门、社会民间机构、消费者等等群体的利益和要求会在立法中得到体现并在立法博弈过程中取得最大共识；同时也会明确各方的责权利关系，明晰各自的边界，使法律实施过程中的不确定性大大下降，最大限度地扩大社会各界对法律的认同和遵守约束。

然而，这种硬性的立法规定在执法过程中，仍然存在问题。主要在于新能源领域技术还不是很成熟，新技术和高效技术不断涌现，这些技术的使用很可能不在法律规定范围内，这就带来了法律适用问题，也会给新技术的普及带来不确定的影响，或者阻碍了新技术的推广。这就要求能源立法相应具有一定的灵活性，也即是"硬性"和"软性"的立法兼顾。

从世界范围来考察能源立法特别是可再生能源立法的经验和趋势，世界发达国家如美国、日本和欧盟的能源立法普遍特点是具有良好的可操作性。例如，德国《可再生能源法》自2000年立法以来迄今已经修订了四次，逐步完善而形成了"以法律形式全面阐明了德国发展可再生能源的目的和中长期发展目标；对利益相关方在可再生能源电力并网、收购、传输、配送等环节的权利和义务进行了详细明确的规定；对不同技术类型可再生能源电力的上网电价进行了分类细致的规定；对可再生能源发电的平衡方案、各利益相关方的信息通报和公开义务、可再生能源的发展追踪等也进行了具体规定。"① 这些具体规定大大降低可再生能源产业发展过程中的交易成本，并且也给予了可再生能源投资者或者潜在投资者对于可再生能源产业发展的稳定预期。同时，对于可再生能源产业的快速发展带来非常好的益处。

（三）理顺能源管理法制体系，增强法制意识和权威

目前我国能源管理法律体系涉及部门多，主要有国家发展和改革委员会、科技部、生态环境部、工信部、住建部、商务部等十多个中央部委作

---

① 张小锋、张斌：《德国最新〈可再生能源法〉及其对我国的启示》，《中国能源》2014年第3期。

为能源管理法律的主要立法主体。严格来讲，国务院领导下的部委作为行政主体不是立法主体，其代表性不具最大广泛性。造成这一事实的原因是全国人大授权国务院作为相关立法的主体的立法委托。时至今日该做法已经越来越不能适应我国能源立法、执法需求，期待进一步整合能源管理法律体系；同时要求加快能源单行法的修订，重点突出各能源单行法间的协调以减少执法实践中的对立和冲突。

从国内外学界和政府法律实践来看，提高能源立法层次和理顺能源管理体制对于新能源产业的有序发展是非常必要的。因此，对于我国能源产业的法律管理体系进行深度改革是保证新能源产业快速成长的一个内在并迫切的举措。从国际经验来看，提升能源管理部门的法律地位和确立大部制体系是比较通行的做法。这样处理的好处是能够强化能源立法的法律权威，同时提高政府、社会和市场参与主体对新能源领域的法律意识与责任。

党的十八届三中全会确立的"市场在资源配置过程中起决定性作用"原则和十八届四中全会确立的"全面依法治国"理念，特别是本届政府强调的治理能力建设，这些都为下一步新能源产业的发展打下了坚实的立法和机制架构。

第八章 中国战略性新兴产业发展及其政策

能源革命成为工业革命的重要内容、强大基础和有力支撑。新的能源革命推动新兴产业发展，促进人类文明进步。在全球新能源革命拉开序幕的背景下，中国战略性新兴产业得到快速发展。自国务院发布《关于加快培育和发展战略性新兴产业的决定》《"十三五"国家战略性新兴产业发展规划》《中国制造2025》等一系列战略性新兴产业发展规划和相应的配套政策措施，战略性新兴产业逐步成长为产业发展新优势、经济增长新动能。

第一节　战略性新兴产业是经济社会发展新引擎

战略性新兴产业代表新一轮科技革命和工业革命的方向，是培育发展新动能、未来竞争新优势的关键领域。"十三五"时期乃至更长时期，中国要把战略性新兴产业发展摆在经济社会发展更加突出的位置，成为经济社会发展新引擎，大力构建现代产业新体系，推动经济社会持续健康发展。

一、新兴产业是世界产业发展大趋势

新兴产业是世界产业发展大趋势。2008年国际金融危机后，世界各国都在反思过去与思考未来的发展之路。发达国家纷纷实施再工业化战略，

新兴产业重新成为各国经济发展的战略支点。美国政府推出了一系列的经济振兴举措，力图通过发展新兴产业加快美国经济复苏。美国政府把新能源产业作为其经济复苏的重中之重。加大了传统能源的替代研究，并大力促进电动汽车的开发及配套设施建设。不断强化自身的优势产业。更加重视生物产业的发展，加大对生物技术领域的研发投入。在信息产业领域，美国依托自身强大的信息技术研发实力，在新一代高速宽带建设、第四代移动数据网、信息安全保障等方面进一步加强研发和推广，力争在新一代信息技术的争夺中占据领先地位。

欧盟在针对金融危机的复苏计划中，十分重视对新能源产业的开发和利用。非常强调新能源技术的创新和投资，促进经济向更加环保、更加低碳的发展方式转变。加强汽车制造业、民用航空器制造业的节能环保技术研究，并开发相应的新能源产品。同时，欧盟各国对生物产业也进一步加大了研究开发力度。

日本同样非常重视战略性新兴产业的发展。由于自身自然资源的极度匮乏，日本的新能源汽车产业、机器人制造一直处于世界领先水平，且日本将生物技术和高新装备制造同医疗行业紧密联系，在生物产业的实际应用方面处于领先地位。

金融危机后，随着第三次工业革命的深化，信息通信技术与自动化技术快速进步，为全球产业发展注入了新的活力。数字化、智能化技术深刻地改变着生产模式和产业形态，是新的工业革命的核心技术。信息通信技术、自动化技术与制造业深度融合，新兴产业成为未来产业发展新方向。

新兴产业发展正在引发影响深远的产业变革，形成新的生产方式、产业形态、商业模式和经济增长点。各国都在加大科技创新力度，推动三维（3D）打印、移动互联网、云计算、大数据、生物工程、新能源、新材料等领域取得新突破。基于信息物理系统的智能装备、智能工厂等新兴产业正在引领制造方式变革；网络众包、协同设计、大规模个性化定制、精准供应链管理、全生命周期管理、电子商务等正在重塑产业价值链体系；可穿戴智能产品、智能家电、智能汽车等智能终端产品不断拓展产业发展新领域。

新一代信息通信技术引领未来产业发展成为全球共识。美、德、日等发达国家和跨国巨头为巩固和重塑全球战略优势，抢占未来经济发展制高点，都将通信信息技术作为产业发展战略部署中的基础和关键环节，进行统筹部署和推进。德国率先提出了"工业4.0"的概念，美国提出了"再工业化"和"先进制造业国家战略计划"，日本则推行"科技工业联盟"，英国制定了"工业2050战略"，中国颁布了"中国制造2025"等等。全球制造业大国都在大力推行新兴产业的发展战略，目的都是希望通过先进的信息通信技术与自动化技术的结合，使产业发展特别是制造业摆脱传统僵硬的机械化桎梏，实现"新兴产业"，提升效率，降低成本，重塑国际竞争新优势。

新兴产业发展已成为世界产业发展大趋势，它是制造技术发展，特别是制造信息技术发展的必然，是自动化和集成技术向纵深发展的结果，是中国战略性新兴产业发展面临的巨大挑战和重大机遇。

二、战略性新兴产业是经济社会发展的必然选择

未来5到10年，是全球新一轮科技革命和产业变革从蓄势待发到群体迸发的关键时期。我国经济社会发展迫切需要加强统筹规划和政策扶持，全面营造有利于新兴产业蓬勃发展的生态环境，创新发展思路，提升发展质量，加快发展壮大一批新兴支柱产业，推动战略性新兴产业成为促进经济社会发展的强大动力。

（一）满足国内消费升级的现实动力

市场需求是实现战略性新兴产业快速发展的现实因素。经过40多年的改革开放，我国经济快速增长，人民生活日益富裕，越来越高的消费需求与当前国内产业供给不匹配的矛盾突出，一定程度上抑制了国内需求。只有推动新产品、新服务的快速提供，不断满足需求，才能实现战略性新兴产业良性发展，同时也保证了经济增速稳定，减少经济波动。

（二）提高资源能效的客观要求

改革开放以来，依靠自然资源投入的粗放式增长方式日益难以为继。一方面资源瓶颈问题越来越突出，资源价格高企，压缩了传统产业的增长空间以及自我转型升级的空间；另一方面资源低效利用带来的环境问题日益严重，给人民身心健康的负面影响不断暴露。事实表明提高资源使用效

能、改善环境和转变增长方式等问题的解决，必须大力推进战略性新兴产业的发展。

（三）激活创新的重要平台

新技术革命带来的众多机会不断涌现，大大降低了创业、创新门槛，同时也为传统产业的转型升级提供了源源不断的发展机会。战略性新兴产业的发展过程，在培育了新的产业和创造了新的就业机会的同时，推动了传统过剩产业的转型升级，吸纳了传统产业富余劳动力，实现就业和产业转型的良性过渡。

（四）高效开放融合的必要手段

随着中国经济与世界经济的不断深化融合，应对日益增强的贸易保护倾向，推进战略性新兴产业发展，通过利用国内国际"两个市场、两种资源"，不仅可以确立我国新兴产业的国际地位，同时通过优势互补，缩短技术差距，提高战略性新兴产业成长效能。

（五）有效推动能源结构调整的重要途径

战略性新兴产业的发展和普及，将会大大提高现有产业的能源利用效率，并利用核能、太阳能、风能、生物质能等新能源形成对现有能源补充甚至替代，将会从根本上改变我国能源生产和消费结构，给经济增长注入新的活力。

（六）保护改善生态环境的有力举措

战略性新兴产业通过对先进科学技术的应用，将会大大降低经济运行中的污染物排放，最大限度地保护生态环境，改善生态环境。例如以电池驱动和以氢能源为动力的新能源汽车，排放为零，将大大减小交通运输对生态环境的压力。节能环保技术的发展利用，将大大减少资源浪费，降低环境污染。

三、战略性新兴产业的发展目标、重点任务、政策措施

国务院印发的《"十三五"国家战略性新兴产业发展规划》，对"十三五"期间乃至更长时期我国战略性新兴产业发展目标、重点任务、政策

措施等作出全面部署安排。

（一）战略性新兴产业的发展目标

战略性新兴产业代表新一轮科技革命和产业变革的方向，是培育发展新动能、获取未来竞争新优势的关键领域。要把战略性新兴产业摆在经济社会发展更加突出的位置，紧紧把握全球新一轮科技革命和产业变革重大机遇，按照加快供给侧结构性改革部署要求，以创新驱动、壮大规模、引领升级为核心，构建现代产业体系，培育发展新动能，推进改革攻坚，提升创新能力，深化国际合作，加快发展壮大新一代信息技术、高端装备、新材料、生物、新能源汽车、新能源、节能环保、数字创意等战略性新兴产业，促进更广领域新技术、新产品、新业态、新模式蓬勃发展，建设制造强国，发展现代服务业，推动产业迈向中高端，有力支撑全面建成小康社会。到 2020 年，战略性新兴产业增加值占国内生产总值比重达到 15%，形成新一代信息技术、高端制造、生物、绿色低碳、数字创意等 5 个产值规模 10 万亿元级的新支柱，并在更广领域形成大批跨界融合的新增长点，平均每年带动新增就业 100 万人以上。产业结构进一步优化，产业创新能力和竞争力明显提高，形成全球产业发展新高地。到 2030 年，战略性新兴产业发展成为推动我国经济持续健康发展的主导力量，我国成为世界战略性新兴产业重要的制造中心和创新中心，形成一批具有全球影响力和主导地位的创新型领军企业。

（二）战略性新兴产业发展的重点任务

发展战略性新兴产业要以创新、壮大、引领为核心，紧密结合"中国制造 2025"战略实施，坚持走创新驱动发展道路，促进一批新兴领域发展壮大并成为支柱产业，持续引领产业中高端发展和经济社会高质量发展。确定了八方面发展任务。一是推动信息技术产业跨越发展，拓展网络经济新空间。二是促进高端装备与新材料产业突破发展，引领中国制造新跨越。三是加快生物产业创新发展步伐，培育生物经济新动力。四是推动新能源汽车、新能源和节能环保产业快速壮大，构建可持续发展新模式。五是促进数字创意产业蓬勃发展，创造引领新消费。六是超前布局战略性产业，培育未来发展新优势。七是促进战略性新兴产业集聚发展，构建协调发展新格局。八是推进战略性新兴产业开放发展，拓展国际合作新路径。

（三）战略性新兴产业发展的政策措施

发展战略性新兴产业要实施完善管理方式，构建产业创新体系，强化知识产权保护和运用，深入推进军民融合，加大金融财税支持，加强人才培养与激励等政策保障支持措施。要立足发展需要和产业基础，大幅提升产业科技含量，加快发展壮大网络经济、高端制造、生物经济、绿色低碳和数字创意等五大领域，实现向创新经济的跨越。着眼全球新一轮科技革命和产业变革的新趋势、新方向，超前布局空天海洋、信息网络、生物技术和核技术领域一批战略性产业，打造未来发展新优势。遵循战略性新兴产业发展的基本规律，突出优势和特色，打造一批战略性新兴产业发展策源地、集聚区和特色产业集群，形成区域增长新格局。把握推进"一带一路"建设战略契机，以更开放的视野高效利用全球创新资源，提升战略性新兴产业国际化水平。加快推进重点领域和关键环节改革，持续完善有利于汇聚技术、资金、人才的政策措施，创造公平竞争的市场环境，全面营造适应新技术、新业态蓬勃涌现的生态环境，加快形成经济社会发展新动能。

第二节　新一代信息技术产业的发展及其政策

新一代信息技术产业是指通过对新一代信息技术和设备的研发和应用，对现有信息和网络固件系统、基础设施建设以及相关服务能力等进行智能改造升级的产业。要实施网络强国战略，加快建设"数字中国"，推动物联网、云计算和人工智能等技术向各行业全面融合渗透，构建万物互联、融合创新、智能协同、安全可控的新一代信息技术产业体系。到2020年，力争在新一代信息技术产业薄弱环节实现系统性突破，总产值规模超过 12 万亿元。

一、整体状况

（一）规模总量迅速扩张

在通信网络领域，在"宽带中国"和"网络强国"战略的推动下，我国 4G 基础设施建设投入不断加大，通信网络能力不断提升。目前，我国电话、宽带用户、互联网网民数量均达到世界第一，电信业务总量呈现快速增长趋势。根据工业和信息化部初步统计，2015 年我国电信业务总量完成 23141.7 亿元，按可比口径测算同比增长 27.5%，比上年提高了 12 个百分点，如图 8.1 所示。4G 用户新增 28894.1 万户，总数达 38622.5 万户，市场渗透率达到 29.6%。光纤接入用户净增 5140.8 万户，总数达 1.2 亿户，占宽带用户总数的 56.1%，比上年提高了 22 个百分点。其中，8M 以上宽带用户总数占比达到 69.9%，比上年提高了 29 个百分点。在基础设施方面，新增移动通信基站 127.1 万个，是上年净增数的 1.3 倍，总数达 466.8 万个。其中，4G 基站新增 92.2 万个，总数达到 177.1 万个。新建光缆线路 441.3 万公里，光缆线路总长度达到 2487.3 万公里，同比增长 21.6%①。

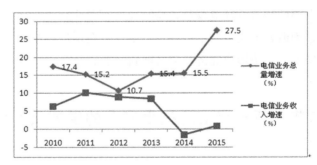

图 8.1　2010—2015 年我国电信业务总量与业务收入增长情况

数据来源：《2015 年通信运营业统计公报》，工信部，2015。

在物联网领域，随着物联网技术发展日益完善，物联网产业技术标准体系逐步确立，产业发展由政策扶持期进入市场应用期。2015 年，物联网在交通、安防、医疗、电力、环保、金融等领域得到广泛应用，市场规模已达到 7500 亿元。其中，江苏省物联网产业实现业务收入 3607 亿元，年复合增长率超过 30%。当前，我国加快了国内物联网标准体系建设进程，积极推动"物联网概览"等成为首个国际物联网总体标准，进一步提升国

---

①　资料来源：《2015 年通信运营业统计公报》，工业和信息化部，2016 年 1 月。

际标准制定的话语权。

在新型平板显示领域，随着面板产能、技术水平、配套能力的稳步提升，我国新型显示产业核心竞争力逐渐增强，产业规模持续增长。2015年，南京熊猫8.5代线、重庆京东方8.5代线及华星光电深圳2期8.5代线3条产线建成投产，显示面板出货面积突破5000万平方米，全球份额占比超过20%，成为全球第三大显示器件生产地区。再加上强劲的国内市场需求，预计2016年我国新兴产业将以10%左右的速度快速增长，高于全球5个百分点。

在集成电路领域，在"中国制造2025"和"互联网＋"战略的推动下，我国集成电路产业保持了高速增长。根据我国半导体行业协会统计，2015年我国集成电路产业销售收入达到3609.8亿元，是2011年的1.87倍，同比增长19.7%，如图8.2所示。其中，设计业销售额1325亿元，同比增长26.5%；晶圆制造业销售额达到900.8亿元，同比增长26.5%；封测业销售额为1384亿元，同比增长10.2%。集成电路产品进出口平稳增长，逆差1613.9亿美元[①]。

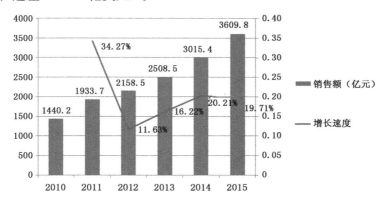

图8.2　2010—2015年我国集成电路产业销售额及增长情况

数据来源：CSIA以及根据CSIA数据计算。

在云计算领域，云计算产业规模飞速发展，初步形成气候。根据工业

---

① 《2015年中国集成电路产业发展与2016年展望》，http://www.csia.net.cn/Article/ShowInfo.asp? InfoID＝56180,2016－3－22发布。

和信息化部的统计，"十二五"期间，我国云计算产业年均增长率超过30%，2015年产业规模达到1500亿元左右。与发达国家相比，还存在不小的差距，2015年在全球云计算市场上，我国份额尚未达到5%。在云计算服务供给能力上，还存在极大的发展空间。

（二）产业竞争优势凸显

在信息产业发展方面，已经形成了长三角、珠三角和环渤海三个具有国际竞争力的优势区域。中西部地区如武汉、长沙、西安等城市以及东南沿海地区也表现了较强的产业竞争力。产业集群竞争优势凸显，区域竞争力不断增强。从企业竞争力来看，在新一代信息技术企业中，中国移动、中国联通、中国电信三大运营商控制了中国电信业整个市场，4G基站达到世界4G基站总量的一半。华为、中兴、阿里巴巴、淘宝、腾讯、百度等成为国内网络服务市场的主导者，占据80%以上的市场份额。在新型显示平板市场中，京东方有望开启8K超高清显示平板新时代，成为全球平板显示生产行业前三名。在云计算领域，阿里云、腾讯云先后进军北美市场，开拓全球业务。在物联网行业，2015年深圳先施科技、远望谷两家企业RFID超高射频及读写器国内市场占有率达到30%以上，远望谷、海恒图书馆市场占有率达到80%。在智能可穿戴设备市场中，小米以20%的份额位居全球第二①。

（三）技术突破不断呈现

当前，第五代移动通信技术（简称"5G"）已经进入国际标准研究阶段。2015年5月，IMT-2020（5G）推进组发布了《5G无线技术架构白皮书》和《5G网络技术架构白皮书》，积极争夺5G国际标准战略制高点。2016年9月，中国移动、中国联通、中国电信三大运营商发布了各自的5G进程表，国内有望到2020年实现5G的商用。国产CPU研发技术和芯片研发技术实现突破，物联网核心芯片取得重大突破。早在2012年，重庆邮电大学就与台湾达盛电子股份有限公司联合研发出全球首款工业物联网芯片CY2420。2015年，重庆邮电大学先后发布全球首款工业物联网SIP

---

① 数据来源：中国信息通信研究院：《物联网白皮书（2015年）》。

芯片——CY2420S 和全球首款 433/470M 赫兹频段工业物联网核心芯片
——CY4520，在智慧工厂、智能交通、智能电网等领域有着广阔的应用前
景和市场价值。新一代平板显示技术水平更上一台阶，2015 年 9 月和辉光
电正式宣布，成功点亮了我国第一片 5.6 寸 WQHD 柔性 AMOLED 显示屏。
该屏分辨率高达 2560×1440，像素密度达到 525PPI，在一定程度上打破了
韩国在柔性显示技术领域的垄断。

二、政策利好

2013 年 8 月，国务院发布了"宽带中国"战略实施方案，推动了信息
基础设施建设升级。2013 年 9 月，国家发改委、工业和信息化部、科技部
三部委联合印发《物联网发展专项行动计划》，提出顶层设计、标准制定、
技术研发、应用推广、产业支撑、商业模式、安全保障、政府扶持、法律
法规、人才培养 10 个专项行动计划。2015 年，《中国制造 2025》和网络
强国战略的提出，对新一代信息技术产业的发展产生深远影响。2015 年 1
月，国务院发布《关于促进云计算创新发展培育信息产业新业态的意见》，
提出到 2020 年，云计算应用基本普及、云计算服务能力达到国际先进水平
的新要求。2015 年 8 月，国务院发布《促进大数据发展行动纲要》，提出
2017 年底前形成跨部门数据资源共享共用格局，2018 年底前，建成国家政
府数据统一开放平台。"十三五"时期，我国将出台物联网、大数据、云
计算等相关发展"十三五"规划，加强顶层设计，为新一代信息技术产业
发展绘好蓝图。

三、发展前景

随着大数据成为国家战略，数据将以战略资源的高度被国家和相关企
业所重新认识和定位。工业大数据将推动智能制造、制造强国建设，对制
造业前端的研发设计、中端的生产制造与经营管理以及后端的销售服务等
全产业链产生重大影响。在农业和第三产业的健康医疗、养老服务、劳动
就业、文化教育、交通旅游、社区服务以及政府政务、社会信用等方面，
也将有着广泛的应用。

"十三五"时期，我国将成为全球最大的集成电路市场。根据 2014 年

6 月我国出台的《国家集成电路产业发展推进纲要》，到 2020 年，我国集成电路产业销售收入年均增速超过 20%，移动智能终端、网络通信、云计算、物联网、大数据等重点领域集成电路设计技术达到国际领先水平。到 2030 年，集成电路产业链主要环节达到国际先进水平。届时，我国集成电路产业国际竞争力进入全球前列。

信息通信设备的市场需求仍将持续增长。预计到 2020 年，我国将成为 5G 国际标准、技术和产业的主导者之一，无线移动通信系统设备产业份额保持国际第一阵营。在新一代网络领域，国产光通信设备国际市场份额继续保持第一，将达到 50%。在高性能计算机与服务器领域，国产高性能计算机与服务器国际市场份额将达到 40%、国内市场份额将超过 80%。

第三节　高端装备制造业和新材料的发展及其政策

高端装备制造业是指生产制造高技术、高附加值的先进工业设施设备的行业。主要包括航空装备、卫星及其应用产业、轨道交通设备、海洋工程装备以及智能制造装备等重点领域。要顺应制造业智能化、绿色化、服务化、国际化发展趋势，围绕"中国制造 2025"战略实施，加快突破关键技术与核心部件，推进重大装备与系统的工程应用和产业化，促进产业链协调发展，塑造中国制造新形象，带动制造业水平全面提升。力争到 2020 年，高端装备与新材料产业产值规模超过 12 万亿元。

一、高端装备制造业的发展及其政策

（一）整体状况

1. 规模总量迅速扩张

近年来，在一系列利好产业政策的引导下，我国高端装备制造业持续快速发展，产值规模大幅扩张，国际竞争力不断增强，高端装备"走出去"初见成效。2015 年，我国高端装备制造业销售收入超过 6 万亿元，在

整个装备制造业的占比达到15%，完成了《高端装备制造产业"十二五"规划》提出的总量目标①。从具体领域来看，大多数领域发展态势良好，也有个别领域波动起伏较大。

航空装备、卫星及其应用产业发展势头良好。根据2016年1月国家统计局发布的《国民经济和社会发展统计公报》，2015年我国航空、航天器及设备制造业增加值比上年增长26.2%。2014年，航空、航天器及设备制造规模以上工业企业销售产值达到2667.94亿元，比上年增长32.2%。其中，飞机制造、航天器制造和航空航天相关设备制造，分别比上年增长25%、40.65%和62.57%。根据中国卫星导航与定位协会发布的《2015年度中国卫星导航与位置服务产业发展白皮书》，2015年我国卫星导航与位置服务产业总体产值达到1735亿元，比2014年增长29.2%，如图8.3所示。北斗应用占比进一步提高，市场贡献率接近20%。北斗终端社会总持有量超过亿万量级。其中，采用国产芯片的北斗兼容型终端年产销量首次突破1000万台/套。

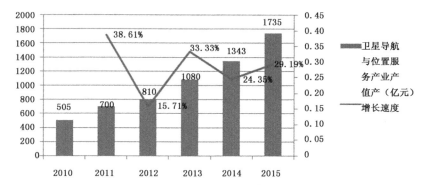

图8.3　2010—2015年我国卫星导航与位置服务产业产值及增长情况

数据来源：《2015年度中国卫星导航与位置服务产业发展白皮书》，中国卫星导航与定位协会，2016。

轨道交通装备制造业增长较快。2014年，我国轨道交通装备制造业企

---

① 黄鑫：《装备制造业：融入智能迈向高端》，《经济日报》2016年7月26日。

业主营业务收入达到4010.85亿元，比"十一五"末增长近90%①。动车组车辆随着高铁建设的爆发而快速增加，2015年我国动车组拥有量达到1.76万辆，是2010年的4倍。"十二五"期间，动车组拥有量复合增速为21.04%，具体年度增速如图8.4所示。机车车辆增速减缓，2015年我国铁路机车拥有量达2.1万辆，与2014年基本持平，近5年复合增速为1.4%。

海洋工程装备行业保持稳定发展。在国际需求大幅萎缩的情况下，我国海工装备的国际市场占有率，从2010年的不足20%提升到2015年的35%②，连续两年位居世界首位。虽然取得了明显的进步，但由于全球经济复苏缓慢，全球船舶市场仍处在大变革、大调整时期，短期内难以解决产能过剩的难题。2015年1-10月份，我国承接新船订单同比下降超过60%，未来造船业面临的风险和不确定性依然较大。

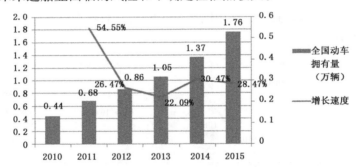

图8.4　2010—2015年我国动车组拥有量及增长情况

数据来源：国家铁路局，2016。

智能装备制造产业升级加快。尽管受制造业增长整体放缓影响，2015年我国数控机床产量出现首次下降，龙头企业结构升级效果正在显现。以武汉华中数控为例，2015年在营业总收入下降的情况下，数控系统与数控机床营业收入迅速实现突破，双双破亿，同比分别增长

①　洪京一：《战略性新兴产业2015—2016》，社会科学文献出版社2016年版，第58页。

②　何欣荣、贾远琨：《海工装备市场份额居世界首位》，《中国技术市场报》2015年12月4日。

153.12%、153.02%。工业机器人产业继续保持良好发展势头，自 2013 年起我国成为全球第一大工业机器人应用市场。根据 IFR 提供的数据，国产工业机器人的市场占有率正在逐步提高。2015 年国产工业机器人生产销量达到 2.04 万台，占国内总销量的 30.58%，分别比 2014 年、2013 年提高了 2.56 和 5.58 个百分点。增材制造成为智能装备制造产业新的增长点。分析机构 IDC 研究表明，从 2014 年开始，3D 打印机在中国市场开始增长。2014 年出货量超过 3.4 万台，预计 2015 年达到 7.7 万台，同比增长超过 120%。

2. 区域集聚态势凸显

当前，我国高端装备制造业主要集中在环渤海、长三角和珠三角以及东北和少数中西部中心城市。作为中国装备制造业最大的集聚区，环渤海是国内重要的高端装备研发、设计和制造基地。其中，北京是全国航空、卫星、机床等行业研发中心，辽宁、山东和河南是海洋工程装备、机床以及轨道交通装备产业的集聚区。作为研发和生产基地，长三角高端装备制造业基础雄厚，发展最具活力。作为航空航天装备科研和制造重点基地，上海、浙江、江苏在卫星导航、海洋工程装备、智能制造装备等领域形成了较高层次的产业链条。

作为智能机器人、船舶与海洋工程装备、航空装备的研发和生产基地，珠三角高端装备制造业呈现智能化发展的特征，主要分布在广州、深圳、珠海、东莞等市。作为传统老工业基地，东北地区在大型矿山采掘设备、重型数控机床、核电设备、铁路货车车辆等产品在国内处于领先地位。中西部地区，在山西、陕西、四川、重庆、贵州和云南等省份，也逐渐形成了轨道交通装备、航空航天装备、智能制造装备等产业的集聚区。

3. 关键技术取得突破

航空装备领域突破一批关键技术。2015 年 11 月，作为我国 16 个重大科技专项之一，C919 大型客机首架机总装下线。C919 是我国拥有自主知识产权的中短程商用干线飞机，它的研制成功在航空业发展史上具有里程碑意义，标志着我国正式跻身于世界上少数掌握大型客机研发制造能力的国家行列。无独有偶，2015 年 11 月 29 日，我国 ARJ21 新支线飞机正式交付给首家客户——成都航空公司。这是我国航空工业史上的又一重大技术突破，标志着我国具备了喷气式支线客机的研制能力和适航审定能力。

北斗导航系统取得长足发展。自 2012 年北斗导航系统提供区域服务以来，系统持续稳定运行，定位精度优于 10 米，导航服务已覆盖全球三分之一的陆地和亚太地区的 40 亿人口。2016 年 11 月我国启动首个北斗全球"厘米级"定位系统——"夔龙系统"。截止到 2016 年 6 月，我国成功发射了第 23 颗北斗导航卫星。按照"中国的北斗，世界的北斗"计划，到 2020 年我国将形成由 35 颗卫星组成的、覆盖全球的北斗导航系统。

轨道交通装备、海洋工程装备和智能制造装备技术实力显著提升。中国高铁研发、设计、制造和建造能力进入世界先进行列，科技创新不断取得新突破。中国中车连续多年获得国家科技进步奖。我国海洋工程装备制造能力已进入世界前列，大型 LNG 船、支线型 LNG 船、超大型集装箱船、钻井平台、大型铺管船、深海锚泊系统、动力定位系统等高端海洋工程装备研发建造取得新突破。截至 2016 年 1 月，我国已有 37 种数控机床与基础制造装备主机达到或接近全球先进水平，在数控系统、关键功能部件及关键技术研发方面均取得重大突破①。

（二）政策利好

发展高端装备制造产业在我国已经上升为国家战略，成为制造强国战略的重要内容，也是我国制造业结构转型升级的方向使然和必修功课。2015 年 5 月发布的《中国制造 2025》，将高端装备制造列入"五大工程"和"十大领域"。在"十大领域"中，占据 4 项，分别是高档数控机床和机器人、航空航天装备、海洋工程装备及高技术船舶与先进轨道交通装备。2015 年 5 月，《国务院关于推进国际产能和装备制造合作的指导意见》

---

① 数控机床专项实施管理办公室：《高档数控机床与基础制造装备科技重大专项交流材料》，中国科技部网站，2016 - 1 - 11。参见：http://www.most.gov.cn/ztzl/qgkjgzhy/2016/2016jlcl/2016jlzdzx/201601/t20160111_123550.htm。

提出，分类实施，有序推进铁路、航空航天、船舶和海洋工程等重点行业的国际合作。2012 年以来，从国家层面上，加强了高端装备制造业的规划布局。先后制定发布实施《海洋工程装备制造业中长期发展规划》（2012）、《国家增材制造产业发展推进计划（2015—2016 年）》（2015）、《国家民用空间基础设施中长期发展规划（2015—2025 年）》（2015）、《机器人产业发展规划（2016—2020 年）》（2016）等。也出台了一些行业规范、保险补偿机制、投融资等相关的配套措施，这将大大推动"十三五"以及更长的一段时期，我国高端装备制造业迅速发展。

（三）发展前景

从国外来看，2008 年国际金融危机爆发之后，美欧日实施了"再工业化""工业 4.0"等战略，瞄准高端装备制造领域，意在新一轮工业革命中获得竞争的主动权、优先权和话语权。这将带来高端装备制造行业的激烈竞争。任何国家要想获得竞争的制高点，必须依靠过硬的技术实力作为支撑。这一方面会对当前我国现有的高端制造业技术体系形成挑战，也会刺激该行业不断的技术进步。"十三五"时期，我国高端装备制造业仍处于发展的重大机遇期。

根据相关发展规划，到 2020 年，高端装备制造业销售收入在装备制造业中的占比将增加到 25%，工业增加值增长率比 2015 年提高 2 个百分点。装备制造业转型达到一个新的高度，高端装备制造业将成为国民经济的支柱产业。随着工业化信息化深度融合进程加快，高端装备制造业自主创新能力将不断增强。"十三五"时期，有望突破一批关键共性技术、核心技术，高端装备技术领域有望实现大规模商业化。云计算、大数据、物联网、智能机器人、3D 打印等新兴技术将在产业链条中广泛应用，推进装备智能化升级、工艺流程改造和基础数据共享，智能工厂、智能生产、智能经营有望成为产业发展主旋律。根据 IDC 预测，2016 年我国工业机器人市场销量将达到 16 万台，超过美国市场，2020 年销量将超过 44 万台，复合增长率在 40% 以上。

随着"一带一路"国家战略实施，国际产能和装备合作深入推进，高端装备制造业走出去的步伐将进一步加快。在"十三五"时期，有望形成一批具有较强国际竞争力和市场开拓能力的骨干企业，在全球范围内有效整合资源的能力进一步增强，在国际高端装备制造技术标准体系的话语权将大大提升。中国技术、中国标准、中国声音将以更大范围、更高程度被全世界所接受。

二、新材料产业的发展及其政策

顺应新材料高性能化、多功能化、绿色化发展趋势，推动特色资源新材料可持续发展，加强前沿材料布局，以战略性新兴产业和重大工程建设需求为导向，优化新材料产业化及应用环境，加强新材料标准体系建设，提高新材料应用水平，推进新材料融入高端制造供应链。到 2020 年，力争使若干新材料品种进入全球供应链，重大关键材料自给率达到 70% 以上，初步实现我国从材料大国向材料强国的战略性转变。

（一）整体状况

1. 市场发展空间广大

新材料有着广阔的市场发展空间，广泛应用于工业制造各个领域。作为重要的战略性新兴产业，新材料是其他六大战略性新兴产业发展的基础。作为产业发展链条中的上游环节，新材料产品和技术的先进与否直接影响着新兴产业发展的竞争力。2015 年，我国新材料总产值达到 2 万亿元左右，是 2010 年的 3.08 倍，年均增速保持在 25% 以上。关键新材料保障率上升到 70%，高于多数发展中国家[1]。

2. 区域集群发展明显

从"九五"开始，我国将新材料列为重点发展的民用产业。经过二十多年的发展，初步形成了产业链条较为完整、品种门类较为齐全、创新能力不断增强的产业体系。当前，我国新材料产业发展区域集群态势明显，形成了以环渤海、长三角、珠三角为重点，东北、中西部地区特色突出的产业集群分布[2]，如表 8.1 所示。

---

① 郝帅：《新材料：发展快产业化难》，《中国企业报》2016 年 6 月 28 日。
② 新材料在线：《新材料产业发展现状调研简报》，2015 年 12 月。

表 8.1　我国新材料区域集群分布情况

区域	集群特点	代表省份或城市	新材料重点发展和优势领域
环渤海	科技创新资源最为集中	北京	作为全国新材料产业创新中心,在石化新材料、高端金属材料、磁性材料、生物医用材料、新能源材料、前沿新材料等领域优势明显
		天津	在金属材料、高分子材料领域形成重点产品,着力发展先进复合材料、新型功能材料、纳米材料等七大领域
		河北	LED 半导体照明、高性能纤维、电子材料和优势金属新材料
长三角	产业基地数量最多	上海	重点发展以高性能精品钢为主的新型金属材料和以高性能塑料、特种橡胶、差别化纤维为主的新型有机材料,建成宝山精品钢材、金山石油化工及精细化工两个基地
		江苏	金属材料、纺织材料、化工材料为优势传统产业,电子信息材料、新能源材料、高性能纤维复合材料、纳米材料等发展迅速
		浙江	磁性材料、高品质特种钢、高性能纤维、高性能氟材料、有机硅材料、环保新材料优势突出
珠三角	产业集中度高,以外向出口型为主	广州	先进金属材料、有机高分子材料、精细化工集群优势明显
		深圳	能源与电池材料、有机高分子材料及制品、电子信息材料、生物材料、建筑节能材料、材料表面处理技术、模具设计与制造优势较强
		佛山	先进陶瓷材料全国领先,电子信息材料、生态环境材料、智能材料、纳米材料等领域发展较快
中西部	重要的能源、矿产和原材料生产基地	洛阳	以硅材料为特色,形成了我国著名的微电子材料产业集群
		包头	稀土产业
		金昌	以镍钴为特色的新材料产业
		宝鸡	以钛等新型金属材料为特色,也包含钨、钼等稀有金属
东北	发展潜力较大	长春	化工新材料,主要为工程塑料等
		大连	化工新材料高分子材料,太阳能以及新型储能电池新材料

资料来源:根据网络公开资料整理。

3. 技术创新潜力较大

从整体上来看，近几年来我国新材料技术不断实现突破，创新成果不断涌现。在产品品种、质量、工艺和技术方面取得了很大的进步，部分行业产能处于世界首位。例如，我国已经成为全球光伏材料、有机硅材料的最大生产国。稀土功能材料、先进储能材料等发展迅速，超硬材料、玻璃纤维及其复合材料等成绩显著。但是，在重点基础材料、先进电子材料、纳米材料与器件、3D 打印材料以及石墨烯、高端碳纤维等领域的关键共性技术，与发达国家相比仍存在较大的差距。

总体来说，我国新材料产业大部分处于发展的投入期和成长期，新材料产品发展尚不成熟，技术发展处于快速变动中。当前，我国新材料行业普遍以中小企业和初创企业为主，生产规模较小，产品单一，技术投入能力有限。

（二）政策利好

新材料是战略性新兴产业发展的支撑和保障，是带动传统产业升级的革命力量，是新一轮工业革命国家竞争的重点领域。"十二五"期间，我国先后发布了《新材料产业"十二五"发展规划》《关键材料升级换代工程实施方案》《中国制造 2025》等重要政策文件。2016 年 7 月，国务院发布《"十三五"国家科技创新规划》。

这一规划，明确提出把"重点新材料研发及应用"列入"科技创新2030—重大项目"中的九大工程之一。重点研制碳纤维及其复合材料、高温合金、先进半导体材料、新型显示及其材料、高端装备用特种合金、稀土新材料、军用新材料等，突破制备、评价、应用等核心关键技术。"十三五"期间，新材料技术发展提出六大重点领域，分别是重点基础材料、先进电子材料、材料基因工程、纳米材料与器件、先进结构材料和先进功能材料。强调发展引领产业变革的颠覆性技术，发挥纳米技术、智能技术、石墨烯等对新材料产业发展的引领作用。将新材料设计与制备新原理和新方法，列入九大国家重大战略任务部署基础研究领域之一。

（三）发展前景

新材料是产业发展之基，也是落实《中国制造 2025》的"强国之基"。基于新材料具有基础性、先导性的特点和作用，党中央、国务院高度重视新材料产业发展，不断加大对新材料产业的政策支持和研发投入力度。业已发布的《中国制造 2025》《"十三五"国家科技创新规划》和即将发布的战略性新兴产业"十三五"规划、新材料产业"十三五"规划等，为新材料产业发展作出了顶层设计，指明了发展方向，确定了重点领域，制定了政策措施。在制造强国建设的关键时期，新材料产业正处于实施创新驱动战略的大好时机，将迎来持续快速发展的战略机遇期。

在市场层面，"十三五"时期，大量资本将涌入新材料行业，企业兼并重组不断发生，将形成一批创新能力强、具有核心竞争力的国际性龙头企业和专业性骨干企业，建成一批主业突出、产业配套齐全、具有明显竞争力的新材料产业基地和产业集群。我国在特种金属功能材料、高性能结构材料等方面的技术将会出现新的突破，新材料产品综合保障能力提高到 80% 以上，关键新材料保障能力达到 65% 以上。

第四节　生物产业的发展及其政策

生物产业主要包括生物医药、生物农业、生物制造、生物能源、生物环保等。要把握生命科学纵深发展、生物新技术广泛应用和融合创新的新趋势，以基因技术快速发展为契机，推动医疗向精准医疗和个性化医疗发展，加快农业育种向高效精准育种升级转化，拓展海洋生物资源新领域、促进生物工艺和产品在更广泛领域替代应用，以新的发展模式助力生物能源大规模应用，培育高品质专业化生物服务新业态，将生物经济加速打造成为继信息经济后的重要新经济形态，为健康中国、美丽中国建设提供新支撑。到 2020 年，生物产业规模达到 8—10 万亿元，形成一批具有较强国际竞争力的新型生物技术企业和生物经济集群。

一、整体状况

（一）规模总量迅速扩张

近年来，世界主要发达国家和新兴经济体纷纷把生物产业作为谋取国际竞争新优势的制高点，加大了生物产业发展战略部署决策力度，推动了全球生物产业的规模发展和技术进步。自20世纪80年代初以来，尤其是进入21世纪以来，我国生物产业发展突飞猛进，进入了发展的上升阶段。"十一五"时期，年均增长速度达到21%。"十二五"时期，年均增长速度也保持在20%以上。2014年，我国生物产业产值达到3.16万亿元，是2010年的2.11倍，占当年GDP的比重达到4.63%，大大高于30年前的1.28%。如图8.5所示，在国内经济进入新常态的时代背景下，生物产业产值仍然表现了高速增长的趋势。分领域来看，生物医药、生物农业和生物工业得到了优先发展。根据赛迪顾问的统计，2014年我国生物医药产业产值占生物产业总产值的比重最高，约为43%。其次是生物农业，占27%；位居第三的为生物制造，约占22%。

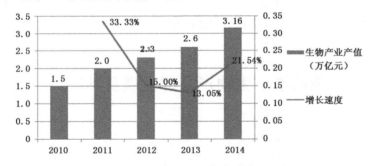

图8.5　2010—2014年我国生物产业产值及增长情况

数据来源：根据科技部每年披露数据整理所得。其中2012、2013年数据缺失，曲线走势根据年增长率估算确定。

（二）产业布局已经形成

经过了十多年的快速发展，我国基本形成了以京津冀、长三角、珠三角地区为核心，东北地区和中西部地区共同发展的现代生物产业区域布局。其中，以上海、杭州为核心的长三角成为目前我国最大的生物产业生

产基地。上海生物产业重点发展基因工程、现代中药、生物医学等领域的
新产品，形成了集研发、生产和出口于一体的全产业链。杭州重点发展生
物技术药物，新兴医疗器械与现代化学药物协同发展，生物农业形成特色
优势，部分领域占据领先地位。京津冀生物科技实力雄厚，创新能力居于
全国前列。北京拥有领先的科技资源、丰富的临床资源和一批专业的研发
服务机构，形成了较为显著的研发服务优势。天津形成了以出口为导向、
以生物医药为主体、生物农业与生物工业协同发展的格局，研发转化效率
较高。

　　与长三角、京津冀相比，珠三角建立了比较成熟和完善的市场经济体
系，民营经济较为活跃，商业网络相对发达。广州科学城重点发展基因工
程药物、现代中药、海洋药物等四大生物医药，形成了较为完整的产业
链。深圳形成了以领军企业为龙头的高档医疗装备、现代中药、诊断试剂
等五大产业链为主体的产业格局。东北和中西部地区动植物资源优势突
出，现代中药产业、生物农业发展较快。长春已经形成各具特色的生物医
药企业集群，哈尔滨市积极把生物医药培育成为支柱产业。西安高新区重
点开发生物医药，郑州突出发展生物农业。目前，郑州生物农业在研发水
平、数量规模和市场份额指标方面位居全国前列。

　　根据工信部发布的《2015 年医药行业运行情况报告》，2015 年是国内
医药企业兼并重组最为活跃的一年。已公告的并购项目达 260 起，交易金
额高达 1000 亿元，同比增长约为 80%。在基因测序、细胞治疗、干细胞
等新兴技术领域，兼并重组风起云涌。海外并购成为新发展方向，并购项
目数量比重达到 10% 左右。为构建完整的生物大分子制药产业链，2015 年
8 月，海普瑞以 2.06 亿美元的自筹资金收购了美国制药企业赛湾生物的全
部股份。

　　（三）技术创新含量增加

　　作为代表性的生物医药产业，正由以仿制为主向仿创相结合的阶段转
变。根据咸达数据 V3.2 的统计，近年来 CFDA 受理的新药申报量明显增
加，2013 年年申报累积量为 3944 个，2014 年为 4724 个，2015 年达到
4890 个。从 CDE 的年累计审结量来看，2013 年为 2334 个，2014 年为

2641 个，2015 年为 8482 个。质量监管愈加严格。2015 年药品 GMP 认证
检查通过率为 95.9%，整改复核检查和发放告诫信的比例上升，分别达到
7.7%、13.1%。2015 年药品飞行检查现场通过率仅为 32.23%，在没有通
过的 39 家药企中，22 家被收回药品 GMP 证书，6 家被吊销药品生产许
可证。

经过多年的发展，我国在生物芯片、蛋白质工程、干细胞与基因组等
生命科学国际前沿领域形成了较高的研究水平。在生物医药行业，2015 年
我国医药生物技术取得新进展新突破。例如，自主研发重组埃博拉疫苗进
入临床研究，自主研发组织工程产品生物工程角膜正式投产，《干细胞临
床研究管理办法（试行）》颁布，基因编辑狗定制成功等等。随着生物技
术进步，我国生物产业规模逐步扩大，生物产业发展呈现"量"与"质"
的双重提升。

二、政策利好

我国政府历来重视生物产业的发展。无论是高科技扶持计划、国民经
济和社会发展五年规划，还是"火炬计划""攀登计划"以及国家自然科
学基金等资金，给予了生物产业强劲的政策支持。"十二五"以来，国家
出台各种利好政策，为生物产业的茁壮成长提供了优良环境。

表 8.2　2011—2016 年上半年我国生物产业领域国家层面重大政策

日期	文件名称	文件主要内容
2016 年 1 月	《关于落实发展新理念加快农业现代化实现全面小康目标的若干意见》	加强农业转基因技术研发和监管，在确保安全的基础上慎重推广。
2015 年 5 月	《中国制造 2025》	将生物医药及高性能医疗器械列入十大重点推进领域之一。
2015 年 5 月	《干细胞临床研究管理办法（试行）》	规范和促进干细胞临床研究。
2015 年 2 月	《关于加大改革创新力度加快农业现代化建设的若干意见》	加快农业科技创新,力争在生物育种领域取得重大突破;加强农业转基因生物技术研究、安全管理、科学普及。

续表

日期	文件名称	文件主要内容
2014 年 10 月	《生物类似药研发与评价技术指导原则》	这是我国首次颁发生物仿制药药物指导原则,旨在规范我国生物类似药的科学开发与后续评价。
2012 年 12 月	《生物产业发展规划》	提出"十二五"生物产业发展任务和目标,提出生物技术药物发展行动计划、高性能医学装备产业化行动计划、生物育种创新发展行动计划、生物液体燃料产业化行动计划、生物工艺应用示范行动计划、生物信息服务行动计划等 11 个计划。
2012 年 12 月	《生物质能发展"十二五"规划》	提出"十二五"生物液体燃料发展任务和目标。
2012 年 2 月	《关于加快推进农业科技创新持续增强农产品供给保障能力的若干意见》	突破一批"农业生物基因调控及分子育种、农林动植物抗逆机理、有害生物控制、生物安全"和农产品安全等方面重大基础理论和方法。
2011 年 11 月	《医学科技发展"十二五"规划》	以重大新药、医疗器械、中药现代化为核心,发展生物医药战略性新兴产业。

三、发展前景

从宏观经济环境来看，尽管世界经济复苏的步伐较为缓慢，中国宏观经济总体形势有望保持稳中向好。"十三五"时期，我国经济增长将保持在 6.5% 以上，为生物产业的发展创造了良好的环境。"十三五"发展的前两年，将发布《生物产业发展 "十三五规划"》。2016 年下半年，有望正式出台《生物医药 "十三五" 规划》。

根据《经济参考报》报道，"十三五"期间，我国生物医药产业将重点发展重大疾病化学药物、生物技术药物、新疫苗、新型细胞治疗制剂等多个创新药物品类①，用于治疗肿瘤、抑郁、糖尿病、肾病、心脑血管病等国民常见病症。加强生物 3D 打印、大分子药物、干细胞、基因等生物医药技术研发，抢占战略前沿制高点。到 2020 年，建设 3—5 家大型医药研发基地，建立国家级转化科学中心和协同创新中心。加快专利到期药物仿制上市，力争到 2020 年国际专利到期的重要药物 90% 以上实现仿制生产。加快生物医药产业质量标准和体系国际化进程，确保到 2020 年至少 100 家药品制剂企业取得美欧日等发达国家和 WHO 认证。支持部分重点医药企业进入国际市场，力争部分企业平均国外销售收入突破 100 亿元。

整体来说，受结构优化、供给侧改革的多重影响，生物产业仍然有望保持"十二五"期间 20% 以上的增长速度，实现新的突破和跨越。在"十三五"时期，生物产业发展需要更加注重发展质量和效益，更加释放市场活力、创新活力，推动企业兼并重组，实现生物产业持续健康发展。

第五节　新能源汽车和节能环保产业的发展及其政策

把握全球能源变革发展趋势和我国产业绿色转型发展要求，着眼生态文明建设和应对气候变化，以绿色低碳技术创新和应用为重点，引导绿色消费，推广绿色产品，大幅提升新能源汽车和新能源的应用比例，全面推进高效节能、先进环保和资源循环利用产业体系建设，推动新能源汽车、新能源和节能环保等绿色低碳产业成为支柱产业，到 2020 年，产值规模达到 10 万亿元以上。

一、新能源汽车的发展及其政策

（一）整体状况

1. 规模总量迅速扩张

我国新能源汽车发展极为迅猛。据中国汽车工业协会数据统计，2015

---

① 侯云龙：《生物医药十三五规划下半年出台》，《经济参考报》2016 年 7 月 4 日。

年我国新能源汽车销量达到 33.11 万辆，同比增长 3.4 倍，是 2010 年的 45.97 倍，销量超过美国，成为全球新能源第一大市场。2010 年，我国新能源汽车销量仅为 0.72 万辆。2013 年销量翻了一番多，达到 1.76 万辆。从 2014 年开始，出现了爆炸式增长。2014 年销量达到 7.48 万辆，是 2010 年的 10 倍多，如图 8.6 所示。"十二五"期间，我国新能源汽车销量年均增长率达到 215.04%。

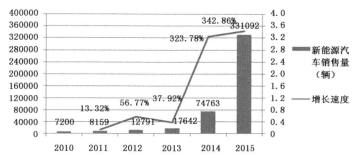

图 8.6　2010—2015 年我国新能源汽车销售量及增长情况

数据来源：中国汽车工业协会，2016 年 1 月。

在产品结构上，从车辆类型来看，2015 年乘用车销量占比达到 63%，商务车销量占比为 37%；乘用车产量占比达到 55%，商务车产量占比为 45%。从动力类型看，纯电动汽车是我国新能源汽车发展的主力，其销量份额达到 78%，产量份额达到 75%。2015 年，我国新能源汽车整车产量达到 340471 辆，同比增长 3.3 倍。其中，纯电动乘用车产量为 152172 辆，占比为 45%；插电式混合动力乘用车产量为 62608 辆，占比为 18%。纯电动商用车产量为 102461 辆，占比为 30%；插电式混合动力商用车产量为 23230 辆，占比为 7%。

2. 区域发展差距较大

由于新能源汽车代表了汽车产业的发展方向，极有可能培育成为国民经济的支柱产业，我国大部分省、直辖市积极重视新能源汽车发展，建立新能源汽车生产基地。由于企业产业链条长，为便于分析，本书以整车企业作为研究对象来分析我国新能源汽车产业的区域发展。根据工信部2014—2016 年发布的前八批《免征车辆购置税的新能源汽车车型目录》中的企业和车型进行分析，共涉及 23 个省、直辖市。从分布地区来看，主要集中在东部和中部省份。东部地区以江苏、福建、山东、广东（主要是深圳）和北京为主，中部地区以河南、安徽、湖南发展较快，西部地区主要是重庆、四川、云南发展较快。根据公布的车型数量进行排序，江苏排名第一，车型目录达到 859 种，在全国各省中占据绝对优势；福建位居第二，车型目录达到 365 种；山东位居第三，车型目录达到 259 种。广东、湖北、河南、安徽、北京车型目录均超过 100 种。

表 8.3 2014—2016 年前八批《免征车辆购置税的新能源汽车车型目录》
企业地区分布

序号	省市	第一批	第二批	第三批	第四批	第五批	第六批	第七批	第八批	合计
1	江苏	6	42	17	106	153	245	200	90	859
2	福建	4	3	20	49	46	80	98	65	365
3	山东	0	8	14	32	34	51	77	43	259
4	广东	28	8	17	21	13	57	22	32	198
5	湖北	1	12	12	3	27	38	68	24	185
6	河南	15	5	8	11	48	46	19	9	161
7	安徽	27	3	6	17	16	20	41	30	160
8	北京	17	14	21	10	19	25	18	24	148
9	湖南	1	8	8	11	4	24	32	3	91
10	重庆	3	6	4	10	5	25	19	11	83
11	上海	5	1	2	3	2	16	37	10	76
12	江西	0	1	3	15	21	16	9	7	72
13	浙江	3	0	0	9	4	15	23	11	65
14	四川	3	2	2	9	7	6	20	9	58
15	天津	0	0	1	4	7	19	7	4	42
16	河北	0	0	2	9	5	8	4	7	35
17	辽宁	0	2	1	4	1	12	8	5	33
18	云南	0	0	0	0	16	4	6	6	32
19	陕西	0	0	0	0	0	0	9	12	21
20	山西	0	0	0	3	4	6	2	3	18
21	吉林	0	3	2	2	1	4	2	1	15
22	贵州	0	0	0	0	0	5	1	6	12
23	黑龙江	0	0	0	0	0	0	2	0	2
24	广西	0	0	0	0	0	0	1	0	1

资料来源：根据工信部颁发前八批《免征车辆购置税的新能源汽车车型目录》整理。

3. 技术创新空间较大

在一批龙头企业创新牵引和国家科技专项扶持下，我国新能源汽车技术水平不断提升。目前，我国纯电动乘用车最高车速超过 140 公里/小时，续驶里程超过 200 公里，百公里加速性能、能耗水平等关键指标大幅进步。总体来说，与先进国家新能源汽车产业技术水平的差距在逐步缩小。作为销量领先全球的比亚迪汽车，基本上已经成熟掌握新能源汽车电池、电机、电控三大核心技术，铁电池组的续航里程最高达 400 公里，处于国际领先水平。在可量化技术指标方面，北汽新型纯电动车已超越在华合资品牌同类车型。

另一方面，在高端、高性能产品方面尚缺乏像特斯拉一样的标志性产品，在外观造型、结构设计等方面缺乏突破性创新。尽管在锂电池技术方面取得不少进展，生产规模越来越大，但在电池性能和能量密度方面与国外较为先进的松下、三星、LG 等国际巨头相比，仍存在不小差距。此外，充电配套设施不完善，也是制约我国新能源汽车发展的一大瓶颈。据初步统计，截至 2015 年底，我国公共电动汽车充电桩数量仅有 4.9 万座①。而我国新能源汽车保有量达到 58.32 万辆，桩车比不到 10%。

（二）政策利好

基于发展新能源汽车对制造业转型升级、提升国际竞争力、应对气候变化、能源革命和建设美丽城市的积极作用，我国政府对新能源汽车发展寄予厚望。特别是"十二五"以来，随着工业化城镇化建设进程加快，对新式能源、环境保护的需求不断加大。中央密集出台了包括战略规划、技术研发、生产制造、推广应用、基础设施建设等在内的一系列政策。

---

① 《核心技术缺失外资掌控新能源汽车上游产业链》, http://news.xinhuanet.com/auto/2016 - 05/20/c_129000413_2. htm, 2016 - 05 - 20。

表 8.4 2011—2016 年 7 月新能源汽车国家层面主要政策

发布时间	发布机构	文件名称
2016 年 7 月	国家发改委、国家能源局等	《关于加快居民区电动汽车充电基础设施建设的通知》
2016 年 6 月	工信部	符合《汽车动力蓄电池行业规范条件》企业目录（第四批）
2016 年 5 月	工信部	《电动汽车远程服务与管理系统技术规范》（征求意见稿）
2016 年 5 月	国家发改委、工信部	《关于实施制造业升级改造重大工程包的通知》
2016 年 4 月	国家发改委、国家能源局	《能源技术革命创新行动计划（2016—2030年）》《能源技术革命重点创新行动路线图》
2016 年 4 月	国家标准化管理委员会	《低速电动车国家标准公开征求意见》
2016 年 1 月	工信部	《新能源汽车推广应用推荐车型目录》（第一批）
2016 年 1 月	工信部	《锂离子电池行业规范公告管理暂行办法》
2016 年 1 月	财政部、科技部等	《关于"十三五"新能源汽车充电基础设施奖励政策及加强新能源汽车推广应用的通知》
2015 年 12 月	住房和城乡建设部	《关于加强城市电动汽车充电设施规划建设工作的通知》
2015 年 12 月	工信部	符合《汽车动力蓄电池行业规范条件》企业目录（第二批）公示
2015 年 11 月	工信部、国家税务总局	《免征车辆购置税的新能源汽车车型目录》（第六批）
2015 年 11 月	工信部	《产业关键共性技术发展指南（2015 年）》
2015 年 11 月	交通运输部、财政部等	《新能源公交车推广应用考核办法（试行）》
2015 年 10 月	国家发展改革委、国家能源局等	《电动汽车充电基础设施发展指南（2015—2020年）》
2015 年 10 月	国务院办公厅	《关于加快电动汽车充电基础设施建设的指导意见》
2015 年 6 月	国家发改委、工信部	《新建纯电动乘用车企业管理规定》
2015 年 4 月	财政部、科技部等	《关于 2016—2020 年新能源汽车推广应用财政支持政策的通知》

续表

发布时间	发布机构	文件名称
2015 年 3 月	交通运输部	《关于加快推进新能源汽车在交通运输行业推广应用的实施意见》
2015 年 2 月	科技部	《国家重点研发计划新能源汽车重点专项实施方案（征求意见稿）》
2014 年 12 月	国家质量监督检验检疫总局、国家标准化管理委员会	《乘用车燃料消耗量限值》
2014 年 12 月	国家质量监督检验检疫总局、国家标准化管理委员会	《乘用车燃料消耗量评价方法及指标》
2014 年 11 月	国务院办公厅	《能源发展战略行动计划（2014—2020 年）》
2014 年 11 月	国家发改委	《新建纯电动乘用车生产企业投资项目及生产准入管理的暂行规定》征求意见稿
2014 年 11 月	财政部、科技部等	《关于新能源汽车充电设施建设奖励的通知》
2014 年 10 月	工信部、国家发改委等	《关于加强乘用车企业平均燃料消耗量管理的通知》
2014 年 8 月	财政部、国家税务总局等	《关于免征新能源汽车车辆购置税的公告》
2014 年 7 月	国务院办公厅	《国务院办公厅关于加快新能源汽车推广应用的指导意见》
2014 年 7 月	国家发改委	《关于电动汽车用电价格政策有关问题的通知》
2014 年 6 月	国管局、财政部等	《政府机关及公共机构购买新能源汽车方案》
2014 年 1 月	财政部、科技部等	《关于进一步做好新能源汽车推广应用工作的通知》
2013 年 11 月	财政部、科技部等	《第一批新能源汽车推广应用城市或区域名单》
2013 年 9 月	财政部、科技部等	《关于继续开展新能源汽车推广应用工作的通知》
2012 年 10 月	财政部、工业和信息化部等	《新能源汽车产业技术创新财政奖励资金管理暂行办法》
2012 年 6 月	国务院	《节能与新能源汽车产业发展规划（2012—2020 年）》
2011 年 11 月	财政部、科技部等	《关于进一步做好节能与新能源汽车示范推广试点工作的通知》

资料来源：作者自行整理。

（三）发展前景

当前，我国新能源汽车发展正处于产业生命周期的快速成长期阶段。生产技术不断突破，市场规模逐步扩大。除了国家层面的政策扶植之外，许多省市的地方政府纷纷出台各种政策优惠措施，积极为新能源产业的培育和壮大创造良好的外部环境。仅在充电设施方面，截至 2016 年 11 月 15 日，据不完全统计，全国共有北京、上海、广州等 15 省份 45 市出台了电动汽车充电规划或补贴。其中，北京、石家庄、陕西、湖南、福建等 15 个省市出台了"十三五"电动汽车充电基础设施专项规划，北京、上海、广州、惠州、成都、合肥等 19 市明确充电设施补贴标准，上海、广州、成都等八个市出台了电动汽车充电补贴细则①。这些将大大推动"十三五"时期我国新能源汽车普及推广应用，促进新能源汽车市场稳定持续运行。

从市场投资角度来看，汽车生产企业不断加大对新能源汽车技术、车型的研发力度，增大对新能源汽车的投资力度。从 2015—2016 年工信部颁发的《免征车辆购置税的新能源汽车车型目录》来看，新车辆型号数量大大增加，纯电动续驶里程能力不断增强，最多可以达到 610km。动力电池行业产能迅速扩张，2015 年比 2014 年扩大了 3 倍左右。随着补贴政策的退坡，新能源汽车产业发展将逐步由政策驱动转向市场驱动。在当前发展速度能够保持的情形下，未来几年我国新能源市场发展空间巨大。根据华创证券的预测估计，到 2020 年我国新能源汽车市场的总体规模有望超过 2000 亿元。

二、节能环保产业的发展及其政策

（一）整体状况

1. 规模总量迅速扩张

随着国内经济进入中高速增长的新常态，支撑经济增长的资源能源瓶颈压力不断加大，以雾霾、水污染、土壤污染为典型的生态环境问题日益

---

① 《最新最全 60 省市电动汽车充电规划和 19 省市充电补贴》，http://www.d1ev.com/46930.html。

严重，倒逼产业结构转型升级。这为我国节能环保产业发展提供了广阔的市场空间。另一方面，相关发展规划、行动方案、试点办法等利好政策的密集制定、相继实施，极大地推动了我国节能环保产业供给面的快速扩张。2015 年，我国节能环保产业总产值达到 4.55 万亿元，约是 2000 年的 2.3 倍，年均增长 17.88%，如图 8.7 所示。

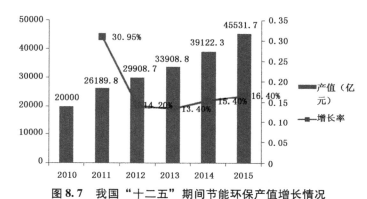

图 8.7　我国"十二五"期间节能环保产值增长情况

数据来源：赛迪顾问，2016-01。

　　三大产业构成中，节能产业、环保产业增长较快，2011—2015 年年均增长率超过了 20%，大大超过了传统产业和国民经济的增长率。其中，节能服务业总产值达到 3127.34 亿元，是 2010 年的 3.74 倍，年均增长率达到 30.19%；就业人员达到 60.7 万人，是 2010 年的 3.47 倍。合同能源管理投资达到 1039.56 亿元，是 2010 年的 3.62 倍，年均增长率为 29.31%。根据工业和信息化部的统计，2014 年我国提前一年完成了《环保装备"十二五"发展规划》提出的"2015 年达到 5000 亿元"的目标，环保装备制造业产值达到 5111 亿元。受国际价格因素影响，资源循环利用产业增速略有回落，2011—2015 年仍然保持了 15% 的年均增长率。2015 年年底，资源循环利用产业产值规模接近 2 万亿元，退居第二，略逊于节能产业，解决就业近 3000 万人，比 2010 年整个节能环保产业的就业人数还多。

　　2. 产业布局初具雏形

　　经过多年发展，我国节能环保产业初步形成了"一带一轴"为重心的区域布局①。"一带"指的是以环渤海、长三角、珠三角为核心的集群发展的"沿海发展带"。"一轴"指的是东起上海,沿长江经武汉、重庆至四川等中部省市的"沿江发展轴"。各区域发展形成了各自明显的优势。环渤海地区具有人力资源和技术转化的优势。其中北京是我国北方环保技术开发转化中心,天津是我国北方循环经济城,拥有我国北方最大的再生资源专业化园区。山东省在环保装备和技术方面优势明显,辽宁省资源综合利用基础雄厚。长三角地区产业集群优势明显,区域集中度较高,形成了宜兴、苏州、常州、无锡、上海、杭州、宁波等城市为核心的产业集群,产业规模位居全国前列。随着中西部地区崛起,武汉、重庆、西安等城市也建立了各自的节能环保产业园区,节能环保产业得到规模化发展。整体来看,我国节能环保产业区域发展呈现不平衡的特点,东部地区在产业链条的技术研发、产品设计、品牌文化、投融资服务等方面确立了全国领先地位,中西部地区发展相对滞后。从未来发展趋势看,节能环保产业聚集区将由东向西逐步扩散。

从市场集中度来看,"小弱散"的特征并未根本改变。根据腾讯财经大数据统计,2005—2014 年,我国环保企业数量翻了四番多,由 2005 年的 2764 个增加到 2014 年的 50374 个。其中,2010 年以后新注册成立的环保企业占近五成,达到 47%。尽管 2011 年出现了环保企业投资并购的高潮,小微企业仍然是环保企业的主力军。2014 年全国规模 50 人以下的企业占比高达 92.04%,规模 500 人以上的企业占比仅仅为 0.49%。全国注册资金 50 万以下的企业占比高达 74.64%,注册资金 1 亿以上的企业占比仅仅为 0.80%。从企业收入来看,年收入 1 千万以下的企业占比高达 90.16%,年收入 1 亿以上的企业占比仅仅为 1.8%,50 亿以上的仅仅为 0.05%。从区域竞争力来看,江苏浙江两省环保企业收入占比位居全国前两名,分别达到 22.74%、15.82%。无锡、北京、上海环保企业数量占比位列全国前三名,分别达到 4.88%、4.74% 和 4.48%。

① 洪京一:《战略性新兴产业 2015—2016》,社会科学文献出版社 2016 年版,第 34 页。

图8.8　"一带一轴"的环保产业布局初具雏形

资料来源：腾讯财经·大数据，第3期，2015。

3. 技术创新潜力较大

得益于国家政策支持推动，我国节能环保企业加强了自主创新步伐，节能环保产业整体技术水平得到了明显提高。在工业领域，已突破了超高效电机、烧结烟气脱硫脱硝、稀土永磁无铁芯电机、工业生物废物转化与燃气化利用等众多关键共性技术，以及新能源与可再生能源装备关键部件，高光效半导体照明材料、芯片、器件等关键技术①。在先进节能工业锅炉、低温余热发电等节能领域，在高效内燃机及排放控制技术、符合污染物脱除技术及装备等减排领域，先进技术得到推广应用，逐步形成规模效益。另外，节能环保相关技术标准体系初步建立，第三方治理服务体系基本形成。

与发达国家相比，我国在某些节能环保技术领域还有不小的差距。例如，在脱硫脱硝技术方面，60万千瓦和100万千瓦发电机组的烟气脱硫工程，尚未完全掌握核心技术，利用选择性催化还原法所需要的脱销催化剂

---

① 卢山：《2015—2016年中国战略性新兴产业发展》，人民出版社2016年版，第27页。

再生技术仍处于起步阶段。在广泛应用于污水回用领域的膜处理技术方面，高端的制模材料、膜产品和制膜设备进口依存度高于 50%。在余热余压技术方面，仅在水泥、玻璃行业得到了成熟应用，纯余热发电技术尚未在全工业范围内推广，仍然处于拓展阶段。在节能电机技术方面，高端电机市场长期被外资垄断的局面没有改变。

（二）政策利好

作为国家重点扶持的产业之一，节能环保产业迎来了政策的黄金机遇期。自 2012 年出台《节能环保产业"十二五"发展规划》以来，国家先后制定实施《关于加快发展节能环保产业的意见》《大气污染防治行动计划》《中华人民共和国环境保护法》《国务院办公厅关于推进环境污染第三方治理的意见》《水污染防治行动计划》和《土壤污染防治行动计划》等重大政策，为节能环保产业的快速发展提供了有力的制度保障，如表 8.5 所示。截至目前，我国在节能环保产业发展方面，已经形成了包括法律法规、政策引导（含指导意见、发展规划、技术目录）、财政激励、税收激励、拓宽融资渠道、地方政策约束、完善进出口政策、试点示范、支持技术研发和自主创新等九个方面在内的相对完整的政策体系框架。

表 8.5　2011—2016 年上半年节能环保产业领域国家重大政策（部分）

日期	发布机构	文件名称
2016 年 6 月	国务院	《土壤污染防治行动计划》
2016 年 6 月	环保部	《国家危险废物名录》
2016 年 5 月	国务院	《健全生态保护补偿机制的意见》
2016 年 5 月	工业和信息化部	《工业节能管理办法》
2016 年 4 月	工业和信息化部	《绿色制造 2016 专项行动实施方案》
2016 年 3 月	国家发改委	《关于促进绿色消费的指导意见》
2016 年 3 月	环保部	《生态环境大数据建设总体方案》
2016 年 1 月	国家发改委	《"互联网＋"绿色生态三年行动实施方案》
2015 年 9 月	财政部等	《水污染防治专项资金管理办法》
2015 年 8 月	全国人大常委会	《中华人民共和国大气污染防治法》（修订）
2015 年 7 月	国家海洋局	《海洋生态文明建设实施方案（2015—2020 年）》

续表

日期	发布机构	文件名称
2015 年 4 月	国务院	《水污染防治行动计划》
2015 年 4 月	财政部等	《关于市政公用领域开展政府和社会资本合作项目推介工作的通知》
2015 年 4 月	国务院办公厅	《关于加强节能标准化工作的意见》
2014 年 12 月	国务院办公厅	《国务院办公厅关于推行环境污染第三方治理的意见》
2014 年 9 月	国家发改委等	《关于调整排污费征收标准等有关问题的通知》
2014 年 9 月	国家发改委等	《重大环保技术装备与产品产业化工程实施方案》
2014 年 9 月	国家发改委等	《煤电节能减排升级与改造行动计划（2014—2020 年）》
2014 年 8 月	国务院办公厅	《关于进一步推进排污权有偿使用和交易试点工作的指导意见》
2014 年 7 月	环保部等	《大气污染防治行动计划实施情况考核办法（试行）细则》
2014 年 5 月	国务院办公厅	《2014—2015 年节能减排低碳发展行动方案》
2014 年 5 月	国务院办公厅	《大气污染防治行动计划实施情况考核办法（试行）》
2014 年 4 月	全国人大常委会	《中华人民共和国环境保护法》（修订）
2014 年 2 月	科技部等	《2014—2015 年节能减排科技专项行动方案》
2014 年 2 月	国家发改委等	《全国生态保护与建设规划（2013—2020 年）》
2014 年 1 月	工业和信息化部	《石化和化学工业节能减排指导意见》
2013 年 9 月	国务院	《大气污染防治行动计划》
2013 年 9 月	国务院	《城镇排水与污水处理条例》
2013 年 8 月	国务院	《关于加快发展节能环保产业的意见》
2013 年 2 月	环保部	《国家环境保护标准"十二五"发展规划》
2013 年 1 月	国务院	《循环经济发展战略及近期行动计划》
2012 年 12 月	国务院	《"十二五"循环经济发展规划》
2012 年 8 月	国务院	《节能减排"十二五"规划》
2012 年 7 月	国务院	《"十二五"国家战略性新兴产业发展规划》
2012 年 6 月	国务院	《"十二五"节能环保产业发展规划》
2011 年 12 月	国务院	《国家环境保护"十二五"规划》

（三）发展前景

2016 年 3 月，第十二届全国人民代表大会第四次会议通过了《中华人民共和国国民经济和社会发展第十三个五年（2016—2020 年）规划纲要》，首次把"生态文明建设"列入国家五年发展规划。在大力推进环境污染治理和着力发展节能环保产业的新常态背景下，节能环保产业迎来了发展的黄金机遇期，逐步成长为国民经济新的支柱产业。从政策预期上来看，我国节能减排、循环经济、环境保护等相关"十三五"专项规划即将出台，将为"十三五"时期节能环保产业的发展提供有力的政策引导，也为各项具体政策的实施奠立"十三五"发展的格调。

从发展速度上看，"十三五"时期我国节能环保产业作为朝阳产业的特点进一步呈现，产值年增速有望保持在 20% 以上。"十三五"期间，节能环保产业总投资预计将超过 17 万亿元，是"十二五"的两倍以上。其中，"水十条""大气十条"和"土十条"三大行动计划总投资将超过 12.4 万亿元。从产业组织变革来看，"十三五"期间节能环保产业内的横向、纵向兼并重组将进一步加快，从单一产品、服务的竞争转变为品牌、标准的竞争，从单一的产业链条竞争如产品生产、服务提供转变为"产品＋设计施工＋投资运行维护"的全产业链条竞争。由此，产业链条将由"微笑曲线"的中间制造环节向两端的研发设计和营销品牌扩展，从而获得更多更高的附加值。作为七大战略性新兴产业之一，节能环保产业具有链条长、关联度大的特点。节能环保产业在"十三五"的高端化发展，将带动相关产业由低端向中高端迈进，从而推动产业结构向高度化发展。

第六节　数字创意产业的发展及其政策

数字创意产业是以文化创意、设计服务为核心，依托数字技术进行创作、生产、传播和服务，满足人们现代生活需求、引领新供给新消费的新型文化业态。要以数字技术和先进理念推动文化创意与创新设计等产业加快发展，促进文化科技深度融合、相关产业相互渗透。到 2020 年，形成文化引领、技术先进、链条完整的数字创意产业发展格局，相关行业产值规模达到 8 万亿元。

一、整体状况

（一）市场规模迅速发展

国家统计局公布数字显示①，2016 年，规模文化企业实现营业收入 80314 亿元，比上年增长 7.5%（名义增长未扣除价格因素），增速比上年加快 0.6 个百分点。文化及相关产业 10 个行业的营业收入均保持增长，文化服务业快速增长。其中，实现两位数以上增长的 3 个行业分别是：以"互联网＋"为主要形式的文化信息传输服务业营业收入 5752 亿元、增长 30.3%，文化艺术服务业 312 亿元、增长 22.8%，文化休闲娱乐服务业 1242 亿元、增长 19.3%。

分区域看，东部地区规模以上文化及相关产业企业实现营业收入 59766 亿元，占全国 74.4%，中部、西部和东北地区分别为 13641 亿元、5963 亿元和 943 亿元，占全国比重分别为 17.0%、7.4% 和 1.2%。从增长速度看，西部地区增长 12.5%、中部地区增长 9.4%，均高于东部地区 7.0% 的增速，而东北地区继续下降，降幅为 13.0%。

（二）数字创意产业集聚特征明显

就目前国内数字创意产业较为集中的地理分布上看，文化产业主要集中于东部经济发达地区，其中依托于新兴数字创意产业主要聚集分布于三个区域：（1）以北京为代表的环渤海集聚区域；（2）以上海、杭州为代表的长三角集聚区域；（3）以香港、深圳为代表的泛珠三角集聚区域。这三个地区也是我国新经济发展领先和经济发达地区，具有较强的人才和良好的新兴产业基础，同时依托较强的需求市场，快速确立了基于消费者服务的数字消费服务业，逐渐形成了基于组织机构的数字化生产服务业。

（三）消费群体年轻化趋势明显

得益于互联网、智能手机等信息产品的普及，电子商务、网络阅读、

---

① 国家统计局，http://www.stats.gov.cn/tjsj/zxfb/201702/t20170206_1459430.html。

微博、微信、自媒体、虚拟现实等新业态的不断出现，年轻人思想活跃、接受新事物强等优势体现在新文化创意产品消费上。目前我国的手机用户超过 7 亿，还有 5 亿多的互联网用户。新文化消费的多样化、个性化特征突出，并在数字创意产业快速发展过程中得到响应。在加强知识产权保护作用下，互联网付费消费理念深入人心。

二、政策利好

为了更好适应新时期经济社会发展的需要，积极培育文化产业的发展，我国政府自十一五时期就提出了振兴文化产业，把文化产业作为新兴产业加以扶持，并对文化产业管理体制等方面加大了改革力度，出台了一系列制度政策和办法。2009 年 7 月 22 日，国务院常务会议通过了《文化产业振兴规划》，开启了我国文化产业更好服务于经济社会新阶段的号角。

表 8.6　2014—2017 年上半年有关数字创意产业领域国家重大政策（部分）

日期	文件名称	文件主要内容
2017 年 2 月	文化部	《文化部"十三五"时期文化发展改革规划》
2017 年 1 月	国务院	《关于促进移动互联网健康有序发展的意见》
2016 年 12 月	文化部	《文化部"一带一路"文化发展行动计划》
2016 年 12 月	工信部、财政部	《关于推进工业文化发展的指导意见》
2016 年 11 月	国务院	《十三五国家战略性新兴产业规划》
2016 年 5 月	国务院、文化部	《关于推动文化文物单位文化创意产品开发若干意见的通知》
2014 年 3 月	国务院	《关于推进文化创意和设计服务与相关产业融合发展的若干意见》

资料来源：作者自行整理。

三、发展前景

随着互联网等信息技术的不断发展，文化产业面临着转型升级，从传统文化形态向新兴文化产业转变，表现出来前端强调内容创意、中间数字化制作和后端变产品为服务的特点。同时借用现代技术手段融入一系列相关产业，进一步凸显了创意的巨大价值。

以 BAT 为代表的互联网企业在中国电影市场的巨大作用，正深刻地影响着影视市场的发展。初期的影视作品的制作投资、到中期广告宣传推广以及后期网上购票、网上观影等环节都能够深度参与，给传统影视产业经营模式带来了深刻变革。消费行为和生产行为的转变都给数字创意产业的发展带来了巨大的机会。新兴文化业态从萌生到成长为"独角兽"公司可能只有短短几年时间，其创办人迅速身价亿万。以新媒体喜马拉雅 FM 为例，喜马拉雅 FM 是国内音频分享平台，组建于 2012 年 8 月，2013 年 3 月手机客户端上线，两年多时间手机用户规模已突破 2 亿，成为国内发展最快、规模最大的在线移动音频分享平台。

数字创意产业不仅在消费领域发展迅速，在传统行业的应用领域同样大有发挥的舞台。增强现实技术在现场管理的应用大大提高了物流企业的运行效率。还有大量企业的市场推广、产品宣传、品牌管理等领域同样离不开数字创意的助力。在"十三五"战略性新兴产业规划中预计，到 2020 年数字创意相关产业的增加值达到 8 万亿，发展潜力巨大。

第七节　《中国制造2025》发展战略

作为新一轮工业革命的引擎，中国战略性新兴产业的快速发展，离不开国家战略的支持。随着《中国制造 2025》发展战略的实施，战略性新兴产业发展更具活力和创造力，以中国制造向中国创造转变、中国速度向中国质量转变、中国产品向中国品牌转变为核心的三大转变正处于加速中。到 2049 年左右，中国制造业大国地位更加巩固，综合实力进入世界制造强国前列。

一、中国能源革命与全球新一轮工业革命

从人类文明演进的视阈来看，能源革命通过改变未来能源供求的联结方式，引发能源供应体制、产品制造机制、社会运行机制变革，推动人类文明不断前进，正如农耕文明之于薪材时代，工商文明之于化石能源时代，生态文明之于可再生能源时代。当前，全球发展已经进入生态文明的

新时代，能源革命成为全球新一轮工业革命的急先锋。正如杰里米·里夫金在《第三次工业革命》中所说，互联网技术和可再生能源技术的结合，将引发新的一场工业革命。中国能源革命是全球新一轮工业革命的重要组成部分。通俗地讲，新时期的能源革命就是革掉化石能源的命，是通过可再生能源的开发利用来满足未来能源需求的增量，并在此基础上不断替代化石能源的需求存量，由此不断降低化石能源在能源结构中的比重，最终实现可再生能源在能源结构中占绝对主导地位的目标①。

中国能源革命可以分为两个阶段②。第一阶段，为中国清洁能源革命阶段，主要任务是降碳和去碳，使能源结构"低碳"。通过不断的技术革新和突破，大力发展天然气、可再生能源和核能。到 2030 年，非化石能源占一次能源消费总量的比重达到 20% 左右，可再生能源发展成为国内经济社会发展的主导能源之一，核能和可再生能源产业发展技术由全球"跟踪者"变为"并跑者"，甚至是"领跑者"。到 2050 年，可再生能源成为能源供应体系中的主力能源，占一次能源消费总量的比重达到 1/3 以上，可再生能源产业成长为国民经济主导型支柱产业。第二阶段，为中国可再生能源革命阶段，主要任务是去碳和近零碳，使能源结构"零碳"，真正实现能源革命的目的。可再生能源占一次能源消费总量的比重将超过 50%，在能源结构中占据绝对主导地位。届时，中国生态文明将全面建成。

中国能源革命的过程，实质上就是新能源产业不断发展壮大的过程。能源动力的变革，客观上会要求与之相配套的产品结构、功能作用发生深刻而又猛烈的变革。能源生产方式之间、消费方式之间以及它们之间和其内部联结方式的变革，将带动人类生产、生活联结方式的变革。能源革命的过程，也就是制造业结构整体转型升级的过程，低碳、去碳、近零碳成为制造业发展的方向纬度之一。另一方面，制造业的全面升级也能够提升新能源的生产能力，扩大应用范围，加快新一轮能源革命的进程。因此，

---

① 张宪昌:《文明演进视阈下的中国能源革命》,《中共云南省委党校学报》2016 年第 3 期。

② 张宪昌:《文明演进视阈下的中国能源革命》,《中共云南省委党校学报》2016 年第 3 期。

能源革命、新能源产业发展与新一轮工业革命是相辅相成、互相促进的关系。

二、《中国制造 2025》发展战略

当前，全球制造业格局面临重大调整。正如杰里米·里夫金所说，第三次工业革命已经到来。新一代信息技术与制造业深度融合，成为新一轮产业变革的趋势和潮流。面对产业新变革、工业新革命，发达国家纷纷实施了"再工业化"战略和国家创新战略，意在抢占新兴产业发展制高点，获取国际竞争新优势。中国要在建国百年之际实现中华民族的伟大复兴，成为世界的领头羊，就必须主动迎接新一轮工业革命的发展机遇，最大限度夯实提升制造业优势，最大限度提升国民生产力，实现中国制造向中国创造的转变，中国速度向中国质量的转变，中国产品向中国品牌的转变。为之，就必须实施制造强国战略——《中国制造 2025》发展战略。

（一）基本方针和原则

实施《中国制造 2025》发展战略，就是要坚持走中国特色新型工业化道路，加快互联网、物联网、新能源与制造业深度融合，推进制造业数字化网络化智能化发展。坚持创新驱动，突破一批重点领域关键共性技术。推行质量为先，加强质量技术攻关，加快培育自主品牌。坚持绿色发展，全面推行绿色低碳的清洁生产方式。大力发展循环经济，不断提高资源回收利用效率，实现资源回收再利用。坚持结构优化，大力发展战略性新兴制造业，改造提升传统制造业，优化现代服务型制造链条，逐步实现生产型制造向服务型制造的转变。坚持人才为本、人才引领的发展道路。人才是最活跃的先进生产力，一切要素的整合、配置与管理，归根结底，要由人来控制实现。建立健全科学客观公正合理的选人、用人、育人机制，加快培养一批现代制造业所需的具有工匠精神的专业技术人才、经营管理人才和技能人才。

（二）发展目标

实施《中国制造 2025》发展战略，需要分阶段分步骤分计划进行。就是要通过实施"三步走"计划，实现制造强国的战略目标。第一步，力争

用十年时间，迈入制造强国行列。到 2020 年，基本实现工业现代化，制造业数字化、网络化、智能化取得明显进展，制造业大国地位明显得到巩固和增强。到 2025 年，制造业整体素质大幅提升，创新能力显著增强，全员劳动生产率明显提高，工业化和信息化融合迈上新台阶，制造业在产业链和价值链中的地位明显提升，国际竞争力显著增强。第二步，到 2035 年，我国制造业整体达到世界制造强国阵营中等水平。创新能力大幅提升，重点领域发展取得重大突破，整体竞争力明显增强，优势行业形成全球创新引领能力，全面实现工业化。第三步，到新中国成立一百年时，制造业大国地位更加巩固，综合实力进入世界制造强国前列。制造业主要领域具有创新引领能力和明显竞争优势，建成全球领先的技术体系和产业体系。

（三）主要任务

具体来看，实施九大战略任务：（1）提高国家制造业创新能力。围绕重点行业转型升级和新一代信息技术、智能制造、增材制造、新材料、生物医药等战略性新兴产业领域创新发展的重大共性需求，到 2020 年，重点形成 15 家左右制造业创新中心（工业技术研究基地），力争到 2025 年形成 40 家左右制造业创新中心（工业技术研究基地）。（2）推进信息化与工业化深度融合。到 2020 年，制造业重点领域智能化水平显著提升，试点示范项目运营成本降低 30%，产品生产周期缩短 30%，不良品率降低 30%。到 2025 年，制造业重点领域全面实现智能化，试点示范项目运营成本降低 50%，产品生产周期缩短 50%，不良品率降低 50%。（3）强化工业基础能力。到 2020 年，40% 的核心基础零部件、关键基础材料实现自主保障。到 2025 年，70% 的核心基础零部件、关键基础材料实现自主保障，80 种标志性先进工艺得到推广应用，部分达到国际领先水平。（4）加强质量品牌建设。推广先进质量管理技术和方法，加快提升产品质量，完善质量监管体系，夯实质量发展基础，推进制造业品牌建设。（5）全面推行绿色制造。到 2020 年，建成千家绿色示范工厂和百家绿色示范园区，部分重化工行业能源资源消耗出现拐点，重点行业主要污染物排放强度下降 20%。到 2025 年，制造业绿色发展和主要产品单耗达到世界先进水平，绿色制造体系基本建立。（6）大力推动重点领域突破发展。围绕新一代信息技术、高档数控机床和机器人、航空航天装备、海洋工程装备及高技术船舶、先进轨道交通装备、节能与新能源汽车、电力装备、农机装备、新材料和生物医药及高性能医疗器械十大重点领域，实施高端装备创新工程，大幅度提升自主知识产权高端装备市场占有率。（7）深入推进制造业结构调整。逐步化解过剩产能，推动传统产业向中高端迈进，优化产业组织布局和产业区域布局。（8）积极发展服务型制造和生产性服务业。加快制造与服务的协同发展，推动生产型制造向服务型制造转变。（9）提高制造业国际化发展水平。实施更加积极的开放战略，推动重点产业国际化布局。

（四）制度保障

在机制体制和政策保障上，发挥制度优势。（1）全面推进依法行政，深化体制机制改革。（2）深化市场准入制度改革，完善市场退出机制，强化企业社会责任建设，营造公平竞争市场环境。（3）积极发挥政策性金融、开发性金融和商业金融的优势，健全多层次资本市场，完善金融扶持政策。引导风险投资、私募股权投资，支持债权、股权等融资方式，鼓励发展贷款保证保险和信用保险业务。（4）加强财政资金对智能制造、"四基"发展、高端装备等制造业的支持，运用和创新 PPP 模式，创新财政资金支持方式。推进增值税改革，减轻制造业企业税收负担，提高财税资金使用效率，加大财税政策支持力度。（5）实施企业经营管理人才素质提升工程和国家中小企业银河培训工程，实施专业技术人才知识更新工程和先进制造卓越工程师培养计划，建立完善制造业人才服务机构，健全多层次人才培养体系。（6）加快设立国家中小企业发展基金，建立完善小微企业融资担保体系，完善中小微企业公共服务平台网络，建立信息互联互通机制，健全完善中小微企业创业、创新、融资、咨询、培训、人才等政策。（7）建立外商投资准入前国民待遇加负面清单管理机制，加强对外投资立法，实施海外投资并购。建立制造业对外投资公共服务平台和出口产品技术性贸易服务平台，完善应对贸易摩擦和境外投资重大事项预警协调机制，进一步扩大制造业对外开放。（8）成立国家制造强国建设领导小组，设立制造强国建设战略咨询委员会。建立《中国制造2025》任务落实情况督促检查和第三方评价机制，建立中期评估机制。

第九章　推动能源革命 促进产业升级

　　能源革命引发和支撑工业革命，促进产业转型升级，加快社会生产力发展，推动人类文明进步。当今世界兴起的新能源革命和第三次工业革命已展现出人类未来美好愿景，第四次工业革命已拉开序幕，实现全面建成小康社会和建成富强民主文明和谐美丽的社会主义现代化强国战略目标，实现中华民族伟大复兴的中国梦，中国必须牢牢把握新能源革命和第三次工业革命发展机遇，迎接第四次工业革命发展浪潮，推动能源生产与消费革命，推进产业结构转型升级，追赶引领世界新能源革命与新兴产业发展新潮流。

第一节　推动能源生产与消费革命

　　能源开发和利用方式的变革带动新的产业发展，促进经济效率的提高，推进可持续发展。加快推进中国经济发展转变发展方式，必须抓住能源生产与消费革命契机，推动能源生产和消费革命，支持节能低碳产业和新能源、可再生能源发展，确保国家能源安全。

一、中国正面临新能源革命的挑战和机遇

　　以低碳可再生能源来替代高碳化石能源的第四次能源革命正在兴起，以生产方式的分散式、个性化的第三次工业革命时代已经拉开序幕。当前世界正处于新能源革命和第三次工业革命发展的新时期新阶段，中国正面临新能源革命的挑战和机遇，中国应抓住机遇，迎接挑战，成为未来世界

新能源革命发展潮流的引领者。

（一）积极顺应绿色、低碳世界发展趋势

当今世界化石能源的大量使用，带来了环境、生态和全球气候变化等一系列问题，主动破解困局、加快能源转型发展已经成为世界各国的自觉行动，绿色、低碳发展成为世界发展大趋势。新的能源革命，将为世界经济发展注入新的活力，推动人类社会从工业文明迈向生态文明。

经历 40 年的改革开放，中国经济规模迅速扩张，人民收入和生活水平明显改善，中国已经成为世界第二大经济体。但高能耗、重污染和低效益等后果也已成为中国经济社会可持续发展的主要阻力和沉重负担。

从传统能源资源禀赋的全球分布情况来看，中国是一个煤炭储量丰富、油气资源较为缺乏的国家，自然形成了一次性能源消耗中以煤炭占比高达 70% 的能源消费结构。从非传统可再生能源资源分布来看，中国国土面积广阔，地理、气候分布差异较大，太阳能、风能、地热能、海洋能等可再生能源总量和页岩气等非传统能源蕴藏量均居世界前列，存在很大发展利用空间。与发达国家相比，我国的能源利用效率很低，每单位能源消耗生产的 GDP，仅相当于欧盟和日本的 1/4，美国的 1/3，远高于发达国家的能耗水平。在快速发展过程中，不可避免地产生过量化石能源消耗的巨大需求，更严重的是带来的环境污染和生态破坏问题日益突出，已对中国经济社会的可持续发展造成重大负面影响。中国发展过程走的仍然是发达国家曾经走过的先污染后治理的发展老路。转变发展方式迫在眉睫。未来中国发展必须顺应世界绿色、低碳发展大趋势，转变能源生产和能源消费方式，在全面建成小康社会的进程中，必须坚持以信息化带动工业化，以工业化促进信息化，走科技含量高、经济效益好、资源消耗低、环境污染少、人力资源优势得到充分发挥的新型工业化道路。

（二）抓紧制定新能源产业发展政策体系

新的能源革命是破解全球经济环境危机的新机遇。世界能源发展新变革就是要减少对化石能源依赖，调整能源消费结构，大力发展新能源，大力推行节能减排技术，促进能源的可持续发展。

人类发展实践证明，新能源技术的产生和应用，逐渐替代传统化石能源，将导致新的技术革命的产生，引发新的工业革命。新能源技术也将成为人类赖以生存的核心技术，新能源产业将成为继信息技术后带动全球经济复苏的第三次工业革命的有力支撑和重要内容，成为世界新的经济增长点。能源科技革命是能源生产与消费革命的支撑，也是抢占科技发展制高点，确保我国能源长远安全的战略保障。要强化推动能源革命的政策措施，首先要加强能源技术创新，普及和推广先进高效节能技术和先进能源技术，将技术优势转化为产业优势和经济优势。要研发和推广智慧能源技术，推动能源互联网与分布式能源技术、智能电网技术、储能技术的深度融合，并加强对氢能、核聚变、可燃冰等前沿技术的研发和示范，占领能源科技的制高点，打造国家的竞争优势，顺应并引领全球能源技术创新和发展的进程。①

中国是一个发展中大国，经济社会发展任重而道远，人均资源十分有限。进入 21 世纪，中国能源发展成就显著，供应能力稳步增长，能源结构不断优化，节能减排取得成效，科技进步迈出新步伐，国际合作取得新突破，建成了世界最大的能源供应体系，有效保障了经济社会可持续发展。然而，中国能源资源约束日益加剧，生态环境问题突出，调整结构、提高能效和保障能源安全的压力仍在加大，能源发展面临一系列新问题新挑战，缺油少气，以化石能源尤其是以煤炭为主的能源结构，制约了中国经济社会的可持续发展。中国可再生能源、非常规油气和深海油气资源开发潜力很大，能源科技创新取得新突破，能源国际合作不断深化，新能源发展面临着难得的机遇，适应世界政治、经济格局深刻调整，能源供求关系深刻变化，中国必须抓紧制定新能源产业发展的财税政策、融资政策、价格政策，建立技术政策、环保政策、国际竞争合作策略和立法保障为主要内容的产业发展政策体系，推动能源生产和消费革命，大力发展新能源和可再生能源，推动走出一条符合国际发展趋势和中国国情的能源创新发展、安全发展、科学发展之路，促进产业结构转型升级，加快战略性新兴产业发展，实现经济社会又好又快发展。

---

① 《能源革命路线图来了》,《科技日报》2017 年 5 月 24 日。

（三）努力实现新能源革命战略目标

200 多年以来，世界能源主要以一次性高碳化石能源消耗为主的能源生产与消费方式产生了严重的生态灾难，造成了全球气候变暖和温室效应。为了应对全球气候变化，落实"地球，我们的共同家园"的共识，国际社会正积极行动起来应对气候变化。在《联合国气候变化框架公约》下，世界主要国家都制订了温室气体减排目标。在此大背景下，中国节能减排刻不容缓，任重道远。

中国作为世界最大的发展中国家，将努力实现节能减排和新能源革命三步走的战略目标。（1）到 2020 年，全面启动能源革命体系布局，推动化石能源清洁化，根本扭转能源消费粗放增长方式，实施政策导向与约束并重。能源消费总量控制在 50 亿吨标准煤以内，煤炭消费比重进一步降低，清洁能源成为能源增量主体，能源结构调整取得明显进展，非化石能源占比 15%；单位国内生产总值二氧化碳排放比 2015 年下降 18%；单位国内生产总值能耗比 2015 年下降 15%，主要能源生产领域的用水效率达到国际先进水平；电力和油气体制、能源价格形成机制、绿色财税金融政策等基础性制度体系基本形成；能源自给能力保持在 80% 以上，基本形成比较完善的能源安全保障体系，为如期全面建成小康社会提供能源保障。

（2）2021—2030 年，可再生能源、天然气和核能利用持续增长，高碳化石能源利用大幅减少。能源消费总量控制在 60 亿吨标准煤以内，非化石能源占能源消费总量比重达到 20% 左右，天然气占比达到 15% 左右，新增能源需求主要依靠清洁能源满足；单位国内生产总值二氧化碳排放比 2005 年下降 60%—65%，二氧化碳排放 2030 年左右达到峰值并争取尽早达峰。

（3）展望 2050 年，能源消费总量基本稳定，非化石能源占比超过一半，建成能源文明消费型社会。能效水平、能源科技、能源装备达到世界先进水平；成为全球能源治理重要参与者；建成现代能源体系，保障实现现代化。

二、调结构、提效率、优布局，推动新能源革命

按照中国能源发展三步走战略目标和"十三五"规划《纲要》总体要

求，综合考虑安全、资源、环境、技术、经济等因素，必须控制能源能源消费总量，提高能源自给率，要增强能源安全战略保障能力，提升能源利用效率，提高能源清洁替代水平，保持能源供应稳步增长，显著提高能源公共服务水平，实现基本用能服务便利化，必须把调整能源结构，提高能源效率放在推动新能源革命的重要位置。

（一）从高碳向低碳调整能源发展结构

中国是一个能源生产与消费大国。中国能源资源种类丰富，煤炭、水能、太阳能、风能、生物质资源等能源储量居世界前列，但人均能源数量低于世界平均水平。化石能源储量表现为煤多、油少、气少的特点。

在能源生产结构上，资源分布结构决定了中国的一次能源生产以煤炭为主的能源生产方式。统计资料显示，2015 年中国一次能源生产量达 36.2 亿吨标准煤，年均增长率为 3%，其中：煤炭 26.1 亿吨标准煤，原油 3.08 亿吨标准煤，天然气 1.8 亿吨标准煤，非化石能源 5.2 亿吨标准煤，年均增长率分别为 1.8%、1.1%、7.0% 和 10.2%。从中可以发现，煤炭产量占比达到 72.1%，处于能源生产的绝对主体地位。以核能、风能、水电为主的非化石能源增长速度远高于化石能源增长速度。但是，新能源与可再生能源的生产成本较高，制约了其利用推广，特别是风能、太阳能的间断性、能量密度低的特点在现阶段还不能替代化石能源的主体地位。

在能源消费结构上，中国能源消费主要以煤炭、汽柴油、电力为主。统计数据显示，2015 年中国能源消费总量为 43 亿吨标准煤，其中煤炭、石油合计占比为 82.1%，居于主体地位，能源消费增速仅为 1%。总体上能源消费总量持续增加，增速下降，煤炭消费占比有下降趋势，但为中国能源消费的主体，非化石能源消费占比和增速明显增加。在中国能源消费中，化石能源消耗比重过大，带来的碳排放、污染排放居高不下，减排压力持续加大，能源消费效率低、能耗大的问题突出。

实现减排责任和节能降耗目标，需要加快推进中国能源结构调整，必须积极发展天然气、核电、可再生能源等清洁能源，降低煤炭消费比重，推动能源结构持续优化，从高碳向低碳调整能源发展结构，把发展清洁低碳能源作为调整能源结构的主攻方向。一是要高效清洁利用高碳化石能源；二是要积极发展新能源和可再生能源。逐步提高低碳能源比重，降低高碳能源依赖。短期来看，中国经济社会发展正处在转型时期，结合能源禀赋情况，以煤为主的能源生产和消费结构不可能发生根本性转变，现阶段的主要任务是以以煤为主化石能源的高效清洁利用为主体，积极开发推广节能减排技术设备，提高高碳能源效率；新能源和可再生能源作为补充能源，要着力技术研发与利用示范推广。长期来看，以新能源和可再生能源为主导的能源体系要满足能源洁净、高效的生产供给和消费需求，逐步由补充能源到替代能源、向主导能源转化。以经济增速转档为中高速为契机，减少能源消耗，大力发展新能源和可再生能源技术和产业，为夯实经济发展质量和效益打下基础，拓展未来经济上升空间和国际产业竞争力。要促进能源与环境绿色和谐发展，积极应对气候变化，更加主动控制碳排放，坚决控制化石能源消费总量，优化能源生产和消费结构，推动能源低碳发展迈上新台阶。

以能源市场化改革为契机，加速能源结构转型升级必须还原能源商品属性，加快形成统一开放、竞争有序的能源市场体系，充分发挥市场配置资源的决定性作用和更好发挥政府作用。要建立统一开放、竞争有序的现代能源市场体系，实行统一的市场准入制度，在制定负面清单基础上，鼓励和引导各类市场主体依法平等进入负面清单以外的领域，推动能源投资主体多元化，大力发展风能、太阳能，不断提高发电效率，降低发电成本，实现与常规电力同等竞争，鼓励和支持新能源产业发展。推动形成由能源资源稀缺程度、市场供求关系、环境补偿成本、代际公平可持续等因素决定能源价格机制。推进石油、天然气、电力等领域价格改革，有序放开竞争性环节价格，制定和实施新能源产业发展政策，促进新能源产业发展。

新能源装备制造要紧跟世界技术发展趋势，准确把握世界能源技术演进趋势，抢占科技发展制高点，立足自主创新。要加快创新步伐，加快非化石能源开发和装备制造技术、化石能源清洁开发利用技术应用推广。积极加大前瞻性新能源技术如氢能、可燃冰、人工光合、生物质能等更具环境友好型能源技术的研发及推广，加大加快能源结构调整空间和力度。

（二）从低效向高效提高能源利用效率

能源的开发和利用状况是衡量一个国家经济发展和科学技术水平的重要标志。发达国家都把提高能源利用效率作为其能源发展战略的重要目标和措施。世界经济论坛高级总监、能源行业负责人罗伯特·博卡在《世界经济论坛 2010 年世界能源展望报告》中反复强调的理念是"能源效率也是一种能源"。他提到，能源效率能在很多方面起到积极的作用，比如说能够减缓全球气候的变化，能够延缓全球资源的枯竭，能够促进各个国家和地区的发展。

我国提高能源效率有着巨大潜力，也是节能减排保障能源安全的当务之急。与发达国家相比，我国的能源利用效率较低。提高能源开发利用效率关键在于技术创新。从近期看，根据我国基本国情、发展阶段和能源禀赋，降低工业比重、减少煤炭占一次能源消费的比例，降低温室气体排放，提高能源利用效率，要根据我国以煤炭消费为主的能源结构向未来多元化的能源供应体系转变的特点，转变经济发展方式，调整产业结构，建立市场经济条件下的节能机制，利用市场竞争推动节能，依靠技术进步，提高终端能源利用效率，加快制定和完善节能政策和环境政策，保证政策的执行力度，建立能源节约、低碳排放、经济高效的能源消费方式和经济发展方式，进一步提升我国国际竞争力。从长期看，新能源与可再生能源的开发利用所占比重会越来越大并将占据主体地位，新能源的利用意味着人类可以对世界上存在的低密度的能源形式加以利用，这本身就是能源使用效率的提高。未来中国清洁能源将在能源结构中占主导地位，能源利用效率将主要取决于作为一次能源的风电、太阳能发电、水电的开发转化效率，要通过大规模开发清洁能源并转化为电力，极大提升能源利用效率。

（三）从局部平衡向大范围配置优化能源布局

网络是现代社会发展的产物，通过网络可以把各个点、面、体联系到一起，实现资源的传输、接收和共享。未来能源发展，在以清洁能源为主导、以电为中心的能源发展格局下，电网将成为能源配置的主要载体。以物联网为基础的智能电网将是未来以电力为主体的能源体系的支配核心。通过电力设备上的传感器和嵌入系统实时的监控电力供应侧和消费侧的波动，主动调控智能化设备运行，实现电力网络的平稳运行，最大化地发挥网络、电力设备的效率，降低能源成本。

中国新能源产业发展应加快储能系统建设，结合分布式和集中式光电、风电建设的具体情况，在保证输出电能平稳的要求下，因地制宜地配套建设储能系统或互补发电系统。中国清洁能源的分布很不均衡，除分布式开发的清洁能源就地利用外，全国大型的水电、风电、太阳能发电基地，距离负荷中心较远，需要构建电网从能源基地向负荷中心输电。必须坚持分布式和集中式并举，以分布式利用为主，推动可再生能源高比例发展。要加强电力系统的智能化建设，有效对接油气管网、热力管网和其他能源网络，促进多种类型能流网络互联互通和多种能源形态协同转化，建设"源—网—荷—储"协调发展、集成互补的能源互联网。鼓励分布式可再生能源与天然气协同发展，建设基于用户侧的分布式储能设备，依托新能源、储能、柔性网络和微网等技术，融合应用信息、电力、储能、电力电子、新能源技术，搭建能源互联网基础架构，实现分布式能源的高效、灵活接入以及生产、消费一体化。建设能源智能化、综合能源网和信息通讯基础设施，开发能源联网交易体系，创新能源交易商业模式，逐步实现能源网络的开放共享。发展储能和电动汽车应用、智慧用能和增值服务，培育绿色能源交易市场，发展能源大数据服务应用等。智能电网覆盖范围扩大至全国，从局部平衡向大范围配置优化能源布局，形成全国广泛互联的能源网络。

第二节　推进产业结构转型升级

随着信息技术、新能源技术、新材料技术、生物技术等技术不断突破和应用，中国产业形态和产业结构必须转型升级。为了寻求新动能、转变发展方式、培育新的增长点，在经济发展新常态下，必须加快推进供给侧结构性改革，使供给体系更适应需求结构的变化，加快战略性新兴产业发展，实现产业发展中高端、经济增长中高速的目标。

一、产业结构转型升级是经济发展的必由之路

改革开放以来，中国经济取得了令人瞩目的发展成绩，保持了近30年平均9.8%的增长速度，经济规模快速扩张成为世界第二大经济体。2012年中国制造业全球份额超过美国，成为世界第一制造业大国，产业间比例关系持续优化。2015年，中国第三产业增加值占GDP比重超过50%，第二产业增加值则降为40.9%，第一产业增加值持续下降至8.8%，产业结构调整取得较大成效。

从发达国家三次产业结构来看，世界主要发达国家第二产业比重多居于GDP的20%—30%，第三产业比重占7成以上。同世界主要发达国家地区如美日欧的产业结构相比，中国的第二产业尤其是制造业的比重较高，第三产业比重还有提升空间。这一产业结构基本上与中国还处于工业化中后期的阶段相适应。尽管中国产业发展高端化趋势不断取得突破，但产能过剩问题仍然突出，产业结构不合理现象并未得到改观，产业发展整体上"大而不强"。具体而言，第一产业拘于家庭联产承包责任制为主体的农业经营体制，造成经营规模小，产业化程度低，投入产出效率较低。以制造业为主体的第二产业多处于制造环节，设计研发能力相对薄弱，品牌塑造有待提升，产品附加值较低。第三产业低端化现象明显，生产性服务业滞后于产业发展需求。

中国制造业大而不强主要表现为产业能耗大、附加值低、污染重、产能过剩。其突出问题主要是：第一，产能过剩情况严重。据统计数据显示，按产品分类中国在200多个产品产能世界第一。不仅产品附加值低，资源利用效率低下，消耗大；同时，资源对外依存度高，进口成本居高不下，严重影响到中国经济转型升级和经济发展潜力。第二，技术含量低下。大多传统产业技术含量不高，随着国内产业成本上升，越来越面临其他发展中国家产业、产品的国际冲击。由于技术含量不高，产品附加值低，产业利润率较低，如2016年钢铁产业整体利润率不足2%，极大影响了传统产业转型升级和技术提升。第三，高能耗污染严重。目前中国单位国内生产总值能耗是发达国家的3—5倍。节能减排技术的应用在产业发展过程中没有得到应有的重视，再加上，中国一次性能源消费以煤炭为主

体，工业化生产带来的生态污染日益加重，空气污染、水污染等等已经给人民健康、生态环境带来了巨大压力。第四，劳动效率低。在生产技术水平不高的情况下，中国传统行业多处于劳动密集型产业。人均劳动生产率较低，仅相当于美国的 4.38%、日本的 4.37% 和德国的 5.56%。全要素生产率（TFP）远低于发达国家水平。促进经济增长，推进供给侧结构性改革，加快产业结构转型升级成为中国经济发展的主线和必由之路。

二、加快推进供给侧结构性改革是产业结构转型升级的主线

加快产业结构转型升级，必须在适度扩大总需求的同时，着力推进供给侧结构性改革。供给侧结构性改革，就是从供给、生产端入手，提高供给质量，用改革的办法推进结构调整，矫正要素配置扭曲，扩大有效供给，提高供给结构对需求变化的适应性和灵活性，提高全要素生产率，更好满足广大人民群众的需要，促进经济社会持续健康发展，是产业转型升级的主线。

（一）推进供给侧结构性改革，实现国内供需结构变化新平衡

中国供需关系正面临着不可忽视的结构性失衡。"供需结构错配"已成为阻挡中国经济持续增长的最大路障。从需求来看，需求结构已发生明显变化。"住""行"主导的需求结构发生阶段性变化，住房和汽车销售进入低增长阶段。随着收入水平提高和中等收入群体扩大，居民对产品品质、质量和性能的要求明显提高，多样化、个性化、高端化需求与日俱增；旅游、养老、教育、医疗等服务需求快速增长。产业价值链提升对研发、设计、标准、供应链管理、营销网络、物流配送等生产性服务提出了更高要求。从供给来看，一方面，过剩产能已成为制约中国经济转型的一大包袱。另一方面，中国的供给体系，总体上是无效和低端产品过剩，有效和高端产品供给不足。当前和今后一个时期，我国经济发展面临的问题，供给和需求两侧都有，但矛盾的主要方面在供给侧。必须加快推进供给侧改革，把改善供给结构作为主攻方向，调整供给结构适应市场需求的结构变化，实现低水平供需平衡向高水平供需平衡跃升，实现国内供需结

构变化新平衡。

（二）推进供给侧结构性改革，培育建立国际竞争新优势

2008 年国际金融危机后，全球低增长困境的症结在于结构性改革迟缓，世界经济结构正在发生深刻调整。欧美国家信贷消费模式难以持续，转向推进再工业化战略，一些高端制造业出现回流；能源原材料生产国迫于新能源技术快速发展的压力，着力延伸产业链，提高产品附加值；人力资源丰富的国家凭借劳动力低成本优势，抢占劳动密集型产业的国际市场。全球分工格局加快调整，跨境资本重新配置，各主要经济体都力求通过结构性调整提升分工位势，争取更有利的分工地位。国际分工格局重构对结构性改革提出紧迫要求，我们需要从供给侧发力，找准在世界供给市场上的定位。

改革开放以来我国对外开放水平不断提高，国际竞争力明显增强。但随着我国要素成本逐步提高，传统比较优势逐步减弱，新的竞争优势尚未形成。这就要求我们加快供给侧结构性改革，加快产业结构转型升级，培育建立国际竞争新优势。

（三）推进供给侧结构性改革，重塑中长期发展新动力

推进供给侧结构性改革重塑中国经济中长期发展新动力，要加快推进产业结构转型升级。一方面，要加快传统产业行业之间的并购重组；另一方面，要加快新产业、新技术、新业态、新商业模式的发展，推进互联网、云计算、大数据、信息技术、高端装备制造业、航天航空、生物工程、新能源、环保节能、现代服务业等的新发展，实现产业发展迈向中高端。要加快居民消费的转型升级，加快中高端消费服务业如信息与互联网产业、教育与培训产业、体育与娱乐产业、健康与养老产业、文化与智慧产业、服务平台与社会化服务产业等的发展。要加大对公共产品和公共服务的投入和发展，使之成为稳定增长、改善民生、扩大内需经济社会发展新的引擎之一，促进经济中高速增长。要适应产业结构转型升级新潮流，充分利用政府产业发展政策，加大企业技术更新与改造力度，推动传统特色产业更新改造、提升技术、加强研发、建立品牌，加快向品牌化、高端化、时尚化、绿色化转型，提升企业市场竞争力。要加强企业发展战略、

自主技术、自主产品、自主品牌的创新和建设，为市场提供高品质的产品和服务，为满足居民对高品质商品和服务的需求创造更大的价值。

供给侧结构性改革要以创新、协调、绿色、开放、共享五大发展新的新发展理念为指导，大力推动"双创"和"'十三五'国家战略性新兴产业发展规划""中国制造2025""互联网＋"行动计划，促进服务业、先进制造业发展，扶持小微企业成长，发挥制度创新和技术进步对供给升级的倍增效应。加快城乡之间土地、资金、人员等要素的流动和优化配置，拓展区域、产业发展新空间。提高经济增长质量与效益，增加人口供给、提升全员素质、提升创新能力、增加公共产品供给、加强政策制度协调性，为经济增长提供坚实基础和有力支撑。

三、加快发展战略性新兴产业是产业结构转型升级的主导力量

战略性新兴产业代表新一轮科技革命和产业变革的方向，是培育发展新动能、获取未来竞争新优势的关键领域。在应对国际金融危机中，各国正在进行抢占经济科技制高点的竞赛，一些主要国家为应对这场危机，都把争夺经济、科技制高点作为战略重点，把科技创新投资作为最重要的战略投资。新兴产业发展将成为推动世界经济增长的主导力量。

中国必须在这场竞争中努力实现跨越式发展，把争夺经济科技制高点作为战略重点，加快发展掌握关键核心技术，具有市场需求前景，具备资源能耗低、带动系数大、就业机会多、综合效益好的战略性新兴产业。必须牢固树立创新发展理念，加快发展壮大新一代信息技术、高端装备、新材料、生物、新能源汽车、新能源、节能环保、数字创意等战略性新兴产业，促进更广领域新技术、新产品、新业态、新模式蓬勃发展。建设创新型国家，建设制造业强国，发展现代服务业，加快发展低碳经济、绿色经济，使战略性新兴产业成为中国经济社会发展的主导力量，努力占领国际产业竞争制高点。要抓紧研究实施促进我国战略性新兴产业发展的总体思路，强化政策支持，加大财政投入，培育新的经济增长点。要抓紧落实国家重大科技专项，落实重点产业调整振兴规划，大力推进技术改造，加快

传统产业优化升级。加强规划和政策引导，制定配套的法律法规和标准，完善财政、税收、价格、金融等政策措施，健全管理体系和监督实施机制，加强知识产权保护，加大人才培养引进力度，大力扶持战略性新兴产业发展，使之成为带动中国未来发展和参与国际竞争的主力军，为经济持续健康发展提供源源不断的内生动力。

第三节　追赶引领世界新能源革命与产业发展潮流

纵观人类历史，能源革命和工业革命的融合释放出巨大生产能力，极大地提升了人类的生活水平和富裕程度，推动人类社会进入了一个前所未有的、空前繁荣的消费时代。然而，依赖大量高碳不可再生的化石能源消耗引发的环境问题、生态问题以及全球气候问题日渐成为困扰人类发展的难题。世界各国发展处于重要转型时期，体现当代世界先进技术发展趋势的知识经济、绿色经济、循环经济、低碳经济等新经济形态方兴未艾，以信息产业和能源革命深度融合为核心的第三次工业革命已初见端倪，人类文明正由工业文明向生态文明转变。

一、能源革命与产业发展新趋势

为了应对全球气候变化和提高能源资源利用效率，世界能源消费由化石能源向可再生能源转变成为大趋势。发达国家以新能源和可再生能源发展为契机，通过加大与新能源产业发展相关的技术、装备和产业发展的投入，促进新兴产业发展，保障能源需求安全，已成为世界产业发展新潮流。

（一）网络化

网络化是指以互联网、物联网、大数据等信息技术与其他产业的融合而产生的未来产业新特征。网络化以"信息运动"改造或取代"物""能"运动以提高效率、减少损耗，实现脑力、体力的大量节约。网络化使全球信息和资源交流变得更为迅速，经济超出国界，从"互通有无"转向"相互依存"，经济全球化成为当今世界经济发展的最大特色。① 互联网技术发展正在对传统制造业的发展方式带来颠覆性、革命性的影响。信息技术的广泛应用，可以实时感知、采集、监控生产过程中产生的大量数据，促进生产过程的无缝衔接和企业间的协同制造，实现生产系统的智能分析和决策优化，使智能制造、网络制造、柔性制造成为生产方式变革的方向。② 其体现在按照统一标准下的跨企业跨组织的产业联合，有别于传统的垂直供应链，更体现在未来产业的横纵向结合的、灵活的生产服务体系。由此来看，制造业互联网化或者工业互联网正成为一种大趋势。无论是新能源革命、第三次工业革命还是第四次工业革命，以及"中国制造2025"发展路线，都离不开信息技术的网络化。

（二）智能化

智能化是指由现代通信与信息技术、计算机网络技术、行业技术、智能控制技术汇集而成的针对某一个方面的应用。智能系统或智能化系统具有能够感知外部世界、获取外部信息的能力，存储感知到的外部信息及由思维产生的知识；能够利用已有的知识对信息进行分析、计算、比较、判断、联想、决策；通过与环境的相互作用，不断学习积累知识，使自己能够适应环境变化；对外界的刺激作出反应，形成决策并传达相应的信息。以信息技术、智能机器人、数字化为基础的智能化柔性化生产将人工智能融入制造过程的各环节，自动监测制造系统运行状态，以达到最佳状态和具备自组织能力，包括智能设计、智能加工装配、机器人操作、智能测量与诊断、智能组织等诸多方面，不仅可以大规模节省人力物力，而且可以更快捷地、更高效地适应和满足人们个性化、定制化的新需求。电网的智能化则是建立在集成的、高速双向通信网络的基础上，通过先进的传感和测量技术、先进的设备技术、先进的控制方法以及先进的决策支持系统技术的应用，能够监视和控制每个用户和电网节点，保证从电厂到终端用户

---

① 叶钟灵：《迎接4.0第四次工业革命》，http://www.eepw.com.cn/article/267636.htm。

② 《2015年——第四次工业革命元年》，中国经济网，2015 - 02 - 04，http://www.ce.cn/。

整个输配电过程中所有节点之间的信息和电能的双向流动，实现电网的可靠、安全、经济、高效、环境友好和使用安全的完全自动化的电力传输网络。智能电网是当代世界电网发展趋势。智能电网建设在欧美国家已上升到国家战略，成为国家经济发展和能源政策的重要组成部分。

（三）分布式

分布式系统（distributed system）是建立在网络之上的软件系统。在一个分布式系统中，一组独立的计算机展现给用户的是一个统一的整体，就像是一个系统。系统拥有多种通用的物理和逻辑资源，可以动态地分配任务，分散的物理和逻辑资源通过计算机网络实现信息交换。分布式能源系统，或以其主要冷热电联产技术指代，指分布在用户端的能源综合利用方式、系统及技术，包括分布式光伏、分布式风电、地热、生物质能等，并以其他中央能源供应系统提供支持和补充为辅，实现以直接满足用户多种需求的能源梯级利用。美国、欧洲和日本在先进的分布式发电基础上推动智能电网建设，为各种分布式能源提供自由接入和动态平台。分布式能源系统，将改变原有能源生产和能源消费时空分离格局，通过能源互联网把世界连接在一起，实现能源生产和消费的清洁化、可再生化。同样，未来的产品生产和消费方式亦将是分布式的。通过网络技术、增材打印技术等信息技术和装备制造技术组建的智能工厂可以实现消费地与生产地的统一，大大提高适应新的消费需求的能力。

（四）绿色化

新能源革命与第三次工业革命乃至第四次工业革命使绿色环保、生态友好的产业发展成为未来经济社会的必然要求。发展低消耗的绿色经济、循环经济、低碳经济成为实现可持续发展的唯一选择。由信息产业的互联网技术推动的新能源革命朝着更加清洁、更加便利使用的方向发展，将使能源生产和消费方式发生重大变革。信息技术、互联网技术不断突破，智能化电网、分布式电源得到较快发展，越来越多的家庭成为能源消费者和生产者，由单向接受、模式单一的用电方式，向互动、灵活的智能化用电方式转变。人类社会将会进入到以高效化、清洁化、低碳化、智能化为主要特征的能源时代。由信息通信技术、新材料技术、互联网技术等通用技术的突破和大规模应用所驱动的第三次工业革命将促进制造技术向一体化、智能化、微型化、全周期化和人机关系更加友好的方向快速发展，并最终促使整个工业生产方式呈现出高度柔性化、可重构化和社会化的特征。[1] 人类将通过绿色发展、循环发展、低碳发展在追求物质财富、社会福祉、社会公平的同时，着力解决人类发展中产生的环境污染和生态损坏等问题；解决资源永续利用和资源消耗引起的环境污染问题；解决能源可持续和能源消费引起的气候变化等环境问题。减少对自然的伤害，在尊重自然、保护自然，资源环境可承载、资源可更替再生的基础上，实现经济社会与资源环境协调发展，促进人类文明由工业文明向生态文明转变。

二、创新驱动、追赶与引领世界发展新潮流

以互联网技术与可再生能源融合的新能源革命和以信息产业技术为基础、新兴产业发展为核心的第三次工业革命已经成为当今世界发展新的潮流，第四次工业革命也已拉开序幕。新科技、新成果加速转化，新模式、新业态不断涌现。追赶与引领世界发展新潮流，中国必须实施创新驱动发展战略，强调科技创新是提高社会生产力和综合国力的战略支撑。把创新驱动发展战略摆在国家发展全局的核心位置，使之成为立足全局、面向全球、聚焦关键、带动整体的国家发展大战略。

（一）坚持绿色发展，推动新能源革命

坚持绿色发展是发展方式的一场深刻革命，是人类经济社会发展的方向。绿色发展要着力推进人与自然和谐共生。生态环境没有替代品，用之不觉，失之难存。推进生态文明建设，解决资源约束趋紧、环境污染严重、生态系统退化的问题，必须坚持绿色发展。提高中国发展绿色水平，要树立大局观、长远观、整体观，坚持节约资源和保护环境的基本国策，像保护眼睛一样保护生态环境，像对待生命一样对待生态环境。要处理好经济发展和环境保护的关系，坚持经济与环境两手抓的举措，在发展经济的同时保护好生态环境，推进绿色生产与绿色消费，推动形成绿色发展方

---

[1]　史丹、王蕾：《能源革命及其对经济发展的作用》，《产业经济研究》2015 年第 1 期。

式和生活方式，让良好的生态环境成为经济社会发展的支撑点，成为人民幸福生活的增长点，成为中国国际地位提升的发力点。① 要坚持可持续发展，坚定走生产发展、生活富裕、生态良好的文明发展道路，形成人与自然和谐发展现代化建设新格局。

坚持绿色发展必须推动新能源生产与消费革命。中国要坚持"节约、清洁、安全"的能源战略方针，实施能源节约优先战略，立足绿色低碳战略、创新驱动战略，推动能源消费革命，抑制不合理能源消费；推动能源供给革命，建立多元供应体系；推动能源技术革命，带动产业升级；推动能源体制革命，打通能源发展快车道；全方位加强国际能源合作，实现开放条件下能源安全，加快构建清洁、高效、安全、可持续的现代能源体系。要着力构建清洁低碳能源消费体系，加快高效节能技术产品推广应用，培育节能环保意识和低碳生活习惯；着力推动清洁能源供给侧结构性改革，进一步搞好煤炭清洁利用，健全可再生能源开发利用目标引导制度；着力推动清洁能源技术进步，培育清洁能源产业新的增长点，把技术优势转化为经济优势；着力完善清洁能源发展体制机制，促进形成清洁能源统一开放、竞争有序的市场体系；着力推进生态文明建设，实现能源与环境绿色和谐发展，积极应对气候变化，更加主动控制碳排放，坚决控制化石能源总量，优化能源结构，推动能源低碳发展迈上新台阶；着力推动清洁能源国际合作，构筑连接中国与世界的清洁能源合作网络平台。

中国将同国际社会一道，围绕落实《联合国2030年可持续发展议程》和应对气候变化《巴黎协定》，完善全球能源治理体系，共同推动形成绿色低碳发展新格局。加强清洁能源需求领域创新合作，促进能源消费更加绿色高效。深入推进清洁能源生产领域创新合作，推动清洁能源成为能源增量主体，构建低碳清洁的能源供应体系。落实联合国"人人享有可持续能源"倡议，增加基本公共服务供给，使能源发展成果更多惠及全体人

---

① 《推动形成绿色发展方式和生活方式　为人民群众创造良好生产生活环境》，《人民日报》2017年5月28日。

民，更好惠及世界各国特别是发展中国家和人民。①

（二）发展信息产业，夯实第三次工业革命技术基础

互联网信息技术与可再生能源技术的结合催生了第三次工业革命。第三次工业革命是能源互联网与可再生能源结合导致人类生产生活、社会经济的重大变革。德国工业4.0的关键技术是信息技术。4.0工业革命，就是信息网络世界与物理世界的结合，即网络＋机器人＋自动化的智能化生产。新一代信息技术蓬勃发展与传统工业技术的融合创新成为新一轮工业革命的技术基础。

信息技术是新一轮工业革命中创新最活跃、交叉最密集、渗透性最广的领域。2008年国际金融危机后，新一代感知、传输、存储、计算技术加速融合创新，信息技术体系架构、材料、装备、工艺创新步伐加快，极大激发了泛在获取、海量存储、高速互联、智能处理和数据挖掘等技术的创新活力和应用潜能，万物互联、模式识别、语义分析、深度学习、虚拟现实共同驱使人类智能迈向更高境界。同时，信息技术与制造、能源、材料、生物等技术加速交叉融合，智能控制、人机交互、分布式能源、智能材料、生物芯片、生物传感器等领域的交叉融合创新方兴未艾，不断催生孕育工业互联网、能源互联网、智能制造等新产品、新业态、新模式以及新的竞争格局，带来了世界各国新的发展理念、公共政策和发展战略。中国必须推动信息技术产业跨越发展，拓展网络经济新空间。实施网络强国战略，加快建设"数字中国"，推动物联网、云计算和人工智能等技术向各行业全面融合渗透，构建万物互联、融合创新、智能协同、安全可控的新一代信息技术产业体系。

智能制造是世界制造业发展大趋势。新一代信息技术在制造业各环节的普及，带来了产品、机器、人、业务从封闭走向开放，从独立走向系统，从功能产品到智能产品，从智能装备到智能工厂，从供应商到供应商协同网络，构成了一个超级复杂的智能制造产业生态系统。对未来制造业，发达工业国家都提出了各自的愿景。美国利用互联网优势，让互联网

---

① 张高丽：《携手推动世界清洁能源高效智能共享发展》，http://politics. people. com. cn/n1/2016/0629/c1024 - 28509463. html。

吞并制造业；德国基于制造业根基，让制造业互联网化。追赶世界制造业发展潮流，抢占制造业新一轮竞争"智"高点，中国要构建国际先进、自主可控、安全可靠的信息技术产业体系，夯实第三次工业革命的技术基础，加快推动新一代信息技术与制造技术融合发展，把智能制造作为工业化和信息化深度融合的主攻方向。要集中资源突破核心电子器件，以及高端芯片、关键工艺、装备、材料的核心技术和产业化瓶颈，加快汽车、医疗、机床、电力、航空等行业应用电子发展。大力发展工业软件，重点突破国产研发设计工具（CAD、CAE）、制造执行系统（MES）、可编程控制器（PLC）、产品全生命周期管理（PLM）、工业控制系统、大型管理软件等关键软件。加快宽带网络演进升级，推动下一代互联网与移动互联网、物联网、云计算融合发展，促进数据中心、服务器、感知设施与宽带网络的优化匹配和协同发展，加快工业互联网发展。要加大力度，着力发展智能装备和智能产品，推进生产过程智能化，培育新型生产方式，全面提升企业研发、生产、管理和服务的智能化水平，加快推进"中国制造"向"中国创造"转型升级。

（三）"两化"深度融合，抢占世界制造业"智"高点

新一轮工业革命正在深化，信息通信技术与自动化技术快速进步，为全球制造业发展注入了新的活力。大数据、智能化技术深刻地改变着制造业的生产模式和产业形态，是新工业革命的核心技术。信息通信技术、自动化技术与制造业深度融合，智能制造、智能产品成为未来制造业发展新方向。

智能制造正在引发影响深远的产业变革，形成新的生产方式、产业形态、商业模式和经济增长点。各国都在加大科技创新力度，推动三维（3D）打印、移动互联网、云计算、大数据、生物工程、新能源、新材料等领域取得新突破。基于信息物理系统的智能装备、智能工厂等智能制造正在引领制造方式变革；网络众包、协同设计、大规模个性化定制、精准供应链管理、全生命周期管理、电子商务等正在重塑产业价值链体系；可穿戴智能产品、智能家电、智能汽车等智能终端产品不断拓展制造业新领域。

新一代信息通信技术引领未来制造业发展成为全球共识，世界各国无一例外都把智能制造作为制造业发展的目标，美、德、日等发达国家和跨国巨头为巩固和重塑全球战略优势，抢占未来经济发展制高点，都将通信信息技术作为制造业发展战略部署中的基础和关键环节，进行统筹部署和推进。德国率先提出了"工业4.0"的概念，美国提出了"先进制造业国家战略计划"，日本则推行"科技工业联盟"，英国制定了"工业2050战略"，中国颁布了"中国制造2025"等等。全球制造业大国都在大力推行制造业的发展战略，目的都是希望通过先进的信息通信技术与自动化技术的结合，使制造业摆脱传统僵硬的机械化桎梏，实现"智能制造"，提升效率，降低成本，重塑国际竞争新优势。

中国抢占信息技术和制造业深度融合的未来产业竞争制高点，必须推动新一代信息技术与制造技术融合发展，把智能制造作为工业化和信息化深度融合的主攻方向，作为推进中国实施制造强国的主线和关键，组织实施好智能制造工程。必须着力发展智能装备和智能产品，推进生产过程智能化，培育新型生产方式，全面提升企业研发、生产、管理和服务的智能化水平。要研究制定智能制造发展战略，制定发展规划，明确发展目标、重点任务和重大布局。要加快发展智能制造装备和产品，抓住智能制造装备这个关键领域，把推进智能制造的重点聚焦到着力发展为实现智能制造所必不可少的装备及关键装置上。要大力推进制造过程的智能化。要从产品设计智能化、关键工序智能化、供应链优化管控等方面，推进重点行业智能制造单元、智能生产线、智能车间、智能工厂建设。要深化互联网在制造领域的应用。运用"互联网＋"积极培育新型生产方式，要结合不同行业特点，推进重点行业智能制造应用示范，不断探索大规模个性化定制、云制造等新型制造模式。

智能制造是中国当前和今后一个时期推进两化深度融合的核心目标，是建立国家制造业创新体系的关键。必须加强互联网基础设施建设，建立智能制造标准体系和信息安全保障系统，搭建智能制造网络系统平台，紧密围绕重点制造领域关键环节，开展新一代信息技术与制造装备融合的集成创新和工程应用，加快推动移动互联网、云计算、大数据、物联网等与现代制造业结合，抢占世界制造业新一轮竞争"智"高点，推动中国制造向中国创造转变、中国速度向中国质量转变、中国产品向中国品牌转变。

（四）实施创新驱动战略，建设创新型国家

创新、协调、绿色、开放、共享的发展理念是中国"十三五"乃至更长时期我国发展思路、发展方向、发展着力点的集中体现，是改革开放 40 多年来我国发展经验的集中体现。实现全面建成小康社会奋斗目标，把中国建设成为富强民主文明和谐美丽的社会主义现代化强国，实现中华民族伟大复兴中国梦，要按照新发展理念来谋篇布局，推动中国特色社会主义建设迈上新台阶。

创新发展是引领发展的第一动力，创新发展要着力实施创新驱动发展战略，科技创新是提高社会生产力和综合国力的战略支撑。必须把创新摆在国家发展全局的核心位置，不断推进理论创新、制度创新、科技创新、文化创新等各方面创新，让创新贯穿党和国家一切工作，让创新在全社会蔚然成风。必须把发展基点放在创新上，形成促进创新的体制架构。培育发展新动力，拓展发展新空间，构建发展新体制。抓住了创新，就抓住了牵动经济社会发展全局的"牛鼻子"。抓创新就是抓发展，谋创新就是谋未来。

创新驱动发展的根本是增强自主创新能力。正如习近平总书记说："从总体上看，我国科技创新基础还不牢，自主创新特别是原创力还不强，关键领域核心技术受制于人的格局没有从根本上改变。只有把核心技术掌握在自己手中，才能真正掌握竞争和发展的主动权，才能从根本上保障国家经济安全、国防安全和其他安全。不能总是用别人的昨天来装扮自己的明天。不能总是指望依赖他人的科技成果来提高自己的科技水平，更不能做其他国家的技术附庸，永远跟在别人的后面亦步亦趋。我们没有别的选择，非走自主创新道路不可。""我国科技发展的方向就是创新、创新、再创新。"[1]"必须深化科技体制改革破除一切制约科技创新的思想障碍和制度藩篱，处理好政府和市场的关系，推动科技和经济社会发展深度融合，打通从科技强到产业强、经济强、国家强的通道，以改革释放创新活力，

---

[1] 《习近平谈治国理政》，外文出版社 2014 年版，第 122—123 页。

加快建立健全国家创新体系，让一切创新源泉充分涌流。"① "知识就是力量，人才就是未来。我国要在科技创新方面走在世界前列，必须在创新实践中发现人才、在创新活动中培育人才、在创新事业中凝聚人才，必须大力培养造就规模宏大、结构合理、素质优良的创新型科技人才。"②

　　建设创新型国家要把科技创新作为基本战略，使技术创新成为经济社会发展核心驱动力，大幅度提高科技创新能力，形成日益强大的竞争优势。落实创新驱动发展国家战略，必须把重要领域的科技创新摆在更加突出的地位，实施一批关系国家全局和长远的重大科技项目。这既有利于我国在战略必争领域打破重大关键核心技术受制于人的局面，更有利于开辟新的产业发展方向和重点领域、培育新的经济增长点。要抓紧实施已有的国家科技重大专项，进一步聚焦目标、突出重点，攻克高端通用芯片、集成电路装备、宽带移动通信、高档数控机床、核电站、新药创制等关键核心技术，加快形成若干战略性技术和战略性产品，培育新兴产业。在此基础上，以 2030 年为时间节点，再选择一批体现国家战略意图的重大科技项目，力争有所突破。在航空发动机、量子通信、智能制造和机器人、深空深海探测、重点新材料、脑科学、健康保障等领域再部署一批体现国家战略意图的重大科技项目。已经部署的项目和新部署的项目要形成梯次接续的系统布局，发挥市场经济条件下新型举国体制优势，集中力量、协同攻关，为攀登战略制高点、提高我国综合竞争力、保障国家安全提供支撑。要加快建设以国家目标和战略需求为导向，瞄准国际科技前沿，布局一批体量更大、学科交叉融合、综合集成的国家实验室，优化配置人财物资源，形成协同创新新格局，提高创新能力。要在一些重大创新领域组建一批国家实验室，打造聚集国内外一流人才的高地，组织具有重大引领作用的协同攻关，形成代表国家水平、国际同行认可、在国际上拥有话语权的科技创新实力，成为抢占国际科技制高点的重要战略创新力量。③

　　① 《习近平谈治国理政》，外文出版社 2014 年版，第 125 页。
　　② 《习近平谈治国理政》，外文出版社 2014 年版，第 127 页。
　　③ 习近平：《关于〈中共中央关于制定国民经济和社会发展第十三个五年规划的建议〉的说明》，《人民日报》2015 年 11 月 4 日。

（五）推动经济高质量发展

推动经济高质量发展是中国特色社会主义经济建设的总要求，是保持经济社会持续健康发展的必然要求，是适应我国社会主要矛盾变化和全面建设社会主义现代化国家的必然要求。随着中国经济从高速增长向高质量发展迈进，中国经济正在开启新时代。中国特色社会主义建设新时代要按照高质量发展的要求，统筹推进"五位一体"总体布局和协调推进"四个全面"战略布局，坚持以供给侧结构性改革为主线，统筹推进稳增长、促改革、调结构、惠民生、防风险各项工作。今后一个时期宏观经济政策、结构政策、改革政策、社会政策都要围绕这个总要求展开。从高速增长阶段向高质量发展阶段转变，就是从总量扩张向结构优化转变，就是从"有没有"向"好不好"转变。高质量经济发展根本在于经济的活力、创新力和竞争力，供给侧结构性改革是根本途径。高质量经济发展不能靠要素投入量的扩大，要建立在生产要素、生产力、全要素效率的提高之上，要重视经济结构包括产业结构、市场结构、区域结构等的转型升级，优化资源配置；要实现宏观经济均衡发展。要持续扩大内需，提高消费对经济增长贡献率；加快服务业发展，提高服务业增加值；探索开放状态下新的发展模式，为战略性新兴产业和节能建筑、智能交通、新能源等诸多绿色低碳产业发展创造巨大的空间。扩大中等收入群体规模，提供强大市场驱动力；推进供给侧结构性改革，有效强化市场功能；实施科技创新驱动战略，为高质量发展提供技术支撑，为中国和世界创造发展新机会。

高质量发展是建成富强民主文明和谐美丽的社会主义现代化强国的重要基础。只有深刻理解和把握从高速增长转向高质量发展和推进高质量发展的总要求，才能更好地从总体上把握我国经济的基本状况和发展趋势。实现高质量发展，是一个需要不懈努力的过程，我们必须以习近平新时代中国特色社会主义经济思想为指导，推动我国经济在高质量发展上不断取得新进展，努力赶超世界发展潮流，实现建成社会主义现代化强国的中华民族伟大复兴中国梦。

参考文献

一、中文文献

[1] [德]卡尔·马克思:《资本论》(第一卷),人民出版社 1975 年版。

[2] 《习近平谈治国理政》,外文出版社 2014 年版。

[3] 《习近平谈治国理政》(第二卷),外文出版社 2017 年版。

[4] [美]杰里米·里夫金:《第三次工业革命——新经济模式如何改变世界》,中文版序,张体伟、孙豫宁译,中信出版社 2012 年版。

[5] [德]克劳斯·施瓦布:《第四次工业革命——转型的力量》,世界经济论坛北京代表处,李菁译,中信出版社 2016 年版。

[6] [德]赫希曼·希尔:《能源变革最终的挑战》,王乾坤译,人民邮电出版社 2013 年版。

[7] 舒小昀:《工业革命:从生物能源向矿物能源的转变》,《史学月刊》2009 年第 11 期。

[8] 高世宪、任东明:《推动能源生产与消费革命研究》,中国经济出版社 2014 年版。

[9] 冯飞等:《第三次工业革命——中国产业的历史性机遇》,中国发展出版社 2014 年版。

[10] 芮明杰:《第三次工业革命与中国选择》,上海辞书出版社 2013 年版。

[11] 曹新:《中国能源发展战略问题研究》,中国社会科学出版社 2012 年版。

[12] 刘英娜:《双重目的的交易——苏联与西欧的天然气贸易》,《苏联东欧问题》1982 年第 1 期。

[13] 陈清泰、吴敬琏等:《新能源汽车需要一个国家战略》,《经济参考报》2009 年 9 月 24 日。

[14] 国家可再生能源中心:《国际可再生能源发展报告 2016》,中国环境出版社 2016 年版。

[15] 王保忠、何炼成等:《从"康德拉季耶夫周期理论"看低碳革命首倡于英国的原因及启示》,《经济纵横》2016 年第 1 期。

[16] 韩晓平:《智能电网——信息革命和新能源革命的整合》,《电力需求侧管理》2009 年第 2 期。

[17] 刘振亚:《智能电网与第三次工业革命》,《科技日报》2013 年第 12 期。

[18] 张文亮等:《智能电网的研究进展及发展趋势》,《电网技术》2009 年第 13 期。

[19] 孙彦红:《欧盟"再工业化"战略解析》,《欧洲研究》2013 年第 5 期。

[20] 张宪昌、王来军:《后福岛时代的核电新进展》,《学习时报》2013 年 9 月 30 日。

[21] 罗国强、叶泉、郑宇:《法国新能源法律与政策及其对中国的启示》,《天府新论》2011 年第 2 期。

[22] 杜群、廖建凯:《德国与英国可再生能源法之比较及对我国的启示》,《法学评论》2011 年第 6 期。

[23] 国家电力监管委员会办公厅:《英国可再生能源有关法律政策》,《农村电气化》2008 第 2 期。

[24] 罗涛:《美国新能源和可再生能源立法模式》,《中外能源》2009 年第 7 期。

[25] 欧盟发布《2050 年欧盟能源、交通及温室气体排放趋势报告》,王勤花译,《科学研究动态监测快报·气候变化科学专辑》2014 年第 2 期。

[26] 罗涛:《德国新能源和可再生能源立法模式及其对我国的启示》,《中外能源》2010 年第 15 期。

[27] 李桂菊、张军:《美国经济恢复与再投资法案确定洁净能源投资方向》[EB/OL].(2009 - 01 - 16)[2015 - 08 - 14]. http://www.hbttp.org.cn/show.jsp? id =1260173306500。

[28] 罗涛:《美国新能源和可再生能源立法模式》,《中外能源》2009 年第

7 期。

[29] 王叶子:《美国政府 2014 年能源与环境政策回顾（一）》[EB/OL].
(2015 – 03 – 16)[2015 – 08 – 21]. http://intl. ce. cn/specials/zxgjzh/
201503/16/t20150316_4835957. shtml。

[30] 叶玉:《渐进主义与美国能源政策发展》,《国际展望》2010 年第 2 期。

[31] 陆昊:《地热或将取代核能得宠日本》,《中国石化报》2011 年 4 月
29 日。

[32] 单宝:《日本推进新能源开发利用的举措及启示》,《科学·经济·社
会》2008 年第 2 期。

[33] 王伟:《核电争议的日本宿命》,《社会观察》2012 年第 8 期。

[34] 日本《新国家能源战略》出台[EB/OL]. (2006 – 07 – 28). [2014 – 3 –
19]. http://www. sdpc. gov. cn/nyjt/gjdt/t20060728_78143. htm。

[35] 雷鸣:《日本节能与新能源发展战略研究》,吉林大学出版社 2009
年版。

[36] 朱真:《日本的"阳光计划"与"月光计划"——面向二十一世纪的日本
新能源战略》,《计划经济研究》1985 年第 4 期。

[37] 姜雅:《中日两国在新能源及环境保护领域合作的现状与展望》,《国土
资源情报》2007 年第 5 期。

[38] 杨泽伟:《发达国家新能源法律与政策研究》,武汉大学出版社 2011
年版。

[39] 《日本调整可再生能源上网电价新设锂离子电池补贴计划》,《华东电
力》2014 年第 4 期。

[40] 王乐:《日本的能源政策与能源安全》,《国际石油经济》2005 年第
2 期。

[41] 《辞海(第六版彩图本 4 W-Z)》,上海辞书出版社 2009 年版。

[42] 张宪昌、曹新:《中国发展仍处在战略机遇期》,《中国青年报》2011 年
第 12 期。

[43] 洪京一:《战略性新兴产业 2015—2016》,社会科学文献出版社 2016
年版。

[44] 《法国推出电动车及混合动力车发展计划》,《商品与质量》2009 年第

45 期。

[45] 邹力行:《德国工业 4.0 与中国制造 2025 比较》,《国际金融报》2015 年第 19 期。

[46] 常静、王冰:《欧盟"地平线 2020"框架计划主要内容与制定办法》,《全球科技经济瞭望》2012 年第 5 期。

[47] 刘润生:《欧盟产业重大科技专项的组织实施》,《全球科技经济瞭望》2015 年第 9 期。

[48] 巫云仙:《美国政府发展新兴产业的历史审视》,《政治经济学评论》2011 年第 2 期。

[49] 科技日报国际部:《2015 年世界科技发展回顾》,《科技日报》2016 年 1 月 3 日。

[50]《美国创新战略——推动可持续增长和高质量就业》,《中国科技产业》2010 年第 1 期。

[51] 张永民:《解读智慧地球与智慧城市》,《中国信息界》2010 年第 10 期。

[52] 许振强:《中美智慧城市领域合作现状研究》,《建设科技》2015 年第 23 期。

[53] 朱相丽:《日本应对金融危机的新经济刺激方案》,《全球科技经济瞭望》2010 年第 1 期。

[54] 于凤霞:《i-Japan 战略 2015》,《中国信息化》2014 年第 13 期。

[55] 苏显扬、吕慧敏:《日本的竞争力与新成长战略》,《国际经济情势双周报》第 1713 期。

[56] 任东明、谢旭轩等:《推动我国能源生产和消费革命初析》,《中国能源》2013 年第 10 期。

[57] 白旻:《全球能源格局深度调整背景下的中国能源生产和消费革命》,《资源再生》2015 年第 12 期。

[58] 张映红、路保平:《世界能源趋势预测及能源技术革命特征分析》,《天然气工业》2015 年第 10 期。

[59] 汪建平:《科学谋划"十三五"电力工业发展 积极推动能源生产和消费革命》,《中国能源报》2014 年 6 月 30 日。

[60] 彭源长:《大力推进新常态下的能源生产消费革命——专访努尔·白

克力》,《当代电力文化》2015 年第 3 期。

[61] 王力凝:《从能源指标看中国经济:消费革命任务艰巨》,《中国经营报》2015 年 10 月 26 日。

[62] 李伟:《中国未来能源发展战略探析》,《人民日报》2014 年 2 月 12 日。

[63] 张雷、黄园淅等:《中国城镇化进程的能源供应时空协调研究》,《国际石油经济》2009 年第 7 期。

[64] 谢利平:《能源消费与城镇化、工业化》,《工业技术经济》2015 年第 5 期。

[65] 李振宇、黄格省、黄晟:《推动我国能源消费革命的途径分析》,《化工进展》2016 年第 1 期。

[66] 景春梅、刘满平:《新常态下能源体制变革路线图》,《上海证券报》2015 年 10 月 1 日。

[67] 李昕:《1949 年以来的中国石油进出口地位演变》,《西南石油大学学报》2014 年第 1 期。

[68] 李富春:《关于发展国民经济的第一个五年计划的报告——在一九五五年七月五日至六日的第一届全国人民代表大会第二次会议上》,《人民日报》1955 年 7 月 8 日。

[69] 中国石油钻井编辑委员会:《中国石油钻井(综合卷)》,石油工业出版社 2007 年版。

[70] 百年石油编写组:《百年石油》,石油工业出版社 2009 年版。

[71] 韩学功:《"引进来、走出去开创国际石油合作新局面"》,《中国石油化工经济分析》2008 年第 11 期。

[72] 余建华:《世界能源政治与中国国际能源合作》,长春出版社 2011 年版。

[73] 卢林松:《四大集团海外油气投资逾 70 亿美元》,《海洋石油》2005 年第 3 期。

[74] 徐莹:《中国参与能源国际组织的现状及前景》,《现代国际关系》2010 年第 12 期。

[75] 陈利君:《孟中印缅能源合作与中国能源安全》,中国书籍出版社 2009 年版。

[76] ［法］菲利普·赛比耶－洛佩兹:《石油地缘政治学》,潘革平译,社会科学文献出版社 2008 年版。

[77] 杨小林:《能源过境运输的国际法思考——以＜能源宪章条约＞为主的分析》,华中科技大学硕士论文,2008 年。

[78] 张宪昌:《中国新能源产业发展政策研究》,中共中央党校经济学博士论文,2014 年。

[79]《中国电力年鉴》编辑委员会:《2014 中国电力年鉴》,中国电力出版社 2014 年版。

[80] 姚兴佳、刘国喜、朱家玲等:《可再生能源及其发电技术》,科学出版社 2010 年版。

[81] 蒋莉萍:《2005 年我国风电开发情况综述》,《电力技术经济》2006 年第 3 期。

[82] 马隆龙:《生物质能利用技术的研究及发展》,《化学工业》2007 年第 8 期。

[83] 约翰·伊特韦尔、默里·米尔盖特、彼得·纽曼:《新帕尔格雷夫经济学大辞典(第二卷:E-J)》,经济科学出版社 1996 年版。

[84] 罗靖:《发债难解中国光伏融资困境》,《中国石化》2013 年第 10 期。

[85] 顾阳:《创投基金培育更多"阿里巴巴"》,《经济日报》2015 年 1 月 26 日。

[86] 陈共:《财政学(第七版)》,中国人民大学出版社 2012 年版。

[87] 王世江:《浅谈上网电价对我国光伏产业发展的影响》,《太阳能》2011 年第 16 期。

[88] 苏东水:《产业经济学》,高等教育出版社 2000 年版。

[89] 王可强:《基于低碳经济的产业结构优化研究》,吉林大学 2012 年。

[90] 刘传书:《中广核岭澳核电站二期工程获中国核能行业 2013 年度科学技术最高奖》,《科技日报》2013 年 12 月 16 日。

[91] 谢祥、汝鹏、苏竣、李建强、智强:《中国风电装备制造技术创新模式演进及政策动因》,《煤炭经济研究》2011 年第 4 期。

[92] 武星、殷晓刚、宋昕、王景:《中国微电网技术研究及其应用现状》,《高压电器》2013 年第 9 期。

［93］《中共中央关于全面深化改革若干重大问题的决定》，《求是》2013 年第 22 期。

［94］张展适、李满根等：《赣、粤、湘地区部分硬岩型铀矿山辐射环境污染及治理现状》，《铀矿冶》2007 年第 4 期。

［95］吴桂惠、周星火：《铀矿冶尾矿、废石堆放场地的辐射防护》，《辐射防护通讯》2001 年第 6 期。

［96］胡冬：《废弃矿山的铀污染问题或被严重低估铀》，《科技日报》2014 年 2 月 27 日。

［97］龚益：《后"3.11"时代的核电选择 核废燃料是人类为自己制造的麻烦》，《世界经济年鉴》2012 年第 359 期。

［98］赵世信、林森：《核设施退役》，原子能出版社 1994 年版。

［99］周艳芬、耿玉杰、吕红转：《风电场对环境的影响及控制》，《湖北农业科学》2011 年第 3 期。

［100］王明哲、刘钊：《风力发电场对鸟类的影响》，《西北师范大学学报（自然科学版）》2011 年第 3 期。

［101］尚佰晓、王莉：《低山丘陵区风电项目生态恢复环境监理探析》，《环境保护与循环经济》2011 年第 11 期。

［102］董璐：《绿色项目缘何成为污染源》，《中国经济导报》2004 年 9 月 11 日。

［103］曹新、陈剑、刘永生：《可再生能源补贴问题研究》，中国社会科学出版社 2016 年版。

［104］崔怀峰、杨茜、张淑霞：《鸟类与风电机相撞的影响因素分析及其保护措施》，《环境科学导刊》2008 年第 4 期。

［105］廖峻涛、李国洪、王亚奇：《风能资源开发对云南迁徙鸟类的影响及对策》，《安徽农业科学》2012 年第 10 期。

［106］卢兰兰、毕冬勤等：《光伏太阳能电池生产过程中的污染问题》，《中国科学》2013 年第 6 期。

［107］童克难：《光伏产业的"亮"与"黑"》，《中国环境报》2011 年 1 月 31 日。

［108］韩永奇：《光伏：徘徊在绿色与污染的边缘》，《广西节能》2014 年第

3 期。

[109] 王恒生、尼玛江才:《对青海光伏废弃物污染状况的调查》,《青海社会科学》2007 年第 5 期。

[110] 董碧娟:《擦除心头的"核"阴影——访中国原子能科学研究院院长万钢》,《经济日报》2015 年 3 月 19 日。

[111] 吴植、杨兴国:《以邻为壑排毒液——部分企业跨地区排放多晶硅废料问题追踪》,《中国青年报》2011 年 9 月 6 日。

[112] 陈玮英:《多晶硅行业瓶颈待破》,《中国企业报》2011 年 9 月 16 日。

[113] 曾少军、杨来、曾凯超:《我国新能源国际合作进展与对策》,《中国能源》2012 年第 7 期。

[114] 王晔君:《光伏企业不惧欧美"双反"》,《中国企业报》2015 年 8 月 25 日。

[115] 田国强、陈旭东:《中国改革:历史、逻辑和未来》,中信出版社 2014 年版。

[116] 杨解君:《论中国能源立法的走向——基于 < 可再生能源法 > 制定和修改的分析》,《南京大学学报(哲学・人文科学・社会科学)》2012 年第 6 期。

[117] 张小锋、张斌:《德国最新 < 可再生能源法 > 及其对我国的启示》,《中国能源》2014 年第 3 期。

[118]《国务院关于印发"十三五"国家战略性新兴产业发展规划的通知》(国发〔2016〕27 号)。

[119] 黄鑫:《装备制造业:融入智能 迈向高端》,《经济日报》2016 年 7 月 26 日。

[120] 何欣荣、贾远琨:《海工装备市场份额居世界首位》,《中国技术市场报》2015 年 12 月 4 日。

[121] 郝帅:《新材料:发展快产业化难》,《中国企业报》2016 年 6 月 28 日。

[122] 国务院:《"十三五"国家科技创新规划》,2016 年 7 月。

[123] 侯云龙:《生物医药十三五规划下半年出台》,《经济参考报》2016 年 7 月 4 日。

[124] 卢山:《2015—2016 年中国战略性新兴产业发展》,人民出版社 2016

年版。

[125] 张宪昌:《文明演进视阈下的中国能源革命》,《中共云南省委党校学报》2016 年第 17 期。

[126]《国务院关于印发 < 中国制造 2025 > 的通知》(国发〔2015〕28 号)。

[127] 国家发展和改革委员会:《能源生产和消费革命战略(2016—2030)的通知》。

[128] 叶钟灵:《迎接 4.0 第四次工业革命》,《电子产品世界》2015 年第 1 期。

[129]《2015 年——第四次工业革命元年》,中国经济网,2015 年 2 月 4 日。

[130] 史丹、王蕾:《能源革命及其对经济发展的作用》,《产业经济研究》2015 年第 1 期。

[131]《能源革命路线图来了》,《科技日报》2017 年 5 月 24 日。

[132]《推动形成绿色发展方式和生活方式　为人民群众创造良好生产生活环境》,《人民日报》2017 年 5 月 28 日。

[133] 习近平:《关于 < 中共中央关于制定国民经济和社会发展第十三个五年规划的建议 > 的说明》,《人民日报》2015 年 11 月 4 日。

二、英文文献

[1] European Commission, "Smart Grids: from innovation to deployment", COM(2011)202final, Dec. 2011, p. 2.

[2] European Commission, "A Framework Strategy for a Resilient Energy Union with a Forward – Looking Climate Change Policy", COM(2015) 80 final, Feb. 2015.

[4] European Commission, "Definition, Expected Services, Functionalities and Benefits of Smart Grids", SEC(2011)463 final, 2011, p. 2.

[3] United States Department of Energy Office of Electric Transmission and Distribution. "Grid 2030" a national vision for electricity's second 100 years [EB/OL]. http://www.oe.energy.gov/smartgrid.htm.

[4] European Commission. European Smart Grids Technology Platform [EB/OL]. http://www.smart Grids.eu/? q = node/27.

[5] Commission of the European Communities. GREEN PAPERS a European strategy for sustainable, competitive and secure energy [EB/OL] http://ec. europa. eu/energy/green-paper-energy/doc/2006 _ 03 _ 08 _ gp _ document _ en. pdf.

[6] European Smart Grids Technology Platform. 2006. Vision and strategy for Europe's electricity networks of the future [EB/OL]. http://www. smart-grids. eu.

[7] European Commission. Communication from the Commission to the European Parliament, the Council, the Economic and Social Committee and the Committee of the Regions on alternative fuels for road transportation and on a set of measures to promote the use of biofuels [M]. Brussels, 7. 11. 2001, p: 37. Available online: http://ec. europa. eu/clima/policies/eccp/second/docs/comm2001 − 547-en_en. pdf.

[8] Council Directive 85/536/EEC of 5 December 1985 on crude-oil savings through the use of substitute fuel components in petrol [EB/OL]. [2014 − 3 − 19].

http://eur-lex. europa. eu/LexUriServ/LexUriServ. do? uri = CELEX: 31985L0536: EN: HTML.

[9] European Commission. Communication from the Commission Energy for the Future: Renewable Sources of Energy White Paper for a Community Strategy [M]. Brussels, 1997 − 11 − 26.

[10] Green Paper-Towards a European strategy for the security of energy supply [EB/OL]. [2014 − 3 − 19]. http://eur-lex. europa. eu/smartapi/cgi/sga _ doc? smartapi! celexplus! prod! DocNumber&lg = en&type _ doc = COMfinal&an_doc = 2000&nu_doc = 769.

[11] Directive 2001/77/EC of the European Parliament and of the Council of 27 September 2001 on the promotion of electricity produced from renewable energy sources in the internal electricity market [EB/OL]. [2014 − 3 − 19]. http://eur-lex. europa. eu/LexUriServ/LexUriServ. do? uri = CELEX: 32001L0077: EN: NOT.

[12] Directive 2003/30/ec of the European Parliament and of the Council of 8 May 2003 on the promotion of the use of biofuels or other renewable fuels for transport [EB/OL]. [2014 - 3 - 19]. http://ec. europa. eu/energy/ res/legislation/doc/biofuels/en_final. pdf.

[13] European Commission. Communication from the Commission to the European Parliament and the Council Renewable Energy: Progressing towards the 2020 target [EB/OL]. [2014 - 3 - 19]. http://eur-lex. europa. eu/Lex-UriServ/LexUriServ. do? uri = COM:2011:0031:FIN:EN:PDF.

[14] Commission of the European Communities. Communication from the Commission to the European Parliament, the Council, the European Economic and Social Committee and the Committee of the Regions: 2020 by 2020: Europe's climate change opportunity COM (2008) 30 final, Brussels, 2008.

[15] Directive 2009/28/EC of the European Parliament and of the Council of 23 April 2009 on the promotion of the use of energy from renewable sources and amending and subsequently repealing Directives 2001/77/EC and 2003/30/EC[EB/OL]. [2014 - 3 - 19]. http://eur-lex. europa. eu/Lex-UriServ/LexUriServ. do? uri = CELEX:32009L0028:en:NOT.

[16] European Commission. Report from the Commission to the European Parliament, the Council, the European Economic and Social Committee and the Committee of the Regions Renewable Energy Progress Report [EB/OL]. [2014 - 3 - 19]. http://eur-lex. europa. eu/LexUriServ/LexUriServ. do? uri = COM:2013:0175:FIN:EN:PDF.

[17] European Commission. Communication from the Commission to the European Parliament, the Council, the European Economic and Social Committee and the Committee of the Regions Energy Roadmap 2050 [EB/OL]. [2014 - 3 - 19]. http://eur-lex. europa. eu/LexUriServ/LexUriServ. do? uri = COM:2011:0885:FIN:EN:PDF.

[18] European Commission. Communication from the Commission to the European Parliament, the Council, the European Economic and Social Committee

and the Committee of the Regions Renewable Energy: a major player in the European energy market [EB/OL]. [2014 - 3 - 19]. http://eur-lex. europa. eu/LexUriServ/LexUriServ. do? uri = COM: 2012: 0271: FIN: EN:PDF.

[19] Gross Electricity Production in 2015: 29% came from renewable energy sources [EB/OL]. 2016 - 8 - 22]. https://www. destatis. de/EN/Facts-Figures/EconomicSectors/Energy/Production/GrossElectricityProduction. html.

[20] Department of Energy & Climate Change. DUKES 2015 Chapter 1: Energy . [EB/OL]. [2015 - 8 - 22]. https://www. gov. uk/government/uploads/system/uploads/attachment_data/file/447628/DUKES_2015_Chapter_1. pdf, p17.

[21] Duffield J A, Collins K. Evolution of Renewable Energy Policy [J]. Choices, 2006 · 21(1), p9. Available online: http://www. choicesmagazine. org/2006 - 1/biofuels/2006 - 1 - 02. pdf.

[22] Friedmann P A, Mayer D G. Energy Tax Credits in the Energy Tax Act of 1978 and the Crude Oil Windfall Profits Tax Act of 1980[J]. Harv. J. on Legis. , 1980, 17: 465. http://thomas. loc. gov/cgi-bin/bdquery/z? d102:HR00776:@ @ @ L&summ2 = m&.

[23] Energy Policy Act of 2005 [EB/OL]. [2013 - 09 - 29]. http://www. gpo. gov/fdsys/pkg/PLAW-109publ58/pdf/PLAW-109publ58. pdf.

[24] Fred Sissine. Energy Independence and Security Act of 2007: A Summary of Major Provisions[R] . Congressional Research Service (CRS) Report for Congress, December 21, 2007. Available online: http://assets. opencrs. com/rpts/RL34294_20071221. pdf.

[25] American Recovery and Reinvestment Act of 2009 [EB/OL]. [2013 - 09 - 29]. http://www. gpo. gov/fdsys/pkg/PLAW-111publ5/content-detail. html.

[26] Kevin Eber. Clean Energy Aspects of the American Recovery and Reinvestment Act [EB/OL]. (2009 - 02 - 18) [2015 - 08 - 14]. http://

www. renewableenergyworld. com/rea/news/article/2009/02/clean-energy-aspects-of-the-american-recovery-and-reinvestment-act.

[27] METI Agency for Natural Research and Energy. Feed-in Tariff Scheme in Japan [EB/OL]. [2014 – 3 – 19]. http://www. meti. go. jp/english/policy/energy_environment/renewable/pdf/summary201207. pdf.

[28] METI Agency for Natural Resources and Energy. The Strategic Energy Plan of Japan-Meeting global challenges and securing energy futures-[EB/OL]. [2014 – 3 – 19]. http://www. meti. go. jp/english/press/data/pdf/20100618_08a. pdf.

[29] METI Agency for Natural Resources and Energy. Feed-in Tariff Scheme in Japan [EB/OL]. [2014 – 3 – 19]. http://www. meti. go. jp/english/policy/energy_environment/renewable/pdf/summary201207. pdf.

[30] METI Agency for Natural Resources and Energy. The Strategic Energy Plan of Japan-Meeting Global Challenges and Securing Energy Futures-[EB/OL]. [2014 – 3 – 19]. http://www. meti. go. jp/english/press/data/pdf/20100618_08a. pdf.

[31] METI Agency for Natural Resources and Energy. Feed-in Tariff Scheme for Renewable Energy-Launched on July 1, 2012 – [EB/OL]. http://www. meti. go. jp/english/policy/energy _ environment/renewable/pdf/summary201209. pdf.

[32] METI Agency for Natural Resources and Energy. The Strategic Energy Plan of Japan-Meeting Global Challenges and Securing Energy Futures-[EB/OL]. [2014 – 3 – 19]. http://www. meti. go. jp/english/press/data/pdf/20100618_08a. pdf.

[33] Communication from the Commission. Europe 2020 A strategy for smart, sustainable and inclusive growth [EB/OL]. http://eur-lex. europa. eu/LexUriServ/LexUriServ. do? uri = COM:2010:2020:FIN:EN:PDF.

[34] Communication from the Commission to the European Parliament, the Council, the European Economic and Social Committee and the Committee of the Regions. A Stronger European Industry for Growth and Economic

Recovery[R]Brussels, 10. 10. 2012. 详见：http://eur-lex. europa. eu/legal-content/EN/TXT/PDF/？ uri = CELEX：52012DC0582&from = EN.

[35] European Commission. Contractual public-private partnerships in Horizon 2020 for research and innovation in the manufacturing, construction, process industry and automotive sectors[EB/OL]. http://ec. europa. eu/research/industrial _ technologies/pdf/contractual-ppps-in-horizon2020 _ en. pdf.

[36] US Economy：Auto Sector Buys Every Second Industrial Robot. [EB/OL] http://www. worldrobotics. org/index. php？ id = home&news_id = 288.

[37] Japan's Energy White Paper 2016 [EB/OL]. http://www. enecho. meti. go. jp/en/category/whitepaper/pdf/whitepaper_2016. pdf.

[38] Horizon 2020 statistics[EB/OL]. http://ec. europa. eu/programmes/horizon2020/en/horizon-2020-statistics.

[39] Key World Energy Statistic 2012, International Energy Agency.

[40] Reiss,Peter C. Matthew W. White. Household Elec-tricity Demand,Revisited[J]. Reviews of Economic Studies,2005,72：853 – 883.

[41] Braun C E, Oedekoven O O, Aldridge C L. Oil and gas development in western North America：effects on sagebrush steppe avifauna with particular emphasis on sage grouse [C]//Transactions of the North American Wildlife and Natural Resources Conference. 2002, 67：337 – 349.

[42] Kahlert, J. , Petersen, I. K. , Fox, A. D. , Desholm, M. & Clausager, I. 2004. Investigations of Birds During Construction and Operation of Nysted Offshore Wind Farm at R？ dsand – Annual status report 2003. Report commissioned by Energi E2 A/S. Roskilde, Denmark：National Environmental Research Institute, 2004.

[43] Kahlert J, Desholm M, Clausager I. Investigations of migratory birds during operation of Nysted offshore wind farm at R？ dsand：Preliminary analysis of data from spring 2004[J]. Note from NERI commissioned by Energi E, 2004, 2：36.

[44] Petersen I K, Fox A D. Changes in bird habitat utilisation around the

Horns Rev 1 offshore wind farm, with particular emphasis on Common Sco-ter[J]. National Environmental Research Institute (NERI), Aarhus (re-port request commissioned by Vattenfall A/S), 2007, p. 40.

后　　记

本书是中共中央党校（国家行政学院）经济学教研部教授曹新博士主持的 2013 年国家社会科学基金一般项目《中国新能源产业发展政策研究》的研究成果。在项目研究过程中，项目组把研究范围从新能源产业发展政策扩大到了战略性新兴产业发展战略。本书研究的主要内容有：能源革命、工业革命与人类文明进步；新的能源革命支撑新的产业发展；发达国家新能源产业发展及其政策借鉴；发达国家新兴产业发展及其政策借鉴；中国能源生产与消费革命；中国新能源产业发展及其政策；中国战略性新兴产业发展及其政策；推动能源革命、促进产业升级等。试图通过对能源革命与产业发展关系的研究，对中国新能源产业发展政策和中国战略性新兴产业发展政策的研究，提出对中国新能源产业和战略性新兴产业发展以及中国经济高质量发展具有重要理论和实践价值的政策建议，为政府决策提供参考。

本书写作具体分工如下：项目主持人、中共中央党校（国家行政学院）经济学教研部教授曹新博士撰写绪论、第一章、第九章（与刘永生合作），并对从选题到拟定提纲、修改到定稿全过程负责；广州社会科学院副研究员陈剑博士撰写第二章、第五章、第六章第四节；聊城大学副教授张宪昌博士撰写第三章、第四章，第六章第一、二、三节，第七章，第八章第二、三、四、五、七节；齐鲁工业大学人文社会科学院副教授刘永生博士撰写第八章第一、六节，第九章（与曹新合作）。本书是集体研究的成果。

曹新

2019 年春于颐和园北大有庄 100 号院

责任编辑:刘敬文　池　溢

责任校对:张世琪

图书在版编目(CIP)数据

能源革命与产业发展:新能源产业与新兴产业发展政策研究/曹新,陈剑,
　张宪昌 著. —北京:人民出版社,2020.10

ISBN 978－7－01－022608－8

Ⅰ.①能…　Ⅱ.①曹…②陈…③张…　Ⅲ.①新能源-产业发展-产业政策-
研究-中国②新兴产业-产业发展-产业政策-研究-中国　Ⅳ.①F426.2
②269.24

中国版本图书馆 CIP 数据核字(2020)第 211886 号

能源革命与产业发展

NENGYUAN GEMING YU CHANYE FAZHAN

——新能源产业与新兴产业发展政策研究

曹新　陈剑　张宪昌　著

人民出版社 出版发行

(100706　北京市东城区隆福寺街 99 号)

中煤(北京)印务有限公司印刷　新华书店经销

2020 年 10 月第 1 版　2020 年 10 月北京第 1 次印刷
开本:710 毫米×1000 毫米 1/16　印张:22
字数:348 千字

ISBN 978－7－01－022608－8　定价:50.00 元

邮购地址 100706　北京市东城区隆福寺街 99 号
人民东方图书销售中心　电话 (010)65250042　65289539